조선왕실 이혼의 사회사

쫓아낸 자와 쫓겨난 여성들의 민낯

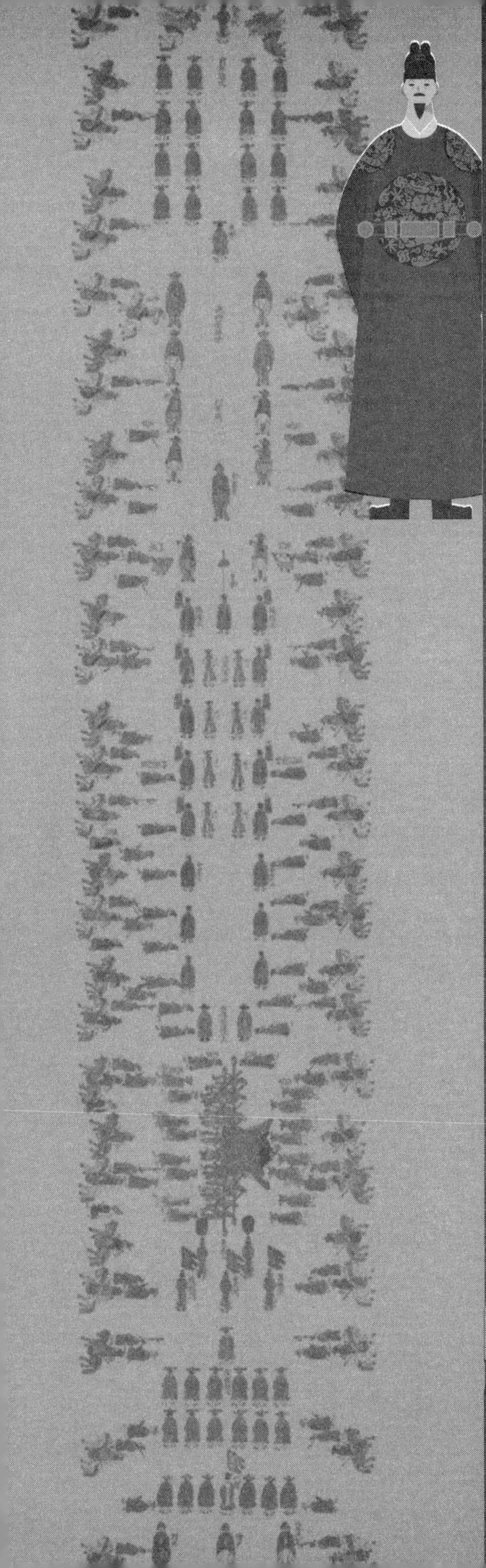

조선왕실 이혼의 사회사

쫓아낸 자와 쫓겨난 여성들의 민낯

한희숙

솔과학

책머리에

그녀들은 왜 왕실에서 쫓겨나야 했을까?

인류는 오래전부터 혼인제도를 통해 공식적으로 부부라는 인연을 맺어왔다. 그리고 그 제도와 법의 보호를 받으며 죽을 때까지 부부관계를 유지시켰다. 제도와 법은 매우 강력한 힘을 발휘해 왔다. 현실적으로 혼인 생활을 유지하는 데에는 서로의 사랑과 신뢰가 가장 중요하지만, 그것만이 혼인 관계를 유지시키는 힘은 아니었다. 요즘은 두 사람의 사랑이 있어야 결혼을 하지만, 과거에는 부모의 뜻에 따라 혼인한 후에 애정을 쌓아갔다. 또한 부모의 봉양과 가문의 계승을 위해 혼인을 했다. 혼인을 유지시키는 강력한 힘은 시대의 가치관과 혼인문화에 따라 달랐다.

어린 시절 기억 중 하나는 어머니가 늦은 밤에 작은 제사상을 차려놓고 혼자 정성을 드리시던 모습이다. 그날은 외할머니 제삿날이었다. 할아버지·할머니 제사는 온 친척이 며칠 전부터 서로 연락하고 준비하느라 북적거렸지만, 외할머니 제삿날은 엄마 혼자 조용히 정성드리는 외로운 날이었다.

필자는 외조부모를 뵌 적이 없다. 필자가 태어나기 전에 돌아가셨기 때문이다. 딸만 둘을 두셨던 외할아버지는 일제 강점기인 1930년대 초에 큰딸인 이모와 외할머니를 고향에 남겨두고, 어린 둘째 딸(어머니)을 데리고 돈을 벌기 위해 일본 오사카로 가셨다. 그런데 거기서 첩을 얻어서 아들 둘을 낳으셨고, 어머니는 서모와 이복 동생들과 함께 생활하며 학교를 다니셨다. 어린 마음에 고향에 계신 어머니가 얼마나 그리웠을까? 그러나 어머니는 일본에서 고등교육까지 받을 수 있었고, 이웃에 살던 아버지를 만나 결혼도 하셨다.

필자가 초등학교를 다니던 1970년대 초, 일본에서 작은 외할머니라는 분이 몇 번 다녀가셨다. 초콜렛, 모찌, 커피, 일제 주방 도구 등 당시 시골에서는 보기 어려웠던 물품을 선물로 갖다주셨다. 어머니는 그분을 정성껏 모셨고 그분은 어머니의 고향에 가셔서 외할머니와 외할아버지의 산소를 찾아보고 친척들과 인사를 나눈 뒤 다시 일본으로 돌아가셨다. 그리고 나중에 안 사실이지만 외할아버지 묘는 지역 개발로 인해 아들들이 있는 일본으로 이장되었고, 제사도 아들들이 지내고 있었다. 딸만 둔 외할머니는 홀로 고향에 묻혀 계셔야 했다. 그러니 맏며느리인 어머니는 내색도 못한 채 외할머니의 기일을 혼자 말없이 기리고 계셨던 것이다.

외할아버지와 외할머니는 이혼하지 않으셨다. 그 세대까지만 해도 이혼은 있을 수 없는 일이었고, 첩을 두는 것은 당연하게 받아들여졌다. 가부장의 권위와 위상은 절대적이었고, 조강지처는 버리지 않는다는 관념 또한 강했다.

우리나라 역사에서 여성이 이혼을 청구하게 된 것은 20세기에 들어와서이다. 오랜 혼인의 역사 속에서 여성들이 스스로 자신의 결혼생활을 청산하고 이혼을 선택할 수 있게 된 것은 법적으로 100여년 정도의 짧은 역사를 지닌다. 그러나 실제로는 여성의 사회활동이 확대된 매우 최근에 와서야 여성들이 스스로 혼인 생활의 지속 여부를 선택할 수 있게 되었고, 재혼도 쉽게 할 수 있게 되었다. 오랜 역사 속에서 여성들에게 이혼이란 인생의 실패이자 주홍글씨였으며, 심지어 죽음과 같이 여겨졌다. 이혼은 개인의 일을 넘어 가문의 수치로 취급되었고, 여성들이 선택할 수 없는 문제였다. 남편을 빼앗긴 외할머니도 그 시절 이혼 청구는 생각하지 못했을 것이다.

＊＊＊

이혼은 결혼 관계를 소멸시키는 행위이다. 이혼은 결혼과 마찬가지로 사회적, 정치적, 문화적 맥락 속에 깊이 자리 잡고 있었다. 이혼은 정당한 절차를 밟아 맺어진 결혼, 또는 식을 올려 사람들에게 널리 알린 결혼 관계가 끝났음을 의미한다. 따라서 조선시대에는 혼인의 위협적인 파탄인 이혼은 사회와 가정의 안정을 해치는 것으로 이해되어 매우 금지되었다. 특히 '수신'과 '제가'를 중요시하는 유교문화 속에서 이혼은 이것을 잘 수행하지 못한 결과로 인식되었기 때문에 개인의 수치는 물론 가문의 큰 수치로 여겨졌다.

조선시대의 여성들은 더욱 이혼을 생각할 수 없었다. 자신의 삶을 스스로 선택할 수 없었고, 자기 목소리를 언지 못했다. 대부분 어린 시절 부모가 짝지어 주는 대로 혼인했으며, 시부모나 남편의 뜻에 따라 강제로 내쫓김을 당하기도 했다. 따라서 당시에는 이혼이라는 단어보다 출처(出妻), 이이(離異), 기처(棄妻), 기별(棄別), 축출(逐出), 절혼(絶婚) 등등 다양한 단어들을 더 많이 사용했다. 왕실에서는 신분의 강등이 전제되었기 때문에 폐출(廢黜), 폐비(廢妃), 폐빈(廢嬪)이란 용어가 사용되었다. 이혼과 재혼이 금지되었던 조선시대에는 부부간의 애정보다는 부위부강(夫爲婦綱: 남편과 아내 사이에 지켜야 할 도리)이니, 부부유별이니 하는 시대가 요구하는 의리와 도리로서 살아야 했다.

그럼 조선 왕실 가족들의 혼인 생활은 어떠했을까? 최고의 부와 권력을 가진 왕실은 그 어느 신분보다도 가부장권이 강했다. 대부분의 왕과 왕비, 왕자와 공주들은 혼인 후 평생 자신의 위치를 지키며 혼인 생활을 유지해 왔지만, 그 가운데에는 그렇지 못하고 가부장에 의해 쫓겨나는 여성들도 있었다. 양반 여성으로 태어나 왕이나 왕실 자녀와 혼인해서 더 높은 신분을 획득한 여성들과 왕의 딸로 태어나 양반가로 시집간 왕녀들도 당시의 시대가 요구하는 도덕적 가치와 정치적 이유로 이혼당한 경우가 있었다. 비록 그 사례는 매우 적지만 그 영향력은 엄청나게 컸다.

온 나라 사람들이 관심을 가지고 다들 부러워하는 혼인을 했는데 왜 쫓겨나야 했을까? 어떤 이유에서 쫓겨났을까? 그 이후에는 어떻게 살았을까? 지금까지 이런 단순한 의문에조차 속 시원하게 얘기해 주는 연구들은 별로 보이지 않았다. 그동안 조선 왕실의 혼인과 그 의례 연구는 많이 쏟아져 나왔지만, 이혼에 관한 연구는 별로 없었다. 왕실 혼인과 가족제도를 연구하는 연구자들조차 이혼과 결혼생활의 파탄에 대해서는 상대적으로 소홀하게 다루고 있었다. 아마 조선시대에는 그 사례가 적고, 특히 왕실 구성원들의 이혼은 없었을 것이라고 미리 짐작했기 때문은 아니었을까? 특히 폐비·폐빈을 부부 사이의 이혼과는 별개의 문제로 인식했기 때문이기도 할 것이다.

그러나 이혼은 결혼 못지않게 그 사회를 진단하는 매우 중요한 문제이다. 결혼과 이혼은 부부간의 지극히 개인적인 문제임에도 불구하고 시대에 따라 가치관이 다르며, 매우 사회적인 문제이자 공동체적인 문제로 작동해 왔다. 특히 조선 왕실의 이혼은 매우 국가적인 일이며, 정치적이고 문화적인 특징을 보여주는 것이었다. 왕실 이혼이 빚어낸 상황들은 매우 역사적인 것이었다.

***

본 책은 조선 왕실 구성원들 가운데 부부간에 이혼한 사례를 중심으로 살펴본 것이다. 이전에 썼던 글들을 모아 다시 검토하고, 새로 보충하여 읽기 편하도록 시대순으로 재정리하였다. 이 책의 밑바탕이 된 필자의 기존 논문은 「조선 초기 소혜왕후의 생애와 『내훈』」(『한국사상과 문화』 27, 2005), 「조선 초기 성종비 윤씨 폐비 폐출 논의 과정」(『한국인물사연구』 4, 2005), 「조선 성종대 폐비 윤씨 사사 사건」(『한국인물사연구』 6, 2006), 「중종비 폐비 신씨의 처지와 그 복위논의」(『한국인물사연구』 7, 2007), 「연산군대 폐비윤씨 추봉존숭 과정과 갑자사화」(『한국인물사연구』 10, 2008), 「조선 태조·세종대 세자빈 폐출 사건의 의미: 현빈 유씨, 휘빈 김씨, 순빈 봉씨를 중심으로」(『한국인물사연구』 14, 2010), 『역사학자가 쓴 인수대비』(솔과학, 2017) 중 폐비윤씨 부분, 「조선 초기 대군들의 이혼사례와 처의 지위」(『여성과 역사』 22, 2015), 「연산군의 딸 휘순공주(徽順公主)의 혼인과 이혼」(『여성과 역사』 28, 2018), 등이다. 여기에 새로이 숙종대 숙종과 인현왕후의 이혼과 재결합에 대해 글을 보태었다. 새로 정리한 이 책은 기존의 많은 연구 저서와 논문들을 바탕으로 재작성된 것이다.

본 책의 구성과 내용은 대략 다음과 같다. 먼저 서장에서는 조선시대 이혼에 대한 이해를 돕기 위해 기존의 연구 성과들을 중심으로 간략하게 조선시대의 이혼법과 이혼조건에 대해 정리해 보았다. 그리고 왕실 가족들에 대한 이해를 돕기 위해 인적 구성에 대해 간략히 제시하였다. 먼저 왕과 왕비, 세자를 비롯한 왕자(대군·군), 왕녀(공주·옹주)들을 정리하고 이들 중 이혼한 사례가 몇 명인지 살펴보았다.

1장에서는 조선 왕실의 첫 이혼사례가 된 태조의 세자 방석과 현빈 유씨의 이혼에 대해 살펴보았다. 갓 혼인한 현빈 유씨는 환관 이만과의 불미스러운 일로 인해 태조에게 내쫓김을 당했다. 태조는 세자의 이혼을 집안의 일로 여기고 숨기고 싶어 했다.

2장에서는 세종대에 있었던 세자 향(후의 문종)과 현빈 김씨, 순빈 봉씨와의 이혼을 살펴보았다. 그리고 세종의 4남 임영대군의 이혼과 재혼, 8남인 영응대군의 이혼과 재혼에 대해 살펴보았다. 세종은 두 명의 세자빈과 두 명의 며느리를 내쫓았다. 즉 3아들의 이혼과 재혼을 주도했다. 세종은 도덕적으로 완벽한 세자빈을 얻고자 했으며, 자식을 많이 낳을 건강한 며느리를 얻고자 했다. 세종은 누구보다 엄혹한 시아버지였다.

3장에서는 단종대 있었던 영응대군의 두 번째 이혼과 전처와의 재결합에 대해 살펴보았다. 영응대군은 아버지 세종이 죽자 곧바로 전처를 찾아갔고, 두 딸을 낳았다. 그리고 세종이 주도해서 재혼한 부인을 마음대로 내쫓고 다시 전처와 재결합하는 폭력적이고 가부장적인 면을 보여주었다. 죄없는 두 번째 부인을 쫓아내며 자신의 뜻을 관철시킨 것이다.

4장에서는 성종대에 있었던 성종의 이혼과 재혼, 폐비 윤씨의 사사(賜死), 그리고 예종의 외아들 제안대군의 이혼과 재혼, 두 번째 이혼과 전처와의 재결합 등에 대해 살펴보았다. 성종은 조선왕조 성립 후 첫 번째로 부인을 쫓아내고, 왕권 강화를 위해 심지어 죽이기까지 한 왕이었다. 이 사건이 조선 왕실 여성들에게 끼친 영향은 매우 크다. 이후 부덕(婦德)을 상실했다는 이유로 쫓겨난 왕비는 없었으며, 숙종이 왕권 강화를 위해 인현왕후를 쫓아낼 때와 희빈 장씨를 사사할 때, 또 '후궁으로 왕비를 삼지 말라'고 내린 명령도 폐비윤씨사건을 그 전례로 삼은 것이었다.

예종의 외아들로 왕위 계승권을 가졌던 제안대군은 성종에게 왕위를 빼앗긴 채 한평생 풍류를 즐기면서 살았다. 그는 혼인 후 곧 첫 부인을 쫓아낸 후, 재혼한 부인도 쫓아내고 다시 전처와 재결합했다. 그의 고집에 어머니 안순왕후는 뜻을 받아들였고, 죄 없는 부인을 쫓아낼 수 없다는 대간들의 반대에도 불구하고 성종도 제안대군의 이혼을 허락했다. 성종과 대간들은 제안대군에게 전처와의 재결합은 허락할 수 없다며 새로 삼혼(三婚)할 것을 요구했으나 제안대군은 차라리 장가를 가지 않겠다고 고집부리며 전처와 재결합했다.

5장에서는 중종대에 있었던 중종의 이혼과 재혼, 연산군의 딸 휘순(신)공주의 이혼과 재결합에 대해 살펴보았다. 중종은 조선 최초로 신하들이 일으킨 반정에 의해 왕위에 옹립된 왕으로 반정공신들의 압력에 의해 부인 신씨를 폐출하였다. 신씨의 아버지가 반정을 반대했기 때문이었다. 중종은 조강지처 신씨를 보호할 수 없었고, 이후 장경왕후의 죽음으로 신씨를 복위하자는 논의가 있었으나 결국 복위시키지 못하고 문정왕후와 또 재혼했다. 그리고 죽을 때까지 신씨와 다시는 함께 할 수 없었다.

또 연산군의 외동딸 휘순공주는 부왕 연산군의 폐위로 인해 공주의 지위를 잃고 그 영향으로 시집에서 쫓겨났다. 연산군의 비위를 맞추며 출세 가도를 달렸던 시아버지 구수영은 중종반정의 기미를 알고 발 빠르게 반정군에 참여했으며, 연산군이 폐위되자 아들과 가문에 영향이 있을까 염려하여 연산군과 절혼(絶婚)하기를 청하고 휘순공주를 내쫓았다. 그러나 이후 휘순공주는 '딸은 친정의 죄에 연좌되지 않는다'며 재결합을 요구하는 신하들의 요청으로 다시 남편과 결합했으며, 아들을 낳아 연산군의 제사를 받들게 했다.

6장에서는 숙종과 인현왕후의 이혼과 재결합에 대해 살펴보았다. 숙종은 첫 부인 인경왕후 김씨와 사별한 뒤 인현왕후 민씨를 계비로 맞아들였으나 총애하는 후궁 장씨가 아들을 낳자 인현왕후를 투기죄로 몰아 쫓아내고 장씨를 왕비로 책봉했다. 30살 즈음까지 아들이 없었던 숙종은 후궁이 낳은 서자를 적자로 만들기 위해 왕비를 쫓아내고 후궁을 왕비로 승격시켰다. 또한, 그 배경에는 남인과 서인의 대립 정쟁 속에서 환국을 통해 왕권을 강화하려는 목적이 있었다. 그러나 이후 마음이 숙빈 최씨에게 기울어진 숙종은 변화를 일으켜 인현왕후를 복위시키고 장씨를 후궁으로 강등시켰다. 역시 환국을 통해 왕권을 강화하고자 한 숙종의 정치적 목적이 있었다. 그러나 폐위와 복위로 심신이 쇠약해진 인현왕후가 죽자 장씨의 저주로 인해 죽은 것이라는 숙빈 최씨의 밀고로 결국 세자의 생모인 장씨를 죽이기까지 했다. 숙종은 인현왕후를 내쫓고 장씨를 왕비로 승격시키는가 하면 다시 인현왕후를 복위시키고, 장씨를 다시 후궁으로 강등시키고 결국 죽이기까지 했다. 서자를 적자로 만들기 위한 숙종의 의도와 변심, 왕권 강화의 목적 때문에 부인들이 희생되고 수난을 겪어야 했다.

그리고 마지막으로 조선시대 왕실에서 행해진 이혼의 특징에 대해 간단히 정리해 보았다.

필자는 이 책을 통해서 조선 왕실을 구성했던 최고 지존들의 혼인생활은 어떠했는지를 살펴보고 싶었다. 또한, 최고의 권력과 부귀영

화로 상징되는 왕실의 혼인 생활 이면에 존재했던 이혼 문제를 살펴봄으로써 조선 왕실의 강한 가부장적 권력에 대해 생각해 보고 싶었다. 그것이 조선 사회에 끼친 영향이 매우 컸기 때문이다. 이 책이 조선 왕실 사람들의 삶에 대한 궁금증을 풀어주는 데 조금이나마 도움이 되었으면 좋겠다. 아울러 역으로 쫓겨나지 않기 위해 왕실 여성들이 어떻게 인내하고 견뎌냈는지를 생각해 보는 계기가 되었으면 좋겠다. 그것은 과거 엄청난 여성 억압과 부자유를 담보로 한 것이었기 때문이다.

글을 쓰면서 왕이나 왕자들의 일방적이고 심지어 폭력적인 처사에 엄청 화가 나기도 하고, 한편으로는 처신을 잘못해 쫓겨나는 젊은 왕비나 어린 세자빈들의 행동에 안타까움을 느끼기도 했지만, 정치적 이유와 남편의 변심 때문에 죄없이 쫓겨나는 왕비와 어린 대군 부인들의 처지를 상상하며 여성들에게 씌워진 굴레에 연민을 느끼기도 했다. 폐비, 폐세자빈, 대군부인과 공주의 이혼 사건은 조선시대 여성의 지위를 파악하는 데 도움을 줄 것이고, 또한 권력과 혼인이 어떤 상관관계에 있는지도 생각해 볼 수 있게 할 것이다. 아울러 현재의 가정과 사회 속에 구조적으로 깊이 내재해 있는 가부장적 체제와 문화가 어떤 역사적 배경을 가지고 공고화되어 왔었는지도 생각해 볼 계기가 되었으면 좋겠다.

＊＊＊

항상 느끼는 것이지만 논문을 쓰는 것보다 읽기 쉽게 풀어서 책을 쓰는 것이 훨씬 더 어려운 과정임을 절감하고 있다. 그리고 유익함과 흥미로움을 동시에 제공하는 것이 얼마나 힘든 일인가도 절감하고 있다. 필자는 가능한 한 읽기 편하도록 각 내용마다 일일이 전거를 다는 것은 생략하고, 기존 연구논문들은 주제를 소개하는 부분에서 꼭 필요하다고 생각되는 경우에만 근거를 제시하였다. 그리고 나머지는 마지막 참고문헌에 제시했으며, 『조선왕조실록』을 비롯한 원자료는 독자들이 필요한 경우 원전을 찾아서 읽을 수 있도록 문장의 끝에 전거를 제시했다. 인용문의 출전은 국사편찬위원회(https://sillok.history.go.kr/main/main.do)에서 제공한 번역과, 한국고전종합DB(https://db.itkc.or.kr/)에서 제공한 번역을 기본으로 했다. 또한, 가능한 한 한자 사용도 많이 줄였고, 나이는 만으로 계산했다. 그래도 필자의 능력 부족으로 그 의도가 충분히 다 밝혀지지 못한 것 같다. 탈고하려고 하니 용어들이 많이 어렵고, 아직 많이 부족하고 미진한 감이 크다. 다음 연구자들의 더 좋은 글들이 나오기를 기대해 본다.

마지막으로 출판업계의 어려운 사정에도 불구하고 흔쾌히 이 책을 세상 밖으로 나올 수 있도록 도와주신 도서출판 솔과학의 김재광 대표님께 감사드린다. 그리고 1940년, 일본 대판(오사카)상과대학 2학년 재학 중에 일제의 식민지배정책을 비판하다가 퇴학당하고 형을 받으신 후, 올해 뒤늦게나마 독립유공자로 표창을 받으신 아버지, 그리고 이것을 누구보다 기뻐하실 어머니, 평생을 함께해 주신 것에 감사드리며 영전에 이 책을 바친다. 아울러 공부하는 아내의 처지를 이해하며 격려와 지지를 아끼지 않는 남편과 부족한 제자에게 늘 학문적 삶의 표본이 되어 주시는 스승 민현구 교수님, 학문적 동지가 된 제자 임혜련과 한지희, 윤승희에게도 이 자리를 빌려 감사를 드린다.

2022년 11월 초

단풍 짙은 산촌서실에서

차례

2장 세종대: 며느리를 4명이나 쫓아낸 세종

3장 단종대: 영응대군의 두 번째 이혼과 전처와의 재결합

4장 성종대: 성종·제안대군의 이혼

5장 중종대: 중종·휘순공주의 이혼

6장 숙종대: 숙종과 인현왕후 민씨의 이혼과 재결합

맺는말 조선 왕실 이혼의 특징

서장

조선시대 이혼조건과 왕실 가족

1

조선시대의 이혼조건, 칠거지악(七去之惡)

이혼을 금지한 나라, 조선왕조

성리학을 국가 통치이념으로 삼은 조선왕조의 건국 세력들은 고려왕조의 멸망 요인의 하나로 여성들의 풍기문란을 들었다. 그리고 끊임없이 새로운 유교적 여성상을 정착시키기 위해 노력했다. 이러한 과정에서 새로운 정책과 이데올로기에 정착하지 못한 여성들은 부덕(婦德)을 상실한 여성으로 취급당하였다. 유독 조선 초기에 여성정책에 관련된 기록이 많은 것은 새로운 시대, 새로운 왕조가 건국되면서 새로운 여성정책을 지향했기 때문이다.[1]

---

1 조선 초가 여성정책과 관련해서는 특히 다음과 같은 연구가 주목된다. 이순구, 1986, 「조선초기(朝鮮初期) 주자학(朱子學)의 보급(普及)과 여성(女性)의 사회적(社會的) 지위(地位)」『청계사학』 3; 이순구, 1988, 『조선초기(朝鮮初期) 내외법(內外法)의 성립(成立)과 전개(展開)』『청계사학』 5; 장병인, 1997, 『조선전기 혼인제와 성차별』 일지사; 장병인, 2018, 『법과 풍속으로 본 조선 여

농업을 산업기반으로, 성리학을 통치이념으로 하는 조선왕조는 부부간의 이혼을 금지했다. 혼인은 인간이 평생을 살면서 치루는 관혼상제(冠婚喪祭) 의례 중의 하나로, 태어난 이상 누구나 치러야 하는 인륜 중 가장 큰 일, 즉 인륜지대사(人倫之大事)로 여겼다. 그런 만큼 그것을 깨트리는 것은 의리와 효에 어긋난다고 생각했다. 따라서 혼인한 부부는 검은 머리 파뿌리 될 때까지 좋으나 싫으나 함께 살아야 하고, 죽어서는 같은 무덤에 함께 뼈를 묻어야 하는 것을 신념으로 삼았다.

조선시대에는 여성의 재혼을 억제하고 나아가 금지시켰다. 따라서 혼인에서 파생되는 이혼 역시 금지되어야 했다. 이혼과 재혼은 매우 밀접한 관계에 있었다. 여성의 재혼을 막으려면 먼저 이혼을 막지 않으면 안 되었다. 조선이 이혼을 금기시한 배경에는 두 가지 이유가 있었다. 하나는 치국(治國)의 기초가 되는 제가(齊家)를 위해 사회 구성의 근간이 되는 가정을 보호해야 한다는 목적이었다. 다른 하나는 여성의 재혼을 현실적으로 허용하지 않았기 때문에 이혼이 남발될 경우 가정에서 이탈된 여성들을 수용할 사회적 기반이 없었기 때문이었다.

농업경제와 성리학에 기반을 둔 조선시대에는 이혼으로 집에서 쫓겨난 여성들은 갈 곳이 없어졌다. 생물학적으로 남성에 비해 약한 힘을 가진 여성이 황소같이 센 힘을 필요로 하는 농업사회에서 터전을 찾아 자립하기란 매우 어려웠다. 심지어 성리학이 심화될수록 친정에서조차 출가외인이라며 결혼한 딸의 처지를 외면했다. 이혼으

성의 삶』 휴머니타스

로 쫓겨나 갈 곳 없는 여성들이 많아지면 여성의 빈곤화와 여성의 매매, 유녀(遊女)의 증가, 성범죄 등 사회적으로나 국가적으로 매우 심각한 문제가 발생할 수밖에 없었다. 이를 국가나 사회가 감당하기 어려웠다. 따라서 가정에서 이탈된 여성들로 야기될 폐단을 방지하려면 먼저 이혼을 막아야 했다.

그리고 여성에게는 평생 한 남편만 받들어야 한다는 일부종사(一夫從事) 즉 여성의 '열(烈)'을 강조했다. 집안을 위해, 남편을 위해 그 집안에 뼈를 묻을 것을 강조했다. 그렇지 않으면 부덕을 잃은 여성으로 낙인이 찍혀 삶의 가치를 상실하게 되었다. 그래서 조선의 위정자들은 혼인을 보호하기 위해 교화를 넘어서 이혼을 금지하는 강력한 법치를 동원했다.[2]

조선은 건국 직후부터 이혼을 강력하게 억제하며 부인이 간통죄를 범한 경우가 아니면 가급적 이혼을 허락하지 않았다. 국가에서 부부관계에 개입한 것은 공식적인 이혼 문제에만 국한된 것이 아니었다. 형식적으로 부부관계를 유지하면서 별거하며 정처(正妻)를 소박하는 '소박정처(疏薄正妻)'의 행위에도 형벌을 부과하는 등 적극적이고 강력하게 규제했다. '소박정처'의 유형으로는 한 집안에 처와 첩이 함께 살면서 정처를 구박하는 경우, 아예 처를 내쫓고 첩이 대신 가정을 이끄는 경우, 남편이 첩과 별도의 살림을 차리고 본가에 있는 처를 돌보지 않는 경우 등 다양한 종류가 있었다. 이러한 '소박정처' 행위를 처벌할 수 있는 법적 근거는 『대명률』에 규정되어 있는 '처가 있는데 첩으로 처를 대신한 자는 90대의 장형(杖刑)을 부과하고 원

---

2 정해은, 2010, 「조선 후기 이혼의 실상과 『대명률』의 적용」 『역사와 현실』 75, 94쪽.

래대로 회복시킨다'는 조항이었다. 첩에 대해 처의 정통성과 위상을 강화시켜 주며 함부로 처첩을 바꾸지 말도록 했다. 조선은 건국 초기부터 이혼을 강력히 억제했을 뿐만 아니라 소박정처 행위를 강상죄로 언급하며 규제했다.

이혼 억제책은 성종대를 지나며 재가규제책(再嫁規制策)이 강요되면서 더욱 강고해졌다. 아주 불가피한 경우가 아니면 이혼을 막으려 했기 때문이다. 조선 후기에 이식(李植, 1584~1647)이 쓴 『택당집(澤堂集)』에 의하면 그는 "우리나라는 사족녀(士族女)가 개가할 수 없고 사대부가 정처를 버리는 것이 도리상 용납되지 않고 있어, 배우자가 비록 마음에 들지 않을지라도 이혼하는 경우가 극히 드물다"라고 했다.(이식 『택당집』 별집 권13, 책문, 부부)

조선 후기로 내려가면서 국가의 이혼 제한 정책이 점점 더 강고해짐에 따라 간통 이외의 사유로 이혼시키는 일은 매우 드물어졌다. 가정의 안정을 깨트리지 않으려는 기본 정책과 함께 여성의 재가 규제책의 제정에 따라 '조강지처'는 버리지 않는다는 이념이 더욱 공고해지면서 이혼은 더욱 금지되어 갔다.

숙종 39년에 판관 유정기(兪正基)의 처 신태영이 비첩(婢妾)에 대한 질투로 도리에 어긋나는 악한 행동을 서슴지 않았다고 하여 이혼시키자는 논란이 일어났을 때 여러 대신이 "역적의 집안이나 간통한 이외에는 이혼하는 법이 없다"고 반대했다. 그러나 유독 판부사 이여(李畬)는 '만일 부인이 나쁜 행실이 있는데도 남편이 감히 버리지 못하고, 비록 패륜·난상(亂常)에 이를지라도 서로 이혼하지 않는 것으로만 도리를 삼는다면 윤리와 기강에 손상이 된다. 우리나라 풍속은 여자가 정조와 신의가 있어서 한 번 시집가면 개가를 하지 않고 비록 쫓겨나더라도 죽을 때까지 스스로 수절을 했기 때문에, 국법에서 가볍게 이혼하는 것을 허락하지 않았으나, 만일 그 죄악이 법률에 관계된 경우에는 이혼을 허락하지 않은 것이 아니다. 『대명률』에 기재된 것은 바로 국법인데, 이혼하는 법률이 없다고 말하는 것은 옳지 않다. 이혼하는 법은 남편이 스스로 고하기를 기다려서 죄를 입게 되는데, 유정기는 이미 왕의 수레 앞에서 스스로 고했다. 이런 경우에 이혼하지 못한다면 부부를 바로 하고 풍교(風敎)를 맑게 할 수가 없을 것이다'라고 하여 이혼시키는 것을 허락해야 한다'고 주장했다.(숙종 39년 4월 27일 갑술) 그러나 숙종은 '신태영의 전후 공사(供辭: 진술)가 아주 패악하니, 마땅히 이혼을 시켜야 할 것이지만 이혼시키는 것은 법전에만 위배될 뿐 아니라, 후일에 무궁한 폐해를 열어 놓을 염려도 없지 않으니 그대로 두도록 하라'고 하여 이혼을 금지했다.(숙종 39년 4월 27일 갑술)

따라서 대부분 이혼을 선택하기보다 남편이 아내를 소박 놓는 형태로 형식적인 결혼생활이 유지되었다. 그것이 가문의 명예와 자식들의 안전을 위해 유용하다고 생각했기 때문에, 이혼보다는 불편한 혼인 생활을 지속했다.

이혼을 가리키는 용어와 이혼 문서

조선시대에는 요즘 많이 사용하는 이혼이라는 단어를 사용하지 않았다. 법치국가를 표방한 조선왕조의 최고 법전인 『경국대전』을 비롯하여 『속대전』·『대전통편』·『대전회통』 등등에는 이혼 규정이 아예 없다. 그것은 법적인 이혼을 원칙적으로 허용하지 않는다는 의미였다. 그렇기 때문에 이혼에 부수적으로 따르는 권리에 대한 규정도 없다. 예컨대 양육권이나 위자료 같은 것에 대한 규정이 없었다.

하지만 당시 법전으로 함께 사용했던 명나라의 『대명률』에는 이혼에 관련된 용어로 '이이(離異)'·'출처(出妻)'·'휴처(休妻)'·'종부가매(從夫嫁賣)' 등이 있었다. 그리고 『조선왕조실록』에는 이혼을 나타내는 사례로 주로 '이이(離異)'·'출처(出妻)'·'기별(棄別)'·'기처(棄妻)'라는 용어가 사용되고 있다.[3]

'이이(離異)'는 합법적인 이혼을 지칭하는 것으로 국가에서 공식적으로 이혼을 강제하거나 허락할 때 주로 사용되었다. 오늘날 재판상 이혼에 해당하는 당시의 용어라 하겠다.

'종부가매(從夫嫁賣)'는 남편이 부인의 간통을 종용하거나, 처를 처와 간통한 사람에게 팔거나, 처를 돈을 받고 팔거나, 처를 다른 사람에게 돈을 받고 처로 빌려주었을 경우 등을 말한다. 남편의 의무를 져버린 나쁜 행위에 대해서는 국가에서 이혼시키고 법적 제제를 가했다

반면에, '출처(出妻)'·'기별(棄別)'·'기처(棄妻)' 등은 '처를 내쫓다', '버리고 이별하다', '처를 버리다'의 뜻으로 주로 공식적이든 비공식적이든 처와의 혼인 관계가 사실상 파기된 상태를 나타낼 때 주로 사용되었다. 주로 남편에 의해 아내가 일방적으로 버려지는 형태였기 때문에 이혼의 의미로 '쫓겨나다', '버리다'의 의미를 지닌 '기(棄)'가 가장 많이 사용되었다. 그런 만큼 사료상에는 '기'에서 파생된 '휴기(休棄)', '기거(棄去)', '기절(棄絶)'과 같은 다양한 용어들도 존재했다.

---

3 조선시대 이혼과 관련해서는 장병인, 앞의 책, 『조선전기 혼인제와 성차별』, 『법과 풍속으로 본 조선 여성의 삶』 참고. 그러나 이 책에서는 왕실 이혼에 대해서는 거의 다루지 않고 있다.

이러한 용어들은 이혼과 같은 의미로 사용되었다.

조선시대에는 이혼했을 경우 무엇으로 그것을 입증했을까? 이혼 문서가 있었을까? 아니면 구두로써 효력이 발생했을까? 조선시대에는 양반층이 이혼하려면 남편이 이혼 사유를 갖추어 예조에 이혼을 요청해야 했다. 지방에서는 수령에게 소장을 올려 이혼을 요청하기도 했다. 남편 외에 시부모나 근친들이 이혼을 요청할 수 있었다. 이혼을 국가에 요청하는 주체는 주로 당사자인 남편이지만 부모의 동의를 얻어야 했다. 양반층의 이혼에 부모의 동의는 필수적이었다. 반면에 시부모의 눈에 벗어나 남편이 이혼을 요청하는 경우도 있었다. 어느 경우든 가부장이 동의하지 않으면 이혼을 요청할 수 없었다.

예조에 이혼 소장이 제출되면 대신들과의 논의를 거쳐 국왕이 이혼 가부를 판정했다. 그러나 이혼 사안이 간통과 관련될 때는 사실 여부를 확인하기 위해 형조에서 개입하기도 했다. 일반적으로 소장이 수령이나 조정에 올라가면 처분이 내려지는데, 이혼 소장에 대해서 어떤 조처를 내렸는지 그에 대한 기록이 남아 있지 않다. 이혼을 억제하다 보니 이혼을 허락하더라도 별도의 증빙 문서를 마련하지 않고 대부분 구두로 지시한 것으로 추정된다.

예조에 제출된 이혼 소장은 대부분 기각되었다. 국가에서 이혼을 엄격히 관리했기 때문이었다. 따라서 일반민은 물론 양반들조차 국가에 알리지 않고 사적으로 몰래 이혼하는 경우가 적지 않았다. 이렇게 국가의 허락 없이 사사로이 이혼할 때는 이혼 문서를 작성하여 후일의 증빙자료로 삼았다. 이때의 문서를 '처를 버리는 문서'라는 의미에서 '기처문(棄妻文)'이라고 하거나, '기별명문(棄別明文)', '기별문자(棄別文字)', '기별지서(棄別之書)' 또는 단순히 '문권(文券)'이라고 하는 등 여러 가지 이름으로 불렸다. 이 외에 이별한다는 '휴(休)' 자를 써서 '휴서(休書)'라고 칭하기도 했다. 조선 후기에는 '휴서'가 와전되어 '수세(收稅,)' '수서(手誓)'라 하거나, '수표(手標), '수기(手記)' 등으로 불리기도 했다. '처를 버리는 문서'라는 명칭이 보여주는 바와 같이 이혼 문서는 남편 쪽에서 작성했다. 이 이혼 문서의 작성은 주로 식자층인 양반층에서 많이 행해졌다. 이혼 문서는 특정한 양식이 있었던 것 같지는 않지만, 이혼 증빙자료로 삼기 위해 작성되었을 것으로 추측된다.

일반인들의 경우에는 부부가 서로 이혼을 수용하는 '사정파의(事情罷議: 이혼하지 않으면 안될 사정에 놓였을 때, 부부가 서로 얼굴을 맞대고 이혼할 수밖에 없는 사정을 이야기하고 서로 승낙하는 것)'의 방식을 사용하거나, 남편이 처에게 옷깃의 한 자락을 잘라 주는 '할급휴서(割給休書)' 즉 '수세베기'가 이혼 증빙물로 이용되었다. 이혼에 대한 증빙물들이 작성되지 않아도 혈연·지역공동체 사회에서 이혼을 증명하기는 어렵지 않았다.

왕실은 어땠을까? 왕과 세자, 왕자들의 이혼에 그 주체는 당사자가 아닌 가부장인 왕이었다. 왕이 아들인 세자나 왕자들의 이혼을 주도했다. 혹 종친의 요구에 의해 이혼을 허락하는 경우에도 그 주체는 왕이었다. 왕명은 곧 법이었기 때문에 이혼 절차도 생략되었으며, 이혼 문서를 작성하지도 않았고, 왕명을 적은 교지에 의해 폐비, 폐빈, 폐출이 이루어졌다. 신분을 박탈당하고 쫓겨났기 때문에 '폐(廢)'가 앞에 붙었다

조선에서 사용한 『대명률』에 규정된 이혼 형태

조선시대에 법제로 통용한 『대명률』[4] 호률(戶律), 혼인, 출처(出妻)에 따르면 이혼과 관련하여 다음과 같은 규정들이 있다.

○ 무릇 아내가 내쫓기거나 부부의 인연을 끊어야 될 정도〔의절(義絶)〕의 일을 한 적이 없음에도 불구하고 아내를 내쫓아 보냈을 경우에는 그 남편에게 장 80대를 치도록 한다.

○ 비록 아내가 칠거지악(七去之惡)을 범했으나 삼불거(三不去)에 해당되어 이혼을 할 수 없음에도 불구하고 아내를 내쫓아 보냈을 경우에는 남편에게 2등급을 덜어낸 형벌로써 처벌하고 그의 아내는 다시 본남편에게로 돌아오게 한다.

○ 만약 의절(義絶)하여 버려야 할 아내를 쫓아내지〔휴기(休棄)〕 않은 자는 그 남편에게 장 80대를 친다. 한편 부부가 화합되지 않아서 쌍방이 서로 이혼하기를 원하는 경우 처벌하지 않는다.

○ 처가 남편을 배반하고 도망해 숨어 있는 경우에는 아내에게 장 100대를 치고 본남편에게 도로 돌려주어서 남편이 자기 뜻대로 아내를 내다 팔도록 한다. 한편 아내가 도망해 숨어 있는 동안에 다른 사람에게 다시 시집갔으면 그 아내를 교수형에 처한다.

---

4 박철주 역주, 2014, 『역주 대명률직해』 민속원 참고.

○ 남편이 도망한 것을 그의 아내가 3년 안에 관에 신고하지 않고 달아나버리면 그 아내에게 장 80대를 친다. 아내가 자기 맘대로 다시 시집갔으면 그 아내에게 장 100대를 친다. 첩이면 각각의 형벌에서 1등급을 감한다.

위의 『대명률』 조항에 의하면 이혼은 일방적인 강제이혼인 출처(出妻)와 의절(義絶), 그리고 협의이혼인 화리(和離)로 나누어 볼 수 있다. 따라서 조선시대 이혼을 분류할 때도 주로 일방적인 강제이혼과 합의이혼으로 분류한다. 그러나 사실상은 가부장에 의한 강제이혼이 대부분을 차지했다. 합의이혼은 매우 드물고, 여성은 이혼을 요구하기가 어려웠기 때문에 합의라 하더라도 사실 남편의 뜻에 따른 경우가 대부분이었다.

위의 『대명률』의 조항을 좀 더 자세히 살펴보자. 첫째, '아내가 내쫓기거나 부부의 인연을 끊어야 될 정도〔의절(義絶)〕의 일을 한 적이 없음에도 불구하고 아내를 내쫓아 보냈을 경우 그 남편에게 장 80의 형에 처한다'는 규정이다. 강제로 이혼할 사유가 없는 데도 처를 쫓아내고 이혼을 하는 경우 남편에게 장 80의 벌을 내리고 아내와 다시 결합하도록 하고 있다. 함부로 처를 쫓아내지 말 것을 제한한 것으로 이혼을 제한한 규정이라 할 수 있다.

둘째, '비록 아내가 칠거지악을 범했으나, 삼불거에 해당되어 이혼을 할 수 없음에도 불구하고 아내를 내쫓아 보냈을 경우는 남편에게 2등급을 덜어낸 형벌로써 처벌하고 그의 아내는 다시 본남편에게로 돌아오게 한다'는 규정이다. 이에 따르면 비록 칠거지악에 해당되는 처라도 삼불거에 해당된다면 합법적으로 내쫓을 수 없음을 알 수 있다. 이 규정은 삼불거에 해당하는 처를 내쫓은 남편을 처벌하고 처와 다시 합하도록 하고 있다.

삼불거는 이혼을 금지하는 규정으로 시부모를 위해 삼년상을 치른 경우, 혼인 당시 가난하고 천한 지위에 있었으나 후에 부귀를 얻은 경우, 이혼한 뒤에 돌아갈 만한 친정이 없는 경우는 도의상 아내를 버려서는 안 된다는 것이다. 가급적 처를 내쫓는 행위를 억제하는 데 주안점을 둔 규정이라 하겠다.

셋째, '만약 의절하여 버려야 할 아내를 쫓아내지 않은 자는 그 남편에게 장 80대를 친다. 한편 부부가 화합되지 않아서 쌍방이 서로 이혼하기를 원하는 경우 처벌하지 않는다'는 규정이다. 이 조항은 두 가지 면으로 나누어 볼 수 있다. 먼저 '만약 의절하여 버려야 할 아내를 쫓아내지 않은 자는 그 남편에게 장 80대를 친다.'라는 부분이다. 부부 중 한 사람이 '의절'을 범했을 때 국가에서 이혼을 강제하고 또한 처벌을 내렸다. '의절'에 해당하는 부분에 대해 『대명률』에는 구체적으로 제시되어 있지 않지만, 상대방의 친족을 살해하거나, 구타하거나, 간통했을 경우 등을 의미한다. 이런 의미에서 이 부분은 오늘날 이혼 조건에도 해당된다. 조선시대에도 혼인 당사자가 이러한 의절을 범했을 경우 국가에서 강제로 이혼시켰다. 이런 범죄들이 가부장적인 질서를 위협한다고 받아들여졌기 때문이다.

또 위의 조항 가운데 '부부가 화합되지 않아서 쌍방이 서로 이혼하기를 원하는 경우 처벌하지 않는다'고 한 규정은 부부 쌍방에 구체적인 이혼 사유가 없어도 부부가 함께 원하면 이혼이 허락되었음을 보여준다. 즉 '합의이혼'도 가능했음을 보여준다.

그러나 『조선왕조실록』 기사에는 '출처'와 '의절'에 의한 이혼만

나타나고, 합(협)의이혼은 거의 없다. 여성이 몰래 도망을 간 경우 외에 여성이 주체가 된 경우는 더욱 없다. 특히 그 대상을 왕실 여성들에게 한정하면 출처 즉 내쫓긴 사례만 나타난다. 왕실 이혼뿐만 아니라 일반 양반들의 이혼에도 합의이혼은 성립되기 어려웠다. 현실적으로 합의이혼이라 하더라도 실제는 가부장인 시부모나 남편의 강박에 의한 일방적인 출처·기처만 허용되었다. 가부장적인 가족 질서 속에서 약자로 존재하는 아내나 며느리를 가부장의 소유물 또는 집안의 소유물로 생각하는 잘못된 인식이 자리 잡고 있었기 때문이다. 따라서 남성 중심의 편벽된 가치관이 '합의'라는 이름하에 여성을 집에서 내쫓는 것을 용인했던 것이다.

넷째, '처가 남편을 배반하고 도망해 숨어 있는 경우에는 아내에게 장 100대를 치고 본남편에게 도로 돌려주어서 남편이 자기 뜻대로 아내를 내다 팔도록 한다. 한편 아내가 도망해 숨어 있는 동안에 다른 사람에게 다시 시집갔으면 그 아내를 교수형에 처한다'는 규정이다. 이 조항에 의하면 배우자로서 동거의무를 소홀히 하면 이혼이 허락되었다. 처의 도망은 이혼의 사유가 되었다. 처가 남편을 배반하고 도망가면 100대의 장형을 부과하고 남편이 임의로 처를 팔 수 있었다. 심지어 남편을 버리고 도망가서 개가하면 교수형까지 부과할 수 있었다. 혼인한 여성이 정절의 의무를 지지 않을 경우 처벌이 더욱 가중되었다. 남편은 처를 버릴 수 있지만, 처는 남편을 버릴 수 없는 존재였다.

반면에 남편이 도망갔을 때 도망이나 재혼 여부에 대한 처벌 규정은 없다. 이것은 당시 성적 불평등이 얼마나 심했는지를 보여주는 사례 중의 하나라고 할 수 있다. 이 규정은 다섯째 조항 '남편이 도망한 것을 그의 아내가 3년 안에 관에 신고하지 않고 달아나버리면 그 아내에게 장 80대를 친다. 아내가 자기 맘대로 다시 시집갔으면 그 아내에게 장 100대를 친다. 첩이면 각각의 형벌에서 2등급을 감한다'와 일맥상통한다. 남편이 도망했을 경우 처가 이것을 관에 고하지 않고 도망하거나 개가했을 경우 처벌받도록 했다. 남편이 도망갔더라도 3년 동안은 도망가거나 개가할 수 없다는 의미이다. 그러나 실제로는 꼭 3년 만이 적용된 것은 아니었다. 남편이 자신을 버리고 도망을 가더라도 여성은 기다리며 평생 수절해야지 재혼해서는 안 되었기 때문이다. 여성의 성적인 욕구를 철저하게 금지한 조처였다.

이 외에도 국가에서 이혼을 강제할 수 있는 경우는 남편이 부인의 간통을 종용하는 경우로, 처를 처와 간통한 사람에게 팔거나, 처를 다른 사람과 간통하도록 종용하거나, 처를 돈을 받고 팔거나, 처를 다른 사람에게 돈을 받고 처로 빌려주었을 경우 등이 해당된다. 『대명률』에 의하면 다음과 같이 규정하고 있다.

○ 처를 간통한 남성에게 재물을 취하고 팔아넘기면 간통한 남성과 본남편은 각각 장 80대를 치고 그 처와는 이혼시켜 부모에게 돌려보내고 재산은 관에서 몰수한다.〔『대명률』 형률, 범간(犯奸)〕

○ 무릇 처나 첩을 고의로 방종하여 다른 사람과 간통시키면 본남편과 간통한 남성과 아내는 모두 장 90대를 부과한다. 자신의 처첩 및 수양녀를 위협하여 강제로 다른 사람과 간통하게 시킨 경우에는 이들 본남편 또는 양아버지에 대하여 각각 장 100대를 친다. 그리고 간통한 남자에게는 장 80대를 치도록 한다. 그러나 남편이나 양아버지의 협박에

의해 간통하게 된 아내나 첩 또는 수양딸에 대해서는 처벌하지 않고 모두 이혼 또는 파양시키고 친정집 또는 입양되기 전 본래의 자기 집으로 돌아가게 한다.〔『대명률』 형률, 종용처첩범간(縱慂妻妾犯奸)〕

○ 남의 처를 그 남편과 동의하여 아내에 대한 값을 본남편에게 지불한 후 그들 부부를 서로 이혼시키고는 그의 아내를 데려온 경우나, 또는 다른 사람에게서 돈을 받고 그 대신 자신의 아내를 그 사람에게 팔아넘긴 경우와 같이 모두가 뜻이 잘 맞아서 서로 간에 장가들고 시집간 경우에는 본남편과 본래의 아내 그리고 남의 아내를 돈으로 사들임으로써 부부를 이혼시키고 자신이 대신 장가를 든 사람 등에 대해 각각 장 100대를 친다. 부인은 본남편과 이혼시키고 친정으로 되돌려 보낸다. 이때 매매에 쓰인 재물과 금전은 관에서 몰수한다.

남의 아내를 돈으로 사들임으로써 부부를 이혼시키려는 사람이 매입 대상인 남의 아내와 함께 계략을 써서 본남편에게 쳐들어가서 핍박하여 본남편으로 하여금 어쩔 수 없이 돈을 받고 이혼하게끔 시켰을 때에는 본남편이 처음부터 돈을 받고 이혼할 생각은 없었던 것이므로 본남편에 대해서는 처벌하지 않는다.〔『대명률』 형률, 종용처첩범간 (縱慂妻妾犯奸)〕

○ 무릇 자신의 아내나 첩에 있어서 재물을 받고 그들을 남에게 주는 것을 허락하여 남의 아내나 첩으로 만들 경우에는 장 80대를 친다. … 자기와 결혼할 여자가 본남편을 두고 자신에게 시집온다는 것을 알고 있던 사람이라면 자신의 아내를 남에게 시집보낸 남편의 죄로 다스리고, 이들 두 남자는 모두 이혼시키되 뒤에 장가든 자가 여자에게 준 폐

백 예물은 관에서 몰수한다.〔『대명률』 호률, 혼인, 전고처첩(典雇妻妾)〕

『대명률』에 의하면 아내가 매매의 대상이 되는 경우도 있었다. 이를 방지하기 위해 국가에서는 법으로 금지했다. 일부일처제 원칙에 축첩을 허용하는 혼인제도를 표방하더라도 원칙상 남편과 부인은 모두 정절을 지키며 배우자의 정조를 보호할 의무가 있었다. 따라서 부인의 정조를 보호해야 할 남편이 부인에게 간통을 종용하거나 다른 남자에게 빌려주거나 파는 등 그 의무를 져버린 행위에 대해서는 국가에서 이혼시키고 법적 제제를 가했던 것이다.

또 간통과 관련된 『대명률』의 이혼 규정은 아래와 같다.

○ 무릇 화간(和奸)한 경우에는 80대의 장형을 부과하고, 유부녀인 경우에는 90대의 장형을 부과한다. … 화간한 경우나 조간(刁姦)한 경우에는 남녀의 죄가 같다.

간통한 부인의 경우는 본래의 남편에게 내어주는 것을 허락하여 간통한 아내를 다른 사람에게 팔아버리게 하되〔가매(嫁賣)〕남편이 그대로 머물기를 원하는 경우에는 들어준다.

간부에게서 재물을 취하고 팔아넘기면 간부와 남편을 각각 장 80대를 치고 그 아내와 이혼시켜 부모에게 돌아가게 하고 재산은 관에 몰수한다.〔『대명률』 형률, 범간(犯奸)〕

간통죄에 국가가 부가한 형벌은 미혼녀와의 간통은 장형 80대, 유부녀와의 간통은 장형 90대였다. 또 함께 연루된 간통죄에 대해 남녀가 동일하게 처벌받도록 했다. 하지만 남편은 간통죄를 범한 부인을 돈을 받고 시집을 보낼 수 있는 반면, 남편의 간통죄를 이유로 부인이 혼인을 파기할 수 있도록 규정하지는 않았다. 또 '남편이 그대로 머물기를 원하는 경우 들어준다'라고 하여 남편이 이혼할 뜻이 없으면 그대로 살도록 허락했다. 그런데 간통한 여성에 대한 규제는 있지만, 함께 간통한 남성에 대한 규제는 없다. 즉 남편이 다른 여자와 간통할지라도 그 부인은 이혼을 제시할 수 없었다. 이른바 남성들의 '간통'과 '외도'를 법으로 용인한 것이라 하겠다.

『대명률』은 직접 조선의 법률로 이용되었다. 특히 법률을 적용하는 형률은 『경국대전』 형전, 용률조(用律條)에 '용대명률(用大明律: 대명률을 사용한다)'이라고 규정했듯이 명나라 법률을 가져와서 다양한 형태로 적용했다. 조선시대에도 정절을 지켜야 할 의무, 동거의 의무 등 부부의 의무를 이행하지 않을 경우, 혼인을 일방적으로 파기할 수 있었다. 그러나 이 조건은 남편과 부인에게 동일하게 적용되지 않았다. 상대방이 정절을 지켜야 할 의무, 동거의 의무 등을 지키지 않았을 때 혼인을 일방적으로 파기할 수 있는 권리는 남편에게만 있었다. 남편은 부부의 의무를 파기하더라도 크게 문제가 되지 않거나 매우 관대하게 처리되었다.

조선시대에는 가부장적인 구조 속에서 남성들은 축첩제를 향유하고 있었다. 왕실에서는 왕의 후궁과 세자의 소실에 대한 처우가 법전에 공식적으로 규정되어 있었다. 남편은 부인이 맘에 들지 않았을 때 첩을 통해 성적인 만족을 누리면서 가정을 유지했고, 반면에 부인은 정절과 순종을 목숨보다도 더 중요하게 여기며 이혼만은 피하려고 했다.

처를 내쫓을 수 있는 악조건, 칠거지악

조선시대에 들어와서 유교적 예교(禮敎)가 크게 보급됨에 따라 혼인제도도 전면적으로 정비되었다. 이때 일반적으로 이혼제도의 근본원리를 이룬 것은 칠거지악〔칠출(七出)〕과 삼불거(三不去)의 규범이었다. 이혼의 조건이 되는 칠거지악과 이를 방지하는 삼불거가 일반적으로 적용되었다.

전한(前漢) 시대의 사람인 대덕(戴德: 생몰년 미상)은 『대대예기(大戴禮記)』 본명(本命) 편에서 칠거지악을 다음과 같이 풀이하고 있다.

> ① 부모에게 순종하지 않는 것은 덕을 거스르는 것이요〔불순구고(不順舅姑)〕, ② 아들이 없는 것은 후손을 끊는 것이요〔무자(無子)〕, ③ 음탕하다는 것은 가문을 어지럽히는 것이요〔음행(淫)〕, ④ 투기하는 것은 집안을 어지럽히는 것이요〔투기(妬)〕, ⑤ 나쁜 병은 더불어 제사를 지낼 수 없는 것이요〔유악질(有惡疾)〕, ⑥ 말이 많은 것은 친족을 이간시키는 것이요〔다언(多言)〕, ⑦ 절도는 의(義)에 반하는 것이다.〔절도(竊盜)〕

대덕이 살았던 전한은 기원전 202년부터 기원후 8년까지 중국을 지배했던 왕조이다. 이때 정리된 『대대예기』의 내용이 15~19세기에 이르는 조선시대에도 그대로 적용되었다. 그야말로 불변의 조치가 되었다. 오히려 조선시대에 와서 더 강하게 여성들에게 적용되었다. 남편에 의한 처의 규제는 역사 이래로 유교문화 속에서 더 끈질기게 유지되고 더 강화되어 왔기 때문이다.

조선시대 이혼의 사유가 되었던 칠거지악은 『대대예기』의 내용 그대로이다. 이 중에서 절도는 지금도 일반적으로 범죄 행위로 여기지만 ①~⑥까지는 모두 남성 중심의 종법적 가족 질서 또는 가부장적인 가족제도의 요구에서 나온 것이다. 이 7가지 악조건 중에 하나라도 걸리지 않기 위해서 여성들은 매우 조심해야 했다.

그러나 칠거지악을 범했다고 해서 반드시 이혼이 성립되는 것은 아니었다. 칠거지악의 언급은 여성의 행동을 규제하기 위한 수단으로 많이 언급되었으며 협박적인 성격이 적었다. 특히 아들이 없다(무자) 하여 며느리를 내쫓지는 않았다. 조선 전기까지는 딸이 부모의 제사를 지내는 외손봉사가 이루어졌고, 이혼 금지가 강화되는 조선 후기에는 양자를 들여서 가계를 계승했다. 왕실에서는 양반가와 달리 서자도 왕위를 계승했다. 아들을 낳지 못했다는 것이 구박이나 소박의 원인은 되었지만, 이혼의 직접적인 사유가 되지는 않았다. 그러나 무자일 경우 자식이 있는 경우보다 이혼이 훨씬 쉬워졌다.

칠거지악 가운데 가장 일반적으로 이혼이 허락된 조항은 음행(간통), 악질, 불순부모 등을 들 수 있고, 무자, 투기, 다언, 절도 등은 부수적으로 기능했다. 그러나 일반 여성들과 달리 왕실 여성에게는 투기가 첫 번째로 금지되었다. 왕비나 세자빈이 후궁들을 투기해서는 안 되었다. 왕비 가운데 폐비 윤씨나 인현왕후는 투기로 쫓겨났고, 세자빈 봉씨도 투기가 문제되었다. 음행이나 간통은 아내가 남편에 대한 정조의 의무를 다하지 않았기 때문에 이혼의 적극적인 사유가 되었다.

그리고 '악질'과 '불순구고', 즉 '불순부모'의 경우도 그 사례가 다수 발견된다. '악질'에 걸렸을 경우는 부부생활뿐만 아니라 아이를 낳기도 어려웠고, 또 부모의 봉양도 어려웠다. 따라서 아이를 낳지 않은 젊은 아내가 병에 걸렸을 경우는 쉽게 이혼당했다. 특히 '불순부모'는 충효사상을 강조하는 이데올로기와 짝하는 것으로, 부인의 불효 행위가 고발되었을 때 거의 이혼이 이루어졌다. 결혼한 여성은 시부모의 뜻을 무조건 따라야 했다. 조선시대 혼인제도에서 시부모의 권위는 매우 높았으나 아내, 며느리들의 지위는 상대적으로 매우 낮았다. 당시 도덕 윤리의 기준이 되었던 『예기』에는 다음과 같이 얘기하고 있다.

> 아들이나 며느리가 부모나 시부모를 공경하고 효도하는 자는 명령을 거역하지도 않고 게으름을 피우지도 않는다…. 아들이 그의 아내를 좋게 여기더라도 부모가 그를 싫어하면 내보내야 하고, 아들이 그의 아내를 싫어할지라도 부모가 말하기를 '이 며느리가 나를 잘 섬긴다'라고 하면 아들은 그와 부모의 도리를 지켜서 몸이 마칠 때까지 변하지 말아야 한다.(『예기』 내칙)

부부의 혼인 생활 유지는 부모의 뜻에 달려있었다. 남편이 처를 사랑한다 해도 부모가 좋아하지 않는다면 그 처를 내쫓아야 하며, 반대로 시부모를 잘 섬긴다면 그 부부관계는 계속 유지될 수 있었다. 이것은 가족 내에서 효의 윤리가 으뜸임을 의미하고, 특히 가족을 유지하기 위해서는 며느리의 역할이 무엇보다 중요하다는 것을 의미한다. 혼인 생활의 유지는 부부의 애정을 바탕으로 하는 것이 아니라 부모의 봉양을 우선으로 했기 때문이다. 그리고 혼인 생활을 유지하는 동력은 가부장에게 주어져 있었다.

이같이 칠거지악의 조건 중에서도 부인의 간통과 악질, 불순부모(불효) 등은 이혼할 수 있는 특급조건으로 취급되었다. 특히 왕의 이혼에는 투기가, 왕자들의 이혼에서는 악질과 불순부모의 이유가 크게 작동하였다.

이혼 방지책, 삼불거(三不去)

『대명률』에는 칠거지악을 범했더라도 삼불거에 해당하는 처와 이혼한 자에 대해서는 처벌을 가하고, 본래의 처와 다시 결합하도록 하는 규정이 있다. 칠거지악의 죄가 있더라도 삼불거에 해당하는 경우라면 쉽게 이혼이 성립되지 않았다. 칠거지악이 남용되는 것을 방지하기 위해서였다. 삼불거란 ① 시부모를 위해 삼년상을 치른 경우, ② 혼인 당시 가난하고 천한 지위에 있었으나 후에 부귀를 얻은 경우, ③ 이혼한 뒤에 돌아갈 만한 친정이 없는 경우는 도의상 아내를 버려서는 안 된다는 것이다.

①의 경우 시부모의 상례는 각각 3년 상으로 최소한 6년이 걸리고 또한 상례는 가례(家禮) 가운데 가장 힘든 의식이었다. '삼년상을 같이 치른 경우'라는 사항은 자주 언급될 뿐 아니라 가장 중요시되던 조건이었다. 이것은 부모의 상례를 함께 지낸다는 것이 그만큼 집안에서 부인의 지위를 공고히 해주는 행위로 받아들여졌기 때문이다.

②의 경우는 흔히 조강지처는 버려서 안 된다는 논리이다. 혼인 초에는 대부분이 가난하게 살다가 점점 출세하고 부유해지게 되면 대부분의 남성들은 첩을 두었다. 따라서 젊어서 고생하며 남편의 출세를 도운 아내를 버리는 건 도리가 아니라는 걸 강조한 것이다. 부부간에 불화가 있어도 양반 가문에서는 이혼을 수치로 여겼기 때문에 이혼하지 않은 채 사실상 이혼과 다름없는 생활을 해나갔다. 이른바 이혼은 하지 않고 첩을 두는 이중생활을 했다.

③은 아내가 돌아갈 친정이 없어진 경우를 말한다. 이미 친정 부모가 돌아가셔서 돌아갈 친정이 없는 경우 여성은 생활하기가 매우 어려웠다. 이혼한 여성이 경제적 자립을 할 수 있는 공간이 없었기 때문에 굶어 죽는 지경에 이를 수도 있었다. 따라서 그렇게 해서는 안 된다는 것이었다.

실제 세종은 삼불거를 이유로 들어 이혼을 허락하지 않은 경우도 있었다. 세종 22년 6월에 이맹균(李孟畇)의 처 이씨가 남편이 여종을 총애하자 이를 질투하여 죽인 사건이 있었다. 의정부에서는 '여자는 칠거의 의(義)가 있는데, 이씨는 질투하고 또 자식이 없어 이거(二去)를 범했으니 죄를 주라'고 하였다. 그러나 세종은 "여자에게 삼불거(三不去)가 있으니, 전에는 빈천하다가 뒤에는 부귀하면 버리지 못하는 것이고, 함께 삼년상(三年喪)을 입었으면 버리지 못하는 것이다. 이씨가 비록 질투하고 아들이 없다고는 하나, 이 두 가지 버리지 못하는 의(義)가 있으니, 갑자기 이것만으로 이혼시킬 수는 없는 것이다. 또 대신의 명부(命婦)는 형을 가할 수 없으니 작첩을 거두는 게 좋다. 남편이 되어서 아내를 제어하지 못했으니 맹균은 진실로 죄가 있다."고 하며 이맹균을 황해도 우봉현(牛峰縣)으로 내쫓았다.(세종 22년 6월 19일 기축)

이같이 삼불거 규정은 이혼을 방지하는 시책에 유효한 원리로 이용되었다. 그러나 실제적으로는 그다지 큰 방지책이 되지 못했다. 부인의 간통, 악질, 불순부모(불효)의 요건을 가진 여성은 가문의 제사를 담당할 자격이 상실되었다고 여겨 삼불거의 면책 사유에서 제외되었다. 특히 조선 왕실에서 투기와 악질과 불순부모는 이혼 조건으로 작동되었고, 이때 삼불거는 해당되기 어려운 일이었다.

2

조선 왕실 가족의 이혼실태

왕과 왕비의 이혼실태

왕실 가족의 가장 중심에는 왕이 있었다. 조선시대에 실제로 재위했던 왕은 27명이었고, 실제 재위는 못했지만 왕의 아버지로서 추존된 왕이 5명 더 있었다. 따라서 실제 재위했던 27명의 왕의 정처이자, 국모로서의 위상을 지닌 왕비는 모두 42명이었다. 그리고 5명의 추존왕의 부인들은 5명이었는데, 죽은 후 왕비로 추존된 인물도 있고, 세자인 남편이 일찍 죽어 왕비가 되지 못하고 대비가 된 왕후도 있다. 이들을 모두 합치면 조선의 왕비는 47명이 된다. 조선시대 추존된 경우를 포함하여 왕과 왕비를 정리해 보며 다음 〈표 1〉과 같다.

〈표 1〉 조선시대의 왕과 왕비

왕	왕비	본관성씨	비고
태조	신의왕후	안변한씨	
	신덕왕후	곡산강씨	
정종	정안왕후	경주김씨	
태종	원경왕후	여흥민씨	
세종	소헌왕후	청송심씨	
문종	현덕왕후	안동권씨	
단종	정순왕후	여산송씨	
세조	정희왕후	파평윤씨	
덕종	소혜왕후	청주한씨	추존왕
예종	장순왕후	청주한씨	
	안순왕후	청주한씨	
**성종	공혜왕후	청주한씨	
	폐비윤씨	함안윤씨	폐비·이혼함
	정현왕후	파평윤씨	
연산군	폐비신씨	거창신씨	
중종	**단경왕후**	거창신씨	출처·이혼함
	장경왕후	파평윤씨	
	문정왕후	파평윤씨	
인종	인성왕후	반남박씨	
명종	인순왕후	청송심씨	
선조	의인왕후	반남박씨	
	인목왕후	연안김씨	
광해군	폐비유씨	문화유씨	
원종	인헌왕후	능성구씨	추존왕
인조	인열왕후	청주한씨	
	장열왕후	양주조씨	
효종	인선왕후	덕수장씨	
현종	명성왕후	청풍김씨	
숙종	인경왕후	광산김씨	
	인현왕후	여흥민씨	폐비·이혼, 재결합
	희빈장씨	인동장씨	
	인원왕후	경주김씨	
경종	단의왕후	청송심씨	
	선의왕후	함종어씨	

왕	왕비	본관성씨	비고
영조	정성왕후	달성서씨	
	정순왕후	경주김씨	
진종	효순왕후	풍양조씨	추존왕
장조	경의왕후	풍산홍씨	추존왕
정조	효의왕후	청풍김씨	
순조	순원왕후	안동김씨	
문조	신정왕후	풍양조씨	추존왕
헌종	효현왕후	안동김씨	
	효정왕후	남양홍씨	
철종	철인왕후	안동김씨	
고종	명성황후	여흥민씨	
순종	순명황후	여흥민씨	

* 『선원계보기략』, 「조선왕조실록』 참고
** 이혼 경험이 있는 왕과 왕비

왕비는 양반 출신 여성으로 초간, 재간, 삼간의 간택과정을 거쳐 왕실로 입궁한 여성들이다. 대부분의 왕비는 계비를 제외하면 10대 초반에 세자빈이나 대군의 부인이 되었다가 남편이 왕이 됨으로써 왕비가 되었다. 그리고 남편이 죽고 아들이 왕이 되면 왕의 어머니로서 대비가 되고, 할머니가 되면 대왕대비가 되었다.

왕이 국가 통치, 즉 외치를 담당했다면, 왕비는 내명부의 수장으로 내치, 즉 궁궐 안의 여성들을 다스리는 일을 맡았다. 그뿐만 아니라 왕과 함께 종묘, 즉 제사를 받들고 후손을 이어가는 일을 맡았고, 왕이 궁궐을 비울 때는 왕을 대행하는 일도 했다. 왕비는 왕의 짝, 배필로서 곤전, 내전, 중궁, 중전 등으로 불리었고, 죽은 후에는 왕후라는 시호를 받았다.[5]

---

5 변원림, 2006, 『조선의 왕후』 일지사

그러나 왕비들은 자신에게 주어진 임무를 잘 수행하지 못하거나, 칠거지악 또는 정치적인 문제 때문에 쫓겨나기도 했다. 이혼 문제에 있어서 왕은 항상 주체적 존재였다. 본인의 이혼이나 자식들의 이혼에 있어서나 왕의 명령은 곧 법이었다. 반면에 왕비들은 종속적이고 비주체적이고 일방적으로 쫓겨나는 대상이었다.

이혼이 '혼인한 남녀가 생존 중에 성립된 결합 관계를 해소하는 행위'를 말한다면 왕에 의해 사가로 쫓겨난 폐비는 이혼당한 왕비라고 할 수 있다. 더 이상 부부의 인연을 유지하지 않고 서인(庶人)으로 만들어 궁궐 밖으로 쫓아냈기 때문이다. 왕은 사가에 있는 폐비를 찾지 않았고, 폐비가 되어 사가로 쫓겨나면 일단 혼인 생활은 끝이 났다.

폐비는 '왕비의 자리에서 물러나게 함'이라는 어학사전의 뜻으로만 보면 두 가지 형태를 가진다. 하나는 '왕에게 버림을 받아 쫓겨나는 이혼의 형태'이고, 다른 하나는 '남편이 폐위됨으로서 자신도 폐비가 되는 신분 박탈의 경우'이다. 후자는 이혼이 아니다. 왕비의 지위를 상실할 뿐이다. 그러나 전자는 왕과 더 이상 부부관계를 유지하지 않는 것으로 사실상 이혼에 해당한다. 그러나 이혼 후 다시 부부로 재결합하기도 했다. 이것은 왕비의 지위를 다시 회복한다는 의미에서 '복위'라고 했다. 인현왕후 민씨는 숙종의 정치적 의도 때문에 폐비가 되었다가 다시 복위되었다. 이때의 폐비와 복위는 오늘날 이혼과 재결합의 형태로 볼 수 있다.

조선시대에는 일반적으로 이혼이 금지되었고, 왕실은 특히 이혼을 금지했다. 천하의 모범을 보여야 할 왕과 왕비였기 때문에 왕비를 쫓아내는 폐비 행위는 사적인 문제에 그치는 것이 아니라 국가적인 문제였다. 특히 왕 자신의 '수신(修身)'과 '제가(齊家)'와 나아가 '치국평천하(治國平天下)'에 영향을 미쳤기 때문에 극도로 꺼렸다. 그러나 부덕 상실이나 정치적인 이유로 왕이 왕비를 쫓아내는 경우가 없지 않았다.

47명의 왕비 중에 남편인 왕에 의해 사가로 쫓겨난 왕비는 성종의 계비인 폐비 윤씨[6]와 중종의 첫 번째 부인인 단경왕후 신씨[7], 숙종의 계비인 인현왕후 민씨 등 3명이다. 그 사례가 많지는 않다. 두 명은 조선 전기에, 한 명은 조선 후기에 이혼당하였다. 또 각각 쫓겨나는 이유와 그 처지가 달랐다. 폐비 윤씨는 폐비 후 죽임까지 당했고, 폐비 신씨는 반정으로 인해 남편이 왕이 되자 쫓겨나서 죽을 때까지 홀로 살았으며, 인현왕후는 폐비 당한 지 5년 만에 다시 복위되어 왕과 재결합했다. 왕과 왕비의 이혼은 매우 충격적인 사건이며, 끼친 영향도 매우 컸다.

세자와 세자빈의 이혼실태

세자는 왕의 아들로 다음 왕위를 이어갈 왕위 계승상의 정통성을 확보한 사람이다. 원칙적으로는 왕비 소생의 맏아들로 태어난 적장자가 원자로 책봉되고, 이어 세자로 책봉되었다. 그러나 적자가 없는 경우 후궁 소생의 서자도 원자에 책봉되고, 세자로 책봉되었다. 또한 세자가 폐위되거나, 죽거나 하는 등 유고가 생기면 세자가 바뀌기도 했다.

---

6 한희숙, 2005, 「조선초기 성종비 윤씨 폐비 폐출 논의 과정」『한국인물사연구』 4; 2006, 「조선 성종대 폐비 윤씨 사사 사건」『한국인물사연구』 6; 2008, 「연산군대 廢妃尹氏 追封尊崇 과정과 甲子士禍」『韓國人物史硏究』 10 참고.

7 한희숙, 2007, 「中宗妃 廢妃 愼氏의 처지와 그 復位論議」『韓國人物史硏究』 7 참고.

세자의 부인인 세자빈은 왕비와 마찬가지로 양반 가문의 딸로서 3간택 과정을 거쳐 왕실로 편입되었다. 세자빈은 차기에 왕비가 될 인물이었기 때문에 왕비 다음으로 매우 중요하고 또 높은 위상을 지닌 존재였다. 세자빈의 간택과 혼례는 왕비 간택과 혼례만큼이나 중요한 의미를 지녔다. 세자빈에게는 매우 높은 품격과 도덕성이 요구되었고, 궁중 법도를 잘 지킬 것이 강조되었다. 세자빈의 가장 큰 임무도 다음 대의 왕이 될 세손과 왕손을 낳아야 하는 것이었다.

세자빈은 남편이 왕이 되면 왕비로 책봉되었지만, 세자가 죽고 새로운 세자가 책봉되면 세자빈의 자리를 물려주어야 했다. 그러나 그녀가 낳은 아들이 후에 왕이 되었을 경우 대비가 될 수 있었다. 성종의 생모 인수대비(소혜왕후) 한씨, 헌종의 어머니 효유왕대비(신정왕후) 조씨가 그러한 경우이다. 죽은 남편이 왕으로 추존되면 왕후로 추존되었다. 조선시대 세자로 책봉되었던 인물과 세자빈을 보면 다음 〈표 2〉와 같다.

〈표 2〉 조선시대 세자와 세자빈

왕대	세자	세자빈	비고
태조	****방석**	****현빈 유씨**, 현빈 심씨	**유씨 폐빈, 이혼**
정종	방원	정빈 민씨	후에 태종과 원경왕후가 됨
태종	양녕대군	숙빈 김씨	세자 폐위로 폐빈됨
	세종	심씨	왕비가 됨
세종	****문종**	****휘빈 김씨**, ****순빈 봉씨**, 권씨	**김씨, 봉씨 폐빈, 이혼** 소실 권씨 승격됨
문종	단종		단종, 즉위 후 혼인함
단종			세자 없음
세조	의경세자	수빈 한씨	세자 요절, 덕종과 인수대비(소혜왕후)로 추존됨
	예종	한씨	세자빈 한씨 죽은 뒤 세자빈 간택 안함

왕대	세자	세자빈	비고
예종			소생으로 제안대군 있음
성종	연산군	신씨	왕과 왕비가 됨
연산군	폐세자 황		폐세자 사사 당함. 혼인 안함
중종	인종	박씨	왕과 왕비가 됨
인종			세자 없음
명종	순회세자	윤씨	세자 요절함
선조	광해군	유씨	왕과 왕비가 됨
광해군	폐세자 질	박씨	폐세자 죽고, 세자빈 자결함
인조	소현세자	강씨	세자 요절, 세자빈 사사당함
	효종	장씨	왕과 왕비가 됨
효종	현종	김씨	왕과 왕비가 됨
현종	숙종	김씨	왕과 왕비가 됨
숙종	경종	심씨 어씨	심씨 요절함 왕과 왕비가 됨
경종			없음 연잉군(영조)이 세제가 됨
영조	효장세자	조씨	세자 요절함
	사도세자	홍씨	세자 요절함 아들 정조가 세손이 됨
정조	문효세자		요절함, 혼인 안함
	순조	김씨	세자빈 간택 후 정조 죽음, 순조 즉위 후 김씨 왕비가 됨
순조	효명세자	조씨	세자 요절함, 익종과 신정왕후로 추존됨
헌종			없음
철종			없음
고종	순종	민씨, 윤씨	민씨 요절함
순종			없음

* 『선원계보기략』, 『조선왕조실록』 참고
** 이혼 경험이 있는 세자와 세자빈

조선시대에 세자빈이 폐해진 경우가 여러 번 있었다. 그중에는 조선왕조 첫 번째 세자였던 방석의 두 번째 세자빈 현빈 심씨, 양녕대군 부인 김씨, 광해군의 며느리 폐세자빈 박씨는 남편이 세자에서 폐해짐에 따라 폐빈이 되었다. 세자가 폐위되어 함께 폐빈이 된 경우는 남편과 정치적 운명을 같이했을 뿐이다.

그러나 세자빈 자신의 잘못된 행동으로 인해 폐출되는 경우는 실질적인 이혼에 해당했다. 세자빈에 대해서는 다른 여타의 왕자 부인이나 사대부 여성보다도 더 엄격한 도덕적 잣대가 주어졌다. 만약 왕실이 요구하는 부덕(婦德)을 행하지 못할 때나, 잘못이 있을 때는 가차 없이 이혼당했다. 폐세자빈이 다시 궁궐로 불려와 복위, 즉 재결합한 경우는 없었다.

조선 왕실에서 쫓겨난 세자빈으로는 태조대 세자 방석의 첫 번째 부인 세자빈 현빈 유씨, 세종의 세자였던 향(후의 문종)의 첫 번째 부인 휘빈 김씨, 두 번째 부인 순빈 봉씨가 있다.[8] 세자빈의 폐출은 세자의 의지보다는 가부장인 부왕(父王)의 결정에 따라 이루어졌다. 세자의 이혼은 3차례 있었는데 모두 세자빈의 부정과 실덕(失德)에서 이루어졌다. 또한 새 왕조를 건설하고 새로운 성리학적 도덕성과 부덕(婦德)을 강화하던 조선 초기에 이루어졌다.

왕자와 부인들의 이혼실태

왕자는 왕의 아들을 일컫는 칭호이다. 왕의 아들은 차기 왕위를 이어갈 세자를 비롯하여 정처인 왕비가 낳은 대군과 후궁 소생인 군으로 구성되었다. 왕자는 어머니의 신분이 왕비인지 후궁인지에 따라 그 처우가 달랐다.[9]

---

8 한희숙, 2010, 「조선 태조·세종대 세자빈 폐출 사건의 의미: 현빈 유씨, 휘빈 김씨, 순빈 봉씨를 중심으로」 『한국인물사연구』 14 참고.

9 후궁에 대해서는 이미선, 2021, 『조선왕실의 후궁』 지식산업사 참고.

세자는 물론, 다른 왕자들도 다음 왕위를 이어갈 가능성을 가진 존재들이었다. 그들은 왕실의 가장 핵심 인물들이었다. 따라서 왕실에서는 많은 아들을 낳으려고 노력했고, 세자뿐만 아니라 대군들의 입지 또한 매우 컸다. 대군을 비롯한 왕자의 탄생이 급격히 줄어든 조선 후기에는 후궁 소생의 군들도 그 위상이 매우 높았다. 왕의 혈통을 이어받은 자식들은 그야말로 최고의 특권을 부여받은 인물들이었다.

그런데 조선 후기로 갈수록 특히 대군의 수는 점점 적어지고 서자인 군의 수도 적어졌다. 왕비의 생산력이 급격히 줄어들고 후궁의 수 또한 줄어든 데에 그 이유가 있지만, 유아 사망률이 높아 혼인 때까지 성인으로 살아남은 왕자들이 많지 않았다.[10] 거기에 조선 후기에는 당쟁으로 심화되는 정치적 갈등으로 인해 죽임을 당하는 경우가 있었다. 왕실의 자녀수는 초기에 비해 시기가 내려올수록 그 수가 줄어들었다. 그리고 대군의 수보다 군의 수가 훨씬 더 많았다. 조선시대 왕자들의 수를 정리해 보면 〈표 3〉과 같다.

〈표 3〉 조선시대 왕자(대군과 군)

부왕	대군(왕비 소생)	수	군(후궁 소생)	수
태조	진안대군, 영안대군(정종), 익안대군, 회안대군, 정안대군(태종), 덕안대군, 무안대군, 의안대군	8		
정종			종의군, 진남군, 순평군, 금평군, 선성군, 덕천군, 수도군, 임언군, 석보군, 장천군, 도평군, 의평군, 임성군, 정석군, 무림군, 불노, 지운	17
태종	양녕대군(폐세자), 효령대군, 충녕대군(세종), 성녕대군	4	경녕군, 함녕군, 근녕군, 온녕군, 혜녕군, 희녕군, 후녕군, 익녕군	8

10 김지영, 2011, 「조선시대 왕실 여성의 출산력-시기별 변화추이와 사회문화적 함의」, 『정신문화연구』 124 참고.

부왕	대군(왕비 소생)	수	군(후궁 소생)	수
세종	문종, 수양대군(세조), 안평대군, **임영대군, 광평대군, 금성대군, 평원대군, **영응대군**	8	화의군, 계양군, 의창군, 한남군, 밀성군, 익현군, 수춘군, 영풍군, 영해군, 담양군	10
문종	단종	1		
단종				
세조	의경세자(덕종), 해양대군(예종)	2	덕원군, 창원군	2
덕종	월산대군, 자을산군(성종)	2		
예종	인성대군, **제안대군**	2		
성종	연산군, 조졸, 진성대군(중종)	2	계성군, 안양군, 완원군, 회산군, 봉안군, 견성군, 익양군, 경명군, 이성군, 운천군, 영산군, 전성군, 무산군, 양원군	14
연산군	원자, 폐세자, 창녕대군	3	양평군, 이영수, 이총수, 이인수, 이돈수	5
중종	인종, 경원대군(명종)	2	복성군, 해안군, 금원군, 영양군, 덕양군, 봉성군, 덕흥군	7
인종				
명종	순회세자	1		
선조	영창대군	1	임해군, 광해군, 의안군, 신성군, 정원군, 원종, 의창군, 순화군, 인성군, 인흥군, 경창군	11
광해군	폐세자질	1		
원종	능양대군(인조) 능원대군, 능창대군	3	능풍군	1
인조	소현세자, 봉림대군(효종) 인평대군, 용성대군	4	숭선군, 낙선군	2
효종	현종	1		
현종	숙종	1		
숙종			경종, 연잉군(영조), 연령군	3
경종				
영조			효장세자(진종), 사도세자(장조)	2
진종				
장조	의소세손, 정조	1	은언군, 은신군, 은전군	3
정조	문효세자	1	순조	1
순조	효명세(문조)	1		
문조	헌종	1		
헌종				
철종	조졸	1		

부왕	대군(왕비 소생)	수	군(후궁 소생)	수
고종	조졸, 조졸, 조졸, 순종	4	영친왕, 완친왕, 의친왕	3
순종				
합계		56		89

* 『선원계보기략』, 『조선왕조실록』 참고
* 국립고궁박물관, 2013년도 국립고궁박물관 학술용역 결과 보고서, 『조선 왕자 생활』 참고
** 이혼 경험이 있는 왕자

조선시대에 대군을 많이 둔 대표적인 왕은 태조, 태종, 세종 등 조선 초기의 왕들이었으며, 후기에는 인조가 4명으로 많이 두었다. 또한 후궁 소생의 왕자군을 많이 둔 왕으로는 후궁을 많이 두었던 정종, 태종, 세종, 성종, 중종, 선조 등 조선 전기의 왕들이다. 임진왜란 이후에는 왕권의 약화와 성리학의 심화로 후궁의 수가 줄어든 만큼 왕자들의 수도 급격히 줄어들었다.

조선시대의 왕자들은 무품(無品)으로 품계를 초월한 지존들이었으며, 왕세자 다음으로 그 지위가 높았다. 대군의 부인은 부부인(府夫人)으로 정1품의 외명부 품계를 받았다. 군의 부인은 군부인(郡夫人)으로 처음에는 남편인 군의 지위에 맞춰 종1품의 외명부 품계를 받았으나, 이후 남편이 정1품이 되면 정1품 군부인으로 승격되었다. 정1품이 되면 부부인과 군부인은 품계는 같지만, 부부인의 위상이 군부인보다 높았다. 대군·군부인들의 품계와 칭호를 보면 〈표 4〉와 같다.

〈표 4〉 대군·군부인의 품계 및 칭호(『경국대전』 권1, 이전, 외명부)

품계	정1품	종1품
칭호	부부인 군부인	군부인

왕의 아들들도 결혼생활에서 평탄하지 않아 첩을 들이는 것은 물

론, 본처를 내쫓아 이혼하는 사례가 있었다. 세종은 8명의 왕비 소생을 두었는데 그 가운데 3명이 이혼했다. 세종의 세자 향(문종) 외에 임영대군과 영응대군이 그 경우였다. 영응대군은 재혼 후 후처를 쫓아내고 전처와 재결합하기도 했다. 세종대에 아들들의 이혼이 가장 빈번하게 이루어졌다.

성종대에는 예종의 아들이자 성종의 사촌인 제안대군이 이혼하고, 재혼한 뒤 다시 후처를 내쫓고 전처와 재결합했다. 이후 왕자들의 이혼사례는 거의 보이지 않는다. 대부분의 왕자들은 부부 사이가 좋지 않더라도 이혼은 하지 않고 첩을 들여 살았기 때문이다.[11]

왕녀와 부마의 이혼실태

왕의 딸인 왕녀는 태생으로 볼 때 가장 높은 신분을 갖고 태어난 여성이다. 『경국대전』 권 1, 이전, 외명부조에는 왕의 적처인 왕비가 낳은 딸을 공주라 하고, 후궁이 낳은 딸을 옹주라 하여 구별했다. 그러나 공주와 옹주는 모두 품계를 초월한 외명부의 최상위에 있었다. 얼핏 생각하면 내명부에 속할 것 같지만 궁중에서 자란 뒤에 궁궐 밖 양반집으로 시집갔기 때문에 외명부에 속했다. 공주와 옹주는 왕과 왕비, 대군 등과 같이 지존의 신분으로서 품계를 초월한 무품(無品)이었다.

그런데 실제로 공주는 옹주보다 높은 대우를 받았다. 왕비인 어머니의 신분이 후궁과 엄청나게 차이가 난 것과 같이 여러 가지 면에서

---

11 한희숙, 2015, 「조선 초기 대군들의 이혼사례와 처의 지위」, 『여성과 역사』 22 참고.

옹주보다 우대받았다. 또한 옹주는 어머니 신분이 양반 출신인지 천인 출신인지에 따라서 약간의 차별이 있었다. 이점은 왕자들도 마찬가지였다. 그러나 공주와 옹주는 모두 왕의 딸로서 존귀한 지위를 가지고 사회적, 경제적으로 많은 혜택과 특권을 누렸다.

이들은 내명부·외명부 등과 함께 여러 궁중 행사에 참석하며 왕실 가족으로의 권리를 가졌다. 세종의 둘째 딸 정의공주는 14살에 안맹담과 결혼하여 세종의 태평시대를 평탄하게 지내고, 문종·단종대를 거쳐 세조대에는 누님으로, 성종대까지 왕녀로서 극진한 대접을 받고 살았다.

조선시대 국왕에게는 공주가 없이 옹주만 있거나, 아예 딸이 없는 경우도 있었다. 왕녀 가운데에는 책봉되지 못하고 어려서 죽은 경우도 있는데, 대체로 파악되는 인원은 아래 〈표 5〉에 보이는 바와 같다. 공주가 대략 38명이고, 이 중 결혼한 공주는 29명 정도이다. 옹주는 공주보다 훨씬 많아서 대략 73명 정도로 나타난다.

〈표 5〉 조선의 왕녀(공주와 옹주)

왕대	공주(왕비 소생)	소계	옹주(후궁소생)	소계
태조	경신공주, 경선공주, 경순공주	3	의령옹주, 숙신옹주	2
정종			함양옹주, 숙신옹주, 덕천옹주, 고성옹주, 상원옹주, 전산옹주, 인천옹주, 함안옹주	8
태종	정순공주, 경정공주, 경안공주, 정선공주	4	정혜옹주, 정신옹주, 정정옹주, 숙정옹주, 소신옹주, 숙혜옹주, 숙녕옹주, 소숙옹주, 숙경옹주, 경신옹주, 숙안옹주, 숙근옹주, 숙순옹주	13
세종	정소공주, 정의공주	2	정현옹주, 정안옹주	2
문종	경혜공주	1	경숙옹주	1
세조	의숙공주	1		
덕종	명숙공주	1		
예종	현숙공주	1		

왕대	공주(왕비 소생)	소계	옹주(후궁소생)	소계
성종	신숙공주	1	혜숙옹주, 휘숙옹주, 공신옹주, 경순옹주, 경숙옹주, 정순옹주, 숙혜옹주, 경휘옹주, 휘정옹주, 정혜옹주, 정숙옹주	11
연산군	****휘순공주**	1	이영수, 이함금, 이복합, 이정수, 옹주 이씨	5
중종	효혜공주, 의혜공주, 효순공주, 경현공주, 인순공주	5	혜순옹주, 혜정옹주, 정순옹주, 효정옹주, 숙정옹주, 정신옹주	6
선조	정명공주	1	정신옹주, 정혜옹주, 정숙옹주, 정인옹주, 정안옹주, 정휘옹주, 정선옹주, 정정옹주, 정근옹주, 정화옹주	10
광해군			숙의 윤씨 소생	1
인조			효명옹주	1
효종	숙신공주, 숙안공주, 숙명공주, 숙휘공주, 숙정공주, 숙경공주	6	숙녕옹주	1
현종	명선공주, 명혜공주, 명안공주	3		
숙종	조졸, 조졸	2		
영조			화순옹주, 화평옹주, 화협옹주, 화완옹주, 화유옹주, 화령옹주, 화길옹주	7
장조	청연공주, 청선공주	2	청근옹주	1
정조			숙선옹주	1
순조	명온공주, 복온공주, 덕온공주	3	영온옹주	1
철종			영혜옹주	1
고종	조졸	1	****덕혜옹주**	1
합계		38		73

* 선원계보기략』 참고.
* 국립고궁박물관, 2012년도 국립고궁박물관 학술용역 결과 보고서, 『조선 왕실 공주와 옹주의 생활』 6쪽, 〔조선시대 왕대별 공주 옹주 일람표〕 참고.

** 이혼 경험이 있는 왕녀

왕비나 세자빈이 양반가의 딸로 혼인을 통해 왕실 구성원이 된 것에 비해, 왕녀들은 양반가의 아들과 혼인하여 양반의 며느리, 부인, 어머니가 되었다. 왕녀들은 아들을 낳아 가문의 대를 이어야 하고, 아들을 과거에 급제시켜 가문의 영광을 높여야 했으며, 때로는 남편과 사이가 좋지 않거나 첩 때문에 마음고생도 했다. 또한 남편이 일찍 죽어 젊은 나이에 과부가 되었으며, 심지어 영조의 딸 화순옹주와 같이 남편이 죽자 곡기를 끊고 단식하여 남편을 따라 죽기도 했다. 또한 왕실의 정치적 사건에 큰 영향을 받았으며, 남편 집안의 정치적 입지가 그들의 행복과 불행을 결정짓기도 했다.

왕녀는 태종대 이후 부마간택을 통하여 그 짝을 맞이했다. 태종대 춘주지사 이속은 자기 아들을 태종의 후궁 소생에게 부마로 보내기를 거부했다. 그 이유는 후궁이 천인 출신이었기 때문이었다. 그러나 왕의 딸을 거부한 것은 불충(不忠)이라 하여 이속은 귀양을 가고 이속 가문은 거의 멸문되다시피 했다. 이후 왕녀들은 부마(위, 또는 의빈이라고도 함)의 간택을 통해 혼인하게 되었다.[12]

부마 간택은 어린 나이에 부왕이나 모후에 의해 결정되었고, 이후 『국조오례의』「왕녀 하가의(王女下嫁儀)」에 따라 혼인을 거행했다. 왕녀는 자신보다 신분이 낮은 양반가의 아들과 혼인했기 때문에 그들의 혼인을 하가(下嫁)라 했다. 부마는 혼인하자마자 종1품 또는 종2품의 위(尉)에 봉해졌으며, 이후 정1품까지 승진했다. 각 품계에 해당하는 녹봉을 받았고, 국가의 여러 행사에 참여했다. 부마의 품계는 〈표 6〉과 같다.

〈표 6〉 부마의 품계(『경국대전』 권1, 정1품 아문, 의빈부)

품계	정1품	종1품	정2품	종2품
칭호	위	위(공주에게 장가든 자에게 처음 주는 벼슬)	위	위(옹주에게 장가든 자에게 처음 주는 벼슬)

12 부마 간택 배경은 태종대 이속이 아들을 태종의 부마로 보내길 거부한 사건과 매우 관련이 있다. 이에 대해서는 한희숙, 2016, 「조선 초기 延安李氏 李續 가문의 행적과 동향」 『한국인물사연구』 26 참고.

그러나 왕녀는 남편인 부마보다 위상이 더 높았기 때문에, 왕녀가 먼저 죽을 경우 부마는 재혼할 수 없었다. 조선시대 여성 가운데 남편보다 위상이 높은 경우는 오직 공주와 옹주뿐이었다. 이들은 일반 여성들과는 달리 남편에게 종속되기 보다는 상당히 독립된 지위를 갖고 있었다. 왕녀는 하가하기 이전에 봉작을 받은 후 그 지위를 죽을 때까지 유지했다.

조선시대 왕녀 가운데 처음으로 이혼이 거론되었던 왕녀는 태종 이방원의 맏딸 정순공주였다. 정순공주는 정종 2년(1400) 2차 왕자의 난 때 공을 세워 좌명공신(佐命功臣)이 된 이거이의 아들 이백강(李伯剛)과 혼인했다. 하지만 이거이는 사병혁파를 추진할 때 반발하며 태종의 명을 받아들이지 않았다 이에 이거이는 '두 마음을 품었다'는 이유로 죄를 받게 되고, 이백강을 비롯한 아들들은 폐서인 되어 귀양을 가게 되었다. 이에 대간들은 이백강이 부마인 까닭으로 부귀하고 아무렇지도 않은 듯이 경내에 편히 살게 하여 화란의 근원이 근절되지 않으니, 경순공주와 이혼시키고 폐하여 서인으로 삼아, 변방으로 유배 보내야 한다고 강력하게 주장했다. 태종은 이거이·이저의 자손을 벼슬에 나가지 못하게 하고, 이백강을 폐서인하여 외방에 안치하게 했다.(태종 4년 10월 24일 임진) 그러나 태종은 사위 이백강을 차마 귀양 보내지 못했고, 경순공주 부부를 이혼시키지도 않았다.(태종 4년 11월 1일 기해)

조선 왕실 왕녀 가운데 이혼을 경험한 공주는 연산군의 딸 휘순(신)공주가 유일하다.[13] 감히 양반집에서 남편보다 신분이 더 높은

13 덕혜옹주도 고종의 딸로 1912년에 태어나 1931년 5월 8일 일제에 의해 정략적으로 대마도 백작 소 다케유키(宗武志)와 결혼하고, 또 해방 후 이혼했다. 하지만 그녀가 살았던 시기는 조선왕조가

왕녀인 공주나 옹주를 쫓아낼 수가 없었다. 그래서인지 왕녀의 이혼 사례는 잘 보이지 않는다. 그런데 휘순(신)공주는 연산군이 폐출된 뒤 폐서인되어 직첩이 회수되고, 구문경의 처로 불리다가 시아버지로부터 내쫓김을 당하고 이후 신하들의 요구로 재결합하는 우여곡절을 겪게 되었다. 휘순(신)공주는 왕녀로서는 유일하게 이혼과 재결합의 과정을 겪었다.[14]

망한 이후로 이전과 매우 다른 시대적 성격을 가지기에 본 책에서는 다루지 않았다.

14 한희숙, 2018, 「연산군의 딸 휘순공주(徽順公主)의 혼인과 이혼」 『여성과 역사』 28 참고.

1장

태조대: 조선 왕실 최초의 이혼, 세자 방석의 이혼

음행으로 쫓겨난 현빈 유씨

태조 이성계의 막내아들이자 조선왕조 최초의 세자인 의안대군 방석(1382~1398)은 태조의 둘째 부인인 신덕왕후 강씨 소생이다. 태조에게는 8명의 아들이 있었다. 첫 번째 부인 신의왕후 한씨 소생으로 방우, 방과, 방의, 방간, 방원, 방연 등 6명이 있었고, 둘째 부인 신덕왕후 강씨 소생으로 방번과 방석 2명이 있었다. 태조 이성계의 가계도를 보면 〈도 1〉과 같다.

조선 건국 직후인 태조 1년 8월에 막내아들 방석은 장성한 6명의 한씨 소생 왕자들과 동복형을 제키고 세자로 책봉되었다.(태조 1년 8월

〈도 1〉 태조 이성계 가계도

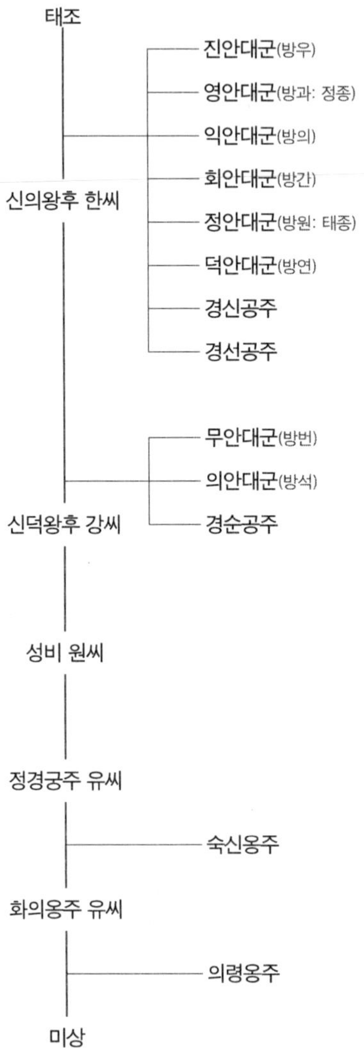

* 『선원계보기략』, 『태조실록』 참고

20일 기사) 당시 방석은 10살[15]이었다. 방석이 세자로 책봉된 데에는 태조의 총애를 받는 그의 어머니 신덕왕후 강씨의 입김도 있었지만, 정도전과 심효생, 남은 등 그를 지지하는 건국 세력들의 힘이 컸다.

조선 건국 직후 건국공신인 배극렴·조준·정도전 등은 태조에게 세자를 세울 것을 청했다. 태조는 강씨를 총애하고 존중하여 그녀의 소생인 7남 방번을 세자로 삼고 싶어 했다. 그러나 배극렴·조준 등은 방번의 사람됨이 세자에 적당하지 않다며 '만약 반드시 강씨가 낳은 아들을 세우려 한다면, 막내아들이 낫다'고 했다. 이에 태조는 8남 방석을 세자로 책봉하고 정도전에게 세자보도(輔導: 도와서 올바른 데로 이끌어 감)의 책임을 지게 했다.(태조 1년 8월 20일 기사)

태조와 건국 공신들의 뜻에 따라 조선 건국에 혁혁한 공이 있는 한씨 소생들을 제키고 가장 어린 막내아들 방석이 세자로 책봉되었다. 건국 공신들은 나이 많고 창업에 공이 많은 한씨 소생의 왕자들보다 나이가 가장 어린 막내아들 방석이 세자가 되는 것을 원했다. 정국을 주도해 나가기가 더 쉬웠기 때문이었다.

조선 초기에는 세자빈에게 빈호(嬪號)를 주어 방석 부인은 현빈, 방원(태종)의 부인은 정빈, 양녕대군의 부인은 숙빈, 문종의 첫 번째 부인 김씨는 휘빈, 둘째 부인 봉씨는 순빈의 호를 받았다. 그러나 세종 14년에 호를 없애고 단지 왕의 배필을 '왕비', 왕세자의 배필을 '왕세자빈'으로 칭하기로 결정했다.(세종 14년 1월 18일 무인) 그러다가 이후 다시 잠시 세자빈에게 빈호를 내려주었다. 예컨대 성종의 어머니 인수대비의 세자빈 시절 처음 받은 빈호는 정빈이었는데, 태종비

---

15 이하 나이는 모두 만으로 계산했다.

인 원경왕후의 세자빈호가 정빈이었기 때문에 서로 같다는 이유로 수빈으로 바꾸었다.(세조 11년 7월 27일 임신)

세자로 책봉된 방석은 현빈 유씨를 세자빈으로 맞아들였다. 그런데 세자빈 유씨에 관한 기록은 찾아보기 어렵다. 누구의 딸인지, 언제 결혼했는지, 나이가 얼마인지 등등 개인 신상에 대한 기록이 보이지 않는다. 그것은 유씨가 불미스러운 일로 쫓겨났기 때문이다. 나이는 세자 방석과 비슷했을 것으로 보이며, 혼인 나이를 감안할 때 방석이 세자로 책봉된 직후에 혼인하고 세자빈에 책봉되었을 것으로 짐작된다. 대략 10대 초에 혼인했을 것으로 보인다.

그런데 태조 2년(1393) 6월 19일(계사)에 내시 이만(李萬)을 목 베어 죽이고, 세자빈 현빈 유씨를 사제로 내쫓은 사건이 일어났다. 방석이 세자가 된 지 채 1년도 되지 않은 때 일어난 일이었다. 만약 세자빈이 방석의 세자 책봉 후에 간택되어 혼인했다면 혼인하자마자 쫓겨난 셈이 된다. 이른바 조선이 건국되자마자 발생한 첫 번째 세자빈 폐출 사건이었다. 실로 엄청난 사건이 아닐 수 없었다.

사건이 일어난 지 이틀 뒤에 이 일에 대해 의아하게 생각한 대간과 형조에서는 태조에게 사실을 밝히라고 상소했다. 그들은 세자빈 폐출의 이유를 알고자 했다.

> "내시 이만이 참형을 당하고, 현빈 유씨가 내쫓겨 사제로 돌아갔으나, 나라 사람들이 그 이유를 알지 못하여 의심하고 두려워함이 그치지 않습니다. 전하께서 좌우의 친근한 사람을 법사(法司)에 내려 국문해서 나라 사람들의 의심을 없애게 하소서."(『태조실록』 권3, 태조 2년 6월 21일 을미)

신하들의 이러한 요구에 대해 태조는 오히려 화를 내며 문제를 제기한 홍보·이조·이수·이원·노상 등 관리들을 순군옥에 가두었다. 태조는 세자빈 폐출 사실을 알리고 싶지 않았다. 집안의 수치라 생각했기 때문인 듯 그 사실을 감추고 싶어 했다. 그도 그럴 것이 조선을 건국하자마자, 그것도 세자를 책봉하고 혼인시키자마자 세자빈을 쫓아내야 했으니 왕실의 체면이 말이 아니었다.

그러나 태조의 뜻대로 되지 않았다. 더 많은 신하들이 세자빈이 왜 쫓겨났는지 그 이유를 알고 싶어 했다. 그럴수록 태조는 역정을 냈고 결국 22일(병신)에는 현빈 유씨의 일을 논한 더 많은 대간과 형조의 관원들을 순군옥에 가두었다. 태조는 좌시중 조준과 우시중 김사형에게 다음과 같이 명하였다.

'궁중의 어린 환관과 세자빈을 내쫓아 처벌한 것은 내 집안의 사사로운 일이므로 외부인이 알 바가 아닌데, 지금 대간과 형조에서 이 일을 함부로 논하게 되자, 반드시 외부인이 망령되게 의심하여 서로 모여서 의논하게 될 것이니, 다만 이 무리들의 뜻만이 아닐 것이다. 지금 이 무리들을 옥에 가두어 국문(鞫問)하고자 한다.'(『태조실록』 권3, 태조 2년 6월 22일 병신)

이에 대해 조준 등은 대답하지 않고 나가서 도승지 이직에게 '대간과 형조는 한 나라의 기강이 매여 있으므로 예로부터 이를 소중하게 여겼는데 합사(合司)가 갇히게 되면 국체에 손상됨이 있을 것이니 말을 잘해서 아뢰시오'라고 했다. 그러나 태조는 모두 가두게 했다. 이때 순군옥에 갇힌 사람들은 좌간의 이황, 우간의 민여익 등 여러 명이었고, 이들은 국문을 받았다.

태조는 현빈 유씨의 일을 알고자 했던 대간들을 귀양 보냈다. 홍보·이수·윤장·진경·이치·최사의·조사의·왕비(王裨)는 고향으로 귀양 보내고, 이원은 죽림으로, 노상은 전라도 군영으로, 이조는 각산으로 귀양보내고, 이서·박포·민여익·정탁·이황·이지강 등은 공신인 까닭으로 사제로 돌아가게 했다.(태조 2년 6월 23일 정유) 유씨의 폐출에 관해 그 원인을 알고자 했던 대간과 형조 관원들은 이로 인해 엄청난 고초를 겪었다.

태조는 며느리 세자빈의 폐출을 사적인 가정일로 여겼다. 그래서 비밀에 붙이기를 원했다. 그런 만큼 이 일은 그 내막을 잘 알 수 없다.

그러나 어린 내시 이만이 참형을 당한 것으로 보아 현빈 유씨와 불미스러운 일이 있었음을 짐작할 수 있다. 환관들은 거세당한 존재들이었지만 태생은 남성이었다. 사춘기에 들어선 어린 세자빈에게 이성으로 느껴질 수 있었을 것이다. '음(淫)'은 칠거지악뿐만 아니라 간통죄에도 저촉되어 형벌 사항으로써 실형을 받았고, 거의 예외 없이 이혼의 사유가 되었다. 태조는 세자빈에게 현빈이라는 칭호를 부여했지만, 기대만큼 부인이나 며느리로서의 부덕을 갖추지 못했다. 어쩌면 어린 현빈 유씨는 세자교육에 바쁜 남편보다 자신의 몸종이나 다름없는 또래의 환관 이만에게 더 정을 느꼈는지도 모르겠다. 이러한 상황을 태조가 어떻게 알았는지는 알 수 없다.

태조는 불미스러운 일을 자행한 세자빈을 내쫓음으로써 왕실의 기틀과 도덕성을 세우고자 했다. 현빈 유씨는 세자빈이 되자마자 쫓겨나는 신세가 되었다. 10대 초·중반의 어린 나이였던 그녀가 이후 어떻게 살았는지 그 사정은 역사 속에 묻혀 알 수가 없다. 그러나 그녀가 왕실로 시집을 가자마자 쫓겨난 조선 최초의 폐세자빈이라는 멍에를 가슴에 안고 살았을 것은 쉽게 짐작할 수 있다.

새 세자빈 현빈 심씨의 책봉

현빈 유씨를 내쫓은 지 1년이 지난 뒤 태조는 3년 10월 16일(임오)에 이조전서 심효생의 딸을 세자빈으로 삼고, 6년 9월에 현빈으로 책봉했다.(태조 6년 9월 27일 병자) 빈호는 여전히 현빈으로 내려주었다. 두 번째 세자빈이 된 현빈 심씨의 가계도를 보면 〈도 2〉와 같다.

〈도 2〉 세자빈 심씨 가계도

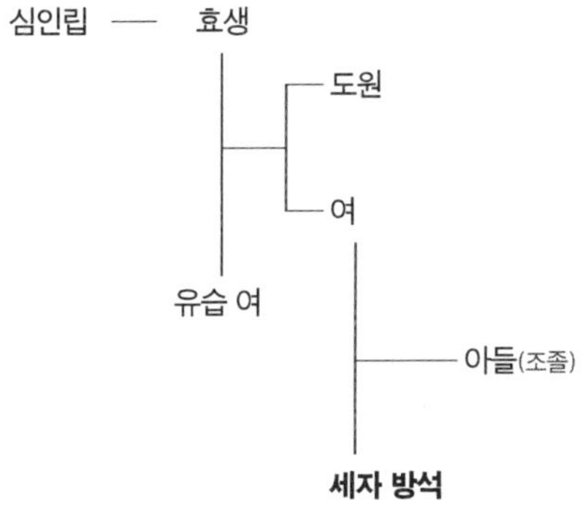

* 『고려사』, 『태조실록』 참고

세자빈의 아버지 심효생(1349~1398)은 조선왕조의 개국공신이다. 아버지는 금주지사 심인립이며, 부인은 유습의 딸이다. 심효생(沈孝生)은 우왕 6년(1380)에 성균시, 우왕 9년(1383)에 문과에 급제했다. 공양왕 3년(1391)에 문하사인을 거쳐 공양왕 4년(1392) 6월에 사헌부 장령으로 재직하던 중, 이성계를 옹립하여 조선왕조의 건국에 공을 세웠다. 그해 개국공신 3등에 책록되었고, 사헌중승·경상도안렴사·중추부사·대장군·첨절제사 등을 역임했다. 딸이 세자빈이 된 후에 부성군(富城君)에 봉해졌으며, 이조전서·중추원학사·지중추원사·예문관대제학까지 올랐다. 그러나 태종의 5남인 방원 일파와 날카롭게 대립하다가 태조 7년(1398) '1차 왕자의 난' 때 살해당했다.(태조 7년 8월 26일 기사) '1차 왕자의 난'은 태조 7년 8월에 왕위 계승을 둘러싸고 일어난 왕자 간의 싸움을 말한다. 일명 '방원의 난' 또는 '무인정사(戊寅定社)', '정도전의 난'이라고도 한다. 왕위 계승을 둘러싼 왕자 간의 싸움인 동시에 신권 중심을 추구하는 정도전 일파와 왕권 강화를 추구하는 방원 일파의 권력다툼이었다.

조선 건국 이후 국가의 통치 질서를 확립하는 과정에서 개국공신들의 지위가 급격히 상승했다. 태조 2년(1393) 의흥삼군부의 설립을 계기로 정도전을 주축으로 추진된 병권집중책과 중앙집권화정책은 권력구조에 큰 변화를 가져왔다. 개국공신 중 정도전을 중심으로 한 세력들의 지위가 크게 부상한 반면, 여타의 훈신과 왕실 세력 및 무장세력은 정치의 핵심에서 소외되기 시작했다. 특히, 태조 7년 이후 정도전을 중심으로 군사훈련인 진법훈련이 강화되자 왕자·종친, 기타 훈신 및 무장들이 가지고 있던 사병 통수권이 해체될 위기에 이르렀다. 이에 양파의 대립은 극에 달했다. 그중에서도 방원과 정도전의 대립이 가장 첨예했다.

이성계의 5남인 방원은 조선 개국에 공이 크고 야심과 재질이 큰 인물이었다. 그는 이성계의 아들 가운데 유일하게 문과에 급제한 인물로 이성계의 자랑거리이자 집안의 영광이기도 했다. 문무를 고루 갖춘 야심찬 인물이었다. 그런 만큼 재상 중심의 집권체제를 강화하려는 정도전 등의 견제를 크게 받았다. 그리하여 방원은 개국공신에도 책봉되지 못했다. 이후 태조 7년 12월에 가서야 마지못해 추록(追錄)되었다.(태조 7년 12월 15일 정사) 또한 세자 책봉 경쟁에서도 탈락했다. 방원은 권력구조의 핵심에서 밀려났고, 그의 추종자들도 불만이 매우 커졌다. 나아가 정도전의 진법훈련 강화로 세력 기반의 마지막 보루인 사병마저 혁파될 위기에 놓이게 되었다.

위기에 몰린 방원은 이숙번 등 자신의 사병을 동원하여 정도전과 남은·심효생·박위·유만수·장지화·이근 등이 술을 마시며 환담하는 장소를 급습하여 그들을 살해했다. 그리고 태조에게는 "정도전·남은·심효생 등이 도당(徒黨)을 결합하고 비밀히 모의하여 우리의 종친 원훈(元勳)을 해치고 우리 국가를 어지럽게 하고자 했으므로, 신 등은 일이 급박하여 미처 아뢰지 못하였으나 이미 죽여 제거하였으니, 성상께서는 놀라지 마옵소서."라고 보고 했다.(태조 7년 8월 26일 기사) 그리고 두려움에 떠는 세자 방석을 끌어내어 폐위시켰다. 이어 귀양을 보내는 도중에 살해하고, 방석의 동복형 방번도 함께 죽였다. 이렇게 방원은 정적을 제거하고 권력을 장악했다. 이 '제1차 왕자의 난'은 개국 직후 국가의 통치 질서를 확립하는 과정에서 대신들과 왕자들 사이에 주도권을 둘러싼 다툼에서 빚어진 사건이었다.[16]

한편 현빈 심씨는 방석이 죽임을 당하기 직전인 태조 7년 5월에 아들을 낳았다.(태조 7년 5월 29일 을해) 현빈 심씨는 남편이 폐위되고 죽임을 당하자 자연히 세자빈의 자리에서 쫓겨날 수밖에 없었다. 이 와중에 심씨가 낳은 아들은 죽은 듯하다. 이후 아들에 대한 기록은

---

16 왕자의 난에 대해서는 한춘순, 2010, 「태조(太祖) 7년(年)(1398) "제1차 왕자 난"의 재검토」 『조선시대사학보』 55. 남지대, 2014, 「조선 태종의 즉위과정과 내세운 명분」 『역사와 담론』 69 참고.

〔그림 1〕 의안대군 방석의 묘 전경

(사진출처: 문화재청)

〔그림 2〕 의안대군 방석의 묘 정면

(사진출처: 문화재청)

보이지 않는다. 어쩌면 훗날을 생각한 정적들에 의해 죽임을 당했는지도 모른다. 심씨는 궁궐을 나와 한양에 살았으나 태종 3년 1월에 무안군 방번의 처 왕씨와 함께 '원망하는 말을 했다.'고 하여 외방으로 쫓겨났다.(태종 3년 1월 4일 임오) 두 부인은 남편들을 죽이고 권력을 빼앗은 태종에게 불만이 많았을 것이다. 그러나 이후 태종은 왕씨와 심씨를 보살펴 주었다.(태종 3년 11월 4일 무인) 그리고 뒷날 세종은 '공순공(恭順公) 이방번·소도공(昭悼公) 이방석은 모두 의친(懿親)으로서 불행히 후사가 없으니, 광평대군 이여(李璵)를 방번의 뒤로 삼고, 금성대군 이유(李瑜)를 방석의 뒤로 삼아서 사당을 세우고 제사를 받들게 하라'고 했다.(세종 19년 6월 3일 신유) 세종은 자신의 아들들로 방번과 방석의 대를 이어 주고 제사를 모시게 했다.

현빈 심씨는 비구니가 되어 정업원에 머물러 있다가 주지였던 고려 시중 이제현의 딸이자 공민왕의 후궁이었던 혜화궁주 이씨가 죽자 뒤를 이어 그곳의 주지가 되었다.(태종 8년 2월 3일 임오) 당시 심씨가 선택할 수 있는 길은 비구니가 되는 거였을 것이다. 아직 조선 초에는 불교가 성행했고, 남편을 잃은 여성들은 비구니가 되고 있었다.[17]

부인은 남편의 지위에 따라 그 지위를 보장받았다. 따라서 현빈 심씨는 남편의 죽음으로 인해 세자빈의 자리를 내놓고 궁 밖으로 쫓겨날 수밖에 없었다. 현빈 심씨는 현빈 유씨가 쫓겨난 것과는 그 이유가 달랐지만, 두 세자빈이 모두 젊은 나이에 왕실에서 쫓겨났다는 것은 공통점이라 하겠다.

---

17 한희숙, 2020, 「조선 초 廣平大君家의 佛敎信行과 왕실불교」 『한국사학보』 79.

2장

세종대: 며느리를 4명이나 쫓아낸 세종

1

세자 향(문종)과 휘빈 김씨의 이혼

첫 번째 세자빈 휘빈 김씨의 간택

세종은 조선시대의 왕 가운데 가장 많은 왕자를 둔 것으로 유명하다. 그는 왕비 소헌왕후 심씨와의 사이에 8명의 대군을, 후궁들과의 사이에 10명의 왕자군을 두었다. 세종 소생의 아들은 무려 18남이었다. 그중 세종의 맏아들이자 세자였던 향(후의 문종)은 태종 14년(1414)에 충녕대군(후의 세종)의 맏아들로 사제에서 태어났으나, 양녕대군이 폐위되고 아버지가 왕이 되자 세종 3년(1421) 7살에 세자로 책봉되었다. 이후 세종이 병들자 세종 27년부터 그를 대신하여 국사를 처리하였으며, 세종 32년(1450)에 즉위할 때까지 약 30년 간 세자로 세종을 보필했다. 세종의 부인과 후궁 · 자녀들을 살펴보면 〈도 3〉과 같다.

〈도 3〉 세종의 부인과 후궁·자녀들

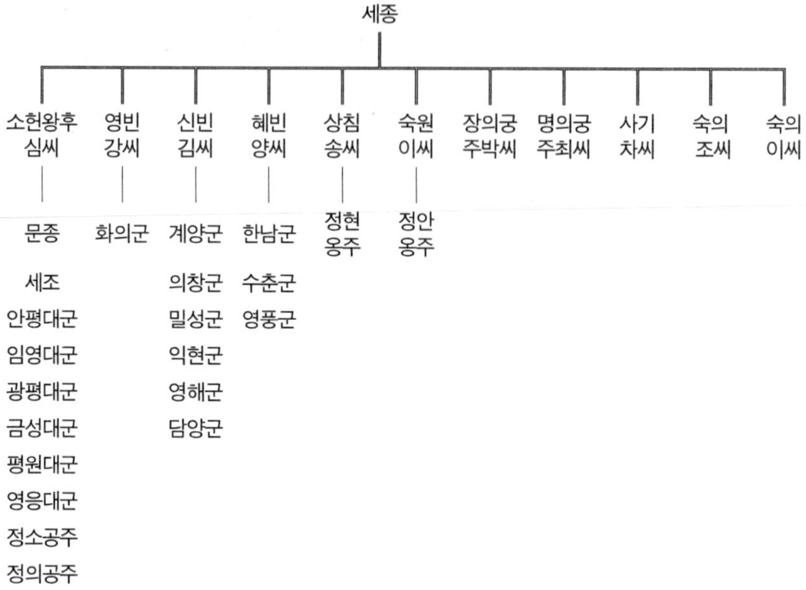

* 『선원계보기략』, 『세종실록』 참고

그런데 세종대에는 왕자가 많았던 만큼 그 어느 왕 때보다 그들의 이혼도 많았다. 그 첫 번째 이혼은 바로 세자 향과 첫 번째 부인인 휘빈 김씨의 이혼이었다.

태종의 3남으로 왕위에 오른 세종은 정통성이 약했던 만큼 자신의 맏며느리인 세자빈을 뽑는데 관심이 매우 많았다. 차기 국모가 될 인물이기도 했지만, 세자를 혼인시키고 빨리 세손을 얻고자 하는 목적이었다. 그래야 왕위를 이어갈 후손이 정해져 왕실과 왕권이 안정되고, 자신이 추구하는 성리학적 가계 계승법 즉 적장자로 가계가 계승되는 종법을 실현할 수 있기 때문이었다.

세종은 재위 6년에 태종의 국상을 마치자 바로 가례색(嘉禮色: 임금이나 왕세자 및 왕세손의 가례에 임하여 두는 임시 부서)을 설치하고(세종 6년

9월 25일 정유) 세자빈을 간택하려고 하였다. 그러나 잘되지 않은 듯 이듬해 1월에 이조판서 허조(許稠)에게 명하여 "지금 세자 비(妃)를 간택하기 위해 13세 이하의 처녀들에게 모두 혼인을 금지시켰는데, 그중에는 부모가 늙고 병들어서 속히 혼인을 이루려는 자가 어찌 없겠는가. 빨리 합당한 자 2, 3명을 간택하고, 나머지는 모두 혼인을 허용하도록 하라."고 재촉했다.(세종 7년 1월 5일 병자) 그리고 이어 3월 29일(기해)에는 변계량과 유순도에게 세자의 배필을 점쳐서 알리라고 했다. 변계량이 약간 사주(四柱)의 운명을 볼 줄 알았고, 유순도는 음양 술수(陰陽術數)와 의술(醫術)로 진출한 자였기 때문이었다.(세종 7년 3월 29일 기해) 그러나 마땅한 후보자가 없어서인지 세종은 7년 5월에 가례색을 당분간 정지하게 했다.(세종 7년 5월 1일 경오) 따라서 세자빈 간택이 일시 중단되었다.

그러다 드디어 세종 8년에 김오문(金五文)의 딸을 세자빈으로 간택하였다. 그녀가 세자의 첫 번째 부인인 휘빈 김씨다. 이어 세자의 혼인 준비가 이루어진 듯 세종 8년 9월에 예조에서는 '가례 때에 쓸 왕세자의 연(輦)과 세자빈의 연은 왕의 연에 비하여 약간 작게 하고, 옥각(屋角)에는 이두(螭頭)를 새기며, 빈의 의물(儀物)도 옛 제도에 따라 청양산(靑陽傘) 1개를 쓰고, 또 오장(烏杖)을 가진 10인이 앞에서 인도하게 하자'고 했다.(세종 8년 9월 2일 임진)

그리고 세종 9년(1427)에 본격적으로 세자의 혼례를 거행했다. 그런데 이때 김씨의 나이가 몇인지는 확실하지 않다. 세자의 나이가 만 13세였던 것으로 보아 비슷한 나이였을 것으로 짐작된다.

휘빈 김씨의 아버지 김오문은 본관이 안동으로 상락군 김묘의 손자이자 판돈녕부사 김구덕(金九德)의 아들이다. 김씨의 집안은 이전부터 조선 왕실과 깊은 인연이 있었다. 김구덕의 딸인 김오문의 누이는 먼저 태종의 후궁으로 뽑혀 입궁했다.(세종 10년 3월 10일 임진) 세자빈 김씨의 고모가 태종의 후궁 명빈 김씨(?~1479)로, 태종 11년에 숙안옹주를 낳았고, 명빈으로 책봉되었다.(태종 11년 11월 20일 정축) 이러한 왕실과의 인연으로 김씨가 세자빈이 되었을 것으로 보인다.

또 김오문의 장인이자 휘빈 김씨의 외할아버지인 정총(鄭摠)은 조선 개국 후 개국공신 1등에 책봉되고, 첨서중추원사로서 서원군(西原君)에 봉해진 인물이다. 태조 4년(1395)에 명나라에 이성계의 고명(誥命)과 인신(印信)을 내려 줄 것을 청하는 사신으로 파견되었다가, 때마침 명나라 황제가 조선이 보낸 표전문(表箋文)이 불손하다는 트집을 잡아 대리위(大理衛)에 유배 가던 중에 죽었다. 세종이 후에 '내가 전년에 세자를 책봉하고, 김씨를 누대 명가의 딸이라고 하여 간택하여서 세자빈을 삼았다'(세종 11년 7월 20일 갑자)고 한 것으로 볼 때 김씨는 당대 최고 명문가 출신이었다. 휘빈 김씨의 가계를 보면 다음 〈도 4〉와 같다.

〈도 4〉 휘빈 김씨의 가계도

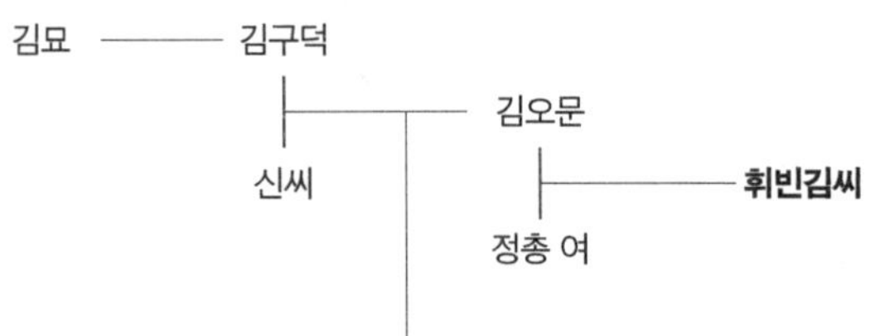

* 『세종실록』 참고

김오문의 관력을 보면 태종 11년(1411) 12월 12일(무술)에 직장이 되었고, 이후 상호군이 되었다. 세종 9년 2월 딸이 세자빈에 뽑혀 납채할 당시 상호군이었다.(세종 9년 2월 8일 병인) 상호군은 조선시대 중앙군 조직인 오위(五衛)에 속하는 정3품 당하관의 무관직으로 궐내의 입직, 궁성문 밖의 숙직 등을 담당했으며, 대궐에서 행하는 비상대처 훈련에 참가했던 직책으로 무관으로는 매우 높은 자리였다.

김씨는 정해진 왕세자 혼인 의식에 따라 혼례를 치렀다. 『세종실록』 오례의에 실려 있는 왕세자 납빈의(納嬪儀)를 보면 그 의식은 납채(納采) – 납징(納徵) – 고기(告期) – 고종묘(告宗廟) – 책빈(冊嬪) – 임헌초계(臨軒醮戒) – 친영(親迎) – 동뢰(同牢) – 빈조현(嬪朝見) – 전하 회백관(殿下會百官) 과정으로 되어 있다. 세자빈에 간택된 김씨는 이 장엄한 과정을 거쳐 세자빈이 되었다.

세종은 9년 2월 8일(병인)에 판부사 최윤덕과 호조참판 성엄을 정사와 부사로 삼아 김오문의 집에 납채하게 했다. 그리고 2월 12일(경오)에 예문관 응교 정인지가 왕세자빈을 책봉하는 죽책문(竹冊文)을 지어 바쳤다. 그 글을 보면 '적자를 세워 세자를 세우니, 이미 원량(元良)의 지위를 바르게 하였고, 인륜을 후하게 하고 교화를 높임에, 마땅히 배필에 어진이를 간택해야 될 것이라. 이에 책명(冊命)을 반포하노라. 아아, 모씨(某氏)는 자질이 순수하고 바르며, 성품이 유순하고 아름답도다. 함양하고 훈도되어 일찍이 가정의 교훈을 받았으며, 엄숙하고 장엄하고 정일(靜一)하니, 마땅히 궁호(宮壺)의 의식을 융성히 할 것이다. 이에 친영의 예를 거행함에, 길일을 가려 명칭을 바로 하게 된 것이다. 아아, 그 마음을 다하여 매양 계명(鷄鳴: 부인이 남편에게 닭이 운다고 일어나라고 아뢺, 『시경』의 내용)의 경계를 진언(進言)하고, 길이 많은 복을 받아 웅몽의 상서〔熊夢之祥; 꿈에 곰을 보면 아들을 낳는다는 길한 조짐. 『시경』의 내용)를 점칠 것이다.'(세종 9년 2월 12일 경오) 라고 하며 아들 많이 낳기를 기원했다. 2월 19일(정축)에 역시 최윤덕과 성엄에게 명하여 납폐하게 했다. 곧이어 김오문을 동지총제에 제수했다.(세종 9년 3월 20일 무신) 그리고 9년 4월 9일(정묘)에 김씨를 왕세자빈으로 책봉했다. 세종은 판부사 최윤덕과 병조참판 성엄을 보내어 왕세자빈에게 책인(冊印)을 주었다.

세자의 혼례는 비교적 순조롭게 진행되었다. 세종은 9년 4월 26일(갑신)에 원류관과 강사포를 갖추고 근정전 월대 위의 악차(幄次)에 나아가 문무 여러 신하를 거느리고 왕세자의 초계례(醮戒禮)를 의식대로 거행했다. 세자는 조복을 갖추고 가서 김씨를 맞아들였다. 그런데 이날 비가 와서 백관이 우산을 갖추고 예를 거행했다. 세자는 세자빈을 맞아 본궁에 갔다가 사흘 뒤에 돌아와 동궁으로 들어갔다.(세종 9년 4월 26일 갑신) 다시 5월 12일(기해)에 휘빈이 본궁 즉 친정에 돌아갔다. 아직 합방하기에는 어린 나이였기 때문이었다.

그리고 9년 7월 19일(을사)에 세종은 사돈이 된 김오문에게 의복과 갓·신 등을 내렸고, 8월 18일(계유)에는 휘빈 김씨의 어머니 정씨를 숙경택주로 삼았다. 참고로 김오문의 관력을 살펴보면 〈표 7〉과 같다.

〈표 7〉 휘빈 김씨의 아버지 김오문의 관력

년도	세자빈	비고
태종 11년 12월	직장(直長)	
세종 9년 2월	상호군	딸이 세자빈에 책봉되어 납채함
세종 9년 3월	동지총제	
세종 9년 4월		딸 김씨를 세자빈 휘빈으로 봉함
세종 9년 7월	우군 동지총제	

년도	세자빈	비고
세종 9년 8월		아내 정씨를 숙경택주로 삼음.
세종 9년 9월	우군 동지총제,	
세종 11년 7월	형 김중엄과 함께 파면됨	*7월 18일(임술)에 김씨 폐출당함

*『태종실록』, 『세종실록』 참고

압승술(壓勝術)을 사용하다 폐출된 휘빈 김씨

휘빈 김씨는 혼인한 지 불과 2년 만에 쫓겨났다. 그 사이에 있었던 할아버지의 상(喪)을 고려하면 합방한 지 몇 달 되지 않아 쫓겨난 것이 된다. 왜 쫓겨난 것일까?

세자빈 김씨는 혼인 후 얼마되지 않아 할아버지의 상을 당했다.(세종 10년 3월 10일 임진, 세종 10년 윤4월 13일 갑오) 휘빈 김씨는 1년 동안 할아버지 상을 치러야 했고, 어렸기 때문에 합방은 이루어지지 않은 듯하다. 그러나 세자가 15세가 되자 세자빈은 세자궁으로 다시 입궁하였다. 합방할 나이가 되었기 때문이다. 그러나 모든 것이 낯선 구중궁궐 속에서 외롭게 생활해야 하는 10대 중반의 세자빈에게 혼인생활은 매우 힘들고 고독한 과정이었다. 세자는 제왕 수업에 매우 바빴고, 부인 김씨가 맘에 안 들었는지 그녀를 가까이하지 않았다.

더욱이 남편인 세자 향은 부왕 세종의 일을 도와 학문연구에 심취해 있어 세자빈을 찾아주지 않는 한편, 주변의 다른 궁녀들에게 눈을 돌리고 있는 듯했다. 세자는 휘빈 김씨에게는 무심하면서도 자신의 시중을 드는 몇몇 시녀들과는 다정히 지내는 듯 보였다. 세자빈 김씨는 부모가 정해준 법도에 따라 혼인한 사이였고, 눈에 드는 시녀는 자연스레 마음이 움직이는 관계였다. 세자에 대한 기대를 가지고 다시 입궁한 세자빈은 기대와 달리 실망이 커졌다. 세자빈은 세자가 찾지 않는 날이 늘어날수록 불안증과 투기가 심해지기 시작했다.

휘빈 김씨는 세자가 다른 궁녀를 좋아한다고 의심했다. 휘빈 김씨는 당시 세자가 덕금과 효동이라는 시녀를 좋아한다고 여겼다. 초조해진 휘빈 김씨는 시녀들이 세자의 마음을 빼앗아 갈까 봐 불안했다.

결국 휘빈 김씨는 세자의 사랑을 얻기 위해 몰래 갖가지 방법을 사용하기 시작했다. 휘빈 김씨는 세자의 사랑을 독차지하고 싶어 했다. 궁녀 중에 호초라는 아이가 있었는데 양반가 첩의 딸이었다. 휘빈 김씨는 호초에게 세자의 사랑을 독차지할 비법을 은밀히 알아 오도록 했다.

호초가 알려준 건 바로 압승술(壓勝術)이었다. 즉 남편이 좋아하는 다른 여인의 기를 눌러 자신이 이기는 방법이었다. 그런데 궁궐은 넓지만, 눈이 많은 곳이었다. 비밀이 유지되기가 매우 어려운 공간이었다. 세자빈의 이 같은 행동은 곧 시아버지 세종의 귀에 들어갔다. 세종은 듣고 매우 놀라 즉시 궁인을 보내어 심문하게 했다. 휘빈 김씨가 '시녀 호초가 가르쳐 주었다'고 실토하자 곧 호초를 불러들여 직접 그 사유를 물었다. 호초는 작년 겨울에 세자빈께서 부인이 남자에게 사랑을 받는 술법을 묻기에 모른다고 대답했으나, 세자빈이 강요하므로 자신이 '남자가 좋아하는 부인의 신을 베어다가 불에 태워서 가루를 만들어 술에 타서 남자에게 마시게 하면, 내가 사랑을 받게 되고 저쪽 여자는 멀어져서 배척을 받는다 하니, 효동·덕금 두 시녀의 신을 가지고 시험해 보는 것이 좋겠습니다.'라고 가르쳐 주었고, 그러자 휘빈 김씨는 즉시 효동·덕금 두 여인의 신을 가져다가 자기 손으로 베어내어 스스로 가지고 있었고, 이렇게 하기를 세 번이나 하여 그 술법을 써 보고자 했으나 그 틈을 얻지 못했다고 털어놓았다. 휘빈 김씨는 세자에게 재를 탄 술을 먹이지는 못했다. 그사이 세자는 휘빈 김씨를 찾지 않았고 결국 제대로 실행에 옮기지 못했다.

그런데 이 일만 있었던 것은 아니었다. 마음이 조급해진 휘빈 김씨는 또 다른 방법을 찾았다. 호초의 말을 들어보면 그 뒤에 세자빈은 다시 '그 밖에 또 무슨 술법이 있냐.'고 물었고, 호초는 '두 뱀이 교접할 때 흘린 정기를 수건으로 닦아서 차고 있으면, 반드시 남자의 사랑을 받는다.'고 가르쳐주었다. 그리고 두 가지 술법 중 앞의 것은 박신(朴信)이 버린 첩 중가이에게서 전해 들었고, 후자는 정효문의 기생첩 하봉래에게 전해 들었다고 했다. 이들 모두 신분이 천한 여성들이었고 첩들이었다.

실제 두 뱀이 교접할 때 흘린 정기를 수건으로 닦아서 차고 있는 것이 얼마나 가능한 일인지는 모르겠지만 당시 민간에서는 이것을 믿었던 모양이다. 휘빈 김씨 또한 이 방법에 현혹되었지만, 실제 사용했는지에 대한 기록은 없다. 시도는 못했을 것으로 짐작된다.

이 두 가지 압승술의 핵심은 다른 여성에게 마음을 둔 세자의 마음을 자신에게 돌아오게 한다는 것이다. 당시 세자빈의 나이는 10대 중후반의 사춘기로, 혼인하고 성에 눈을 뜨게 되었을 것이다. 그리고 자신의 의무인 아들을 빨리 낳아야 한다고 생각했다. 그런데도 학문과 일에만 관심을 두며 눈길을 주지 않는 세자가 다른 여성을 좋아한다고 생각하면 견디기 힘들었을 것이다. 휘빈 김씨는 어떻게든 세자의 마음을 끌기 위한 방법을 찾고자 했고, 그것이 이 두 가지 압승술이었다.

이 사실을 안 세종은 소헌왕후와 함께 세자빈을 불러 그 정상과 사유를 물었고, 그녀는 모두 자복했다. 세종은 증거로 베어낸 가죽신까지 확보했다.

> 과인은 이 말을 다 듣고 즉시 순덕을 불러다가 거듭 물으니 다시 다른 말이 없었으며, 또 말하기를, '제가 일찍이 세자빈의 어머니 집에 가서 가죽신의 껍데기를 내보이고 이어 그 까닭을 말했습니다. 그 가죽이 아직도 저에게 있습니다' 하고, 꺼내어 바치는 것이었다. 이에 과인은 중궁과 같이 김씨를 불러다가 친히 정상과 사유를 물으니 일일이 자복했고, 베어낸 신의 가죽이 갖추어 있고 증언이 명백하여 이전의 애매하고 비슷한 일에 견줄 것이 아니었다. 슬프다, 정말 이런 일이 있었구나.(『세종실록』 권45, 11년 7월 20일 갑자)

세종은 세자빈이 부덕을 상실했다고 생각했다. 세종은 11년 7월 18일(임술)에 동궁의 시녀 호초를 의금부의 옥에 가두게 하고, 휘빈 김씨를 사제로 내쫓았다. 휘빈 김씨는 혼인한지 2년 3개월 만에 시아버지 세종에 의해 이혼을 당했다. 세종은 휘빈 김씨를 내쫓은 다음날 지신사 정흠지에게 명하여 폐빈 사실을 종묘에 고하게 했다. 축문에는 다음과 같이 쓰여 있었다.

> 총부(冢婦: 맏며느리)가 덕을 잃어 세자의 배필이 될 수 없으므로 대의(大義)를 위하여 〈사사로운〉 은혜와 의리를 끊고, 감히 폐빈을 아뢰니 밝게 살피소서.(『세종실록』 권45, 세종 11년 7월 19일 계해)

세종은 휘빈 김씨가 맏며느리로서 세자의 배필이 될 자격을 상실했기 때문에 대의를 위해 폐빈하고 폐출했다고 종묘에 고했다. 차기 왕비가 될 자격을 잃어버렸다고 했다. 태조가 세자빈 현빈 유씨 폐출을 사적인 가정일로 처리하려고 하여 대간들의 반발을 불러일으켰던 것에 비해, 세종은 교지를 통해 상황을 세세히 알리고 이를 국가적인 일로 처리했다. 세종은 이 사실을 종묘에 고한 다음 날 근정전에 나아가 휘빈 김씨를 폐빈시킨다는 장문의 하교를 내렸다. 이미 7월 18일에 사제로 내쫓았고, 19일에 종묘에 고하게 한 뒤, 20일에 공식적으로 폐빈 교지를 내린 것이다. 그 교지에는 맏며느리를 내쫓아야 하는 세종의 심정과 휘빈 김씨의 실행(失行)이 자세히 담겨 있다. 다소 길지만 간략하게 제시해 보고자 한다.

근정전에 거둥하여 하교하기를, "대개 듣건대, 배필이 서로 만나는 것은 백성의 시초로서, 운수와 복의 길고 짧음과 국가의 흥성함과 쇠잔함이 이에 달렸다고 한다. … 후세로 내려오면서 순하고 인정이 두터운 풍습은 점점 엷어지고 여자가 지켜야 할 훈계는 전하지 아니하게 되니, 후비와 후궁들 중에는 간혹 남의 아내로서 마땅한 덕행은 생각지 아니하고 남편의 달콤한 사사로운 총애만을 다투어, 바라는 이가 있게 되었다. 심한 자는 아양을 부리는 방법을 쓰며, 압승술법으로써 독점하려고 하다가 폐출되는 일을 재촉하게 된다. 여러 역사 서적을 상고하여 보면 비록 침방 안의 말이라는 것은 대개가 애매한 것이 많으나 만약 정상과 증거의 흔적이 드러나서 덮어 숨길 수 없는 자가 있다면, 이것은 다 제 자신이 그렇게 만든 것이니, 또 누구를 허물할 수 있겠는가. …

아아, 세자를 정하고 그 배필을 간택한 것은 진실로 장차 종묘의 제사를 받들며, 어머니로서의 궤범(규범이나 법도)이 되어 만세의 큰 복조를 연장하려고 한 것이었다. 지금 김씨가 세자빈이 되어 아직 두어 해도 못 되었는데, 그 꾀하는 것이 감히 요망하고 사특함이 이미 이와 같기에 이르렀으니, 오히려 어찌 그가 투기하는 마음이 없고 삼가고 화합하는 덕을 드러내며, 닭이 세 차례 울어 새벽이 되었다고 알리어 내조를 이룩하고, 종사(螽斯:여치가 한 번에 99개의 알을 낳는 데서, 부부가 화합하여 자손이 번창함을 비유적으로 이르는 말)의 상서를 불러들일 것을 바랄 수 있겠는가. 이러한 〈덕이 없는 자가 받드는 제사는〉 조종의 신령이 흠향하지 않을 것이며 왕궁 안에 용납할 수 없는 바이니, 도리대로 마땅히 폐출시켜야 할 것이다. 내 어찌 그대로 둘 수 있겠는가.

이미 선덕 4년(세종 11년, 1429) 7월 20일에 종묘에 고하고 김씨를 폐빈하여 서인(庶人)으로 삼았으며, 책인(冊印: 책봉문과 인장)을 회수하고 사삿집으로 쫓아 돌려보내어서 마침내 수양이 부족하고 경박하게 행동한 사람으로 우리의 가법을 더럽히지 못하게 했다. 그의 비위를 맞추어 아첨하여 그를 죄에 빠지게 한 시녀 호초는 해당 관서에 넘겨서 법과 형벌을 바르게 밝히도록 했다. 생각건대, 이것은 일반적인 예에 벗어난 일로서 실로 백성들의 귀와 눈에 놀라움을 줄 것과 더욱 모든 관료들도 아직 그 일의 시말을 깊이 알지 못하는 것을 염려하기 때문에 이에 교서를 내려 알리노라." 했다.(『세종실록』 권45, 세종 11년 7월 20일 갑자)

세종은 세자 나이 13세일 때 후사를 잇는 일이 중대하므로 빨리 배필을 세워야 된다는 건의를 받아들여 명문가의 김씨를 간택하여 빈으로 삼았다. 그러나 압승술을 쓰리라고는 생각하지 못했다. 세종은 휘빈 김씨가 훗날 왕비가 되면 큰일 나겠다고 생각했다. 세종은 김씨가 '수양이 부족하고 경박하게 행동한 사람'이라며 '우리(왕실)의 가법을 더럽히지 못하게' 김씨를 친정으로 내쫓았다. 세종은 김씨가 어리석고 못나고 총명하지 못하여 폐빈시켰다고 했다.(세종 18년 10월 26일 무자) 세종의 눈에 김씨의 소행은 부덕을 상실하여 제사를 받들게 할 수 없는 부정한 며느리로 비쳤다. 세종은 김씨의 아버지 김오문과 그의 형 김중엄, 및 호초의 아버지 이반 등도 파면했다. 그리고 의금부의 건의에 따라 김씨에게 압승술을 가르친 호초를 참형에 처하게 했다.(세종 11년 7월 20일 갑자) 호초는 세자빈에게 압승술을 알려줬다가 죽임까지 당했다. 세종이 "우리 조종은 가법(家法)이 매우 엄정하여 매번 내조의 공을 얻었다"(세종 11년 7월 20일 갑자)고 한 바와 같이 그가 얼마나 정숙한 며느리를 기대했는지 짐작할 수 있다.

이후 쫓겨난 폐빈 김씨의 압승술에 관련된 사람들을 처벌할 것을 요구하는 상소가 계속 이어졌다. 장령 최문손은 호초가 김씨에게 가르친 술법은 박신의 첩 중가이와 정효문의 첩 하봉래에게서 배웠다 했으니, 그들을 국문해야 한다고 했다. 그리고 좌사간 유맹문은 중가이·하봉래·정효문·김오문 등을 국문하고 법률에 따라 처단하라고 청했다. 그러나 세종은 허락하지 않았다.(세종 11년 7월 21일 을축) 대사헌 김효손 등은 김오문이 반드시 그 딸의 행위를 알았을 것인데도 저지하지 않았으니 김오문 부부를 국문하도록 명하고 그의 죄를 바르게 다스려야 한다고 주장했다. 또 중가이와 하봉래 등은 요사스럽고 더러운 술법을 호초에게 가르쳐주어 궁중에서 시험하게 했으니, 그들을 도성 밖으로 내쫓아서 남을 미혹하게 하는 술법을 끊게 하라고 주장했다. 그러나 세종은 윤허하지 않았다.(세종 11년 7월 22일 병인)

세종은 세자빈과 호초, 그리고 그들의 부모만 벌하고 더 이상 이 문제가 확대되는 것을 원하지 않았다. 일이 커질수록 왕실의 수치라고 생각했다. 이러한 일을 가져온 데에는 세자의 책임도 있었기 때문이었다. 항간에는 김오문이 딸이 소박받고 쫓겨나자 치욕을 이기지 못해 딸을 목매 죽도록 하고 자신도 자결했다는 이야기가 돌았다.

세종은 세자빈의 투기를 용납할 수 없었다. 세자빈이 지켜야 할 부덕에 어긋나는 행동을 받아들이지 않았다. 김씨는 남편의 마음을 잡으려고 민간 비법을 썼다가 시아버지 세종의 눈에 벗어나 강제로 쫓겨나는 불행과 친정이 멸문당하는 아픔을 겪게 되었다. 며느리를 쫓아낸 주체는 시아버지이자 가부장인 세종이었다.

그런데 세종의 처사는 다소 조급했던 점이 없지 않았다. 세종이 후에 김씨를 내쫓은 일을 후회했다는 얘기도 전한다. 성종 8년 성종비 윤씨의 폐출 문제로 한창 조정의 의논이 시끄러웠을 때 폐비에 반대했던 임사홍은 "정창손이 말하기를, '문종이 세자로 있을 때 김빈(金嬪)이 조그마한 과실이 있어서 세종께서 명하여 쫓아내게 하셨는데, 그 뒤에 후회하고 말씀하시기를, 「내가 이 일을 잘못 처리했구나!」 하고 종신토록 말씀하셨다.'고 합니다."라고 했다.(성종 8년 3월 30일 정유) 정창손의 말이 얼마나 정확한지 알기 어렵지만 후술하는 바와 같이 세종도 두 번씩이나 세자빈을 내쫓게 되고, 또 소실에서 승격시킨 세자빈이 일찍 죽는 불행을 겪으면서 자신의 처사가 얼마나 조급했었는지 느꼈을지도 모르겠다. 또한, 당시 김씨를 쫓아낸 이유가 사람들의 공감을 그다지 얻지 못했음을 알았을 것이다.

〔그림 3〕 세종 영릉

(사진 출처: 문화재청)

〔그림 4〕 영릉 세종대왕신도비

(사진 출처: 문화재청)

2

세자 향(문종)과 순빈 봉씨의 이혼

두 번째 세자빈 순빈 봉씨의 책봉

세종은 세자빈 휘빈 김씨를 폐빈한다는 교지를 내린 그날로 가례색을 설치하고 전국에 혼인을 금했다.(세종 11년 7월 20일 갑자) 세종의 성격이 매우 급하고 또 세자빈 간택에 조급했음을 보여준다. 그리고 불과 3개월 만에 새로운 세자빈을 간택했다.

세종은 8월 4일(무인)에 세자빈 간택 방식에 대해 신하들과 의논했다. 세종은 지신사(知申事) 정흠지(鄭欽之)에게 다음과 같이 물었다.

"이제 동궁을 위하여 배필을 간택할 때에는 마땅히 처녀를 잘 뽑아야 하겠다. 세계(世系)와 부덕(婦德)은 본래부터 중요하나, 혹시 인물이 아름답지 않다면 또한 불가할 것이다. 나는 부모된 마음에서 친히 간택하고자 하나, 옛 예법에 없어서 실행할 수가 없으므로, 창덕궁에 모이게 하고 내관에게 시녀와 효령대군과 함께 뽑게 해야겠는데 어떻겠는가."

(『세종실록』 권45, 세종 11년 8월 4일 무인)

세종은 용모가 뛰어난 세자빈을 뽑으면 세자도 좋아하리라고 생각했다. 이에 황희·맹사성·변계량·신상·윤회 등은 모두 좋다고 했다. 그러나 허조만 유독 '만약 한곳에 모이게 하여 가려 뽑는다면 오직 얼굴 모양만을 취하고 덕을 보고 뽑지 않게 될 것'이라며 반대했다. 그러나 세종은 '잠깐 본 나머지 어찌 곧 그 덕을 알 수 있으리오. 덕으로서 뽑을 수 없다면 용모로서 뽑지 않을 수 있겠는가. 마땅히 처녀의 집을 찾아 돌아다니면서 좋다고 생각되는 자를 미리 뽑아서 다시 창덕궁에 모아놓고 뽑는 것이 좋겠다'(세종 11년 8월 4일 무인)고 했다. 이에 모두 세종의 뜻을 따랐다. 가문과 부덕은 원래부터 중요한 조건이었지만, 이 두 가지 못지않게 외모도 중요하게 보라는 것이었다.

그리고 이틀 뒤인 8월 6일에 가례색 제조인 공조판서 오승(吳陞)과 내관 한용봉(韓龍鳳)을 충청도에, 지돈녕부사 안수산(安壽山)과 내관 김화상(金和尙)을 경상좌도에, 공조 참판 이천(李蕆)과 내관 배훤(裵萱)을 경상우도에, 판한성부사 이종선(李種善)과 내관 김순(金淳)을 전라도에 보내어 처녀를 뽑게 했다.(세종 11년 8월 6일 경진) 지위가 높은 관리들에게 처녀 간택의 책임을 지워 잘 뽑아 오도록 지방에 파견한 것이다.

집안과 부덕은 물론 외모까지 보면서 심혈을 기울여 고르고 골라 다시 간택한 두 번째 세자빈은 종부시 소윤 봉여(1375~1436)의 딸 순빈 봉씨였다. 이때 봉씨의 나이가 몇 살이었는지는 알 수 없지만 15세의 세자와 비슷했을 것으로 생각된다.

봉씨는 10월에 왕세자의 혼례 의식에 따라 장엄한 가례의식을 치렀다. 혼인식은 빠르게 진행되었다. 세종은 10월 15일(무자)에 왕세자의 납채례를 행했다. 이때 판부사 허조를 정사로 삼고, 이조참판 정흠지로 부사를 삼아 봉여의 집에 기러기를 바치고, 봉씨를 왕세자빈, 즉 순빈으로 봉했다. 이틀 뒤인 17일(경인)에 판부사 허조를 정사로, 총제 하연을 부사를 삼아 납징례를 행했다. 이어 18일(신묘)에 왕세자빈의 책빈례와 초계례(醮戒禮)를 거행하고, 왕세자는 봉여의 집으로 친영하러 갔다. 이어 다음날 세종이 중궁과 더불어 사정전에 납시자 봉씨가 들어가 인사를 드렸다.(세종 11년 10월 19일 임진) 그리고 왕과 신하들을 위한 연회가 베풀어졌다. 이로써 세자의 두 번째 혼인식은 초고속으로 이루어졌다.

순빈 봉씨의 아버지 봉여는 고려 충숙왕 14년에 우부대언으로서 1등 공신에 책봉된 봉천우(奉天祐)의 후손으로 음서로 관직에 등용되어 세종 6년에 감찰을 지냈다. 그런데 이때 녹패(祿牌)를 군자감에 바친 뒤 다시 광흥창에 바쳐 신곡을 받아낸 죄로 곤장 70대를 맞은 일이 있었다.(세종 6년 2월 12일 무오) 이후 세종 11년에 딸이 세자빈이 되는 54세 이전의 관력은 잘 보이지 않는다. 그러나 딸이 왕세자빈이 되자 고속 승진하여 이조참의로 옮겼다가 곧 동지총제로 승진되고, 형조·병조·이조참판을 지냈다. 세종 18년 7월 7일(경자)에 지돈녕부사였으나 병이 위급하여 순빈 봉씨가 가서 안부를 묻기도 했지만, 7월 12일(을사)에 61세로 죽었다. 봉여는 윗사람을 잘 받들고 일을 잘 처리하는 사람이라고 했다. 봉여의 관직을 살펴보면 〈표 8〉과 같다.

〈표 8〉 순빈 봉씨의 아버지 봉여의 관력

년도	나이	경력	비고
우왕 1년(1375)	0	출생	
세종 6년(1424)	49	감찰	
세종 11년(1429)	54		딸이 세자빈이 됨
세종 13년(1431)	56	이조참의, 우군동지총제	
세종 14년(1432)	57	-우참판, 경창부윤, 병조우참판, 형조좌참판, -형조참판으로 정월을 축하하는 표전을 받들고 길을 떠났다가 15년 2월 27일(신해)에 북경에서 돌아옴.	옷·갓·털로 만든 관·신발를 하사받음.
세종 15년(1433)	58	형조우참판, 동지돈녕부사	
세종 16년(1434)	59	호조우참판, 호조좌참판, 공조참판, 호조 참판	
세종 17년(1435)	60	-호조참판으로 명나라에 가서 본국의 부녀자 김흑 등 53명을 돌려보낸 것에 대하여 회답하여 아룀. -진헌사로 북경에서 돌아옴, 이조참판	
세종 18년(1436)	61	지돈녕부사, 61세로 죽음.	*10월 26일에 봉씨 폐출 당함

*『세종실록』 참고

새로운 세자빈을 들인 세종은 세자의 정처나 소실들의 질서를 바로잡고 체계화한다는 목적에서 동궁의 관제를 정비했다. 세종은 11년(1429) 10월 15일에 봉씨를 왕세자빈에 봉한 뒤 12년(1430) 윤12월에는 동궁 내관의 관제·칭호·품질 등을 옛 제도를 참고하여 정했다.(세종 12년 윤12월 16일 임자) 세자빈과 소실들의 위계질서를 공고히 하겠다는 의지였다.

투기와 동성애 사건으로 쫓겨난 순빈 봉씨

봉여가 죽은 지 불과 3달이 조금 지난 세종 18년 10월 26일(무자)에 아버지 상으로 큰 슬픔에 잠겨 있던 세자빈 봉씨가 폐출당했다. 세자빈으로 책봉된 지 7년 만에 폐빈되어 친정으로 쫓겨났다. 역시 시아버지 세종에 의해 이혼당했다. 2년 만에 쫓겨난 휘빈 김씨에 비하면 좀 더 긴 세월이 흘렀다. 그런데 세자와의 사이가 좋지 않은 듯 이때까지 자식이 없었다.

세종은 도승지 신인손과 동부승지 권채를 불러들여 측근의 신하를 물리치고 봉씨를 폐출시킨 이유를 말했다. 세종은 먼저 '요사이 괴이한 일이 있는데 이를 말하는 것조차도 수치스럽다'고 하면서 차마 자신의 입으로 말하기 민망한 듯 어렵게 이야기를 꺼냈다. 세종의 입에서 나온 말은 '세자가 친영한 이후로 금실(琴瑟)이 서로 좋지 못한 지가 몇 해나 되었다. 내가 중궁과 함께 상시 가르치고 타일러서, 그 후에는 조금 대하는 모양이 다르게 되었지마는, 침실의 일까지야 비록 부모일지라도 어찌 자식에게 다 가르칠 수 있겠는가.'라고 시작했다.(세종 10월 26일) 봉씨가 다시 세자빈으로 간택되었지만 여러 해 동안 세자와 사이가 좋지 못해 불미스러운 일들이 생겼고, 중궁과 자신이 항상 세자를 가르치고 타일러서 그 후에는 사이가 조금 나아졌지만 큰 효과는 없었다고 했다.

이어 세종이 내린 교지에 실려 있는 봉씨의 폐빈 이유는 일일이 거론하기 어려울 정도로 매우 많았다. 하루아침에 일어난 일은 아니었다. 세자빈이 된 후 7년 동안 행한 실행(失行)이 축약되어 있었다. 그 내용은 『세종실록』 세종 18년 10월 26일(무자)의 기사와 세종 18년 11월 7일(무술) 기사에 자세히 기록되어 있다.

첫째, 봉씨는 소실들에 대해 투기와 시기심이 매우 컸다고 했다. 결혼 초부터 세자와 봉씨는 금실이 좋지 않았다. 그런데 빨리 후사를 보고자 기대한 세종은 손자가 태어나지 않자 봉씨를 세자빈으로 맞이한 지 얼마 되지 않아 '후사를 잇는 길을 넓히는 일을 늦출 수 없다'는 허조의 말을 빌려 세자의 소실을 서둘러 들였다. 세종 13년(1431) 3월에 권전, 정갑손, 홍심의 딸을 세자의 소실로 뽑아서 모두 승휘에 봉했다.(세종 13년 3월 13일 정축, 세종 13년 3월 15일 기묘) 봉씨가 세종 11년 10월에 세자빈이 되었으니, 1년 5개월 만에 세종은 세자의 소실들을 무려 3명이나 한꺼번에 들인 것이다. 10대 중후반의 세자빈에게는 매우 가혹한 처사였다.

어린 나이에 여러 명의 첩과 함께 살아야 하는 세자빈은 소실들 보다 먼저 세손을 잉태해야 한다는 강한 부담감으로 매우 초조했던 것으로 보인다. 봉씨는 불안을 느꼈고 질투와 시기심이 점차 심해졌다. 처음에는 세자의 사랑을 독차지하지 못한 일로 원망을 품었다가 권전의 딸 승휘 권씨가 먼저 임신하자, 더욱 불안해져 투기를 했다. 세자빈은 항상 궁인에게 '권 승휘가 아들을 두게 되면 우리들은 쫓겨나야 할 거야'라고 하며 걱정을 했다. 때로는 우는 소리가 궁중에까지 들렸다. 세자빈의 임신은 존재의 이유이자 필수적인 임무로 다가왔으나 맘대로 되는 일은 아니었다. 임신하지 못한 자신의 처지가 원망스럽고, 임신한 소실에 대한 시기심이 커졌다.

이에 세종은 중궁과 같이 봉씨를 불러서 '네가 매우 어리석다. 네가 세자빈이 되었는데도 아들이 없는데, 권 승휘가 다행히 아들을 두게 되었으니, 인지상정으로서는 기뻐할 일인데 도리어 원망하는 마음이 있다니, 괴이하다'라고 하며 참고 견디라고 타일렀다. 봉씨에게 현실을 받아들이고 참으라는 명령이었다. 그러나 어린 세자빈이 받아들이기에 현실은 매우 가혹했다. 세종의 말은 봉씨에게 위로가 되지 못했다. 세종은 또 세자에게도 '비록 여러 후실이 있지만, 정처에게서 아들을 두는 것만큼 귀할 수가 없으니 정처를 멀리하지 말라'고 타일렀다. 그러나 세자와 세자빈의 사이에 별 효과가 없었다.

결국 권씨의 임신에 불안을 느낀 봉씨는 어처구니없게도 자신도 임신했다고 거짓을 꾸몄다. 봉씨의 거짓 태기에 왕실 구성원들은 모두 기뻐했다. 그러나 한 달쯤 뒤에 봉씨는 낙태했다고 했다. 확인해보니 거짓 임신으로 드러났다. 봉씨는 임신한 권씨에 대한 질투심에서, 또 왕실 어른들과 남편의 사랑을 얻기 위해 거짓말을 했다. 아이를 임신하지 못한 세자빈은 소실들과의 관계에서 자신의 위치가 불안하다고 느꼈고, 압박과 불안감에서 거짓 임신 소동까지 벌였다.

봉씨는 성격이 괄괄하고 사나웠는지 투기 때문에 여러 번 직접 궁인을 때려서 거의 죽을 지경에 이르게 만들기도 했다. 너그러움과 덕을 갖추어야 하는 세자빈이 해서는 안 되는 일을 한 것이다. 세자도 봉씨의 성격과 투기가 맘에 들지 않았는지 '내가 그를 총애한다면 투기하고 사나워져서 비록 칼날이라도 가리지 않을 것이며, 만약 그 뜻대로 된다면 옛날의 한나라 여후(呂后)라도 이보다 더하지 않을 것'(세종 18년 11월 7일 무술)이라고 봉씨를 비난했다. 세자는 봉씨가 매우 사납게 투기한다고 생각했다. 두 사람 사이는 더욱 나빠졌다.

그러나 봉씨의 투기에 먼저 원인을 제공한 사람은 세종과 세자였다. 세자의 무관심과 세종의 세자 소실 간택은 어린 세자빈에게는 매우 가혹한 행위였고, 투기를 자행하게 만든 원인이었다.

둘째, 봉씨는 며느리의 도리에 어긋나는 행동과 욕심을 부려 부덕을 상실했다고 하였다. 봉씨는 세자와 사이가 좋지 않았던 만큼 서로 소통이 잘되지 않았고, 뜻이 맞지 않았다. 봉씨는 먼저 궁중에서 쓰는 물건과 먹고 남은 음식물을 덜어서 친정에 보내자고 세자에게 청했다. 그러나 세자는 이를 거절했다. 그러자 봉씨는 자기가 먹다가 남은 음식물을 부모에게 보냈다. 세자가 거절했음에도 불구하고 음식물을 친정에 보낸 것으로 보면 고집이 셌던 것 같다. 그런데 결국 이것이 탄로나 세자에게 금지당하자 그 후에는 환관들을 경계하여 세자에게 절대로 알리지 말고 몰래 보내게 했다. 사소한 일 같지만, 왕실의 물품을 친정으로 내보낸 것이나 또 세자의 뜻을 따르지 않은 것은 세종의 맘에 매우 들지 않았다.

또 봉씨는 아버지 봉여의 상을 당해서는 사적으로 친척인 송기에게 사람을 보내어 노제를 맡게 했고, 후에 세자에게 알리지 않고 송기에게 호슬(護膝)을 주어 사례했다. 호슬은 조선 시대에 남자들이 무릎에 두르던 보호대였다. 비단과 가죽, 모직물 등에 화려하게 수를 놓아 장식한 것으로 손바닥 크기 정도로 만들어 좌우에 끈을 달아 무릎에 둘러매는 것이다. 그러나 장식품이나 하사품으로 쓰였으며, 혼례 복식에도 포함되어 있었다. 호슬은 신분에 따라 금하는 내용이 있어 왕실이나 관리 계층에 한정적으로 사용할 수 있도록 제한했다. 그런 호슬을 봉씨가 세자의 허락없이 친척에게 주었다. 이 점도 세종은 맘에 들지 않았다.

또한, 봉씨는 술 마시기를 좋아하고 술에 취해 추태를 보였다. 그냥 술을 좋아하는 정도가 아니라, 술주정도 심했다. 술을 항상 방에 준비해 두고는, 큰 그릇으로 연거푸 마셔 많이 취하기를 좋아했다. 어떤 때는 여종에게 업혀 뜰 가운데를 다니기도 하고, 술이 모자랄

때는 집에서 가져와서 마시기도 했다. 이는 봉씨의 기질에 근본적 원인이 있는 듯하지만, 소실들에게 남편을 빼앗겼다는 상실감에서 나온 울화증이 아닌가 생각된다. 또한, 자신의 뜻대로 되지 않는 일들에 대한 스트레스를 술로 풀었던 것 같다.

또 아버지가 죽은 초기에는 술을 마시지 않고 두었다가 어머니 집에 보내므로 세자가 알고 이를 금지시키자, 그 술을 모두 안으로 들여오게 하고는, '이 술은 내 몫인데 이것을 집에 보내지 못할 바에는, 내가 다 마셔야 되겠다.'고 하면서 상중임에도 불구하고 평상시와 같이 술을 마셨다. 술을 친정에 보내지 못하게 하자 이에 대한 반발심으로 봉씨는 술을 많이 마셨다. 이 외에도 봉씨는 좋은 음식물을 얻으면 시렁 속에 갈무리해 두고서는 몰래 꺼내 먹고 다시 이를 갈무리했다.

셋째, 봉씨는 세종의 훈육을 거역했다고 하였다. 세종은 휘빈 김씨를 쫓아낸 뒤 봉씨를 세자빈으로 들이면서 그에게 옛 훈계를 가르쳐서 이후로는 같은 일이 생기지 않도록 했다. 따라서 여사(女師)로 하여금 『열녀전』을 가르치게 했다. 그런데 봉씨는 『열녀전』의 내용이 맘에 들지 않은 듯, 이를 배운 지 며칠 만에 책을 뜰에 던지면서 '내가 어찌 이것을 배운 후에 생활하겠는가' 라고 하면서 배우기를 즐겨하지 않았다. 『열녀전』을 가르치게 한 것은 세종의 명령임에도 불구하고 이를 거역하고 무례한 행동을 거슬림 없이 했다. 당황한 세종은 '부인이 글을 배워서 정사에 간여하게 해서는 안될 것'이라며 그에게 다시 가르치지 못하게 했다. 기록의 부재로 자세히 알 수는 없지만 아마도 봉씨가 당시 궁중여성에게 금지된 정치적인 발언도 했던 게 아닌가 생각된다.

넷째, 무엇보다 폐빈의 가장 큰 이유는 봉씨가 성적(性的)으로 불미스러운 행동과 동성애를 했다는 것이다. 세종의 말에 의하면 봉씨는 성적으로 정숙하지 못한 행동을 했다. 봉씨는 세자가 공부하기 위해 종학(宗學)에 옮겨 거처할 때에, 시녀들의 변소에 가서 벽 틈으로 외간 사람을 엿보기도 했다. 또 항상 궁궐 여종에게 남자를 사모하는 노래를 부르게 했다. 세종이 중궁과 함께 세자에게 봉씨를 잘 접대하도록 타이르자 세자는 며칠 동안 왕래하다가 그 후에 다시 드물게 오자, 봉씨는 세자를 사랑하는 내용의 노래를 지어서 궁녀들에게 부르게 했다.

또 봉씨는 환관들에게 주기 위해 손수 호슬·주머니·자루 같은 물건을 만들었다. 이 때문에 세자의 생일에 바쳐야 할 물건들을 미리 만들 여가가 없어서, 이전에 바쳤던 오래된 물건들을 새로 마련한 것처럼 속여서 바쳤다. 세자와 사이가 좋지 않았던 봉씨는 점차 환관들에게 마음을 빼앗기면서 자신의 소임을 다하지 않았다.

또 세자의 유모가 죽자 고미라는 늙은 궁궐 여종에게 궁중의 일을 대신 맡게 했는데, 봉씨는 밤마다 고미를 불러 '할미는 어찌 내 뜻을 알지 못하오.'라고 하면서 은근히 세자를 불러오도록 했다. 세종은 세자빈이 자주 세자를 보고자 한 것은 부인의 도리에 적합하지 않다고 했다.

또 세자가 오래간만에 궁궐에 돌아와서 뜰을 돌아다니며 구경하다가 세자빈 처소에 가까이 이르자 봉씨는 지게문으로 바라보고 '저 분이 왜 안방으로 들어오지 않고 공연히 밖에서 걷고 있을까.' 하면서 자기가 있는 곳에 빨리 들어오기를 바랐다고 한다. 봉씨는 오직 세자의 사랑을 갈구하고 있었다.

세종은 봉씨의 이러한 행동들이 모두 맏며느리로서 갖춰야 할 부덕에 어긋난다고 보았다. 세종의 말을 빌려보면 봉씨는 세자빈으로서는 해서는 안 될 여러 가지 행동을 했다.

그러나 더 이상 세종이 참지 못한 충격적인 사건이 발생했다. 그것은 바로 봉씨의 동성애 사건이었다. 순빈 봉씨가 궁녀와 애정행각을 벌였다는 것이다. 세자빈이 소쌍이라는 궁녀를 매우 사랑해서 한시도 떨어지지 않으려고 하고, 항상 잠자리를 함께한다는 소문이 궁궐 내에 떠들썩하게 돌고 있었다. 이 소문은 결국 세종의 귀까지 들어가게 되었다. 그 내용은 다음과 같이 기록되어 있다.

요사이 듣건대, 봉씨가 궁궐의 여종 소쌍이란 사람을 사랑하여 항상 그 곁을 떠나지 못하게 하니, 궁인들이 혹 서로 수군거리기를, '빈께서 소쌍과 항상 잠자리와 거처를 같이 한다'고 했다. 어느 날 소쌍이 궁궐 안에서 소제를 하고 있는데, 세자가 갑자기 묻기를, '네가 정말 빈과 같이 자냐'고 하니, 소쌍이 깜짝 놀라서 대답하기를, '그러하옵니다' 했다.

그 후에도 자주 듣건대, 봉씨가 소쌍을 몹시 사랑하여 잠시라도 그 곁을 떠나기만 하면 원망하고 성을 내면서 말하기를, '나는 비록 너를 매우 사랑하나, 너는 그다지 나를 사랑하지 않는구나' 했고, 소쌍도 다른 사람에게 늘 말하기를, '빈께서 나를 사랑하기를 보통보다 매우 다르게 하므로, 나는 매우 무섭다.'고 했다. 소쌍이 또 권 승휘의 여종 단지와 서로 좋아하여 혹 함께 자기도 했는데, 봉씨가 사비 석가이를 시켜 항상 그 뒤를 따라 다니게 하여 단지와 함께 놀지 못하게 했다.

이 앞서는 봉씨가 새벽에 일어나면 항상 시중드는 여종들로 하여금 이불과 베개를 거두게 했는데, 자기가 소쌍과 함께 동침하고 자리를 같이 한 이후로는, 다시는 시중드는 여종을 시키지 않고 자기가 이불과 베개를 거두었으며, 또 몰래 그 여종에게 그 이불을 세탁하게 했다.

이러한 일들이 궁중에서 자못 떠들썩한 까닭으로, 내가 중궁과 더불어 소쌍을 불러서 그 진상을 물으니, 소쌍이 말하기를, '지난해 동짓날에 빈께서 저를 불러 내전으로 들어오게 하셨는데, 다른 여종들은 모두 지게문 밖에 있었습니다. 저에게 같이 자기를 요구하므로 저는 이를 사양했으나, 빈께서 윽박지르므로 마지못하여 옷을 한 반쯤 벗고 병풍 속에 들어갔더니, 빈께서 저의 나머지 옷을 다 빼앗고 강제로 들어와 눕게 하여, 남자의 교합하는 형상과 같이 서로 희롱했습니다' 했다.(『세종실록』 권75, 세종 18년 10월 26일 무자)

세자에게 애정을 갈구하던 봉씨는 뜻대로 되지 않자 빗나가기 시작했다. 봉씨는 궁녀들과 동성애를 나눴다가 결국 세종에게 발각되었다. 봉씨는 궁녀 소쌍을, 소쌍은 궁녀 단지를 서로 좋아했다. 세종은 세자빈이 동성애를 한다는 것을 용납하기 어려웠다. 세종은 봉씨가 사랑한 소쌍을 불러서 이 사실을 확인했다. 이에 세종은 '세자빈이 항상 그 일(부부교합)을 보고 부러워하게 되면 반드시 그 형세를 본받아 이를 하게 될 것은 의심할 여지가 없다.'고 했다. 그러면서 세종은 다음과 같이 탄식을 했다.

그 나머지 시중드는 여종들에게 노래를 부르게 한 것과 벽 틈으로 엿본 따위의 일은 모두 다 자복하였다. 그러나 나머지 일은 모두 가벼우므로 만약 소쌍의 사건만 아니면 비록 내버려 두어도 좋겠지마는, 뒤에 소쌍의 사건을 듣고 난 후로는 내 뜻은 단연코 폐하고자 한다. 대개 총부(冢婦: 적장자의 아내. 제사권을 가지고 있음)의 직책은 관계되는 바가 가볍지 않은데, 이러한 실덕(失德)이 있고서야 어찌 종사를 받들고, 한 나라에 국모의 의표(儀表)가 되겠는가. 그러나 빈을 폐하고 새로 다른 빈을 세우는 일은 역대에서 중하게 여기는 바다.(『세종실록』 권75, 세종 18년 10월 26일 무자)

세종은 봉씨의 동성애 사건만 아니면 다른 문제는 눈감아 주고 참을 수 있다고 했다. 그러나 음양의 조화를 깨트리고 자식을 낳지 못하는 동성애를 한다는 것은 맏며느리로서 왕실의 앞날과 유지에 위험한 짓을 하는 것이라 생각했다. 따라서 도저히 용납할 수 없었다.

궁궐 안에서 외로운 생활을 해야 하는 세자빈은 자신의 성적 욕망을 해소할 상대가 필요했던 것 같다. 세자와의 관계가 원만했으면 괜찮았지만 세자는 세종을 돕고 자신의 학문연구와 업무에 바빴고, 무엇보다 봉씨와 잘 맞지 않았다. 봉씨가 취할 수 있는 방법은 모든 것을 체념하고 그저 기다리고 참는 수밖에 없었지만, 젊은 나이의 그녀에게 매우 어려운 일이었다. 결국, 비슷한 또래의 궁녀들과 어울리며 성적인 대화와 행동들을 나누다가 그 사실이 세종의 귀에 들어가 쫓겨나게 된 것이다. 봉씨의 실행은 소실 권씨가 임신을 한 세종 17년 즈음부터 세종 18년 아버지의 상을 당한 직후까지 집중적으로 나타났다. 소실 권씨의 임신은 세자빈에게 엄청난 충격과 부담으로 작용했다.

당시 궁궐 내에는 궁녀들 사이에서 동성애가 종종 있었다. 궁궐 내전은 왕과 세자, 혼인하지 않은 왕자 등 소수의 남성들을 제외하면 여성들의 생활공간이었다. 궁녀들은 결혼이 금지된 반면 서로 같은 방을 함께 사용했기 때문에 동성애에 쉽게 빠질 수 있었다. 세종은 시녀와 종들이 서로 좋아하여 동침하고 자리를 같이 한다고 하자 궁궐 내의 동성애를 매우 엄하게 다스렸다. 이를 범하는 사람이 있으면 감찰상궁으로 하여금 곤장 70대를 때리게 했다. 그래도 금지하지 못하면 곤장 1백 대를 때리기도 했다. 그런 후에 효과가 있어 동성애는 줄어들었다.(세종 18년 10월 26일 무자)

세종은 세자빈이 궁녀와 동성애를 한다는 것을 절대 용납할 수 없었다. 결국, 세종은 재위 18년(1436) 10월, 두 번째 세자빈 봉씨를 혼인한 지 7년 만에 폐출시켰다.

> "부부의 도리는 풍화의 근원이요, 빈을 폐하고 다른 빈을 다시 세우는 것은 역대에서 소중히 여기는데, 더군다나 지금 세자빈은 두 번이나 폐출하니, 더욱 사람들의 눈과 귀를 놀라게 할 것이다. 다만 총부의 직책이 관계한 바가 가볍지 않는데, 이러한 실덕이 있으니 어찌 세자의 배필이 되어 종묘의 제사를 받들고, 한 나라에 국모의 표본이 되겠는가. 이에 마지못하여 대신에게 의논하여 종묘에 고하고, 그 책인(册印)을 회수하고 폐하여 서인으로 삼는다. 다만 그대들 정부는 나의 지극한 마음을 본받아 중앙과 지방에 효유(曉諭)하라."고 하였다.(『세종실록』 권75, 세종 18년 10월 26일 무자)

그러나 두 번씩이나 세자빈을 폐출시켜야 하는 세종은 사람들의 이목을 놀라게 할까 매우 염려스러워했고, 어떻게 처리해야 할지 난처해했다. 그도 그럴 것이 잘못이 누구에게 있든지 간에 왕실에서 두 번씩이나 세자빈을 쫓아낸다는 것이 결코 떳떳한 일은 아니었다. 세종은 '세자는 전에 김씨를 폐했는데 또 봉씨를 폐하게 되니, 이것은 나와 세자가 몸소 집안을 올바르게 거느리지 못한 소치'라고 하면서 봉씨를 내쫓았다.

또한 세종은 봉씨가 궁궐의 여종과 같이 잔일은 매우 추잡하므로 교지에 기재할 수는 없으니, 성질이 질투하며 아들이 없고, 또 노래를 부른 4~5가지 일을 범죄행위로 헤아려서, 교지를 지어 바치라고 했다. 교지에 적을 폐출 원인은 '투기'와 '무자(無子)'와 '남성을 사모하는 노래를 불렀다〔음: 淫〕'는 것이었다. 표면상의 이유는 칠거지악 가운데 왕비나 세자빈에게 가장 엄하게 금지되었던 투기와 음에 해당되었다. 봉씨는 한마디 변명도 없이 결국 쫓겨나 친정으로 돌아갔고, 이후 그녀가 어떻게 살았는지는 기록이 없다.

세종은 봉씨를 폐하여 쫓아낸 뒤에 곧이어 봉씨 아버지 봉여의 임명장과 어머니의 작첩을 회수했다.(세종 18년 11월 4일 을미) 세종은 두 번이나 며느리를 내쫓아야 하는 자신의 처지가 매우 난처하고, 마지 못해 하는 일임을 알아주기를 바랐다.(세종 18년 11월 7일 무술) 세종은 봉씨가 시골 여자로 궁중에 들어왔으니, 마땅히 공손하고 잠잠하여 자기 몸을 지켜 경계하기에 여가가 없을 것인데도, 교만하고 무례했다고 술회하였다.(세종 18년 11월 7일 무술) 봉씨는 지방에 살다가 세자빈을 뽑기 위해 관리들이 파견되었을 때 뽑혀 이후 세자빈에 간택된 것 같다. 그런 만큼 궁중 생활에 더욱 어려움이 있었을 것으로 짐작된다.

그런데 특이한 것은 앞서 휘빈 김씨의 폐출 때나, 순빈 봉씨의 폐출 때에도 이 사건에 대해 아무도 찬성이나 반대하지 않았다는 점이다. 심지어 세자조차 아무런 의견이 없다. 대신들에게 알리는 세종의 일방적인 교지만 있을 뿐이다. 세종은 장문의 교지를 통해 세자빈들의 잘못을 일일이 나열했고 그들을 내쫓는 합당한 명분들을 제시했다.

그리고 이에 대해 아무도 의문을 제시하지 않았다. 모두 왕의 처분에 따랐다. 다만 휘빈 김씨의 경우 압승술과 관련된 자를 처벌하라는 상소가 있을 뿐이었다. 궁중 법도에 익숙하지 못했던 두 세자빈은 세자의 애정을 갈구하다가 결국 세종의 눈에 벗어나 쫓겨나게 되었다.

새 세자빈 간택 무산과 소실 권씨의 세자빈 승격

세종은 맏며느리인 세자빈의 책봉과 폐출에 매우 적극적으로 관여했다. 세자빈은 왕실을 대표하는 차기 국모였기 때문이다. 두 명의 맏며느리를 부덕 상실을 이유로 내쫓은 세종은 봉씨를 폐출시킨 지 열흘 정도 지난 11월 7일(무술)에 세자빈 폐출의 이유를 대신들에게 알리고 다시 새로운 세자빈을 맞이하고자 했다. 그러나 새로운 세자빈을 간택하는 일은 순조롭지 않았다. 서울과 지방의 명문가 딸 몇 사람을 선택하여 길흉을 점치고, 덕용(德容)을 점치게 했지만, 맘에 드는 사람이 없었다.(세종 18년 12월 28일 기축) 딸 가진 양반들도 자신의 딸을 세자빈으로 보내려 하지 않았다. 세 번째 세자빈을 간택해야 하는 일이었기 때문에 전국적으로 금혼령을 내리기에는 주저함이 있었는지 다시 금혼령을 내리지는 않았다.

결국, 2달 뒤인 세종 18년 12월 28일(기축)에 세자의 소실인 권전의 딸 양원 권씨를 세자빈으로 승격했다. 그리고 다음날 세자의 가례색(嘉禮色)을 폐지하고 책봉도감(冊封都監)을 세우게 했다.(세종 18년 12월 29일 경인) 세종의 숙고 끝에 내려진 결단이었다. 사실 세자는 권씨보다 승휘 홍씨를 더 좋아했다. 그러나 세종은 권씨가 더 적당하다고 생각했다. 세종은 두 사람의 덕과 용모는 모두 같지만, 권씨가 나이가 조금 더 많고 품계가 또 높고, 이미 딸을 낳았기 때문에 훗날 아들을 낳을 수 있을 것이라는 기대감을 가졌다. 세종은 빨리 세손을 보고 싶었다. 그래야 왕위 계승에 문제가 발생하지 않기 때문이었다.

세종은 의정부에 교지를 내려서 양원 권씨를 세자빈으로 삼았다. 결국, 문종은 세종의 뜻에 따라 자신이 제일 좋아하는 홍씨를 세자빈으로 맞이하지 못했다. 배우자의 선택과 이혼에 있어서 세자도 스스로 할 수 있는 것은 아무것도 없었다. 오직 가부장의 뜻을 따라야 했다. 그러나 세종의 뜻은 적중하여 권씨가 나중에 단종을 낳았고, 홍씨는 딸을 낳았다.[18]

권씨는 조선 건국 후 소실로써 정처 즉 세자빈으로 승격된 첫 번째 사례가 되었다. 이후 조선 초기에는 세자의 소실에서 세자빈으로, 또는 후궁에서 왕비로 승격되는 것이 전혀 문제가 되지 않았다. 따라서 이후 예종의 계비 안순왕후도 세자의 소실로 들어와 왕비가 되었고, 성종의 계비 폐비 윤씨도 후궁으로 들어와 왕비로 승격되었으며, 정현왕후 역시 후궁에서 왕비로 승격되었다. 중종의 계비 장경왕후도 후궁에서 왕비가 되었다. 왕실에서는 이미 검증된 소실이나 후궁을 세자빈이나 왕비로 승격시키는 것을 선호했다.

그러나 중종의 3비 문정왕후가 계비로 간택되어 입궁한 16세기 이후에는 사실상 후궁이 왕비가 되는 경우가 숙종대를 제외하고는 없었다. 성리학의 심화와 아울러 처첩의 구분이 엄격해졌으며, 정통성의 문제가 더욱 강조되었기 때문이다. 그럼에도 숙종은 27년에 희빈 장씨를 사사하면서 "이제부터 나라의 법전을 명백하게 정하여 후

---

18 홍씨의 사망 시기는 정확하지 않으나 성종 16년(1485)에 홍씨에게 노비 80구를 준 것으로 보아 이후까지 살았던 것으로 추측된다.(성종 16년 8월 4일 임오).

궁이 왕비의 자리에 오를 수 없게 하라"고 못 박음으로써 이후에는 후궁에서 왕비로 승격된 경우는 더욱 없었다.

권씨가 세자빈이 되자 예조에서는 동궁의 내직(內職) 즉 소실들의 직이 완비되지 않았다고 아뢰었다. 권씨의 세자빈 승격으로 빠진 세자 소실 자리를 더 채워 넣기 위해서였다. 세종은 20년 4월에 세자의 소실을 더 뽑기 위해 가례색을 마련하고 처녀를 모집했다.(세종 20년 4월 16일 기사) 그리고 5월 8일(신묘)에 사직 유상영의 딸을 세자의 소실로 뽑아 들였다. 그리고 세자빈 권씨가 세종 20년 7월 24일(무오) 단종을 낳은 직후 죽자 곧 이어 23년(1441) 9월 25일(무오)에 세자의 가례색을 설치하고 10월 19일(임오)에 처녀 30여 명을 사정전에 모으고 세종이 친히 선을 보았다. 또 다음날 20일(계미)에 처녀 30여 인을 사정전에 모으고 친히 선을 보았다. 이어 12월 7일(기해)에는 판서운관사 문민과 예빈직장 권격의 딸을 세자의 소실로 삼았다. 그리고 30년(1448) 5월에는 윤희의 딸 윤씨를 동궁의 소실인 소훈으로 봉했다.(세종 30년 5월 6일 경인) 봉씨 폐출과 권씨 사망 이후에도 세종은 세자의 소실을 계속 뽑아 들였다. 세종은 세자빈으로 2명을, 세자의 소실로 새로 세자빈이 된 권씨를 포함하여 무려 7명이나 들였다. 이것은 세손과 왕손을 많이 보고 싶어 한 세종의 간절한 소망의 결과였지만, 어린 나이에 입궁한 세자빈이나 소실들에게는 참고 감내해야 할 가혹한 행위였다. 그러나 세종은 권씨가 죽은 후 다시 4번째 세자빈을 뽑거나 세자의 소실에서 승격시키지 않았다. 따라서 세종 28년에 소헌왕후 심씨가 죽자 세종 말년에는 왕비도 세자빈도 없는, 수많은 후궁, 소실들만 존재하는 이례적인 상황이 빚어지게 되었다.

세종은 국가의 미래를 위한다는 명분으로 며느리인 세자빈을 두 번이나 직접 쫓아냈다. 이는 조선 왕실에서 예를 찾아볼 수 없는 드문 일이었다. 폐위된 형 양녕대군을 대신하여 왕위에 오른 세종은 자신의 왕위 계승상의 정통성이 약했던 만큼 왕실 여성들과 맏며느리에 대해 높은 도덕성과 완벽한 부덕을 요구한 깐깐한 시아버지였다. 그런 만큼 세자와 세자빈의 혼인 생활에 관여를 많이 했다. 따라서 세자의 혼인 생활은 행복하지 않았고, 많은 부인들을 두었던 데 비해 자녀도 많지 않았다. 더욱이 세종이 바란 것과는 달리 겨우 권씨가 낳은 경혜공주와 단종, 그리고 사칙 양씨가 낳은 경숙옹주만이 성장했다. 18남 4녀를 두었던 세종과는 매우 달랐다. 문종의 가계를 보면 〈도 5〉와 같다.

〈도 5〉 문종의 가계도

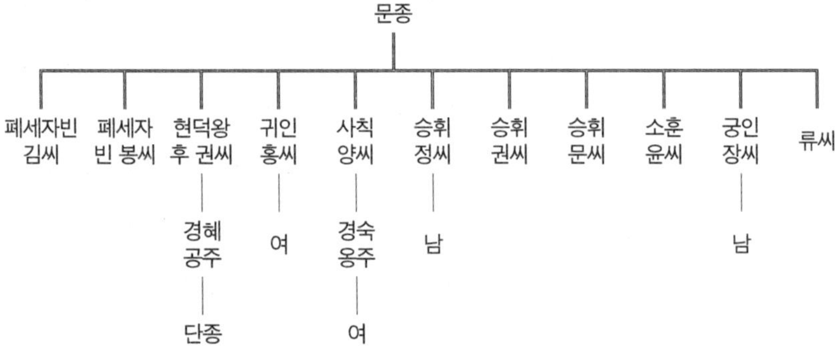

* 『선원계보기략』, 『세종실록』, 『문종실록』 참고

세종은 세자 부부의 의사와 상관없이 혼인과 이혼 결정을 반복했다. 세종은 장차 국모가 될 세자빈이 높은 도덕성을 갖추길 원했고, 유교적 종법에 따라 적장자에서 적장손으로 이어지는 왕위 계승을 원했다. 그래야 왕권의 정통성이 바로 서고 나라의 기틀이 잡힌다고

〔그림 5〕 문종과 현덕왕후가 묻힌 현릉

(사진 출처: 문화재청)

믿었다. 하지만, 두 명의 세자빈은 기대에 못 미쳤고, 세자 부부의 금실은 아버지이자 시아버지인 세종이 나선다고 해서 해결될 문제는 아니었다. 두 번의 세자빈 폐출과 세 번째 세자빈의 죽음, 이후 세자빈을 책봉하지 않은 것과 세종의 상례 기간 끝에 문종이 죽음으로 인해 문종은 결국 재위 기간 중 왕비가 없었던 유일한 왕이 되었고, 어린 단종의 즉위 시 수렴청정할 대비도 없어 왕권은 매우 미약했다. 그 결과 수양대군의 왕위 찬탈로 세종이 꿈꾸었던 적장자 왕위 계승은 다시 무너지고 왕권은 둘째인 수양대군에게 넘어가게 되었다.

3

임영대군의 이혼과 재혼

병으로 쫓겨난 첫 부인 의령남씨

세종은 맏아들 문종을 비롯하여 8명의 대군과 10명의 왕자군 등 무려 18명의 아들을 두었다. 세종은 다른 왕들보다 아들을 많이 둔 것도 있지만, 아들과 며느리의 이혼으로 어느 왕보다 가정사가 복잡하고 불행했던 왕이었다. 가지 많은 나무에 바람 잘 날 없다고 했듯이, 세종은 며느리를 내쫓고 아들들을 다시 재혼시키는 문제로 평생 골치가 아팠던 왕이었다. 세종 11년에 휘빈 김씨를, 세종 15년에 임영대군 부인을, 세종 18년에 두 번째 세자빈 순빈 봉씨를, 세종 31년에 막내아들 영응대군의 부인을 내쫓았다. 재위 32년에 죽기 직전까지 4명의 며느리를 쫓아내는 편치 못한 삶을 살았다.

임영대군(1420~1469)은 세종과 소헌왕후 사이에서 태어난 4남이다. 임영대군 이구는 세종 2년 1월 6일에 태어났고, 8세인 세종 10년(1428) 6월 16일(정유)에 임영대군에 봉해졌다. 그는 예종 1년에 49세로 죽었는데 그의 졸기에 의하면 '천성이 활달하고, 물리(物理)에 정통하며, 무예가 두드러지게 뛰어난데다가, 또 문학과 역사를 섭렵해서 의논이 초월하여, 세조가 일찍이 유학자의 풍도가 있다고 칭하였다. 세조를 섬기며 조정 정사의 득실과 민간의 이해를 들어 아뢰지 않는 바가 없었으므로, (세조가) 보살펴 사랑함이 매우 융성하였다.'고 했다.(예종 1년 1월 21일 병자)

임영대군은 세종의 뜻에 따라 첫 부인 의령남씨와 혼인·이혼하고 전주최씨와 재혼했다. 임영대군의 혼인 관계와 자녀를 살펴보면 〈도 6〉과 같다.

〈도 6〉 임영대군의 혼인 관계도

*『세종실록』 참고

임영대군의 첫 번째 혼인이 몇 살에 이루어졌는지 정확하지 않지만, 10살 좀 넘은 즈음에 경기감사 남지(南智)의 딸을 맞아들였다. 남지의 본관은 의령(宜寧)으로 할아버지는 영의정 남재(南在)이고, 아버지는 병조의랑 남경문(南景文)이다. 남지의 동생 남휘(?~1454)는 태종의 4녀 정선공주와 혼인하여 태종의 부마가 되었다. 이같이 의령남씨 집안은 왕실과 혼인을 맺었던 만큼 그 위세가 매우 높았다. 임영대군은 태종의 부마 남휘의 조카딸과 혼인을 했다.

그런데 「조선영릉 제4남 임영대군정간공 초비부인 의령남씨묘비(朝鮮英陵弟四男臨瀛大君貞簡公初妃夫人宜寧南氏墓碑)」에 의하면 남씨의 나이와 혼인 시기 및 혼인 기간을 짐작할 수 있다.

> "원보(原譜): 정간공의 첫 부인 의령남씨는 우의정 충간공 남지의 따님으로 자식이 없었고, 적성북면 고동에 묘가 있는데 묘갈음기에 있기를 부인이 9세에 임영대군에게로 시집을 왔다가 11세에 병으로 나갔다고 했으며, 친정 조카 증병조판서 남계공의 슬하에서 홍치 8년(1495년) 5월에 졸했다."

이 묘비는 2007년 4월에 전주이씨 임영대군 파종회에서 세운 것으로 비교적 최근에 만들어진 것이기 때문에 그 역사적 가치는 적다.[19] 그러나 원 족보를 바탕으로 만든 것이기에 어느 정도 신빙성을 가질 수 있다. 묘비의 내용과 『세종실록』의 기사는 남씨 나이에 1살 정도의 차이가 있다. 세종은 15년(1433)에 남씨를 내쫓는 전교에서 남씨를 '12세'라고 했다. 그런데 묘갈음기에는 9세에 결혼하여 '11세'에 병으로 나갔다고 했다. 남씨의 혼인 생활은 2년 정도밖에 되지 않았다. 세종 15년에 11세 또는 12세였다면, 남씨의 출생 연도는 세종 3년(1421) 또는 세종 4년(1422)이다. 임영대군보다 1~2세 어렸다. 그리고 9세에 혼인을 했다고 한 것으로 보아 혼인 연도는 세

19 2022년 현재는 임영대군묘소에 없다.

종 12년(1430) 또는 세종 13년(1431)경으로 추산된다. 즉 임영대군은 10살~11살에 혼인을 했다.

세종의 사돈이 된 남지는 곧 예조참판으로 승진했다. 『국조인물고』에 의하면 "세종을 만나 품계를 따지지 않고 발탁되었으며, 신임하는 바가 매우 컸다."고 했다. 그는 부정 이문간의 딸 전의이씨와의 사이에 5남 3녀를 두었는데 이 가운데 맏딸이 임영대군과 혼인하고, 2녀가 안평대군의 맏아들 의춘군 이우직과 혼인했다.[20] 세종 자손과 거듭된 왕실 혼인을 할 만큼 가문의 위상이 매우 높았다. 의령남씨의 계보를 보면 〈도 7〉과 같다.

〈도 7〉 의령남씨 가계도

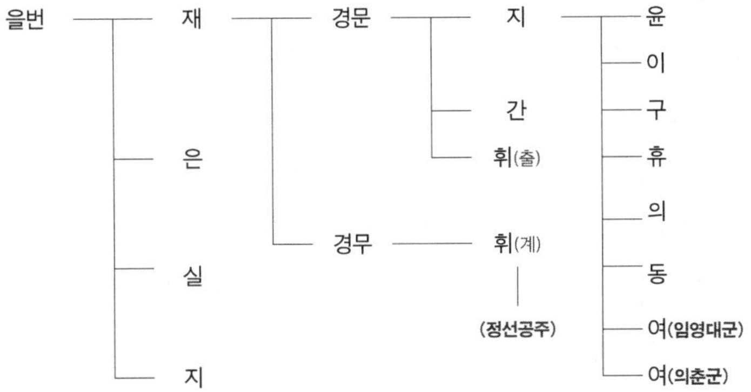

* 『의령남씨보』 참고

그럼 왜 남씨는 세종에 의해 쫓겨났을까? 세종은 재위 15년 6월 14일(을미)에 영의정 황희, 좌의정 맹사성, 우의정 최윤덕 등을 불러 남씨를 내쫓을 뜻을 보였다. 세종이 내린 전교는 다음과 같다.

---

20 세종대왕기념사업회, 1999, 『국역 국조인물고』 남지.

임금이 사정전에 나아가 비밀히 안숭선에게 전교하기를, "기유년에 동궁빈을 폐하였는데, 그 사람됨이 행실이 박하니 어찌 장차 일국의 국모가 되리오. 공자가 아내를 내쫓고, 백어(伯魚)가 아내를 내쫓고, 자사(子思)가 아내를 내쫓았으니, 참으로 부부는 인륜의 근본으로서 금슬과 같이 화합한 뒤에 가도가 이루어지기 때문이다.

임영대군의 아내 남씨는 나이가 12세가 넘었는데 아직 오줌을 싸고, 눈동자가 바르지 못하여 혀가 심히 짧고, 행동이 놀라고 미친 듯한 모습이 있기에, 병이 있는 줄 의심했으나, 감히 말을 내지 못하고 있은 지 한 달이 조금 지났다. 근일에 자세히 보니 인중(人中)에 뜸을 뜬 흔적이 있고, 또 머리와 이마 위에도 뜬 것이 있기에, 의원 노중례로 하여금 비밀히 남씨 집에 출입하는 의원 김사지에게 묻게 했더니, 그가 말하기를, '어릴 때 미친병이 생겨 화엄종의 중 을유(乙乳)가 치료했다.' 하고, 의산군(宜山君) 집의 여종으로 효령대군 집에 출입하는 자가 있는데, 말하기를, '남씨는 본디 미친병이 있는데 다행히 운수가 좋아서 대군의 배필이 되었다' 하고, 정충경의 집에 드나드는 무당이 남씨의 집에도 드나드는데 말하기를, '남씨가 아이 때 미친병이 생겨 거의 죽을 지경에 이르렀으나 백방으로 치료하여 오늘까지 연명했다'고 했다.

내가 듣고 오히려 믿지 못하여 날마다 눈앞에서 두고 보았더니, 행동이 방자하여 떳떳함이 없으므로 좌우에서 웃었으나 조금도 괴이하게 여기지 않았으니, 과연 소문과 같다. 옛사람이 이르기를, '악한 병이 있으면 버리고, 부모에게 불순하면 버린다'고 했으나, 동궁이 아내를 버렸는데 또 임영이 아내를 버리는 것은 대단히 부끄러운 일이다. 그러나 대개 여자는 서른 살부터 쇠하기 시작한다. 광무(光武: 후한의 초대 황제인 세조)가 투기하는 이유로 황후를 폐하니, 대신들이 말하기를, '어찌 투기한다고 해서 버리겠습니까. 임금은 위에서 표준이 되어 일언 일동을 백성이 본받는 것입니다. 그러므로 신하로서 아내를 내쫓는 자가 있으면 반드시 엄하게 다스려서 방지하는 것인데, 아랫사람을 책하기에는 밝고 자기의 잘못에 어두우면 사람들이 반드시 웃을 것입니다' 했으며, 중궁이 말하기를, '어진 아내를 얻어 살면 되지 하필 버릴 것이냐.' 고 하니, 이 말이 또한 그럴듯한데 어떻게 할까. 잘 의논하여 아뢰라" 했다.(『세종실록』 권60, 15년 6월 14일 을미)

세종은 11년에 세자 향의 첫 번째 부인인 휘빈 김씨를 이미 내쫓은 바가 있었다.(세종 11년 7월 20일 갑자) 세자가 이혼하고 재혼한 지 불과 4년 만에 또 임영대군의 부인을 내쫓게 된 것이다. 그 이유는 남씨가 12세가 넘었는데도 오줌을 싸고 행동에 미친 듯한 모습이 있다는 것이다. 칠거지악의 하나인 '악질' 즉 나쁜 병이 있었다. 세종은 한 달 정도 남씨의 증상을 살피고 지켜보다가 신하들에게 조심스럽게 내쫓을 뜻을 꺼냈다.

사실 세종은 남지의 딸이 며느리로서 탐탁하지 않았다. 험 잡을 데가 없어야 했는데 행동에 부족함이 많았다. 어린 임영대군 부부 사이에는 당연히 자녀가 없었다. 쫓아내는 데 걸림돌이 없었다. 악질이라는 명분도 있었다. 세종이 내린 교지에 의하면 그 흠은 악질뿐만 아니라 여러 가지였다. 주변 사람들의 말에 남씨가 어릴 때부터 정신질환이 있었다고 했다. 이에 대해 소헌왕후는 '어진 아내를 얻어 살면 되지 하필 버릴 것이냐.'며 반대했다. 소헌왕후는 내쫓지 말고 첩을 들이면 된다고 만류했다. 낫기를 기다려 보자는 뜻으로 보인다.

그러나 세종은 옛사람이 이르기를, '악한 병이 있으면 버리고, 부모에게 불순하면 버린다.'고 했으나, 동궁이 아내를 버렸는데 또 임영대군의 아내를 버리는 것은 대단히 부끄러운 일이지만 여자는 서른 살부터 쇠하기 시작한다며 내쫓고자 했다. 아직 남씨의 나이 12세 남짓밖에 되지 않았는데. 세종은 빨리 새 며느리를 얻고 싶었다.

세종은 대신들에게 이 문제를 의논했고, 황희를 비롯한 신하들은 '부부는 일생을 같이하는 사람인데 몹쓸 병이 있는 사람을 대군의 배필로 삼을 수 없다'며 내쫓는데 동의했다. 나아가 그는 '남씨의 아버지 남지가 애초에 알리지 않았으니 죄가 크며, 그 조부 남경문이 미친병이 있었고, 남지의 장인 이문알의 친족 중에도 이 병이 있었으니, 속히 내보내는 것이 옳다'(세종 15년 6월 14일 을미)고 덧붙였다. 남씨 뿐만 아니라 집안의 많은 사람들이 정신질환을 가지고 있다며 출처(出妻)의 이유를 덧보탰다. 세종은 '다시 생각하겠다'고 했으나 소헌왕후의 반대를 물리치고 황희의 말에 힘입어 남씨를 내쫓았다. 세종은 아들의 이혼을 이미 결정했음에도 불구하고 대신들에게 물어서 동의를 구함으로써 공적인 일로 간주했다. 세종은 세자빈에 이어 또 며느리를 쫓아냈다.

그런데 임영대군의 혼인은 간택 때부터 문제가 있었다. 임영대군의 부인 남씨에게 그러한 증상이 있는 것을 자세히 알아보지도 않고 혼인시켰다는 것이 된다. 그러나 남씨의 병이 곧 죽을병이거나 심한 정신질환은 아닌 듯하다. 남씨의 질병이 가족력과 관계되는 것이라면 왕실과 혼인한 다른 친척에게도 그 영향이 미칠 수 있다고 보이는데 남씨가 쫓겨난 이후에도 그 여동생이 세종의 3남인 안평대군의 아들 의춘군 이우직 즉 세종의 손자와 혼인했다. 이것으로 볼 때 남씨의 병이 걸림돌이 되지 않았다.

임영대군의 첫 번째 부인 남씨의 이혼은 세종의 독단적인 결정과 이에 동조한 황희 등에 의해 매우 빨리 진행되었다. 쫓겨난 남씨가 이후 어떻게 살았는지 알 수 없다. 남지는 자신의 또 다른 딸을 안평대군의 아들과 혼인시키며 '맏딸은 임영대군에게 시집갔는데, 지금 홀로 살고 있다'고 했다. 앞의 비문에 의하면 남씨는 친정 조카 증병조판서 남계의 슬하에서 연산군 1년(1495년) 5월에 죽었다. 병으로 쫓겨난 이후에 오랫동안 친정에서 살다가 72~73세에 세상을 떠났으니 중한 병은 아니었던 것 같다.

그런데 『연려실기술』에는 '임영대군의 부인 남씨는 아들을 못 낳았기 때문에 쫓겨났다'고 했다.(『연려실기술』 권3, 「세종조 고사본말」, 세종조 상신 남지) 병보다는 무자(無子)를 강조하고 있다. 그 이유는 남씨가 쫓겨난 이후 오랫동안 장수했고, 조선 후기에는 아들을 매우 중요하게 생각했기 때문이다.

조선시대에는 혼인연령이 『경국대전』에는 남자 15세 이상, 여자 14세 이상으로 되어 있고, 『주자가례』에는 남자 16세 이상, 여자 14세 이상으로 되어 있다. 그러나 왕실 자녀들은 대체로 10세 초반에 혼인한 뒤 1~2년 정도 궁궐에 살다가 집을 지어 궁 밖 사저로 나왔다. 신부는 어린 만큼 친정에 살게 했다. 그리고 대략 15세 즈음에 합궁을 했다. 사춘기가 되어 이성을 그리워하고 아이를 임신할 나이 즈음에 합방시켰다. 물론 왕자마다 사정이 달라 일찍 합궁하여 예종과 같이 10대 초반에 자식을 둔 경우도 있지만, 임영대군의 경우 아직 아이를 갖기에는 이른 나이가 아니었나 생각된다. 따라서 무자를 이혼사유로 삼는 것은 궁색하다고 하겠다.

남씨의 이혼은 악질로 인해 자식을 두기 어렵다고 판단한 세종의 독단적인 뜻에 의해 이루어졌다. 그리고 무엇보다 흠잡을 곳 없는 완벽한 며느리를 원했던 것이다.

새 부인 전주최씨와의 재혼

세종은 남씨를 내쫓은 지 바로 2달 뒤인 세종 15년 윤8월 7일(정사)에 임영대군의 부인을 다시 뽑기 위해 처녀 11명을 궁중으로 오게 한 뒤 소헌왕후와 함께 간택했다. 대군들의 부인도 간택을 통해 뽑았다. 그 결과 12월 18일에 고 봉례 최승녕의 딸 전주최씨를 임영대군의 새 부인으로 맞이했다.(세종 15년 12월 18일 정묘) 그녀가 제안부부인 최씨이다. 조선 초기 전주최씨는 그 위상이 매우 높은 가문이었다. 전주최씨 가계를 보면 〈도 8〉과 같다.

새로 임영대군의 배필이 된 최씨는 혼인 당시 부친은 이미 사망했지만, 매우 명망 있는 가문의 딸이었다. 조부 최사강은 고려 말 대신이었던 최유경의 아들이었다. 최사강의 졸기에 의하면 다음과 같이 기록되어 있다.

"최사강은 전주 사람이며 참찬의정부사 최유경의 아들이다. 처음에 음직(蔭職)으로 벼슬하여 여러 번 옮겨 지사간원사에 이르렀고, 무술년에 금상(세종)이 즉위하자, 특별히 승정원 동부대언으로 제수되었다가 우부대언으로 전임되었고, 기해년 겨울에 예조참의로 옮겼다. 경자년에 경기도 관찰사로 되었고, 그해 겨울에 호조참판으로 임명되었다. 신축년에 또 경상도 도관찰사가 되었고, 임인년에 중군동지총제로 제수되었다가 병조참판으로 옮겼으며, 을사년에 충청도 도관찰사로 되었

〈도 8〉 전주최씨 가계도

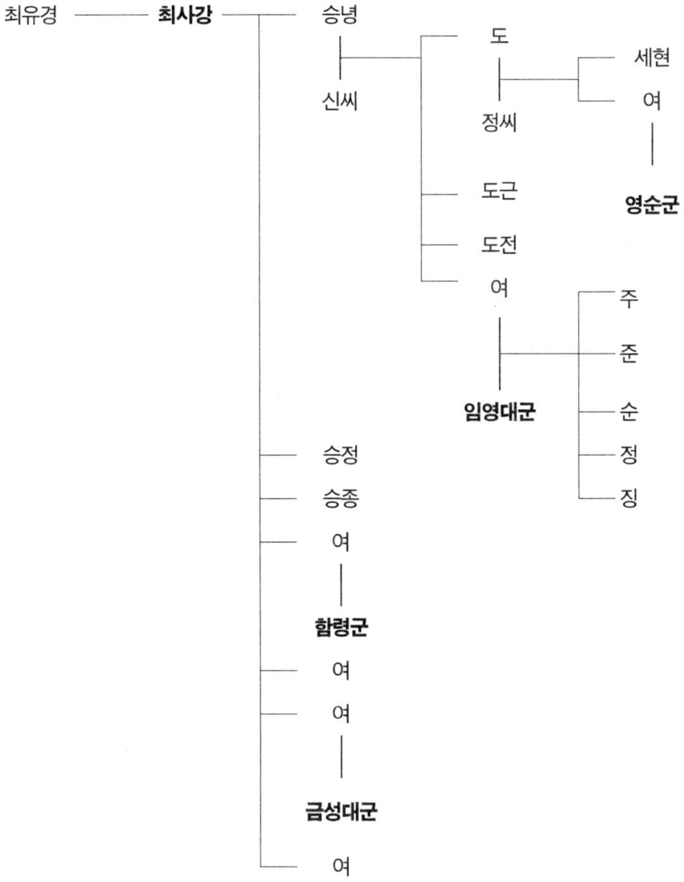

* 『전주최씨족보』 참고

고, 병오년에 다시 호조참판이 되었으며, 사헌부 대사헌과 병조·이조참판을 여러 차례 역임하고서 신해년에 병조판서로 승진되었다. 병진년에 의정부 참찬에 제수되었고, 신유년에 우찬성으로 승진되었으며, 임술년에 이조판서를 겸임하였는데, 이때에 이르러 졸하니, 나이 59세였다. … 아들은 최승녕, 최승정, 최승종이고, 딸 하나는 함녕군(태종의 둘째 서자, 이인)에게 출가하고, 딸 하나는 금성대군에게 출가했으며, 또 승녕의 딸은 임영대군에게 출가했다. 이러한 연고로 갑자기 높은 품계에 올랐다."(『세종실록』 권100, 세종 25년 4월 3일 무자)

최사강은 세종의 신임과 총애를 많이 받았다. 그만큼 충성을 다했다. 따라서 세종 15년에 그의 손녀가 임영대군의 후처가 된 후, 이듬해 또 한 딸이 세종의 서제(庶弟)이자 태종과 신빈 신씨 사이에서 태어난 5남 함령군의 부인이 되었다.(태종 16년 2월 2일 을축) 또 다른 딸은 세종 19년에 세종의 6남 금성대군과 혼인했다.(세종 19년 2월 16일 병자) 이같이 최사강에 대한 세종의 신뢰는 매우 컸다. 최씨 집안은 왕실과 삼중으로 혼인 관계를 형성했다. 이후 그의 증손녀는 세종의 5남인 광평대군의 아들 영순군과 혼인했다. 세종은 자신의 아들을 최사강 집안의 딸들과 거듭 혼인시켰다.

임영대군의 후처와 금성대군의 처는 친정으로는 조카와 고모 사이지만, 시집으로는 동서지간이 되었다. 임영대군은 아들을 아홉 명 두었는데, 최씨 부인과의 사이에 이주·이준·이순·이정·이징 등 5남을 두고 첩과의 사이에서 이함·이인·이탁·이옥 등 4남을 두었다.(예종 1년 1월 21일 병자, 임영대군 이구의 졸기) 이 가운데 이준은 세조대 이시애의 난을 진압하고 이른 나이에 영의정이 된 인물이다. 그리고 임영대군은 연산군의 장인이었던 영의정 신승선을 사위로 삼았다. 연산군의 부인 폐비 신씨는 그의 외손녀였고, 또 단경왕후의 친정아버지 신수근은 그의 외손자였다.

임영대군은 창기(娼妓)를 좋아하여 첩으로 삼고, 또 내자시 여종을 간통하다가 뒤에 그 여종이 궁녀가 되자 사통하였으며, 또 인수부(仁

〔그림 6〕 임영대군 묘역 전경

〔그림 7〕 임영대군 묘비

묘비 앞면에는 '조선국왕자임영대군정간공지묘(朝鮮國王子臨瀛大君貞簡公之墓)'라는 문구가 새겨져 있다.

壽府)의 여종을 좋아하는 등 여색으로 두 번이나 꾸중을 듣고도 고치지 않아 직첩을 빼앗기기도 했다.(세종 21년 5월 3일 경술) 그러나 세종은 후사를 넓히기 위해 임영대군이 어린 기녀를 첩으로 삼는 것을 허락해 주기도 했었다.(세종 20년 4월 23일 병자) 임영대군은 재혼 후 여색을 좋아하여 크게 물의를 빚었지만, 이로 인해 이혼하지 않았다.

임영대군은 첫 번째 부인 남씨와 이혼한 후 최씨 부인과 재혼한 후 많은 자녀를 두었다. 그런 면에서 임영대군의 첫 부인 남씨를 내쫓았던 세종의 목적은 이루어졌다고 할 수 있다.

4

영응대군의 이혼과 재혼

병을 이유로 쫓겨난 첫 부인 여산송씨

세종과 소헌왕후 사이에서 8남으로 태어난 영응대군 이염(1434~1467)은 세종 16년(1434)에 출생했다. 세종의 적자 가운데에는 막내며, 서자까지 합치면 18남 중 15남이다. 세종 23년(1441)에 영흥대군에 봉해지고, 세종 25년(1443)에 역양대군에, 세종 29년(1447)에 영응대군으로 봉해졌다. 그는 매우 똑똑했는지 겨우 말할 줄 아는 아기 때 어린아이를 조각해 넣은 화촉을 보고 놀라며 "초가 타면 반드시 초에 조각한 어린아이에게 미치게 될 것이니 차마 못 보겠다"라고 하여 세종을 놀라게 했다.(세조 13년 2월 2일 무술, 영응대군 이염 졸기)

세종은 영응대군을 매우 사랑했다. 함께 사냥 가서 지친 동물이 있으면 가던 길을 멈추고 영응대군이 잡을 수 있게 해 주었다.(세종 24년 3월 7일 무진) 또 영응대군을 즐겁게 해주기 위해 강원도 관찰사 조수량에게 날다람쥐와 독수리를 잡아 바치게 했다.(세종 24년 3월 10일 신미) 세종은 죽을 때도 그의 저택인 동별궁에서 세상을 떠났다.(세종 32년 2월 17일 임진) 막내아들 영응대군에 대한 세종의 총애는 남달랐다.

또한, 영응대군이 일찍이 병이 나자 형인 수양대군은 매우 염려하여 병을 낫게 하는 방법을 거의 다 해보았고, 이로 인해 약을 구해 오는 중국 사신의 왕래가 끊이지 않을 정도였다. 세종은 그에게 재산도 엄청나게 많이 내려주었다. 막내인 만큼 다른 자식들보다 더 애틋했을 것이다. 일찍이 내탕고의 진귀한 보물을 모두 주려고 하였다. 그러나 이를 하지 못하고 죽자 문종이 즉위 후 내탕고의 보물을 많이 내려주었다. 왕의 창고에 대대로 전해 내려오던 많은 보화가 영응대군에게 주어졌다. 그만큼 영응대군은 부자였다. 후에 세조가 매우 중하게 여겼다.(세조 13년 2월 2일 무술) 문종도, 세조도, 막내동생 영응대군을 많이 총애했다.

영응대군은 여산송씨와 혼인했으나 세종의 뜻에 따라 이혼하고 다시 해주정씨와 재혼했다. 그러나 세종이 죽은 뒤 곧 해주정씨를 내쫓고 전처 여산송씨와 재결합했다. 영응대군의 혼인 관계와 가계도를 보면 〈도 9〉와 같다.

세종은 26년(1444) 영응대군이 10세가 되던 해 그의 배필을 삼기 위해 직접 사정전에서 며느리를 간택했다.(세종 26년 7월 8일 을묘) 이때 선택된 처녀는 송복원의 딸 여산송씨 즉 대방부부인 송씨였다. 송씨의 가계를 살펴보면 증조부 송교(宋郊)는 판밀직사사를, 조부 송희

〈도 9〉 영응대군의 혼인 관계와 가계도

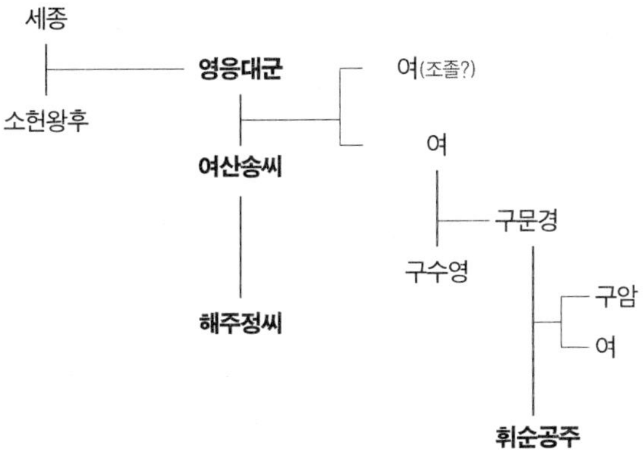

* 『선원계보기략』, 『세종실록』, 『연산군일기』 참고

(宋禧)는 가선대부 공조전서를 지냈다. 아버지 송계성(宋繼性)은 통정대부 연산도호부사를 역임하였고, 우왕 때 삼사우사를 역임한 김득제(金得齊)의 딸과 혼인하였다. 송복원(宋復元)은 좌명공신 김승주(金承霔)의 사위가 되어 세종 12년에 직장으로 재임하였다.(세종 12년 8월 10일 무인) 그리고 송복원의 매부가 정종의 후궁 숙의 윤씨 소생 수도군(守道君)으로 왕실과 혼인을 맺었기 때문에 세종 27년에 딸이 영응대군의 부인에 간택된 것 같다.[21]

세종은 송씨를 며느리로 맞이하기 위해 미리 아버지 송복원을 특별히 4품으로 올려 주고 은대를 하사했다.(세종 27년 3월 9일 임오) 낮은 관직을 가졌던 송복원의 관직을 높이 올려서 그 딸이 왕실과 혼인하는 데 부족함이 없도록 했다. 그 뒤 영응대군은 세종 27년 4월에 송복원의 딸과 혼인을 했다.(세종 27년 4월 21일 갑자) 송복원은 바

21 양웅렬, 2014, 『조선의 왕비가문』 도서출판 역사문화, 65~66쪽.

로 단종비 정순왕후 송씨의 할아버지였다. 송복원의 아들은 송현수(?~1457)로 단종비 송씨의 아버지였다. 송현수는 한명회와 처가로 4촌 동서이자 수양대군(세조)과는 어려서 친구였다.

송씨가 영응대군 부인으로 간택된 데에는 수양대군의 영향도 있었을 것이다. 송현수는 특별한 벼슬 없이 지내다가 여동생이 영응대군의 부인이 되자 세종 27년(1445)에 처음으로 관직에 올라 전구서 부승(副丞)이 되었다.(세종 27년 4월 25일 무진) 이후 풍저창부사로 있던 단종 2년(1454) 음력 1월에 그의 딸이 간택에 참여하여 단종비(정순왕후)로 낙점되었는데, 송씨가 낙점된 데에는 당시 권력을 장악하고 있던 수양대군의 영향력이 컸다.(단종 2년 1월 8일 경신) 이어 송현수도 지돈녕부사, 여랑군에 봉해졌으며, 송복원은 첨지중추원사가 되었다.(단종 2년 1월 14일 병인)

이처럼 여산송씨 집안의 딸들이 영응대군과 단종의 부인이 되었다. 영응대군의 처 송씨는 단종비 정순왕후 송씨의 고모였다. 이들은 시가로는 시숙모와 조카며느리, 친정으로는 고모와 조카 관계였다. 여산송씨의 가계를 살펴보면 〈도 10〉과 같다.

그런데 영응대군의 첫 번째 부인 송씨는 세종 31년(1449) 즈음에 세종에 의해 쫓겨났다. 혼인한 지 대략 4년 정도 지났고, 그 이유는 병 때문이었다. 그런데 송씨가 어떤 병으로 내쫓겼는지, 어떤 경위로 나가게 되었는지에 대한 기록은 없다. 다만 추측할 수 있는 것은, 쫓겨난 뒤에 영응대군과 서로 내통해서 그 사이에서 두 딸을 낳은 것을 보면 큰 병이 아니었거나, 치료가 가능했던 병으로 보인다. 그리고 영응대군과 송씨의 사이가 나쁘지 않았다는 것이다. 나아가 영응대군이 송씨를 좋아했지만, 세종이 쫓아냈다는 것을 짐작할 수 있다.

〈도 10〉 여산송씨 대방부부인 가계도

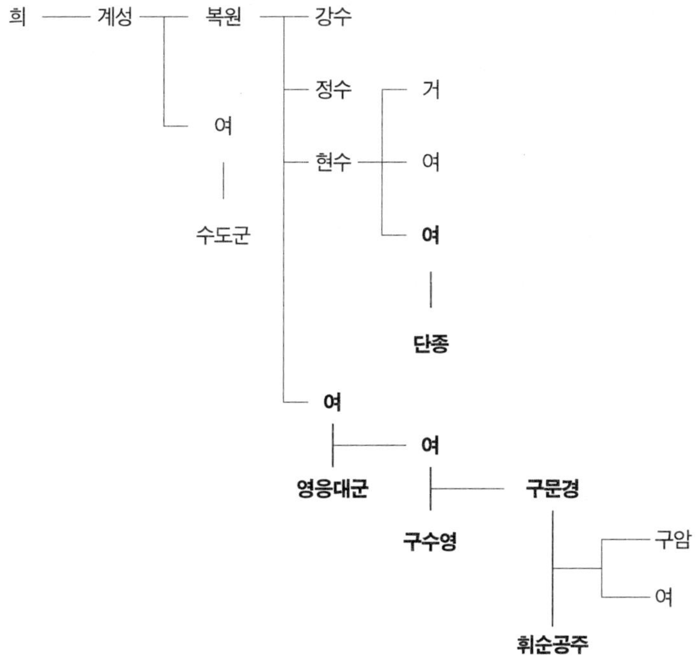

* 『여산송씨보』, 『세종실록』, 『단종실록』, 『연산군일기』 참고

송씨는 병이 있다는 이유로 세종에 의해 쫓겨났고, 이에 대해 대신들도 반대하지 않았다. 어쩌면 병은 구실이고, 후손을 많이 보고자 하는 세종의 조급증에 의해 쫓겨난 것일지도 모르겠다. 이때 영응대군의 나이가 15살이었던 것으로 보아 송씨의 나이도 10대 중후반이었을 것으로 보인다. 아직 어린 나이였고 자식은 없었다. 송씨는 세종의 며느리 가운데 병으로 쫓겨난 두 번째 며느리였다.

해주정씨와의 재혼

세종은 송씨의 병을 이유로 영응대군을 이혼시키고, 곧이어 다시 혼인시키고자 했다. 세종은 31년(1449) 3월 18일(무술)에 도승지 이사철에게 후보를 선정해오면 자신이 직접 며느리를 고르겠다고 명했다.

> 임금이 도승지 이사철에게 이르기를, "지금 처녀를 고르되 어떻게 선택할까"하니, 사철이 아뢰기를, "대대로 악질이 있는 자와 음란함이 있는 자와 불충·불효를 범한 자 및 세계(世系: 조상으로부터 대대로 내려오는 계통)가 평범하고 한미한 자와 집안이 외롭고 쓸쓸한 자는 취하지 않을 것입니다" 했다. 임금이 말하기를, "이 몇 가지 일을 논하지 말고 모두 다 골라서 아뢰면, 내가 친히 보겠다. 비록 가난한 사람의 자손일지라도 버릴 수 없다."고 했다. 이때 영응대군의 부인 송씨가 병으로 인하여 내쫓기고, 다시 배우자를 고르기 때문에 말한 것이었다.(『세종실록』 권123, 세종 31년 3월 18일 무술)

세종은 직접 나서서 영응대군의 재혼을 서둘렀다. 세종은 혼인의 여러 조건을 너무 따지지 말고 모두 골라서 아뢰면 직접 보겠다는 뜻을 내세웠다. 영응대군은 세종의 뜻에 따라 송씨와 이혼하고, 재혼시키겠다는 세종의 말이 나온 3달 뒤에 고(故) 부윤 정충경의 딸 해주정씨와 재혼했다.(세종 31년 6월 26일 갑술) 그녀가 정이(鄭易: 정역이라고도 함)의 손녀 춘성부부인 정씨이다. 매우 빨리 진행된 재혼이라 생각된다.

정씨의 할아버지 정이는 우왕 9년(1383)에 이방원과 함께 문과에 급제하여 친밀한 사이가 되었다. 좌정언·교주도 안렴부사·사헌부 지평·참지의정부사 등을 역임하고, 태종 11년(1411)에 한성부윤으로 정조부사가 되어 명나라에 다녀와서, 다음 해 대사헌이 되었다. 태종 14년(1414)에 충청도 관찰사로 나갔다가 이듬해 예조·형조의 판서를 지내고, 태종 16년(1416)에 대제학을 거쳐 호조판서가 되었다. 세종 1년(1419)에 판한성부사·좌찬성, 다음 해에 호조판서를 거쳐 대제학이 되었다. 죽은 후 영의정에 추증되었다. 그의 위상은 매우 높았고, 왕실에서는 해주정씨 가문을 정치적·사회적으로 큰 영향력을 가진 가문으로 인식했다.

영응대군의 장인이 되는 정충경은 정이의 아들로, 첫째 누이가 태종의 2남 효령대군 이보(李補)와 혼인해 태종의 며느리가 되었다. 그래서 효령대군과는 처남 매부 사이였다. 또 정충경의 외아들 정종은 영응대군과 해주정씨가 혼인한 이듬해인 세종 32년(1450) 1월에 세종의 손녀이자 당시 세자 향(문종)의 외동딸 평창군주(뒤의 경혜공주)와 혼인해 영양위에 봉해졌다.(세조 32년 1월 16일 임진) 정종은 단종과는 처남 매부 관계였고, 영응대군의 후처 해주정씨와 남매였다. 그러나 정종은 금성대군과 함께 세조를 몰아내려는 반역을 도모했다는 이유로 세조 1년(1455) 6월 11일에 영월로 유배되고, 결국 세조 7년에 죽임을 당했다.(세조 7년 10월 20일 병술) 여산송씨 가문에 비하면 당시 그 위상이 훨씬 높았다. 해주정씨의 혼인 관계를 살펴보면 〈도 11〉과 같다.

〈도 11〉 해주정씨 혼인 관계도

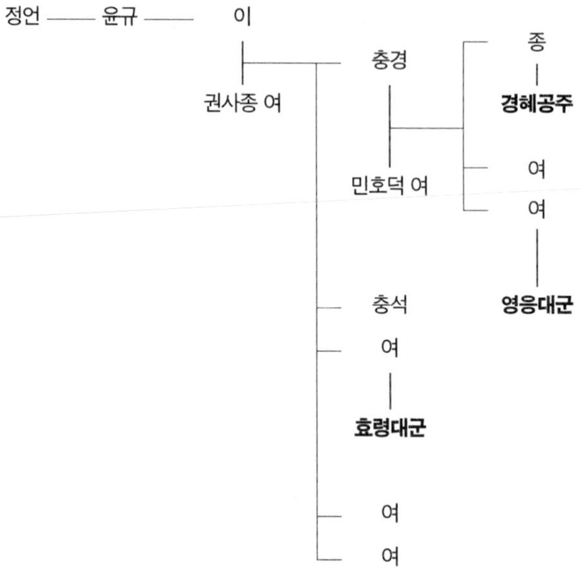

* 『해주정씨족보』, 『태종실록』, 『세종실록』 참고

세종은 영응대군의 뜻과는 상관없이 영응대군의 첫 번째 부인 여산송씨를 병을 이유로 내쫓고, 위상이 더 높은 해주정씨와 재혼을 시켰다.

3장

단종대: 영응대군의 두 번째 이혼과 전처와의 재결합

세종 사후 영응대군의 변심으로 쫓겨난 해주정씨

영응대군이 해주정씨와 재혼한 이듬해에 세종이 죽었다. 영응대군은 세종이 죽자 상례를 마치고 단종 1년에 후처인 정씨를 내쫓았다. 재혼한 지 3년 만이었다. 그리고는 전처인 송씨를 다시 맞아들였다. 영응대군은 두 명의 부인과 두 번의 이혼, 세 번의 혼인을 했다. 영응대군은 세조 13년(1467)에 죽었는데, 그의 졸기에는 이렇게 기록되어 있다.

> 영응대군 이염이 졸(卒)했다. … 세종이 매우 사랑하여 일찍이 염을 세조에게 부탁했으므로, 세조가 보살펴 주기를 여러 아우보다 특별히 했다. … 세종이 일찍이 송복원의 딸을 택하여 배필로 삼았는데, 송씨가

병이 있어서 세종이 명하여 그를 버리게 하고 정충경의 딸에게 다시 장가들게 했다. 세종이 승하하자, 염이 송씨를 그리워하여 정씨를 내쫓고 〈송씨와〉 다시 합하여 살았다. 처음에 군부(君父)의 명령 때문에 송씨를 버렸고, 정씨는 또한 버릴 만한 죄가 없는데도 사랑과 미움으로 내쫓고 받아들였으므로 당시의 의논들이 이것을 단점으로 삼았다. … 측실에 아들 하나가 있다.(『세조실록』 권41, 13년 2월 2일 무술)

영응대군은 전처 송씨와 사이가 나쁘지 않았다. 그러나 세종의 명령 때문에 어쩔 수 없이 송씨와 헤어졌다. 그리고 세종의 뜻대로 정씨와 재혼했다.

그런데 세종이 죽자마자 영응대군은 기다렸다는 듯이 상중임에도 불구하고 송씨를 다시 찾았고, 정씨가 이혼당할 이유가 없는데도 불구하고 내쫓았다. 그리고 송씨가 불치병에 걸린 것이 아님을 증명하듯이 딸을 두 명이나 낳았다. 영응대군은 세종의 상례가 끝나자마자 단종에게 정씨와의 이혼을 허락해 줄 것을 요구했다. 단종은 삼촌인 영응대군의 뜻에 따라 정씨에게 내려진 종친 외명부 교지를 거두었다.

단종은 영응대군에게 정씨를 쫓아낸 후 전처 송씨와 다시 결합하게 했다. 당시 『단종실록』에는 다음과 같이 기록되어 있다.

이조에 전지하여 춘성부부인 정씨에게 봉작한 관교(官敎)를 거두게 했다. 처음에 영응대군 이염이 상호군 송복원의 딸에게 장가들어 부인을 삼았는데, 부인이 병이 있게 되자, 세종이 이를 폐하고 다시 참판 정충경의 딸에게 장가들였다. 그러나 영응대군 염은 송씨를 잊지 못하여 송씨와 몰래 통하고 두 딸을 낳았기 때문에, 정씨를 폐출하고 송씨를 다시 봉하여 부인으로 삼았다.(『단종실록』 권9, 1년 11월 28일 경진)

재혼한 정씨와 영응대군은 사이가 좋지 않은 듯 두 사람 사이에는 자식이 없었다. 반면에 영응대군은 남들 몰래 전처인 송씨를 찾아가서 두 딸을 낳았다. 두 딸을 낳기까지 최소한 2~3년이 걸리는 것을 감안하면 영응대군은 송씨를 쫓아낸 직후부터 줄곧 못잊어 했다. 송씨를 내쫓은 것은 영응대군의 뜻이 아니라 세종의 뜻이었음을 알 수 있다.

송씨가 쫓겨난 이유도 병 때문이었지만 후처 정씨가 쫓겨난 이유도 외적 명분은 악질이었다. 그러나 이것은 명분 찾기에 불과하고, 실제 이유는 마음이 바뀐 영응대군이 전처와 재결합하기 위해 쫓아낸 것이었다. 이때 영응대군의 나이는 19세 정도였다.

이에 부당하다고 생각한 대신들은 의문을 제기했다. 정씨를 내보내는 것이 옳지 않다고 상소를 올렸다. 우헌납 김계우는 사헌부의 의논을 들어 '춘성부부인 정씨의 교지를 거둔다고 하는데, 당초에 세종께서 송씨를 폐하고 세족에서 간택하여 정씨를 들였는데, 지금 이를 내보낸다고 하니, 그 이유를 자세히 알 수 없으나, 선왕의 명령을 경솔하게 고칠 수 없다'고 하였다. 지평 유성원도 "부부는 강상의 중대한 것이니, 쉽게 폐립(廢立)할 수 없으며, 또 법이 행하고 행하지 않음이 귀근(貴近)으로부터 비롯되는 것이니, 선왕께서 명한 것을 빈번히 고쳐서는 안된다."며 반대했다.(단종 1년 12월 11일 계사)

김계우와 유성원은 정씨 폐출의 이유가 명확하지 않고, 세종이 명한 것을 고치는 것이 부당하다는 이유로 단종의 조치가 옳지 않다고 지적했다. 정씨는 칠거지악에 해당되지 않고, 아무런 말썽도 없기 때문에 내쫓을 수 없으며, 또한 종친으로 모범이 되지 못하는 행위라고 했다. 사실 정씨는 아무런 하자가 없었다. 자식이 없긴 했지만 아직은 혼인한 지 얼마 되지 않았고 매우 젊은 나이라 문제가 되지 않았다.

대간들은 송씨는 이미 세종의 명으로 쫓겨났기 때문에 다시 불러들이는 것은 선왕의 명을 어기는 것이고, 다시 새 부인을 맞으려 한다면 다른 명가에서 뽑아야 한다고 주장했다.(단종 1년 12월 11일 계사) 그러나 단종은 이틀 뒤에 정씨를 내보내는 것이 타당하다는 교지를 내렸다.

> 유성원과 이계손 등을 불러 전지하기를, "너희들이 전일에 와서 청한 영응인 송씨의 일은 세종께서 이미 뜻이 있으셨고, 문종께서 또한 돌려보내려고 하셨다. 더구나 지금 정씨가 마침 병이 있기 때문에 부득이 나가게 하는 것이니, 이는 너희들이 알 바가 아니다"라고 했다.(『단종실록』 권9, 1년 12월 13일 을미)

단종은 마침 정씨가 병에 걸렸기 때문에 내보내는 것이 마땅하다는 논리로 대간들을 설득했다. 그리고 '너희들이 알 바가 아니다'라며 사적인 일로 처리하려고 했다. 그러나 사헌부에서는 강하게 반발하고 나섰다. 영응대군의 행동에 대해 일제히 비판하는 대소동이 일어났다.

사헌부에서는 여러 가지 이유를 들어 반대했다. 그 이유는 첫째, 이름난 명문가의 후예인 정씨를 골라 뽑아 배필을 삼아 아무런 말썽이 없는데도, 까닭 없이 갑자기 내보내고 다시 송씨를 돌아오게 하니 세상 여론이 매우 분분하다는 것. 둘째, 보통 사람도 부모가 정해 준 아내는 부모의 명령이 없으면 경솔하게 끊지 못하는데, 왕실의 지친으로서 모든 관료의 모범이 되어야 함에도 이유 없이 아내를 내쫓는 것은 잘못이라는 것. 셋째, 부부의 큰 윤리를 폐할 뿐만 아니라, 선왕의 명령을 무시해 버리는 것이 되고 종실의 모범이 되지 못한다는 것. 넷째, 정씨에게 병이 있기 때문이라면, 다시 이름난 집안의 사람을 뽑을 것이지, 선왕이 이미 내보낸 송씨를 다시 들어오게 하여 인도(人道)의 중요한 근본을 어지럽혀서는 안 된다는 것 등이다.

이어 계속해서 사헌부에서는 세종이 일찍이 후회하셨지만, 이를 후회하고도 고치지 않은 것은 부부가 인륜의 대사이므로 문란케 해서는 안 된다고 생각했기 때문이라며 세종의 뜻을 따라야 한다고 주장했다. 또 옛글에 '집안이 정돈된 뒤에야 나라가 다스려진다'고 했으니, '집안이 질서 없이 되면 나라를 다스리기 어려우니 명령을 도로 거두라'고 했다. 이른바 '수신제가치국평천하'의 논리를 내세워 '제가'를 바르게 하라고 주장했다. 수세에 몰린 단종은 대신에게 의논하라고 명했다.(단종 1년 12월 15일 정유)

영응대군은 이혼한 전처 송씨와 재결합하기를 원했고, 그러기 위해서는 후처 정씨를 내쫓아야 했다. 단종으로서는 삼촌 영응대군의 간절한 뜻을 거절하기도 어렵고, 대간들의 원론적인 말을 무시하기도 어려웠다. 대군을 포함한 왕실의 이혼과 재혼은 개인과 집안일뿐만 아니라 백성들에게 영향을 끼치는 국가적인 일이었기 때문이다.

그러나 결국 단종은 영응대군의 손을 들어주었다. 단종은 다시는 이 일을 언급하지 말라는 명을 내렸다. 단종은 유성원을 불러서 "정씨를 폐하여 내보내는 것은 옳지 않다고 했는데, 무엇으로 그런 것을 알고 이런 말을 하느냐? 또 칠거지악을 범하지 않은 자는 종신토록 바꾸지 않는다고 했으니, 무엇으로 칠거지악을 범하지 않은 것을 아는가? 또 선왕의 명령을 무시해 버렸다 하고, 또 '세종께서 사랑하는 아들을 위해 며느리를 내보내고 맞이하는데 어찌 경솔하게 해서 후회하기에 이르렀겠습니까?'라고 했으니, 무엇으로 선왕의 명령이 아니고 후회가 없었다는 것을 아는가?"라며 다그쳤다.

이에 유성원은 첫째, 정씨는 선왕께서 맞아들인 분이기 때문에 내보내는 것이 옳지 않고 둘째, 정씨에게 무슨 병이 있다고 분명히 말하지 않았기 때문에, 칠거지악을 범하지 않았다고 생각했고, 셋째, 세종이 정씨를 간택하여 맞아들인 뒤에 여러 해가 되었으나, 영응대군을 또 다시 장가들이지 않았으니, 이것으로 후회가 없다는 것을 알았고, 넷째, 선왕의 후회가 없는데 갑자기 정씨를 내보내므로 선왕의 명령을 무시해 버리는 것으로 생각했다고 했다.

그러나 단종은 내보낼 만한 이유가 있고, 선왕의 명령을 경솔하게 하는 게 아니며, 이는 중대한 일이므로 자신이 자세히 헤아려서 처리했으니 더 이상 토를 달지 말라고 명했다.(단종 1년 12월 18일 경자) 송씨와 재결합하고자 하는 영응대군의 의지와 이에 대한 단종의 배려로 정씨는 뚜렷한 이유도 없이 악질을 구실로 쫓겨날 수밖에 없었다. 정씨는 영응대군의 일방적인 변심으로 인해 이혼당했다.

대군부인이 이혼당할 경우 봉작한 교지는 이조에 반납해야 했다. 당연히 지위를 박탈당했다. 단종은 정씨의 교지를 거두게 했다.

강제로 이혼당한 정씨는 친정으로 돌아갔다. 이후 삶은 자세히 알 수 없으나 연산군 1년(1494)에 자신이 죽으면 제사를 지내 달라며 친정 조카 정미수에게 노비와 논밭을 상속하는 문서를 남겼다. 정미수는 문종의 딸 경혜공주와 정종 사이에서 태어난 아들이다. 정씨는 분재기에 자신을 '기별부인(棄別夫人)'이라고 칭한 뒤 도장을 찍었다.[22] '기별'은 '버리다'는 뜻을 지닌 '기(棄)'와 '헤어지다'는 뜻을 지닌 '별(別)'이 합성된 용어이다. 남편이 처를 버리는 행위에 의해 헤어졌다는 것을 분명히 할 때 사용되었다.

정씨는 자기 재산을 가지고 있었다. 이 재산은 그의 부모로부터 물려받은 것으로 보인다. 조선 초기에는 딸들도 부모로부터 재산을 균등하게 상속받을 수 있었다. 그러나 이혼한 여성이 위자료를 받았다는 기록은 볼 수 없다. 일방적인 축출이기 때문에 위자료는 고려의 대상이 아니었다.

정씨는 이혼 후 친정으로 돌아가 살았다. 스스로 기별부인이라 칭하며 자신이 이혼했음을 굳이 숨기려 하지 않았다. 그러나 그 기별부인이라는 도장에는 오랜 세월 동안 삭혀온 그녀의 외로움과 억울함이 묻어있는 듯하다.

전처 여산송씨와의 재결합

정씨를 내쫓은 영응대군은 다시 송씨와 재결합했다. 영응대군과 송씨의 이혼은 본인들의 의사라기보다는 세종의 독단적인 결정이었다. 이혼의 결정권자는 가부장, 즉 세종이었다. 세종의 판단이 성급했고, 또 송씨와의 이혼이 악질 때문이 아니었음을 증명이라도 하듯, 영응대군은 부왕 세종의 상례 기간이 끝나고 어린 조카 단종이

22 안승준, 2012, 「日記에 비친 조선사회: 조선시대 棄別夫人」, 한국학중앙연구원, 150~154쪽.

즉위하자마자 기다렸다는 듯 정씨를 내쫓았다. 그리고 쫓겨났던 송씨를 다시 부인으로 삼았다. 송씨는 단종 1년에 다시 대군의 부인인 대방부부인이 되었다.(단종 1년 11월 28일 경진)

송씨는 영응대군과 재결합하고 궁궐을 출입하면서 특별히 남다른 총애를 받았다.(성종 14년 8월 26일 병술) 단종이 이조에 내린 명령을 보면, 송씨를 다시 받아들이는 이유는 "송씨를 잊지 못하여 송씨와 몰래 통하고 두 딸을 낳았기 때문에, 정씨를 폐출하고 송씨를 다시 봉하여 부인으로 삼았다."고 했다. 예나 지금이나 부부 사이의 자녀는 두 사람을 잇는 매우 강한 끈이자 큰 힘이었다. 두 딸을 낳은 송씨는 누구보다도 당당할 수 있었다.

영응대군이 전처 송씨와 재결합하길 원했던 것은 두 딸 때문이었다. 송씨와 이혼하고 정씨와 재혼한 후 낳은 송씨 소생의 두 딸은 첩의 소생 즉 서녀가 된다. 영응대군은 자신의 두 딸을 적녀로 만들기 위해 자식이 없는 정씨를 내쫓고 송씨와 재결합하고자 했고, 단종은 이를 허락하였다. 송씨와 두 딸은 정통성을 확보하였다.

이렇게 두 딸이 태어날 수 있게 도운 사람은 송현수와 수양대군이었다. 송현수는 쫓겨난 여동생이 안쓰러워 다시 영응대군과 재결합하기를 원했고, 송현수의 친구인 수양대군은 영응대군을 지지했다. 계유정난으로 권력을 장악한 수양대군은 안평대군을 사사한 이후 자신을 지지해주는 친동기들 가운데 임영대군과 영응대군 및 그 자손들을 매우 총애했다. 그들이 원하는 것은 들어주었다. 영응대군이 정씨를 내쫓고 재결합할 수 있었던 것은 수양대군의 정치권력이 작용했던 결과로 보인다.

다시 송씨와 결합한 영응대군은 단종 2년 1월 단종비 송씨의 간택에도 참여했다. 단종은 수양대군의 주선으로 영응대군의 전처 송씨의 조카인 정순왕후 송씨를 간택하고(단종 2년 1월 4일 병진, 단종 2년 1월 8일 경신) 왕비로 정하였다. 그리고 김사우, 권완의 딸을 후궁으로 할 것을 의논하였다.

> 세조가 효령대군 이보·영응대군 이염…. 좌승지 신숙주·우승지 박팽년 등이 빈청(賓廳)에 모여서 의논하여, 송현수의 딸을 비(妃)로 하고 김사우·권완의 딸을 잉(媵)으로 할 것을 아뢰었다.(『단종실록』 권10, 단종 2년 1월 10일 임술)

수양대군은 친구 송현수의 딸을 단종비로 할 것을 건의하였고, 단종은 2년 1월 22일(갑술)에 송씨를 왕비로 책봉했다.(단종 2년 1월 22일 갑술)

단종의 처고모가 된 송씨는 영응대군 사후 40년을 더 살았는데, 단종의 폐위와 오빠 송현수의 단종 복위 모의로 인한 죽임 등 친정의 정치적 몰락에도 불구하고 세조와 매우 가까웠으며, 예종, 성종, 연산군, 중종에 이르기까지 5명의 왕으로부터 극진한 대우를 받았다. 송씨는 영응대군이 죽은 후 많은 재산을 물려받아 매우 큰 부자가 되었다. 성종에게 집을 바치기도 했는데, 그 집이 연경궁(延慶宮)이 되었다.(성종 2년 7월 24일 을미) 또 연산군이 즉위할 때는 병풍이나 보물, 노리개 등을 바쳤고(연산군 1년 9월 29일 기유), 자신의 재물로 절을 창건하여 절 출입이 잦아 좋지 않은 소문의 주인공이 되기도 했다. 즉 동대문에 '영응대군 부인 송씨가 중 학조와 사통했다'라는 내용의 방이 붙었던 것이다.(연산군 4년 7월 12일 병오)[23] 이에 연산군은 사관에게 명하여 '이 사초를 삭제하고 기록하지 말라'고 하며 송씨를 보호했다.(연산군 4년 7월 28일 임술) 이후 중종은 '송씨가 본래 은혜가 있고 또 늙었으니 쌀 30석과 콩 20석을 주라'고 했으며(중종 2년 7월 18일 기미), 그녀가 중종 2년(1507) 7월에 죽자 죽음을 애도하여 소선(素膳)을 들어 주변을 걱정하게 만들었다.(중종 2년 7월 26일 정묘) 이같이 송씨는 70살이 넘어 죽을 때까지 대군부인으로서 왕실의 보살핌을 받았다.

그런데 송씨가 낳은 두 딸 가운데 하나는 지중추부사 구치홍의 아들 구수영과 혼인했다. 구수영은 후에 연산군의 총애를 받던 인물로 연산군의 외동딸 휘순공주의 시아버지가 되었다. 그러나 다른 딸 하나는 기록도 없고 잘 알려지지 않았다. 추측컨대 일찍 죽은 것으로 보인다.

영응대군의 졸기에는 '처음에 아버지의 명령 때문에 송씨를 버렸고, 정씨는 버릴 만한 죄가 없는데도 사랑과 미움으로 내쫓고 받아들였으므로 당시의 의논들이 이것을 단점으로 삼았다'고 했다. 영응대군은 당시의 윤리와 주변의 시선에 아랑곳하지 않고 자신의 마음대로 행동했다. 영응대군은 조선 왕실 최초로 동일한 인물과 이혼하고 재결합한 인물이었다. 이후 성종대 제안대군이 이혼, 재혼, 이혼, 전처와의 재결합 과정을 밟는데 선례가 되었다.

---

23 조선 초기에는 왕실불교가 유지·발전했는데 특히 왕비나 일찍 과부가 된 왕실여성들은 불심이 더욱 깊었다. 정희왕후, 광평대군 부인, 영응대군 부인, 인수대비 등 경제적으로 많은 부를 가지고 있었던 왕실 여성들은 개인적으로 절을 만들거나 아니면 기존 사찰에 많은 재산을 바치며 승려와 사찰의 발전, 불교의 진흥을 지원했다.(한희숙, 앞의 논문, 『조선 초 廣平大君家의 佛敎信行과 왕실불교』 참고) 영응대군 부인에 대한 추문은 이러한 과정에서 만들어진 것이라 생각된다.

〔그림 8〕 영응대군 묘소 전경

〔그림 9〕 영응대군 묘갈

최근에 만들어진 묘갈에는 영응대군, 춘성부부인 해주정씨, 대방부부인 여산송씨, 연성부부인 연안김씨 등 4분이 묻혀있는 것으로 새겨져 있다. 연안김씨는 아들을 낳은 첩으로 보인다. 여산송씨는 영응대군보다 훨씬 오래 살았으며, 영응대군 생존 시 연안 김씨를 부부인으로 삼았다는 기록은 보이지 않는다.

〔그림 10〕 영응대군 신도비각

신도비 앞면에는 '영응대군신도비(永膺大君神道碑)'란 전제(篆題)와 '유명조선국영응대군시경효공신도비명(有明朝鮮國永膺大君謚敬孝公神道碑銘)'이란 비제(碑題)가 새겨져 있다.

그러나 대군의 처도 자신의 인생이 걸려 있는 이혼 문제에서 자신의 생각을 표명할 수 없었다. 다만 가부장의 처분을 운명같이 받아들여야 했다. 시아버지나 남편에 의한 부당한 이혼은 지극히 가부장적인 가족구조 속에서 이루어진 폭력적인행위였다.

4장

성종대
: 성종·제안대군의 이혼

1

성종과 폐비 윤씨의 이혼과 사사(賜死)

윤씨의 후궁 간택과 입궁

성종의 두 번째 왕비이자 연산군의 어머니인 폐비 윤씨(1455~1482)는 남편인 왕에 의해 쫓겨난 조선왕조 최초의 왕비이다. 윤씨는 쫓겨나는 데 그치는 것이 아니라 남편에게 죽임까지 당했다. 그런 만큼 폐비 윤씨는 소설이나 드라마, 영화 등의 주요 소재로 자주 다루어져 왔다.

폐비 윤씨는 성종 4년(1473)에 후궁으로 입궁하여 3년 만인 성종 7년에 왕비가 되었다. 매우 운이 좋은 여성이었다. 그런데 연산군을 낳은 지 4개월 만에 폐비문제가 발생하여 그 후 2차례의 논의를 거친 뒤 3년 만에 폐출되었다. 그리고 사가로 폐출되어 지낸 지 3년 만인 성종 13년(1482)에 죽임을 당했다. 성종을 만난 지 9년 만이었다.

왜 윤씨는 폐비가 되고 폐출되어야만 했으며, 죽임까지 당해야 했을까.[24] 그녀는 정말 알려진 바와 같이 질투와 못된 성격 때문에 죽임을 당했을까. 꼭 죽임까지 당해야 할 정도로 악녀였을까?

폐비 윤씨의 「태실지(胎室誌)」에 따르면 그녀는 성종보다 2살 많은 세조 1년(1455)에 태어났다.[25] 성종은 1557년생이다. 또한, 폐비 윤씨는 궁녀 출신의 승은후궁이 아니라 정식 후궁으로 간택되어 입궁한 간택후궁 출신이다. 따라서 그 출신과 지위는 궁녀출신과 비교가

〔그림 11〕 폐비 윤씨 태지석

1996년에 국립문화재연구소에서 서삼릉의 태실을 정비하는 과정에서 발견된 성종비 폐비 윤씨의 태지석(胎誌石)으로, 윤씨가 세조 1년(1455) 윤6월 1일에 태어났다고 기록되어 있다. 현재 이 태지는 국립고궁박물관에 보존되어 있다.(사진 출처: 국립고궁박물관)

---

24 윤씨의 폐비·폐출과정과 사사에 대해서는 한희숙, 2017, 『역사학자가 쓴 인수대비』(솔과학)에서도 다루고 있음을 밝혀둔다.

25 전주이씨대동종약원, 1999, 『조선의 태실』 1, 오랫동안 폐비 윤씨의 출생 연도는 잘 알려지지 않았다. 박종화는 소설 『금삼의 피』에서 윤씨가 성종보다 무려 12살이나 많았고, 또 궁녀 출신이라고도 했다. 이후 여러 역사 전문 서적에서조차 그렇게 알려져 왔다. 잘못된 것이라 할 수 있다.

안될 만큼 높았다.

폐비 윤씨의 아버지는 윤기견(尹起畎, ?~?)으로 윤기무(尹起畝)로도 불렸다. 본관은 함안이며, 세종 21년(1439)에 생원으로 친시문과에 병과로 급제한 뒤 문종 즉위년(1451) 9월에 부수찬을 지냈고, 집현전 사경을 지냈다.(문종 즉위년 9월 7일 무신, 문종 즉위년 11월 23일 계해) 이듬해에 집현전 부교리로서 춘추관 기주관을 겸직하면서 『세종실록』 편찬에 참여했고, 또 같은 해에 완성된 『고려사절요』 편찬에도 김종서의 지휘를 받아 참여했다.(문종 2년 2월 20일 갑신) 폐비 윤씨는 함안 윤씨 양반가 출신 여성이었다.

윤기견의 활동은 단종대에 비교적 적극적으로 보인다. 그는 단종이 즉위한 후 사헌부 지평이 되어(단종 1년 11월 8일 경신) 대간 활동을 적극적으로 했다. 수양대군이 김종서를 죽이고 권력을 잡는 계유정난에도 적극 동조했다. 윤기견은 단종 2년 1월 7일(기미)에 이개, 유성원, 이극감 등과 함께 불당을 헐어버릴 것을 상소했다. 윤기견의 유학자적인 면과 대간으로서의 고집스러움을 볼 수 있다. 윤기견은 사육신인 이개·유성원·성상문 등 대간을 지낸 인물들과도 친했다.

세조가 즉위하자 윤기견은 원종공신 2등에 책봉되었다.(세조 1년 12월 27일 무진) 그는 세조의 즉위에 적극적으로 관여하고 동조했다. 세조대의 행적은 잘 보이지 않지만, 세조로부터 많은 신임을 받았을 것으로 추측된다. 그러나 성종 4년 3월에 그의 딸이 성종의 후궁이 될 때 '고 판봉상시사 윤기견의 딸을 숙의로 맞아들였다'(성종 4년 3월 19일 기유)라고 한 것으로 보아 이전에 세상을 떠났다. 외손자인 연산군이 왕위에 오르자 부원군에 추봉되고 영의정에 추증되었다. 그러나 연산군 12년(1506)에 중종반정으로 연산군이 쫓겨나고 아우 진성대군이 왕위에 오른 뒤 삭직되었다.

윤기견은 두 번 결혼해서 모두 4남 1녀를 두었다. 첫 부인은 양성 이씨로 그녀와의 사이에서 윤우, 윤해, 윤후 등 세 아들을 두었다. 첫 번째 장인은 이온(李薀)으로 태안 이씨와 결혼해 3남 6녀를 두었으며, 과거에 급제하지도 벼슬하지도 않은 한미한 인물이었다. 그러나 이온의 백모가 되는 이사치의 처는 성종의 외할아버지 한확의 대고모였다. 그리고 둘째 아들이 조선 초기 유명한 문신인 이승소(李承召)로 윤기견의 처남이 된다. 이승소는 세종 29년(1447)에 장원 급제한 뒤 세조가 즉위하자 집현전 직제학으로서 원종공신 2등에 책록되었다. 이후 예조·이조·형조판서를 거쳐 우·좌참찬에 오르고 성종 2년에 좌리 4등 공신에 책봉되는 등 출중한 경력을 쌓은 인물이다. 이온은 현달(顯達)한 아들 이승소 덕분에 의정부 좌찬성 적성군에 추증되었다.[26] 윤기견과 처가는 모두 세조와 가까운 세력이었다.

첫 부인과 사별한 윤기견은 고령 신씨와 재혼했다. 두 번째 장인 신평(申枰)은 장흥 마씨와의 사이에서 3남 3녀를 두었는데 그중 셋째 딸이 윤기견과 혼인했다. 이들은 남매를 두었는데 아들은 윤구이고, 딸이 바로 폐비 윤씨이다. 신평은 세종 16년(1434)에 문과에 급제한 뒤 사간원 정언(正言: 정6품)을 지낸 평범한 관원이었지만, 그의 집안은 상당히 위상이 높았다. 먼저 그의 형은 대제학까지 오른 신장(申檣)으로 신숙주의 아버지다. 윤기견의 처 신씨는 신숙주와 사촌지간이었다. 그러니까 윤기견은 신숙주와 과거에 함께 급제한 동방이자, 혼인으로도 유대관계를 갖고 있었다. 신숙주는 폐비 윤씨의 외당

26 김범, 2010, 『연산군』 글항아리, 37쪽.

〔그림 12〕 성종비 폐비 윤씨 태실

성종비 폐비 윤씨의 태실은 그녀가 왕비로 있을 때 경상도 예천 용문사 입구의 오른쪽 산에 마련했다.
(사진 출처: 문화재청)

〔그림 13〕 성종비 폐비 윤씨 태항아리(내항아리 몸체)

〔그림 14〕 성종비 폐비 윤씨 태항아리(외항아리 몸체)

(사진 출처: 국립고궁박물관)

숙이었다.

폐비 윤씨의 외할아버지 신평은 세종대 정언을 지낸 인물이고, 아버지 윤기견 역시 대간을 지냈던 인물이었다. 윤씨는 친가뿐만 아니라 외가로부터도 자기주장이 강한 기질을 이어받았다.

폐비 윤씨는 아버지가 일찍 돌아가셨기 때문에 비교적 가난한 집안에서 4남 1녀 중 고명딸로 귀여움을 받으며 성장했다. 윤씨가 입궁할 즈음 사람들은 '윤씨의 어미가 과부로 있어서 생활이 어렵더니, 이와 같은 복이 있다'고 부러워했다. 폐비 윤씨의 가문은 윤기견의 경력이나 넉넉하지 못한 경제적 상황을 볼 때 그동안 왕비를 배출한 다른 집안에 비해 그 지위가 높지 않았다. 폐비 윤씨의 가계를 정리해 보면 〈도 12〉와 같다.

〈도 12〉 폐비 윤씨의 가계

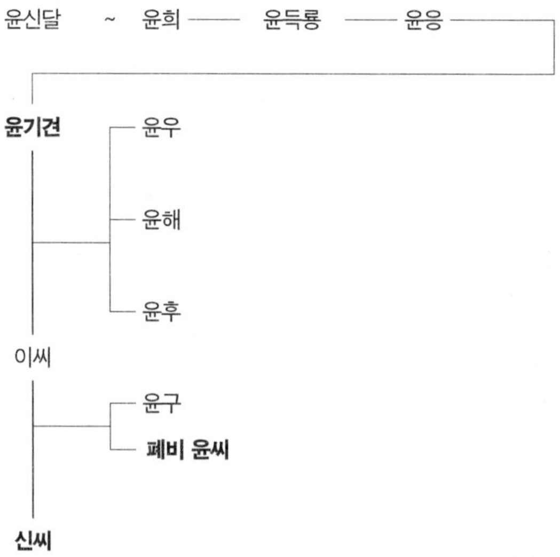

*『함안윤씨세보』 참고

폐비 윤씨는 성종 4년(1473) 3월 19일(기유), 18살에 내명부 정2품의 숙의가 되어 입궁했다. 당시로는 꽤 늦은 나이였다. 그녀가 어떤 경위로 성종의 후궁이 되었는지는 확실하지 않으나 아버지 윤기견이 세조와 가까웠고, 세조의 참모였던 신숙주가 친척이었기 때문에 간택된 것이 아닌가 생각된다. 그녀가 입궁할 때 성종은 16살이었다.

폐비 윤씨가 입궁할 즈음 성종의 첫 번째 부인 공혜왕후 한씨는 많이 아팠다. 공혜왕후는 예종의 첫 번째 부인인 장순왕후 한씨의 동생으로 한명회의 딸이다. 그녀는 세조 2년(1456) 10월에 연화방에 있는 사제에서 태어나 세조 13년(1467)에 11살의 나이로 한 살 아래인 자을산군과 혼인했다. 이들의 혼인은 세조와 한명회의 의기투합에 의한 것이었다. 세조는 가장 신뢰하는 한명회의 딸을 손자며느리로 삼고 싶었고, 한명회 역시 딸을 왕가에 시집보내는 것을 마다할 이유는 없었다. 한명회는 이미 세조의 아들 해양대군(후의 예종)에게 다른 딸을 출가시켜 세조와 사돈을 맺은 상황이었다.

공혜왕후는 혼인 당시에는 종친 부인이었다. 당시는 죽은 의경세자의 둘째 아들인 자을산군이 왕이 되는 것은 생각하기 어려운 시절이었다. 그러나 예종이 죽은 뒤 세조비 정희왕후는 자을산군을 상주(喪主)로 삼았고 왕위를 이어받게 했다. 자을산군이 왕이 되자 한씨는 왕비가 되었다. 그녀의 행장(行狀: 죽은 사람의 행실을 간명하게 써서 보는 이로 하여금 죽은 사람을 살펴볼 수 있도록 하는 것)에 의하면 그녀는 후궁을 대접할 때 너그럽고 대범하여 법도에 맞았고, 양로연이나 설날 같은 내전의 잔치에도 모두 법도에 맞게 행동하여 대비들의 감탄을 자아냈다. 심지어 공혜왕후는 후궁을 뽑을 것이라는 말을 듣고 의복을 장만해 두었다가 들어오기를 기다려서 내렸다. 그 뒤로도 후궁에게 의복이나 노리개 같은 패물을 많이 내려주고 잘 대우해 주며, 싫어하는 기색이 없었다. 이른바 후궁들에 대해 질투하지 않았으며, 왕비로서의 체모를 지키기 위해 노력했다. 그녀는 이미 예종비였던 언니와 아버지 한명회를 통해 왕실의 예의와 법도를 잘 알고 있었고, 그런 만큼 왕비로서 갖추어야 할 부덕에 대해서 교육되어 있었다. 그러나 왕비가 된 지 5년만인 성종 5년(1474) 4월에 자식을 남기지 못한 채 병으로 세상을 떠났다.

성종은 공혜왕후가 죽기 전해인 성종 4년에 정식으로 두 명의 후궁들을 들였다. 4년 1월에 정희왕후는 호조에 명하여 윤기견과 윤호(尹壕)의 집에 각각 면포 1백 필, 정포(正布) 50필, 쌀 50석을 내려주었다. 그것은 그들의 딸을 입궁시키기 때문이었다.(성종 4년 1월 13일 갑진) 그리고 이어 정식으로 입궁시켰다.

- 고(故) 판봉상시사(判奉常寺事) 윤기견의 딸을 숙의로 맞아들였다.(『성종실록』 권28, 성종 4년 3월 19일 기유)
- 병조참지 윤호의 딸을 들게 하여 숙의로 삼았다.(『성종실록』 권31, 성종 4년 6월 14일 계유)

성종 4년 3월에 폐비 윤씨를 숙의로, 곧이어 6월에 병조참지 윤호의 딸을 숙의로 들였다. 폐비 윤씨와 후에 정현왕후가 되는 숙의 윤씨는 3달의 시차를 두고 성종의 후궁으로 간택되어 입궁했다.

폐비 윤씨가 입궁할 때는 세조비 정희왕후가 수렴청정하고 있었다. 성종은 예종이 죽은 후 갑자기 왕위에 오른 인물이었다. 당시 왕위 계승권을 가지고 있던 예종의 아들 제안대군이 만 3세에 불과했기 때문에 한명회의 사위였던 만12살의 자을산군(성종)이 왕위에 올랐다. 성종은 할머니와 어머니, 장인 한명회 덕분에 갑자기 왕위에 오른 행운아였다. 제왕 훈련을 전혀 받은 바 없는 어린 성종이 갑자기 왕위에 올랐기 때문에 당시 궁중의 가장 큰 어른인 세조비 정희왕후가 수렴청정했다.[27] 정희왕후가 성종 7년까지 수렴청정을 했던 만큼 성종 초반 정국에서는 그녀의 입김이 크게 작용했다.

후궁 윤씨의 못마땅한 왕비 승격

폐비 윤씨가 입궁한 이듬해인 성종 5년에 공혜왕후 한씨가 죽었다. 왕비의 죽음으로 누가 계비가 될 것인가는 당시 궁중 여성들 사이엔 큰 관심거리가 되었다. 후궁들 사이에는 더욱 그러했다. 당시 후궁으로는 두 명의 윤씨 외에도 엄씨·정씨 등 여러 명의 후궁들이 있었다.

새로운 왕비를 맞이하기 위한 간택령을 내릴 수도 있었지만, 후궁 가운데에서 승격시키기로 했다. 성종은 공혜왕후의 상례를 마친 후 7년 7월에 대비의 뜻을 얻어 폐비 윤씨를 중전으로 삼았다. 폐비 윤씨가 궁중에 들어온 지 3년 만의 일이었다.

조선 초기에는 세자의 소실에서 세자빈으로 승격된 경우가 있었다. 단종의 어머니 현덕왕후 권씨는 원래 세자 향(후의 문종)의 소실인 승휘로 입궁했는데, 휘빈 김씨와 순빈 봉씨 등 두 명의 세자빈이 폐

---

27 정희왕후의 수렴청정에 대해서는 김우기, 2001, 「조선 성종대 정희왕후의 수렴청정」 『조선사연구』 10; 한춘순, 2002, 「성종 초기 정희왕후의 정치청단과 훈척정치」 『조선시대사학보』 22; 한희숙, 앞의 책, 『역사학자가 쓴 인수대비』 참고

위된 뒤 세자빈으로 승격되었다. 또 예종도 한명회의 딸 세자빈 한씨가 아들(후의 인성대군)을 낳고 17살에 죽자 세자빈을 다시 간택하지 않다가 즉위하면서 소실인 소훈 한씨를 왕비(안순왕후)로 책봉했다. 안순왕후도 세자의 소실로 들어와서 세자가 왕이 되자 승격되어 왕비가 되었다. 이러한 사례와 같이 성종도 다시 왕비를 간택하지 않고, 후궁 윤씨를 왕비로 승격시켰다.

공혜왕후의 상례가 끝나자 성종은 7년 7월 11일(임자)에 숙의 윤씨를 왕비로 삼을 뜻을 전교했다. 성종은 대비의 교지를 받아 의정을 지낸 사람과 의정부·육조참판 이상과 대간을 불러 다음과 같이 전교했다.

> "중전의 자리가 오랫동안 비어 있으니 내가 위호(位號)를 정하여 위로는 종묘를 받들고 아래로는 국모를 삼으려고 하는데, 숙의 윤씨는 주상께서 중히 여기는 바이며 나의 의사도 또한 그가 적당하다고 여겨진다. 윤씨가 평소에 허름한 옷을 입고 검소한 것을 숭상하며 일마다 정성과 조심성으로 대하였으니, 대사를 위촉할 만하다. 윤씨가 나의 이러한 의사를 알고서 사양하기를, '저는 본디 덕이 없으며 과부의 집에서 자라나 보고 들은 것이 없으므로 사전(四殿: 왕과 3대비)에서 선택하신 뜻을 저버리고 주상의 거룩하고 영명한 덕에 누를 끼칠까 몹시 두렵습니다'고 하니, 내가 이러한 말을 듣고 더욱더 그를 현숙하게 여겼다."(『성종실록』 권69, 성종 7년 7월 11일 임자)

대비의 뜻을 들은 정인지 등은 여러 후보 중에 매우 합당하다고 했고, 성종은 매우 기뻐했다. 성종은 곧 의정부에 명을 내려 숙의 윤씨를 중궁으로 정하는 일을 온 나라에 알리도록 했다. 그때 의정부에 내린 교지의 내용도 비슷했다. 즉 '중궁은 한 나라 백성의 어머니이다. 오랫동안 적당한 사람을 구하기 어려웠는데 숙의 윤씨는 현숙한 덕이 일찍 나타나서 진실로 규방의 법칙에 합당하므로, 위로 대비의 뜻을 받들어 중궁을 정한다'라고 했다.

윤씨가 왕비가 될 수 있었던 이유는 무엇일까. 첫째, 성종의 총애와 태아 때문이다. 윤씨는 후궁 서열 첫 번째로 공혜왕후가 죽기 전부터 성종이 총애하고 있었으며, 무엇보다 후의 연산군이 되는 아이를 임신하고 있었다. 왕실에는 자손이 매우 귀했다. 문종의 외아들이었던 단종이 폐위되고 세조가 왕위에 오른 뒤에도 의경세자(성종의 아버지)와 예종은 일찍 죽었고, 그들이 남긴 아들도 적었다. 의경세자가 월산대군과 성종을, 예종이 제안대군을 남겼을 뿐이었다. 따라서 성종의 첫째 아이를 잉태한 윤씨는 성종은 물론 대비들로부터 많은 총애를 받을 수 있었다. 그리고 장차 태어날 아이는 서자가 아닌 적자가 될 수 있었다.

둘째, 검소하다는 것이다. 윤씨는 평소에 허름한 옷을 입고 검소함을 숭상했다. 그녀는 가난한 집안의 과부 딸이었던 만큼 검소함이 몸에 익어 있었는지도 모르겠다. 아님 후궁에 맞는 생활을 했던 모양이다.

셋째, 일마다 정성과 조심성으로 대하여 왕비의 자리를 맡을 만하다는 것이다. 그녀의 성품은 부드럽고 아름다우며, 마음가짐도 깊고 곱다고 표현되고 있다. 또 효성도 지극하여 정희왕후, 안순왕후, 소혜왕후 등 3대비를 감동시켰다고 했다.

당시에는 모든 게 다 예뻐 보였다. 후궁으로서 궁중의 법도를 따르고 몸가짐에 조심성을 갖추었던 것 같다. 그런데 무슨 일이 있었는지 보름이 지난 성종 7년 7월 28일에 대왕대비가 중궁 책봉 뒤의 대비전 상수(上壽: 장수를 비는 뜻으로 술잔을 올림)에 대해 허락하지 않았다.

> 정승들에게 전교하기를, "중궁을 책봉한 뒤에 대비전에 상수하려고 하는데 허락하지 않으시니, 경들도 청하라." 하였다. 한명회·윤자운이 아뢰기를, "중궁을 책봉하는 것은 국가의 커다란 경사입니다. 청컨대 상수를 허락하소서." 하였으나, 대왕대비가 끝내 허락하여 주지 않았다.(『성종실록』 권69, 성종 7년 7월 28일(기사)

보름 동안 어떤 일이 있었는지는 알 수 없다. 그러나 대왕대비가 윤씨를 왕비로 지정한 뒤에 그녀의 상수를 받지 않겠다고 한 것은 그 사이 무엇인가 기대에 크게 어긋나는 심각한 문제가 발생했다는 것을 의미했다. 윤씨를 왕비로 결정한 것에 대해 매우 못마땅해 하는 심경의 변화가 생긴 것으로 추측된다. 이미 윤씨의 폐비문제는 이때부터 예정되어 있었는지도 모르겠다.

그러나 이러한 불안을 뒤로 하고 성종은 약 열흘 후인 8월 9일에 예정대로 인정전에 나아가 숙의 윤씨를 왕비로 책봉했다.(성종 7년 8월 9일 기묘) 윤씨가 왕비에 오르자 성종은 윤기견을 영의정으로 추증하고, 호조에 명하여 윤씨의 어머니 신씨가 일찍 과부가 되어 집이 가난하니, 해마다 봄·가을에 쌀 20석과 콩 10석을 주도록 했다.

폐비 윤씨는 후궁으로 입궁한 지 3년 만에 왕비가 된 행운아였다. 그런 만큼 같이 후궁으로 있던 궁중 여성들의 부러움과 시기를 한 몸에 안게 되었다. 그러나 후궁으로서 왕비가 된 경우였기 때문에 정통성과 위상은 약할 수밖에 없었다.

당시 궁궐에는 성종의 후궁들이 다수 있었고, 그 가운데는 파평 윤씨 윤숙의를 비롯해 명문가 출신 여성도 있었다. 이러한 상황에서 폐비 윤씨는 조금만 행동이 부덕에 어긋나도 성종과 3대비들의 눈 밖에 날 상황에 놓여 있었다. 특히 대왕대비는 왕비로 정한 뒤 상수도 받지 않는 등 불편한 심기를 보였다. 윤씨의 왕비 승격에 못마땅함이 있었고, 따라서 그녀의 일거수일투족은 대비들과 성종의 총애를 다투는 왕실 여성들의 감시와 규제, 질투의 대상이 되었다. 왕비가 된 것은 행운이었으나 후궁으로 있을 때보다 책임감과 부담감은 훨씬 더 커졌다.

첫째 출산 후 1차 폐비 논의와 자수궁 별거

폐비 윤씨는 왕비가 된 지 불과 8개월만인 성종 8년(1477) 3월에 폐비가 될 위기에 놓였다. 폐비 논의는 윤씨가 연산군을 낳은 지 불과 4개월 만에 터져 나왔다. 아직 산고의 후유증에서 완전히 벗어나지 못한 상태였다. 그럼 폐비가 논의된 이유는 무엇 때문이었을까.

왕비가 된 폐비 윤씨는 왕의 총애를 받으며, 또 후궁들의 부러움을 사며 얼마 후 아들 연산군을 낳았다. 도승지 현석규, 우승지 임사홍 등은 성종에게 '개국한 이후로 문종과 예종은 모두 잠저에서 탄생했기 때문에 오늘과 같은 경사는 없었다'며 백관들에게 하사품을 내려주고, 하례를 시행하도록 청했다.(성종 7년 11월 7일 정미) 조선 개국 이래 왕의 적자로 궁궐 안에서 태어난 아이는 연산군이 처음이었다. 이때 폐비 윤씨는 22살이고 성종은 20살이었다.

아들을 낳은 후 폐비 윤씨는 자신감을 가졌고, 왕비로서의 위상도 확고하게 자리 잡을 듯이 보였다. 그런데 폐비 윤씨의 기대와는 다른 상황이 전개되었다. 왕비가 되어 아들을 낳긴 했지만 가난한 집안의 후궁 출신이었던 점은 성종의 후궁들로부터 최고의 권위와 존경을 부여받기 어려웠다. 그 가운데에는 성종의 아이를 잉태한 후궁도 있었기 때문에 윤씨는 후궁들을 경계하지 않을 수 없었다. 특히 임신하고 있던 정소용이 가장 눈에 거슬리는 존재였다. 성종의 아이를 가진 두 여성은 성종을 둘러싸고 서로 질투와 반목을 하고 있었다. 반면에 20세 초반의 한창 젊은 나이의 성종은 산고의 후유증에 시달리는 왕비보다는 후궁들을 더 총애했다. 이러한 성종의 행위에 소외감을 느낀 폐비 윤씨는 참기가 어려웠고, 자신의 자리가 언제 후궁에게 빼앗길지도 모른다는 두려움을 느꼈다.

한편 폐비 윤씨가 연산군을 낳은 성종 7년은 정희왕후의 수렴청정이 끝나고 성종이 직접 정치를 시작한 시기였다. 또 시어머니 인수대비가 『내훈』을 지은 지 1년이 지난 후였다. 왕실 여성들에게 더욱 부덕(婦德)이 요구된 시기였다.

성종은 윤씨를 왕비로 책봉한 직후 자신의 위상을 높이고 내명부의 기강을 정비하고 나아가 새 왕비의 위상을 높여주기 위하여 친잠례(親蠶禮)를 시행하고자 했다.[28] 정희왕후가 수렴청정하는 동안에

---

28 친잠례는 조선시대 왕비가 누에를 치기 위해 직접 뽕잎을 따는 일련의 국가적 의례로 백성들에게 양잠업을 권장하고 백성의 고충을 헤아리고자 한 왕실의 중요한 의식이었다. 이것은 모든 여성을 대표하는 국모인 왕비가 누에치는 의식을 몸소 실천함으로써 여성들에게 모범을 보이고자 한 것으로, 국왕이 친히 밭가는 의식인 친경례와 짝했다. 친잠례는 남성 중심의 유교적 지배체제에서 여성인 왕비가 국가적인 행사에 주체가 되었다는 점에서 매우 의미 있는 의식이다.(한희숙, 2012, 「조선 성종 8년 왕비의 친잠례 시행과 그 의미」, 『아시아여성연구』 제51권 1호 참고).

는 왕의 위상도 낮았지만, 왕비의 위상도 낮았다. 또 공혜왕후 한씨의 투병, 죽음, 상례 기간이 동시에 진행되어 친잠례를 시행할 수 없었다. 따라서 친정기에 접어든 성종은 왕실의 위상을 높이고, 내명부의 위상을 정비하기 위한 목적에서 친잠례를 거행하도록 명했다. 성종은 왕비를 책봉한 후 기다렸다는 듯이 7년 8월 22일(임진)에 왕비의 친잠례에 대해 옛 사례를 살펴보도록 명했다. 성종의 친정과 짝하여 친잠례에 대한 논의가 본격화되어 이듬해인 성종 8년(1477) 이른 봄에 조선 건국 후 최초로 친잠례를 시행했다.

친잠일인 성종 8년 3월 14일(신사)에 윤씨는 내·외명부를 거느리고 후원에 만들어 놓은 채상단(採桑壇)에 나아가 친잠의식을 거행했다. 이날 친잠하는 데 참여한 집사들은 내외법에 의해 모두 여성들이었다. 뽕잎을 따는 채상에 1품 내명부 2명, 2품 내명부 1명, 3품 내명부 1명으로 후궁 4명이 참여했다. 그 외 외명부로는 월산대군의 처 박씨와 길창부원군 권람의 처 이씨를 비롯해 공주·옹주 등 20명 남짓 참여했고, 이를 보좌할 궁녀는 약 10명 정도 되었다. 친잠례에 참여한 인원은 모두 30명이 조금 넘은 듯했다.

그런데 이날의 친잠례는 윤씨 폐비사건의 시발점이 되었다. 이때 친잠례에는 왕비와 후궁 4명이 참석했다. 그 가운데에는 정소용과 엄숙의가 있었다. 이때 윤씨는 연산군을 낳은 지 불과 4개월밖에 안 되었고, 정소용과 엄숙의는 성종의 총애를 받고 있었다. 특히 윤씨에게는 당시 임신을 한 정소용이 가장 거슬렸고, 정소용과 엄숙의의 친한 모습은 심기를 불편하게 만들었다. 친잠례를 계기로 후궁들에 대한 윤씨의 경계심과 투기가 더욱 증폭되었다. 사실 친잠례는 왕비가 후궁 및 내·외명부 기강을 잡는 날이었지만, 전혀 그렇지 못했다.

윤씨는 친잠례를 행한 지 보름 만에 폐비가 될 위기에 놓였다. 성종 8년 3월 29일(병신)에 대왕대비 정희왕후의 명으로 중궁을 폐하는 문제가 논의되었다. 중궁 책봉 전부터 별로 맘에 들어 하지 않는 기색을 보였던 대비였다. 성종은 일찍이 정승을 지낸 사람과 의정부·육조판서·대사헌·대사간을 불러 대비의 의지(懿旨)를 선포했다. 그 내용은 다음과 같다.

"세상에 오래 살게 되면 보지 않을 일이 없다. 이달 20일에 감찰 집에서 보냈다고 일컬으면서 권숙의의 집에 언문을 던지는 자가 있었는데, 권숙의의 집에서 주워 보니 정소용과 엄숙의가 서로 통신(通信)하여 중궁과 원자를 해치려고 한 것이다. 생각건대, 정소용이 한 짓인 듯하다. 그러나 지금 바야흐로 임신하였으므로 해산한 뒤에 국문하려고 한다.

그런데 하루는 주상이 중궁에서 보니 종이로써 쥐구멍을 막아 놓았는데, 쥐가 나가자 종이가 보였고, 또 중궁의 침소에서 작은 상자가 있는 것을 보고 열어 보려고 하자 중궁이 숨겼는데, 열어 보았더니 작은 주머니에 비상(砒霜)이 들어 있고, 또 굿하는 방법의 서책이 있었다. 이에 쥐구멍에 있는 종이를 가져다가 맞춰 본즉 부절(符節)과 같이 맞았는데, 이것은 책이 잘린 나머지 부분이었다. 놀라서 물으니, 중궁이 대답하기를, '친잠할 때 종 삼월이가 바친 것이라.'고 하고, 또 삼월이에게 물으니 삼월이가 모두 실토하여 모두 그 사실을 알았다. 중궁이 만일 이때에 아뢰었다면 좋았을 것인데, 중궁이 능히 그러하지 못했다.

중궁이 옛날 숙의로 있을 때 일하는 데에 있어서 지나친 행동이 없었으므로 주상이 중하게 여겼고 삼전(三殿)도 중히 여겼으며, 모든 빈(嬪)들 가운데에 또한 우두머리가 되기 때문에 책봉하여 중궁을 삼았는데,

왕비에 오르면서부터 일이 잘못됨이 많았다. 그러나 이미 귀중한 몸이 되었으니 어찌 일마다 책망할 수 있겠는가? 지금에서 본다면 전일에 잘못이 없었던 것은 주상이 주적(主嫡)이 없으므로 각각 이름을 나타내려고 했을 것이다. 지금 주상이 바야흐로 중히 여기고 있는데 중궁이 어찌 주상을 가해하려고 하겠는가? 다만 이것은 잉첩(媵妾)을 제거하려는 것일 것이다.

부인은 옳은 것도 없고 그른 것도 없는 것으로 덕을 삼는 것인데, 투기하는 것은 아름다운 일이 아니다. 하물며 제후는 아홉 여자를 거느리는 것인데 지금은 그 수가 차지 않았으니, 어찌 한나라에서 어머니로서 의범(儀範)이 되어야 하는데도 하는 바가 이와 같아서야 되겠는가? 우리 삼전(三殿)이 같이 앉아서 묻는다면 중궁도 능히 대답을 하지 못할 것이니, 이것은 애매하여 밝히기 어려운 것이 아니다. 지금 바야흐로 사랑을 받고 있는데도 하는 일이 이와 같은데, 혹시 조금이라도 뜻대로 되지 않는 일이 있다면 어찌 이보다 지나친 일이 있지 않을 것을 알겠는가? 종묘와 사직에 관계되기 때문에 경들을 불러 의논하는 바이다. 내가 당초에 사람을 분명하게 알아보지 못했음을 부끄럽게 생각한다. 중궁이 이미 국모가 되었고 또한 원자가 있는데, 장차 어떻게 처리할까?"

(『성종실록』 권78, 성종 8년 3월 29일 병신)

위의 내용으로 볼 때 친잠례가 끝난 지 5일 후인 성종 8년 3월 20일에 성종의 아버지 덕종의 후궁인 권숙의의 집에 언문 투서가 던져진 사건이 있었다. 이것은 대비에게 알리기 위한 것이었다. 투서의 요지인즉 '정소용과 엄숙의가 서로 통신하여 중궁과 원자를 해치려고 한다'는 것이었다. 이후 9일이 흐르는 동안 그 투서는 윤씨 측에서 보낸 자작극임이 판명되었다. 그 사이 궁궐에서는 비밀리에 이 투서에 거론된 사람들을 조사했다. 그 결과 후궁을 제거하고자 했던 윤씨의 의도와는 달리 논의는 정반대로 이루어졌다. 화가 난 대비는 정소용을 폐하는 것이 아니라 윤씨를 폐하려는 뜻을 내비쳤다. 정희왕후는 윤씨를 좋게 생각하지 않았다. 심지어 "내가 당초에 사람을 분명하게 알아보지 못했음을 부끄럽게 생각한다"며 후회했다. 윤씨의 상수를 받지 않았던 그때의 불안감이 가시지 않았던 것이다. 정희왕후의 마음은 더욱 차갑게 돌아섰다.

폐비가 논의된 가장 큰 요인은 윤씨와 성종 후궁들과의 심각한 갈등이었다. 윤씨는 정소용과 엄숙의가 하나가 되어 자신과 원자를 해치려고 한다는 혐의를 만들기까지 했다. 윤씨는 출산 후 아들을 낳았다는 안도감에도 불구하고 후궁들의 참소로 자신과 아들이 제거될지도 모른다는 불안감에 휩싸였다. 또한, 윤씨의 투기가 폐비 논의의 요인이 되었다.

이러한 갈등과 심리적인 요인 외에도 윤씨가 폐비될 위기에 처한 간접적인 이유는 윤씨의 한미한 친정 세력을 들 수 있다. 윤씨에게는 그를 비호하거나 대변해 줄 친정 세력이 없었다. 아버지 없이 어머니만 있었으며 형제들도 큰 힘을 가지지 못했다. 이러한 점은 그녀가 궁궐 내에서 무시당할 수 있는 요소였다. 이에 비해 그녀를 둘러싸고 있는 여성들은 막강한 힘을 가지고 있었다. 당시 궁궐에는 3대비가 있었는데 시할머니 정희왕후 윤씨와 시어머니 소혜왕후 한씨, 시숙모 예종의 계비 안순왕후 한씨는 당대 큰 세력을 가진 가문의 딸들이었다. 또 같은 시기에 후궁으로 들어와 후에 성종의 3번째 왕비가 되는 윤호의 딸 윤씨도 파평윤씨로 정희왕후와 일문이었다. 성종대 대비와 왕비의 출신 가문을 보면 다음 〈표 9〉와 같다.

〈표 9〉 성종대 대비와 왕비의 출신 가문

<table>
<tr><th rowspan="2">왕</th><th rowspan="2">구분</th><th rowspan="2">칭호</th><th colspan="7">가문</th></tr>
<tr><th>본관</th><th>부</th><th>관직</th><th>조부</th><th>관직</th><th>증조</th><th>관직</th></tr>
<tr><td rowspan="6">성종</td><td rowspan="3">대비</td><td>정희왕후 윤씨</td><td>파평</td><td>윤번</td><td>영의정 부사</td><td>윤승례</td><td>판도판서</td><td>윤척</td><td>중대광</td></tr>
<tr><td>안순왕후 한씨</td><td>청주</td><td>한백륜</td><td>우의정</td><td>한창</td><td>관찰사</td><td>한계복</td><td>군사</td></tr>
<tr><td>소혜왕후 한씨</td><td>청주</td><td>한확</td><td>영의정</td><td>한영정</td><td>순창군사</td><td>한령</td><td>녹사</td></tr>
<tr><td rowspan="3">왕비</td><td>공혜왕후 한씨</td><td>청주</td><td>한명회</td><td>영의정</td><td>한기</td><td>감찰</td><td>한상질</td><td>평양윤</td></tr>
<tr><td>폐비 윤씨</td><td>함안</td><td>윤기견</td><td>판봉상 시사</td><td>윤응</td><td>지평현감</td><td>윤득룡</td><td></td></tr>
<tr><td>정현왕후 윤씨</td><td>파평</td><td>윤호</td><td>우의정</td><td>윤삼산</td><td>검교중추</td><td>윤곤</td><td>우참찬</td></tr>
</table>

세조~성종대 왕비 자리는 청주한씨와 파평윤씨가 잡고 있었다. 한미한 가문 출신이며, 과부의 딸로서 의지할 곳 없는 윤씨는 권력적인 면에서 다른 왕비들에 비해 약할 수밖에 없었다. 그럴수록 오직 성종의 총애와 아들만이 자신을 버티게 하는 힘이라 생각했다. 그러나 성종은 후궁들에게 더 관심이 많았다. 이에 윤씨는 자신을 업신여기는 후궁들을 제거하려고 투서를 한 것 외에도 여러 비방책과 비상(砒霜: 거담제와 학질 치료제로 썼으나 독성 때문에 현재는 쓰지 않는다)을 숨겨두었다가 발각되었다. 특히 비상을 숨겨둔 것은 실로 어리석고 끔찍한 일이었다. 앞서 문종의 첫 번째 부인 휘빈 김씨가 압승술을 썼다가 폐빈이 된 것과 같이 비방책과 비상은 폐비사건의 화근이 되었다.

그럼 왜 윤씨는 비상이라는 극단적인 방법을 사용하려 했을까. 조선 초기에는 후궁이었던 윤씨가 왕비가 된 것같이 후궁이 왕비로 승격될 수 있었기 때문이다. 윤씨는 왕비로서의 권위가 잘 세워지지 않자 여러 비방을 통해 해결해 보려고 했고, 심지어 왕의 자식을 잉태한 후궁을 제거하려 했다. 윤씨는 어려운 대비들의 시선과 쉽게 제어

되지 않는 후궁들의 질투로 인해 자신과 아들이 신변의 위협을 당할지도 모른다는 피해의식을 가지고 있었다. 그것은 자신의 자리가 위협받을 수도 있다는 두려움으로 변했다. 윤씨는 산후 우울증이 생긴 듯 매우 불안한 심리상태였다. 따라서 이러한 극단적인 행동을 한 것으로 생각된다.

윤씨는 어머니 신씨와 여종 삼월이, 사비, 그리고 올케인 윤구의 처 등과 모의를 했다.(성종 8년 3월 29일 병신) 매우 극비리에 행해진 행위였다. 그러나 비밀은 오래가지 못했다. 결국, 4월에 신씨와 삼월이·사비의 죄를 의논하여 삼월이는 교수형에 처하고, 사비는 장 1백대를 때려 강계부의 종이 되도록 했다.(성종 8년 4월 1일 무술) 윤씨의 형제인 윤우와 윤구는 집안일을 단속하지 못했다는 이유로 죄를 받았고, 어머니 신씨는 노비를 단속하지 못해 일을 이 지경에 이르게 했다 하여 작첩을 빼앗겼다.(성종 8년 4월 3일 경자)

이러한 사태가 벌어지자 대비들은 윤씨를 더욱 의심했다. 윤씨의 행동이 성종을 죽이려 한 것이 아니라 후궁을 제거하기 위한 소행이라 생각하면서도 의심의 끈을 놓지 않았다. 그들은 윤씨를 감시하고 투기를 비판했다. 당시 왕실의 최고 어른이자 결정권자인 정희왕후는 자신이 윤씨의 됨됨이를 잘못 알았다고 후회했다. 윤씨가 왕비에게 요구된 가장 큰 덕목인 후궁에 대한 투기 금지를 어겼기 때문이다.

대비들과 마찬가지로 성종도 폐비의 뜻을 강하게 내비쳤다. 성종은 예문관에 명하여 여러 『사기』의 후비전을 가져오게 했다. 예문관에서 황급하여 찾아오지 못하자 몹시 재촉했다. 성종은 정희왕후의 의지가 내려진 다음날(성종 8년 3월 30일 정유) 이른 아침에 재상들을 모두 불러 모아놓고 윤씨를 사제로 내칠 뜻을 보였다. 대신들과 성종의 대화를 요약해 보면 대략 다음과 같다.

성종: 이 문제는 투기만이 아니다. 가지고 있는 주머니에 비상이 있었으니, 비록 나를 해치려고 하지는 않았다 하더라도 국모의 의범(儀範)을 잃는 것이 심하다. 별궁에 두는 것으로는 징계하는 뜻이 없다.

정창손: 옛부터 폐하여 서인을 만드는 것은 없습니다. 지금 낮추어서 빈으로 삼으면 마땅히 시종(侍從)이 있어야 할 것이니, 사제에 거처하게 할 수 없습니다. 옛말에도 '폐하여 소대궁(昭臺宮)에 거처하게 했다' 하였고, 또 '폐하여 이원(尼院)과 선원(仙院)에 거처하게 했다.' 하였으니, 중궁을 빈으로 강등한다면 어찌 징계함이 아니겠습니까? 사제 같은 데는 누추하여 거처할 수 없습니다.

성종: 백방으로 생각해 보아도 별궁에 거처하게 하는 것은 옳지 못하다. 나의 의혹은 풀리지 않는다. 사제에 두면 어미와 함께 거처할 것이다.

정창손: 옛 임금들이 왕후를 폐하려 하면 대신들이 막는 자가 있었습니다. 그러나 지금 중궁은 실수한 바가 크기 때문에 신이 감히 청하지 못합니다. 신의 생각은 별궁에 두었다가 만일 뉘우쳐 고치지 않을 경우 별궁으로부터 사제에 돌아가게 해야지 애당초 사제에 두면 뒤에 비록 뉘우쳐 깨달음이 있다 하더라도 그때는 다시 별궁에 거처하게 할 수가 없을 것입니다.

도승지 현석규: 교서에는 일의 전말을 갖추지 않을 수 없습니다. 옥구(獄具)를 갖춘 뒤에 종묘에 고하고 교서를 반포하는 것이 어떻겠습니까?

성종: 나는 자수궁에 두고 싶다. 강봉할 위호를 상의하여 아뢰어라. 종묘에 고하고 교서를 반포하는 것은 옥구가 갖추어진 뒤에 하는 것이 옳다.(『성종실록』 권78, 성종 8년 3월 30일 정유)

정창손 등은 윤씨의 위호를 수빈(壽嬪)·귀인(貴人)·소의(昭儀)로 아뢰자 성종은 후궁의 가장 높은 품계인 빈으로 낙점했다. 그리고 서거정에게 교서를 작성하게 하고, 강희맹과 이승소는 종묘에 고할 축문을 작성하게 했다.(성종 8년 3월 30일 정유) 성종은 윤씨를 빈으로 강등시켜 선왕의 후궁들이 거처하는 자수궁에 두고자 했다. 그리고 종묘에 고하고 폐위하는 교서를 반포하도록 했다.

이후 윤씨를 자수궁으로 출궁시키기 위해 오장교자(烏杖轎子)를 건양문(建陽門) 밖에 갖추어 두자 다시 좌승지 이극기와 우승지 임사홍이 승지들과 함께 차비문 밖에 나가 성종을 뵙기를 청했다. 이들은 중궁이 비록 작은 실수가 있었지만 이미 원자를 두어 나라의 근본이 정해졌는데 갑자기 폐위하는 것은 옳지 못하다고 반대했다. 죄가 있다면 마땅히 폐하여 서인으로 삼아 궁 밖으로 내보내는 것이 옳을 것이지 빈으로 책봉하여 궁중에 머무르게 할 수 없으며, 또 원자가 있으니, 이렇게 할 수는 없다고 했다.(성종 8년 3월 30일 정유) 승지들이 반대하자 성종은, "중궁은 한 나라의 어머니로서 한 나라에 모범이 되고, 궁궐 안의 본보기가 되어야 하는데, 하는 바가 이와 같으니 함께 종묘를 받들 수 없다"며 윤씨가 갖고 있던 주머니 속의 독약에 대해 설명했다. 윤씨를 폐비시키는 가장 큰 요인은 함께 종묘 즉 제사를 받들 수 없다는 것이다. 국가를 위해 내린 조치라고 했다.

그럼에도 승지들은 폐위를 반대했고, 성종을 설득시키려 했다. 그러자 성종은 자신의 처사가 잘못되었다는 것이냐며 화를 냈다. 결국, 성종은 전날 모였던 모든 재상들을 다시 불러서 의견을 하나로 정해서 아뢰라고 했다. 이에 임사홍은 '중궁이 비록 덕을 잃었다 하나, 종묘나 사직에 관계된 것이 아니고 다만 투기에서 나온 것뿐이다. 투기라는 것은 부인의 상정인데 하물며 원자가 있으니 하루아침에 버릴 수가 없다. 반드시 후회가 있을 것이니 원자를 중하게 여겨 폐하지 말라'고 했다. 허종은 '비록 약물이 있었으나 독의 해를 입은 자가 없었으니, 진실로 용서해 줄 것'이라 했다. 그들은 모두 다시 생각하라고 했지만, 성종은 정희왕후께서 '후환이 없게 하라'고 했으니 다시 아뢰어 보겠다고 했다. 그리고는 곧 '나의 뜻이 이미 정해졌으니 동요하지 말라'고 했다.(성종 8년 3월 30일 정유) 정희왕후의 뜻을 다시 물어본 성종은 폐비시키려는 의지를 굽히지 않았다. 성종의 말과 태도를 볼 때 폐비를 시키고자 한 의지는 성종보다 어쩌면 왕실의 가장 큰 어른인 정희왕후가 더 컸는지도 모른다. 성종은 할머니 정희왕후의 뜻을 따랐다.

성종 8년 3월 말에 논의된 1차 폐비 논의는 윤씨를 빈으로 강등하여 별궁인 자수궁에 거처하게 하는 것으로 일단락되었다. 윤씨는 자수궁으로 쫓겨났다.(성종 8년 3월 30일 정유) 자수궁은 문종이 즉위하자 태조의 7남 무안군 방번의 옛집을 수리하여 아버지 세종의 후궁들을 모여 살게 한 별궁이다.[29] 윤씨는 왕비로서의 위신과 위상은 물론 체면이 구겨질 대로 구겨질 수밖에 없었다.

당시 20세였던 성종은 유교적 여성정책을 수립함에 매우 단호하고 강경한 입장을 내세웠다. 폐비 논의가 있었던 성종 8년(1477) 즈음은 조선 역사상 여성에서 매우 잔인했던 큰 제도적 변화가 이루진 시기였다. 폐비 논의가 있은 지 불과 3달 정도 지나 부녀자의 재가금지가 확정되었다.

---

29 조선 초기 선왕 후궁들이 살던 별궁에 대해서는 한희숙, 2019, 「조선시대 선왕 후궁에 대한 처우와 궁가(宮家)의 변천」 『여성과 역사』 30 참고.

〔그림 15〕 자수궁교

자수궁교의 옛모습이다.(사진출처: 서울시사편찬위원회, 서울역사박물관 서울역사아카이브)

〔그림 16〕 자수궁터 표지판

성종 8년 7월에 죽은 이심의 아내 조씨가 김주에게 재가하면서 발생한 문제를 논의하는 과정에서 부녀재가금지 문제가 발의되었다. 이 논의에는 모두 46명이 참석했는데 그중 42인이 부녀재가금지 규정이 가혹하다는 입장을 표명했다.(성종 8년 7월 17일 임오) 그런데도 다음날, 성종은 부덕(婦德)의 중요함을 강조하면서 예조에 '지금부터

재가녀의 자손은 사판(仕版: 관리의 명부)에 두지 않음으로서 풍속을 바르게 하라'(8년 7월 18일 계미)고 하며 재가녀 자손의 과거 응시를 금지했다. 그리고 『경국대전』 예전 제과조(諸科條)에 '실행(失行)한 부녀 및 재가한 부녀의 소생은 동반직과 서반직에 서용하지 말고 증손대에 이르러 위에서 언급한 각 관사 이외의 관직에 임용하는 것을 허락한다'고 법제화했다. '여성의 재가를 금지한다'는 법률조항을 직접적으로 명문화하지는 않았지만, 재가녀 자손의 과거 응시 금지조항을 만들어 사실상 여성의 재가를 금지하는 효과를 가져왔다. 여성의 재가를 부도덕한 행위로 간주했다. 이즈음에는 성리학의 심화에 부응하여 여성의 부덕을 강조하고 여성에 대한 내외법과 정절이데올로기를 더욱 강화하였다.

둘째 출산 후 2차 폐비 논의와 폐출

윤씨가 자수궁에 거주한 기간은 길지 않은 듯, 그 사이에 성종과 윤씨의 관계도 많이 좋아졌다. 두 사람의 관계가 좋아졌음을 증명하듯 별궁에 거처한 지 얼마 되지 않아 둘째 아들이 태어났다. 두 번째 대군이 언제 태어났는지는 정확하지 않으나 연산군이 성종 7년 11월에 출생했고, 8년 4월부터 윤씨가 자수궁에 별거했음을 고려할 때 대략 성종 9년에 태어났을 것으로 짐작된다. 이것으로 볼 때 윤씨가 자수궁에 거주한 기간은 몇 개월 되지 않았음을 짐작할 수 있다. 성종이 궐 밖 자수궁에 가서 윤씨랑 동침하지는 않았을 것이기 때문이다. 윤씨는 곧 다시 성종과 아들이 있는 궁궐로 들어왔던 것으로 보인다.

성종 9년 1월 1일(갑자)에 성종은 중궁이 편찮으니 회례연을 중지하라고 전교했다. 그리고 이틀 뒤에 중궁이 회복되었다면서 종친, 의정부, 공신, 중추부 2품 이상과 육조, 한성부, 대사헌, 대사간 등 주요 신하들에게 잔치를 베풀라고 충훈부에 지시했다.(성종 9년 1월 3일 병인) 이때 중궁이라고 한 것으로 보아 이미 윤씨는 다시 왕비로 복위된 것 같다. 또 같은 해 12월 27일(갑인)에 윤씨의 어머니 신씨에게 직첩을 돌려주도록 이조에 지시했는데 그 이유는 둘째 아들이 태어났기 때문으로 짐작된다. 윤씨는 폐비된 지 얼마 되지 않아 곧 다시 왕비의 지위를 되찾은 것으로 보인다.

이처럼 두 사람의 사이가 다시 가까워진 데에는 성종이 여전히 윤씨에게 애정이 있었다는 것과 이전의 사건이 성종을 직접 해치려 한 것은 아니었다는 판단, 자수궁이 경복궁과 가까운 곳에 있었다는 것, 그리고 윤씨의 근신 등이 중요한 요인으로 작용했다. 그리고 그사이 원자를 생각하여 윤씨를 다시 궁으로 데리고 와야 한다는 대신들의 주장도 작용했다. 1차 폐비는 성종의 뜻보다 정희왕후의 뜻이 더 크게 작동했던 것으로 짐작된다. 그리고 무엇보다도 이들의 사이를 가깝게 한 것은 두 사람 사이에 연산군이 있다는 사실이었다. 자식을 둔 왕과 왕비도 보통 부부와 마찬가지로 미움과 애정이 번갈아 가면서 교차하기는 일반이기 때문이다. 그리고 둘째가 태어났다.

그러나 그 화해의 시간은 오래가지 못했다. 폐비문제는 성종 10년에 들어 다시 적극 논의되었다. 두 번째 아들 출산 후 윤씨의 산후 우울증과 질투심은 다시 심해졌다. 자연히 성종과의 마찰도 더 커졌다.

성종 10년 6월 1일(병술)은 윤씨의 생일이었다. 그런데 이날 하례를 정지하고 표리(表裏: 겉옷과 속옷의 옷감)만 올렸다. 그리고 이날 야대

(夜對)를 끝낸 성종은 급히 승지를 불러 궁궐로 들어오도록 했다. 그러나 조금 있다가 이를 중지시키고, 날이 새는 대로 이른 아침에 정승 등을 입궐하도록 명했다. 다음날 2일 아침 동이 틀 무렵에 영의정 정창손, 상당부원군 한명회, 청송부원군 심회, 광산부원군 김국광, 우의정 윤필상 등 중신들과 승지, 주서, 사관들이 모두 서둘러 입궐했다. 성종은 이른 시간부터 주요 신하들을 대거 부른 이유는 윤씨 때문이라고 설명했다.

"궁곤(宮壼: 궁중 여성)의 일을 여러 경에게 말하는 것은 진실로 부끄러운 일이라 하겠다. 그러나 일이 매우 중대하므로 말하지 않을 수가 없다…. 옛사람이 이르기를, '선경삼일(先庚三日) 후경삼일(後庚三日)'이라고 했으니, 내가 어찌 생각하지 않고 함이겠는가? 부득이하여 그러는 것이다. 지금 중궁의 행한 바는 길게 말하기가 어려울 지경이다. 내간에는 시첩의 방이 있는데, 일전에 내가 마침 이 방에 갔는데 중궁이 아무 연고도 없이 들어왔으니, 어찌 이같이 하는 것이 마땅하겠는가? 예전에 중궁이 크게 덕을 잃어서 일찍이 이를 폐하고자 했으나, 경들이 모두 다 불가하다고 말했고, 나도 뉘우쳐 깨닫기를 바랐는데, 지금까지도 오히려 고치지 않고, 혹은 나를 능멸하는 데까지 이르렀다. 이것은 비록 내가 집안을 다스리지 못한 소치이지만, 국가의 대계를 위해서 어찌 중궁에 처하게 하여 종묘를 받드는 중임을 맡길 수 있겠는가? 내가 만약 후궁의 참소하는 말을 듣고 그릇되게 이러한 거조(擧措: 말이나 행동 따위를 하는 태도)를 한다고 하면 천지와 조종이 소소(昭昭: 사리가 밝고 또렷함)하게 위에서 질정(質正: 묻거나 따져서 바로잡음)해 줄 것이다. …중궁의 실덕이 한 가지가 아니니, 만약 일찍 도모하지 않았다가 뒷날 큰일이 있다고 하면 서제(噬臍: 배꼽을 물어뜯으려 하여도 입이 닿지 아니한다는 뜻으로, 후회하여도 이미 때가 늦음을 이르는 말)를 해도 미치지 못할 것이다. 예법에 칠거지악이 있으나, 중궁의 경우는 '자식이 없으면 버린다'는 것은 아니다." 하고, 드디어 '말이 많으면 버린다, 순종하지 않으면 버린다, 질투하면 버린다'라는 말을 외우고, 이어 이르기를, "이제 마땅히 폐하여 서인을 만들겠는데, 경들은 어떻게 여기는가?"라고 했다.(『성종실록』 권 105, 성종 10년 6월 2일 정해)

흥분을 삭히지 못한 성종이 전교에서 지적한 윤씨의 죄목은 칠거 가운데 '말이 많으면 버린다, 순종하지 않으면 버린다, 질투하면 버린다'는 것이었다. 다언, 불순, 질투 이 3가지는 왕에 대한 신하의 도전이자 가부장의 권위에 대한 부인의 도전으로 여겨졌다.

윤씨의 질투가 후궁들에게 겨루어졌던 지난번과는 달리 이번에는 성종 자신을 직접 겨냥한 것이었다. 성종과 후궁이 함께 있는 방에 윤씨가 들이닥쳤다. 이로 인해 성종은 크게 화를 냈고, 한바탕 싸운 듯하다. 『성종실록』이나 관찬 사서에서는 확인되지 않으나 야사에서는 이때 윤씨가 성종의 얼굴에 상처를 냈고, 이를 안 성종의 어머니 소혜왕후(인수대비) 한씨가 노발대발하여 윤씨를 폐비시킨 것으로 알려져 있다.(〈기묘록〉『연려실기술』 권6, 「성종조 고사본말」, 윤씨 폐사廢死) 인내와 순종으로 일관하지 않고 자기주장과 표현을 내세웠던 윤씨의 행동은 대비들의 눈에는 곱게 보일 수 없었다.

구중궁궐 한밤중에 일어난 이 일을 아는 사람은 사실 당사자들과 몇몇의 궁녀들뿐이었다. 어머니는 절대적으로 아들 편이니 모든 게 며느리 잘못이라 여길 수도 있다. 또한, 당시의 사람들 마음엔 그렇게 비쳐질 수도 있다. 모든 과실은 순종하지 않는 여성에게 있다고 인식하기 때문이다. 어쨌든 이 일은 사실이든 아니든 궁 밖으로 흘러나가 윤씨가 성종의 얼굴에 상처를 낸 것으로 사실화되었다. 윤씨를 조선의 왕비 중 가장 질투심이 많은 악녀로 만든 사건이 되었다.

한번 폐비 논의로 진통을 겪고 대신들의 주장으로 별거를 했던 성종은 다시 윤씨와 불화가 생기자 이번에는 아예 사가로 폐출함으로써 영원히 부부관계를 끊어버리려고 했다. 언젠가 다시 논의될 소지를 안고 있던 폐비문제는 이때 이르러 하룻밤 사이에 갑자기 결정되었다. 6월 2일 아침에 성종은 바로 윤씨를 사가로 폐출시켰다.

> 임금이 승지들에게 이르기를, "출궁시킬 여러 가지 일을 차비하도록 하라." 하였다. … 전교하기를 "승지들이 대비께 아뢰기를 청한 것은 대비에게 이를 중지하게 하고자 한 것이다. 그러나 내가 이미 두 번이나 아뢰었더니, 대비께서 하교하기를, '내가 항상 화(禍)가 주상의 몸에 미칠까 두려워하였는데, 이제 이같이 되었으니, 나의 마음이 편안하다.' 하였으니, 남의 자식 된 자가 부모의 마음을 편안하게 하는 것이 또한 옳지 않겠는가? 또 이는 이 한 집안의 정사이니, 내가 처치하는 데에 달려있을 뿐이다. 대비께서 어찌 그릇되게 여기겠는가?…" 하였다.(『성종실록』 권105, 성종 10년 6월 2일 정해)

정희왕후는 윤씨의 폐출에 대해 '내가 항상 화가 주상의 몸에 미칠까 두려워하였는데, 이제 폐출하게 되었으니, 나의 마음이 편하다'고 하였고, 성종은 '폐출은 한 집안의 정사이니 내가 처치하는 데에 달려있을 뿐'이라고 했다. 윤씨를 폐비시키려는 성종의 뜻이 더 확고해졌다.

왕비 윤씨를 폐비하여 폐출시킨다는 교지가 내려지자 1차 논의 때와 마찬가지로 곧이어 6월 2일~5일에 걸쳐 종친과 승지, 대신들을 비롯한 많은 사람이 적극 반대했다. 6월 2일에 먼저 은천군 이찬, 옥산군 이제 등 종친들은 윤씨가 이미 원자를 낳았고, 또 대군을 낳았으니, 나라를 생각해야 한다며 폐비를 반대했다. 예조 판서 이승소는 성종이 폐비한 일은 지나치게 급했다며 다시 여러 번 생각하기를 청했다. 그러나 성종은 하루 이틀 생각한 것이 아니라며 말을 듣지 않았다.(성종 10년 6월 2일 정해) 이어 6월 3일(무자)에 성종은 승지들에게 다음과 같이 말했다.

> 내가 대비께 아뢰지 않은 것이 아니다. 어제도 윤씨를 폐출하고 또 내관 김처선을 보내어 아뢰었더니, 대답하기를, '내가 일찍이 화가 주상의 몸에 미칠까 두려워했는데, 이제 내 마음이 편안하다'고 했다. 남의 자식 된 자가 부모의 마음을 편안하게 한 것은 효성이 이보다 큰 것이 없다. 대비께서 무슨 마음으로 두 자식이 있는 비를 폐하고자 했겠는가? 이는 진실로 부득이 한 때문이다. 대비께서 정사를 내놓을 때 하교하기를, '이 뒤로는 비록 작은 일이라 하더라도 내가 관여하여 듣지 않겠다.'라고 했으니, 만약 아뢰지 않고 폐했다 해도 반드시 나를 잘못했다 하지 않을 것이다. 또 다만 후궁의 방에 들어간 것으로 허물이 되는 것이 아니라, 평소에 실덕이 많았기 때문이다.(『성종실록』 권105, 성종 10년 6월 3일 무자)

정희왕후와 성종의 입장은 바뀌지 않았다. 2차 폐비는 매우 빠르게 진행되었다. 윤씨를 폐비시킨 주체는 대비 정희왕후와 남편인 왕 성종이었다. 정희왕후는 왕실의 가장 어른으로서 왕실의 중요한 일들을 결정했다. 정희왕후는 윤씨의 폐출에 대해 '내 마음이 편안하다'라고 했다. 그동안 윤씨를 탐탁지 않게 생각했던 정희왕후는 그녀를 폐비시켜 사가로 쫓아낸 것을 앓던 이 빠진 듯 편하게 생각한 듯하다. 성종은 '윤씨가 후궁의 방에 들어가 투기를 한 것이 허물이 된 것이 아니라, 평소에 실덕(失德)이 많았기 때문에 폐출하는 것'이라 하며 윤씨를 사가로 내쳤다. 그동안에 해소되지 못한 많은 불화가 쌓였고, 과거에 행했던 잘못까지 덧씌워지게 된 것이다.

대신들은 갑자기 이루어진 폐비 폐출 처사에 대해 반대했다. 그리고 홍귀달·김승경·채수 등은 '대사를 처리함에 위로는 종묘에 고하고, 안으로는 삼전(三殿)에게 고하며 밖으로는 여러 신하에게 알려서 사람들에게 그 잘못함을 알게 해야 한다'며(성종 10년 6월 3일 무자) 국가적인 일로 처리할 것을 권했다.

폐비 폐출에 대한 반대가 심해지자 성종은 왕을 가볍게 보고 왕후를 무겁게 본다며 화를 냈다. 그리고 자신의 말을 듣지 않는 승지들을 파직시키기도 했다. 이에 홍귀달 등은 자신의 주장을 누그러뜨렸다. 그는 평소에 왕을 가볍게 여기고 왕후를 무겁게 여기는 마음이 없었고, 다만 폐비하는 절차로써 아뢴 것뿐이라며 폐비 결정을 수용했다.(성종 10년 6월 3일 무자) 결국 성종은 승지들이 왕인 자신을 가볍게 보고 폐비인 왕후를 무겁게 본다 생각하여 율로써 다스리고자 했으나 정승들의 청도 있어 죄를 용서한다며 승지들을 각각 복직하도록 했다.

그러나 한편으로 대신들의 반대가 끊이지 않자 성종은 윤씨를 사가로 쫓아낸 후 사흘이 지난 6월 5일(경인)에 이 일에 반대했던 의정부, 육조, 대간들에게 그 연유를 설명했다. 성종은 2년 전 윤씨의 행동을 근본적으로 다시 의심했으며, 그동안 자신에게 저지른 그녀의 행동을 열거했다. 성종의 말은 같은 날 정희왕후가 내린 의지에도 거의 그대로 실려 있다. 성종과 정희왕후는 일일이 열거하기 어려울 정도로 윤씨를 폐비시킨 여러 가지 이유를 구체적으로 제시했다. 성종과 정희왕후는 뜻을 같이하고 있었다.

윤씨를 폐출시킨 이유는 1차 폐비 논의 때 보다 훨씬 더 구체적이고 많아졌다. 첫째, 그동안 윤씨에 대한 의혹으로 대비들이 안심하지 못했다는 것이다. 정희왕후는 '내가 일찍이 화가 주상에게 미칠까 두려워하여 하루도 안심하지 못해 가슴앓이가 생겼는데, 이제 점점 나아진다'라고 했다. 윤씨를 폐비시켜 쫓아낸 뒤에야 안심이 됐다는 것이다. 일찍이 『내훈』을 쓴 바 있는 시어머니 소혜왕후도 윤씨를 그대로 두는 것은 자신의 가르침을 스스로 부정하는 것이라 그냥 두려하지 않았다. 소혜왕후는 항상 시어머니 정희왕후의 뜻을 받들어 같이했다.

둘째, 비상에 대한 의혹이 더욱 확대되었다. 처음에는 윤씨가 몰래 비상과 비상이 묻은 곶감을 주머니에 넣어 두었던 것은 후궁 엄씨와 정씨를 제거하려던 것이라 생각했다. 그런데 이때에 오면 후궁이 아니라 성종을 죽이기 위해 마련했던 것이라고 의심을 받게 되었다. 성종은 윤씨가 독한 마음을 먹고 자신에게 독극물이 든 음식을 먹인다면 쥐도 새도 모르게 죽을지 모른다는 불안감과 공포감을 느꼈다. 성종은 윤씨가 비상을 자신에게 먹여 아들을 못 낳게 하거나 혹은 반신불수가 되게 하는 일을 꾸밀지도 모른다고 의심했다.

셋째, 윤씨가 갖가지 술수를 쓴다고 의심했다. 윤씨가 사람을 해치는 방법을 작은 책에 써서 상자 속에 감추어 두었는데, 그것은 후궁 엄씨와 정씨에게 아들을 낳지 못하도록 하고 혹시 아들을 낳더라도 병신이 되도록 하는 비법을 사용했다는 것이다.

넷째, 윤씨가 성종을 볼 때 항상 낯빛을 온화하게 하지 않았으며, 혹은 성종의 발자취를 취하여 버리고자 한다고 말했다는 것이다. 비록 나무꾼의 아내라 하더라도 지아비에게 저항하지 못하는데, 왕비가 임금에게 불순할 수 없다는 것이다.

다섯째, 성종과 윤씨가 크게 싸우는 과정에서 성종은 윤씨의 뺨을 때렸고 이에 화가 난 윤씨가 궁궐을 나가겠다고 했다는 것이다. 성종은 윤씨가 거짓 편지를 써서 친정에다 '주상이 나의 뺨을 때리니, 두 아들을 데리고 집에 가서 내 여생을 편안하게 살겠다'고 했는데, 자신이 그 글을 보고 '허물을 고치기를 기다려 서로 보도록 하자'라고 했더니, 윤씨가 허물을 뉘우치고 용서를 구하여 그 말을 믿었으나 전날의 말은 거짓말이라 생각하게 됐다는 것이다. 윤씨가 시첩의 방에 들이닥쳐 싸우는 과정에서 성종은 윤씨의 뺨까지 때렸던 것으로 보인다. 성종은 윤씨가 꾸며낸 말이라고 하지만 화가 난 윤씨는 친정어머니에게 두 아들을 데리고 친정으로 가겠다고 하소연을 했던 것 같다. 만약 이 기록이 사실이라면 성종은 왕비의 뺨을 때린 전무후무한 왕이 된다. 성종과 윤씨는 그 어느 왕과 왕비보다 격렬한 부부싸움을 했고, 그 상황은 이미 돌이키기 어려운 막장 분위기가 되었다. 그런데 성종이 윤씨의 뺨을 때렸다는 이 이야기는 아이러니하게도 야사에는 윤씨가 성종의 얼굴에 상처를 낸 걸로 바뀌어 전해져 온다.

여섯째, 윤씨는 성종을 무시하고 제멋대로 행동했으며, 늦도록 일어나지 않고 게을렀다는 것이다. 상참으로 조회를 받는 날에는 윤씨가 성종보다 먼저 일찍 일어나야 하는데, 조회를 받고 안으로 돌아온 뒤에야 일어나니, 부녀자의 도리에 어긋났다는 것이다. 무슨 일인지는 모르겠으나 윤씨는 성종이 들어올 때야 잠자리에서 일어났던 모양이다. 어쩌면 임신 중이었을지도 모른다. 사실 이러한 사소한 문제는 부부 사이가 좋을 때는 전혀 문제가 안 되는 것이지만 사이가 나빠진 당시에는 윤씨의 실덕으로 비추어졌다.

일곱째, 윤씨는 정치에도 관심이 많아 조정 대신들의 집안일이나 정세를 이야기하길 좋아했다는 것이다. 당시가 정희왕후의 수렴청정을 거쳤던 시기인 만큼 성종은 윤씨가 자신을 독살하고 어린 아들을 왕위에 앉힌 뒤 수렴청정을 시행하려 한다고 의심했다. 윤씨에 대한 의심은 대비들이 더 컸다. 이런 와중에 대신들의 집안일에 대해 말하기를 좋아하는 윤씨의 행동은 더욱더 의심을 부채질했을 것이다. 성종은 자신이 살아 있을 때는 변을 만들지 않겠지만 자신이 죽으면 반드시 난을 만들 것이라며 의심했다.(성종 10년 6월 5일 경인)

이같이 윤씨를 사가로 폐출한 데에는 여러 가지 이유가 있다고 설명했다. 그 원인을 보면 1차 폐비 전에 했던 행동이 다시 거론되었고 여기에 더 많은 이유가 보태어졌다. 한결같이 윤씨의 실덕으로 보고 있으며, 부부간의 불화로 인해 씻기 어려운 편견과 감정이 쌓여 있었다. 성종은 윤씨가 자신을 독살할 가능성이 있다고 심각하게 생각했고, 정희왕후도 윤씨가 단순히 투기만을 하는 것이 아니라 성종을 독살한 뒤 수렴청정을 할 의도를 가졌다고 의심했다. 단순한 부부간의 갈등과 싸움이 아니라 정치적인 권력다툼으로 비화되고 있었다. 이러한 배경에는 대비들을 끼고서 아첨과 참소를 일삼는 후궁들의 질투도 한몫했다. 뒤에 연산군은 엄숙의와 정소용이 모후를 참소하여 폐비시키고, 죽이는데 기여했다고 하여 두 사람을 불러 때려죽였다.(연산군 12년 4월 17일 병인)

윤씨 폐출에 대한 성종과 정희왕후의 어조와 결정은 단호했다. 성종과 대비들은 윤씨가 왕후의 자격을 상실했다고 보았고, 개선의 여지가 없다고 생각했다. 비록 어린 원자의 보양 문제가 있지만, 원자도 효자가 되고자 하면 윤씨를 어미로 여기지 않을 것이라고 하며 윤씨에게 맡길 수 없다고 했다. 윤씨의 언행은 대비들과 성종의 눈에 벗어났고 윤씨는 투기와 괘씸죄로 인해 폐출되었다. 정승들과 대신들은 극구 반대했지만, 성종의 뜻을 꺾지는 못했다.

성종은 폐출된 중궁의 거취에 대한 세부 사항을 마련하여 시행케 했다. 성종은 승정원에 명하여 윤씨를 가두어 형제들을 못 만나게 하고, 어머니와 동거하게 하는 규칙 조항을 마련하게 했다. 폐비 윤씨를 철저하게 감금시켰다.(성종 10년 6월 7일 임진) 그리고 폐비윤씨의 집에 아예 외부인의 출입을 금지하고, 이를 범하는 자를 벌주어 다른 사람들을 경계시키도록 했다.(성종 10년 6월 11일 병신)

윤씨는 두 아들을 궁궐에 남겨둔 채 홀로 친정으로 쫓겨났다. 그리고 윤씨 부모의 봉작은 다시 박탈당했다. 이러한 북새통 속에서 태어난 지 얼마 되지 않은 둘째 아들이 죽기까지 했다.(성종 10년 6월 12일 정유) 대간들은 폐비 윤씨의 거처 문제와 그녀의 처우 문제에 대해 계속 문제를 제기했다. 따라서 폐비 윤씨의 처우 문제는 여전히 논의의 불씨를 안고 있었다.

그러나 폐비 윤씨가 스스로 자신의 입장을 변호한 것은 단 한마디도 없다. 성종의 교지에 의하면 윤씨는 말이 많고 자기주장이 강한 듯했지만 『조선왕조실록』 그 어디에도 윤씨가 자신을 변호하는 말은 없다. 윤씨가 뺨을 맞은 후 아들들을 데리고 친정으로 가겠다고 한 말조차 와전되어 윤씨가 성종의 뺨에 상처를 낸 것으로 전해져 온다. 역사는 철저히 그녀의 말을 무시했다. 그렇기 때문에 이들 사이에 일어난 은밀한 부부간의 문제들은 일방적으로 성종과 대비의 말을 통해서만 알 수 있을 뿐이다. 윤씨의 폐비 폐출은 조선이 건국된 후 왕이 부인을 쫓아낸, 즉 왕과 왕비의 첫 번째 이혼 사건이 되었다.

왕과 대비들에게 투기죄와 괘씸죄, 불경죄, 나아가 역모죄까지 얻은 윤씨는 1차·2차에 걸친 폐비 논의 끝에 성종 10년 6월 2일(정해)에 사가로 폐출되었다. 그러나 윤씨는 왕위를 이어갈 원자의 어머니였고 친정이 가난했기 때문에 처우 문제가 크게 대두되었다. 윤씨의 처우문제로 인해 성종과 대간들은 매우 예민하게 신경전을 벌였다. 의리와 명분을 중요시하는 대간들은 원자의 생모인 윤씨를 사저에 그냥 두어서는 안 된다고 주장했고(성종 10년 8월 16일 기해, 성종 10년 10월 22일 갑술), 성종은 윤씨의 처우 문제를 가지고 자신을 견제해 오는 대간들을 처벌하고자 했다. 성종대에는 성리학으로 무장한 사림세력의 등장으로 왕권은 점점 더 견제당하고 있었다.

폐비 윤씨에 대한 처우 문제는 정쟁으로 번져갔다. 성종은 다시 폐비의 일을 거론하며 자신의 결정에 대해 이의를 제기하는 대간들에게 '최근에 폐비한 것은 1일의 사사로운 노여움이 아니고, 3년을 참아온 대의'라고 하였다. 그러면서 대간들의 주장은 한갓 뒷날의 화를 부추길 뿐이라고 역정을 냈다.(성종 10년 8월 17일 경자)

그러나 지나칠 정도로 엄하고 냉혹한 성종의 처사에 대해 대신들과 대간들이 윤씨의 거처에 대해 다시 생각할 것을 주장했으나, 왕권을 강화시키고자 한 성종은 대간들의 주장이 강해질수록 자신의 뜻을 더욱 굽히지 않았고, 나이든 대신들은 점차 성종의 뜻에 동조해 갔다.

왕비 바꾸기, 후궁 파평윤씨의 왕비 책봉

폐비 윤씨가 친정으로 쫓겨난 지 불과 보름밖에 지나지 않은 성종 10년 6월 21일(병오)에 대왕대비 정희왕후는 기다렸다는 듯이 예조에 "한양과 지방의 처녀로서 나이 10세 이상 26세 이하는 혼인을 금하고, 간택 절목(節目)을 마련하여 아뢰라"는 금혼령을 내리게 했다.(성종 10년 6월 21일 병오) 새로운 왕비를 간택하겠다는 의지였다. 윤씨의 폐비·폐출 문제를 놓고 성종과 대간의 의견대립이 격렬했던 상황에서 대비들은 왕실의 뜻을 미리 못 박겠다는 의도로 왕비간택령을 내렸다.

그러나 왕비간택령은 잘 시행되지 않았다. 왕비의 간택은 대체로 초간, 재간, 삼간의 절차를 밟아서 이루어지는데 이것에 대한 기록이 보이지 않는다. 복잡한 현실적 문제 때문에 쉽게 이루어지기 어려웠다. 또한, 정희왕후의 뜻은 이미 일찍부터 일문인 후궁 파평윤씨에게 기울어져 있었다.

한편 폐비를 사가로 쫓아낸 후 조정에서는 이 사건을 명나라에 어떻게 알릴 것인가를 두고 많은 고심을 했다. 이 문제는 1차 폐비 논의 때에도 예상되었던 것이었다. 폐비의 명분과 새로운 왕비의 고명을 받는 일에 명분 세우기가 합당하지 않았기 때문이었다. 명에서 온 사신들도 이 일에 대해 많은 관심을 보였다. 성종은 11년 5월 5일(갑신)에 모화관에서 명나라 사신에게 잔치를 베풀고, 그들에게 윤씨를 실덕 때문에 폐했는데, 지금 황제가 윤씨에게 내려준 물건을 어떻게 처리할 것인지에 대해 논의했다. 이에 명사신은 아직 중국 조정에서는 폐비 사실을 알지 못하고 오직 자신과 소혜왕후의 고모인 명황제의 후궁 공신부인 한씨만 알 뿐이라고 했다. 성종은 지금 황제의 선물을 받는다면 후일에 새 왕비 책봉을 청할 때 어떻게 말을 해야 할지를 걱정했고 중국 사신들은 훗날 주청할 때 황제에게 전 왕비가 병이 있다고 말하겠다며 성종을 위로했다.(성종 11년 5월 5일 갑신) 여차하면 폐비 윤씨가 병으로 죽었다고 거짓말을 할 예정이었다.

당시 명나라의 후궁 중에는 성종의 어머니 소혜왕후의 고모 공신부인 한씨가 있었기 때문에 폐비의 일을 아뢰고 새 왕비의 고명을 받아 내기가 한결 쉬웠다.[30] 특히 공신부인 한씨는 헌종(성화황제)이 어려웠던 어린 시절에 그를 돌보며 키운 공으로 헌종이 즉위한 후에 효도를 받고 있었다. 이 때문에 명과 조선과의 외교 문제가 수월하게 이루어지기도 했다. 사신들은 그 사실을 잘 알고 있었기 때문에 성종의 뜻이 쉽게 이루어질 것으로 논의했다.(성종 11년 6월 8일 정사) 성종은 폐비의 일을 명사신과 의논하며 그 방안을 미리 짜 두었다. 그 결과 성종은 명 황제에게 폐비 사실을 알리기로 했고, 그동안 미루어 두었던 계비 간택 및 책봉에 적극성을 보였다.

성종은 윤씨를 사가로 쫓아낸 지 1년 4개월이 지난 11년 10월 3일(기유)에 명황제에게 받아두었던 폐비 윤씨의 옥책과 고명·교명을 상의원에 내리고, 다음날인 4일(경술)에 폐비 윤씨와 같은 시기에 숙의로 간택되어 궁중에 들어온 윤호의 딸 파평윤씨를 계비로 택했

30 한희숙, 앞의 책, 『역사학자가 쓴 인수대비』; 한희숙, 2017, 「조선 초 명 선덕제 후궁 공신부인 한씨가 조선에 끼친 영향」 『여성과 역사』 26 참고.

다고 전교를 내렸다. 그리고 11월 8일(갑신)에 인정전에 나아가 파평윤씨를 왕비로 책봉하고, 교명·책보·명복을 내려주었다. 이때 새로이 계비로 책봉된 파평윤씨는 후에 중종을 낳은 정현왕후이다. 폐비 윤씨는 정현왕후 윤씨와 항상 비교되었다. 이 두 사람은 성종 4년에 3달 사이로 서로 입궁했었다. 정현왕후 윤씨가 계비가 된 데에는 정희왕후의 입김이 컸을 것으로 보인다.

정현왕후의 아버지 윤호는 태종의 좌명공신을 역임한 윤곤의 손자다. 윤곤은 한명회의 고모부이자 정희왕후 아버지 윤번과는 4촌간이었다. 그러니 정희왕후와 윤호는 7촌간이었고,[31] 한명회와도 인척 관계에 있었다.

윤호는 세조 즉위 시 원종공신 3등에 녹훈된 인물로 당시 병조참지를 지내고 있었다. 윤호는 예종 1년에 도감낭관을, 성종 1년에 양주목사, 병조참지, 경상도관찰사를 지냈으며, 정사로 중국에 다녀왔다. 성종 7년에 공조참판, 성종 8년에 행첨지중추부사를 거쳐 성종 9년에 한성부좌윤, 한성부우윤, 공조참판, 경기관찰사, 병조참판 등을 역임하며 출세 가도를 달렸다. 일찍이 세상을 떠난 폐비 윤씨의 아버지 윤기견의 출세와는 비교가 안 될 정도로 살아 있는 실세였다.

이같이 든든한 집안 배경을 둔 숙의 파평윤씨는 당시 후궁 서열 1위로 정희왕후와 인수대비의 총애를 받고 있었다. 그녀는 두 대비가 적극적으로 보살폈고, 그녀 또한 대비들의 가르침을 잘 받들어 순종하고 어기는 것이 없었다. 정희왕후는 항시 칭찬하고 감탄하며 "너를 두고 시험해 보니 사람은 반드시 나이가 어려서 뽑아 들인 다음에

---

31 양웅열, 2014, 『조선의 왕비가문』 도서출판 역사문화, 94쪽 참고.

〔그림 17〕 성종대왕실록

(국립고궁박물관 소장)

야 가르치기가 쉽고 또한 익히기가 쉽다"고 칭찬했다. 숙의 파평윤씨는 폐비 윤씨보다 7살이나 어렸다. 또 성종한테는 항상 "윤숙의는 나이가 젊으면서도 순박하고 조심스러우며 말이 적어 다른 사람들과 다르다"고 했다. 정희왕후는 자신의 가문 출신인 파평윤씨를 새 왕비로 삼으며 명분 찾기에 힘썼다. 소혜왕후도 항시 칭찬하며 "중궁다운 사람이 들어왔으니 낮이나 밤이나 무슨 근심이 있겠는가?"라고 했다.(중종 25년 8월 23일 경진) 파평윤씨는 두 대비들로부터 큰 사랑을 받았고, 결국 새 왕비로 승격되었다. 파평윤씨 가문의 승리였으며, 이후 계속하여 두 명의 중종비가 파평윤씨 가문에서 배출되었다. 새로운 왕비가 책봉되자 폐비 윤씨는 잊혀진 존재가 되는 듯했다.

한편 성종은 미리 명나라 사신들에게 부탁하거나 고명사신을 보내고, 명황제의 후궁인 공신부인 한씨에게도 사신을 보내는 등 여러 방법을 통해 명황제에게 폐비 사실을 알리고 새 왕비 책봉에 대한 고명을 받기 위해 노력했다. 그 결과 성종의 뜻대로 명황제는 폐비 사실을 인정하고 새 왕비의 고명을 내려 주었다.(성종 12년 5월 16일 경인)

폐비 윤씨 처우를 둘러싼 성종과 대간의 극한 갈등

명황제의 허락이 있고, 새로운 왕비가 책봉되었음에도 불구하고, 폐비 윤씨의 처우 문제는 계속 조정의 논란거리가 되었다. 그것은 윤씨가 다음 왕이 될 원자의 어머니였기 때문이었다. 아직 왕실에는 다음 대를 이을 적자는 연산군밖에 없었다. 후궁 소생들은 있었지만, 둘째 아들이 죽고, 중종이 성종 19년(1488)에 가서야 태어났기 때문이다. 연산군과 중종은 12살 차이로 띠동갑이었다.

그렇기 때문에 원자의 어머니인 윤씨의 처우 문제는 계속 논의될 수밖에 없었다. 폐비가 되어 사가로 폐출된 지 3년이 지나고 또 새로운 왕비가 책봉된 지 1년이 지났지만, 폐비 윤씨의 거처 문제는 성종의 왕권을 제약하는 불씨로 남아 있었다.

성종 13년 8월에 조정에서는 윤씨의 거처 문제가 또다시 새로운 문제로 떠올랐다. 폐비 윤씨의 거처를 다시 고려해야 한다는 논의는 8월 11일(정미)에 시작되어 14일(경술)까지 적극적으로 이루어졌다. 이 가운데 가장 적극적으로 주장한 인물은 한명회와 월산대군을 탄핵한 바 있는 동궁의 시독관 권경우와, 임사홍의 비행을 탄핵한 바 있는 대사헌 채수였다. 시독관 권경우는 다음과 같이 아뢰었다.

"신이 전일에 죄를 지어 외방에 있었다가 조정에 돌아와서도 시종(侍從)의 반열에 참여하지 못했으므로, 비록 생각한 것이 있어도 감히 아뢰지 못했습니다. 폐비 윤씨는 지은 죄악이 매우 크므로 폐비하여 마땅합니다만, 그러나 이미 국모가 되었던 분이니, 이제 무람없이 여염에 살게 하는 것을 온 나라의 신하와 백성들이 마음 아프게 여기지 않는 이가 없습니다. 옛사람이 이르기를, '떨어진 장막을 버리지 아니함은 말을 묻기 위함이다'라고 했습니다. 임금이 사용하던 물건은 비록 수레와 말이라도 감히 무람없이 처리하지 못하는 것은, 지존을 위해서입니다. 신의 생각으로는 따로 한 처소를 장만하여 주고, 관에서 공급하여 줌이 좋을 듯합니다."(『성종실록』 권144, 성종 13년 8월 11일 정미)

지방에 있다가 중앙으로 올라온 권경우는 성종의 불편한 심기를 건드렸다. 그는 임금이 사용하던 물건은 비록 수레와 말이라도 감히 함부로 처리하지 못하는데 국모였던 윤씨에게 따로 처소를 장만해 주고 관에서 물자를 공급해 줌이 좋다고 주장했다. 연산군의 사부였던 그는 성종의 폐비에 대한 혹독한 처우에 대해 불만이 있었다.

또한, 대사헌 채수도 윤씨는 왕의 배필로서 국모였는데, 폐위되어 여염에 살게 하는 것은 너무 소홀한 처분이고, 온 나라의 신하와 백성들이 애처롭게 여기고 있고, 또 먹을 것도 넉넉하지 않은 듯하니 따로 처소를 정하여 이바지할 것을 청했다.(성종 13년 8월 11일 정미) 대신인 한명회도 왕이 쓰던 것은 아무리 작은 것이라도 밖에 두지 못하는데, 국모였던 분을 밖에 두는 것은 아니라는 뜻을 보였다. 이같이 대간들과 대신들은 윤씨의 거처 문제에 대해 처우를 개선해야 한다고 주장했다. 이러한 주장은 폐출 직후부터 줄곧 제기되었던 주장과 전혀 다르지 않았다.

그러나 이에 대한 성종의 태도도 전혀 바뀌지 않았다. 그는 언성을 높여 가며 반대했고 대간들의 주장을 묵살했다. 성종은 이전에 주장했던 입장에서 한 치도 물러서지 않았다. 성종은 윤씨의 죄는 이루 다 말할 수가 없고, 허물을 고치지 않았으며, 사사로운 노여움에서 내친 것이 아니라 국가적인 차원에서 그렇게 한 것이라고 강조했다. 그리고 윤씨가 이미 평민이 되었기 때문에 여염에 살게 하는 것은 당연하다고 했다. 그리고 신하들이 국모로서 말을 하는 것은 장차 원자에게 아첨하여 후일의 지위를 꾀하려는 짓이라며 반대했다.(성종 13년 8월 11일 정미)

성종이 이처럼 단호하게 자신의 의사를 표명했음에도 불구하고 대간들은 조금도 물러서지 않고 자신들의 주장을 거듭 반복했다. 대신들과 대간들은 권경우의 말에 동조하며 간쟁을 너그럽게 받아들여 언로가 막히지 않도록 할 것을 주장했다. 폐비의 처우 문제를 둘러싸고 대간들의 끈질긴 요구가 지속되었지만, 성종은 끝까지 자신의 고집을 꺾지 않았다.

성종은 윤씨의 척족들이 그의 처소에 드나드는 것을 매우 불쾌하게 생각했다. 윤씨의 사정이 외부로 알려지는 것에 대해 불쾌감을 나타냈고, 심지어 두려워했다. 윤씨를 감금시킨 거나 마찬가지였다. 따라서 성종은 윤씨의 처소에 출입하는 자들은 벌을 주겠다며, 윤씨의 오빠들을 의금부에 가두도록 했다.(성종 13년 8월 11일 정미)

대간들의 주장이 이렇게 강한 것은 대간제도를 통하여 달성하고자 하는 정치적인 이념이 확대되어 갔기 때문이었다. 국왕의 반대에도 불구하고 자신들의 주장을 관철시키려는 성종대의 대간은 유교적인 이상 정치를 구현하고자 하는 욕구가 강했다. 이러한 이념적이고 이상적인 당위성에는 어느 누구도, 심지어 국왕조차도 복종해야 한다는 것이 그들의 주장이었다. 성리학적인 이념이 적극적으로 반영되어야 한다고 생각한 대간들은 윤씨가 비록 투기한 잘못은 있지만, 원자를 낳은 조강지처이기 때문에 당연히 그 지위에 맞게 대우해야 한다고 주장했다. 폐비 윤씨의 처우 문제를 둘러싼 갈등 이면에는 왕권 강화를 추구하는 성종과 이를 견제하는 대간들의 정쟁, 조강지처의 지위 보장에 대한 사림들의 인식 변화가 작동하고 있었다.

성종과 대간의 대립이 심해지자 대비전에서는 권경우를 징계하라는 글을 내렸다. 윤씨에 대한 대비들의 입장도 전혀 바뀌지 않았다. 왕실과 대간들의 승부를 건 한판 싸움이었다. 대비는 이전과 마찬가지로 윤씨의 실행을 일일이 지적하며 그녀에 대한 비판을 쏟아냈다. 그리고 권경우에게 벌을 내릴 것을 주장했다.

> 이제 권경우의 말로써 보면, …주상께서 몸에 (화가 미칠까) 두려워서 전교하더라도 오히려 믿지 않고, 다시 사람의 마음을 동요하게 하니 장차 큰일이 일어날까 두렵다. 이는 주상의 신하가 아니니, 마땅히 옳고 그름을 가려내어 이를 징계하고 뒷사람을 경계해야 하겠다.
>
> (『성종실록』 권144, 성종 13년 8월 11일 정미)

성종은 채수에게 대비의 교서를 전하며 그의 의견을 들어주지 않았다. 그러자 채수는 말을 바꾸어 '윤씨의 죄가 크기 때문에 그를 죽여도 좋으며', 자신이 아뢴 것은 옛 법제에 따라 굳게 가두어서 나쁜 계획을 방지하려는 것으로 다른 뜻은 없다고 했다.(성종 13년 8월 11일 정미) 그는 입장을 완전히 바꾸며 윤씨를 죽여도 좋다는 뜻을 발설했다. 윤씨의 사사를 처음 제시한 사람은 채수인 듯하다.

그런데 이튿날 또 시독관 이창신이 폐비 윤씨의 빈궁함을 걱정하는 상소를 올렸다. 대간들은 결코 그냥 물러서려 하지 않았다. 화가 난 성종은 채수와 권경우를 불러 그들이 자신을 업신여겨 윤씨 처우 문제를 반복적으로 말했기 때문에 옛 법도에 따라 벌을 내릴 것이라고 했다. 이어 영돈녕 이상 의정부와 육조·대간을 불러서 채수의 징계 문제를 의논하도록 했다. 대부분의 대신들은 그를 국문하여 죄주는 것이 좋겠다며 대비의 뜻을 따랐고, 대간들은 반대했다.(성종 13년 8월 12일 무신) 그러나 성종의 강경한 뜻에 처벌이 두려운 대간들은 결국 자신들의 뜻을 거두어들였다. 성종의 승리였다. 결국, 채수와 권경우도 자신들이 잘못했다며 선처를 구하였다. 채수와 권경우의 처벌 문제를 두고도 이를 말리는 대간과 성종의 갈등은 더욱 깊어졌다.

성리학적인 이념을 실현하기 위해 대간의 탄핵 활동이 많아진 시기는 성종의 친정이 이루어지는 7년부터 14년 사이였다.[32] 이 시기는 바로 폐비문제가 심각하게 제기되었던 시기와 겹친다. 대간들은 폐비문제를 둘러싼 성종과 대비들의 독단적인 행동에 대해 끊임없이 반대 의사를 제기하며 시정할 것을 요구했다. 그러나 그럴수록 성종의 고집도 꺾일 줄 모르고 더 강해져 갔다.

---

32 정두희, 1983, 『조선초기정치세력연구』 일조각, 54쪽.

왕권 강화를 위한 폐비 윤씨의 사사(賜死)

폐비 거처와 처우 문제를 둘러싸고 언관들과의 극한 대립 속에서 막중한 심리적인 부담을 안게 된 성종은 결국 윤씨를 죽임으로써 논의를 끝내고자 했다. 성종이 폐비를 죽일 뜻을 굳힌 데에는 시독관 권경우와 대사헌 채수 등 대간들의 끈질긴 주장이 큰 영향을 미쳤다. 윤씨의 죽임은 왕권을 강화하려고 하는 성종이 자신을 견제하고자 하는 대간들에게 던진 한판 승부수였다. 대간의 주장이 강하면 강할수록 성종 또한 그 뜻을 굽히지 않았다. 결국, 폐비 윤씨는 고래 싸움에 새우 등 터지는 꼴이 되었다.

성종 13년 8월 11일(정미)부터 다시 적극적으로 논의된 폐비 거처 문제는 결국 5일 후인 16일(임자)에 '폐비 사사(賜死)'라는 극단적인 결정으로 마무리되었다. 폐비 윤씨를 살려 둘 경우 계속하여 왕권 강화에 걸림돌이 될 수 있다고 판단했기 때문이었다.

대간들과의 극단적인 대립 속에서 한바탕 언쟁을 한 성종은 8월 16일(임자)에 영돈령 이상 의정부·육조·대간들을 선정전으로 불러 모으고 다음과 같이 말했다.

> 윤씨가 흉험하고 악역을 한 것을 이루 다 말할 수 없다. 당초에 마땅히 죄주어야 하겠지만, 우선 참으면서 개과천선하기를 기다렸다. 기해년(성종 10년)에 이르러 그의 죄악이 매우 커진 뒤에야 폐비하여 서인으로 삼았지마는, 그래도 차마 법대로 처리하지는 않았다. 이제 원자가 점차 장성하는데 사람들의 마음이 이처럼 안정되지 않으니, 오늘날은 비록 염려할 것이 없다고 하지만, 후일의 근심을 이루 다 말할 수 있겠는가? 경들이 각기 사직을 위하는 계책을 진술하라.(『성종실록』 권144, 성종

13년 8월 16일 임자)

성종은 원자가 성장하는데 폐비문제를 둘러싸고 시비가 많으니 걱정이라고 하면서 각자 국가를 위한 계책을 진술하라고 했다. 후일의 근심을 미연에 막기 위한 계책을 짜보라는 것이었다. 그러나 이것은 단지 표면적인 의사 표현일 뿐 성종은 곧바로 좌승지 이세좌에게 명하여 윤씨를 그 집에서 사사하게 하고, 우승지 성준에게 명하여 이 뜻을 3대비전에 아뢰게 했다. 그리고 주서 권주로 하여금 전의감에 달려가서 비상을 가지고 윤씨 집으로 가게 했다.(성종 13년 8월 16일 임자)

그 길로 폐비 윤씨는 성종 13년(1482) 8월 16일(임자)에 죽임을 당했다. 사가로 쫓겨난 지 3년 만의 일이었다. 그녀가 이 3년 동안 사가에 격리된 채 외롭고 가난하게 지냈을 것이라는 짐작 외에 어떻게 지냈는지 구체적으로 알 수는 없다. 다시 궁궐로 돌아갈 날을 기다렸을지도 모른다. 그러나 왕실에는 새로 책봉된 왕비가 있었다. 이 때문에 특별한 일이 없는 한 궁궐로 돌아갈 수는 없었다. 원자가 빨리 성장하여 자신의 한을 풀어 줄 것을 기다렸을지도 모르겠다.

그러나 원자는 폐비 윤씨에게 정치적 걸림돌로 작용했다. 성종은 원자가 더 성장하기 전에 원자의 어머니인 윤씨에게 사약을 내림으로 그녀를 둘러싼 모든 정쟁을 종결하고자 했다. 대비전에서도 윤씨 사사를 지지하는 언문 서간을 내렸다. 그 내용의 핵심은 '대의로써 결단했으니 국가의 복'이라는 것이며, '그에게 죄줌은 일이 커지기 전에 미리 막는 것'이라 했다. 그리고 원자를 보전하기 위하여 이같이 해야 사람의 마음이 한결같이 안정될 것이라 했다.(성종 13년 8월 16일 임자)

대비전의 뜻을 받든 성종은 윤씨의 사사를 서울과 지방에 포고하라고 의정부에 명을 내렸다. 그 포고문의 내용은 그동안의 과정을 압축하여 보여주고 있다.

폐비 윤씨는 성품이 본래 흉악하고 위험하여서 행실에 패역함이 많았다. 지난날 궁중에 있을 적에 포악함이 날로 심해져서 이미 3대비에 공순하지 못했고, 또한 과인에게 흉악한 짓을 함부로 했다. 그래서 과인을 경멸하여 노예와 같이 대우하여, 심지어는 발자취까지도 없애버리겠다고 말했으나, 이러한 것은 다만 자질구레한 일들이므로 더 말할 것도 없다. 심지어는 일찍이 역대의 모후들이 어린 임금을 끼고 정사를 마음대로 했던 일을 보면 스스로 기뻐하고, 항상 독약을 스스로 가지고 다니면서 혹은 가슴 속에 품거나 혹은 상자 속에 보관하기도 했으니, 비단 그가 시기하는 사람을 제거하려는 것뿐만 아니라 장차 과인에게도 해로운 것이다. 항상 스스로 말하기를, '내가 오래 살게 되면 장차 할 일이 있다'고 했다. 이것은 부도한 죄로서 종묘와 사직에까지 관계되는 것이지만, 오히려 대의로써 차마 단죄하지 아니하고, 다만 그를 폐비하여 서인으로 삼아 사제에 있게 했다.

그런데 이제 외부의 사람들이 원자가 점차 성장하는 것을 보고는 앞뒤에서 시끄럽게 떠들어대면서 이 사건을 말하는 이가 많다. 이는 비록 지금은 그리 깊이 염려하지 않아도 되겠지만, 후일 있을 화를 어찌 이루 다 말하겠느냐? 그가 만일 흉악하고 위험한 성격으로 임금의 권세를 잡게 되면, 원자가 현명하더라도 그 사이에서 어떻게 하지 못하여서, 발호하는 뜻이 날로 더욱 방자하여질 것이다. … 이에 금년 8월 16일에 그 집에서 죽임을 내린다. 이는 종묘와 사직을 위하는 큰 계책으로서 그렇게 하지 않을 수 없다. 이를 서울과 지방에 포고하라.(『성종실록』 권144, 성종 13년 8월 16일 임자)

왕권 강화를 위해 노력하던 성종은 윤씨 처우 문제를 가지고 자신의 발목을 잡는 대간들의 주장을 묵살하며 훗날을 미리 대비한다는 명분 아래 윤씨에게 사약을 내렸다. 윤씨 폐비의 원인이 성종·대비들과 윤씨와의 가족적인 갈등이자 가문과의 권력 싸움이었다면, 윤씨 사사의 직접적인 원인은 윤씨 처우 문제를 빌미로 왕권을 견제하려는 대간들과 이를 묵살하며 왕권을 강화하려는 성종과의 정치적 갈등이 컸다. 성종은 폐비문제를 둘러싸고 당대와 후대에 있을지도 모를 정치적인 불안을 미연에 방지하고 그 문제의 소지를 없애버린다는 명분을 내세웠다. 이전에 윤씨는 왕비로서 실덕했다는 이유로 폐비가 되었다면, 이젠 왕이 될 원자를 끼고 후대를 꾀하려 한다는 역모를 이유로 죽임을 당해야 했다. 결국, 윤씨의 폐비와 사사에는 윤씨의 실덕을 계기로 왕비를 교체하려는 가문의 암투와 왕권을 제약하려는 대간들의 정쟁이 주요 원인으로 작동하였다.

윤씨에게 사약을 내린 성종은 그날 재상들에게 음식을 대접하고 윤씨의 일에 관련된 자들에 대해 의논했다. 성종은 윤씨가 전일에 비상으로 사람을 죽이고자 했다가 이제 도리어 자신을 죽인 것이라고 하였다. 이에 정창손 등은 진실로 성감(聖鑑: 사물을 분별하는 임금의 안목)이 아니었으면 어찌 이같이 밝게 처단했겠느냐며 성종의 결단이 옳다고 칭송했다.(성종 13년 8월 16일 임자) 윤씨를 죽이라는 명을 내린 성종이나 그것을 잘했다고 추켜세우는 대신들 모두 윤씨의 죽임을 자축하는 모습들이었다.

이어 성종은 윤씨의 형제들을 유배보내고 어머니 신씨는 윤씨의 상례가 끝나기를 기다려서 보내도록 했다. 이제 성종의 처사에 반대했던 신하들은 죄인이 된 셈이다. 그러나 다음날 채수는 성종에게 자신의 죄를 뉘우치는 상소를 올렸고, 성종은 사면해 주었다. 권경우 역시 자신의 행동을 뉘우치는 상소를 올렸고 성종의 뜻이 옳았다고 동의했다. 거리낌이 없어진 성종은 이들을 사면했다.(성종 13년 8월 17일 계축) 폐비 윤씨의 죽임으로 인해 그녀를 둘러싼 성종과 대간의 갈등은 성종의 승리로 끝났고, 그 결과 성종의 윤씨 사사는 국가의 안정을 위한 정당한 처우로 공인받았다.

폐비 윤씨가 죽을 당시의 상황에 대해서 야사를 기록한 『연려실기술』에는 다음과 같이 얘기하고 있다.

○ 일찍이 성종 기유년에 폐비 윤씨에게 사약을 내려 자결하게 했는데, 폐출되어 사약을 내린 일은 성종조에 나와 있다. 윤씨가 눈물을 닦아 피묻은 수건을 그 어머니 신씨에게 주면서, "우리 아이가 다행히 목숨이 보전되거든 이것을 보여 나의 원통함을 말해 주고, 또 거동하는 길옆에 장사하여 임금의 행차를 보게 해 주시오" 하므로 건원릉의 길 왼편에 장사했다. (≪기묘록≫ 『연려실기술』 권6, 「연산조고사본말」, 폐비 윤씨 복위)

○ 윤씨가 죽을 때에 약을 토하면서 목숨이 끊어졌는데, 그 약물이 흰 비단 적삼에 뿌려졌다.(〈파수편〉 『연려실기술』 권6, 「연산조고사본말」, 폐비 윤씨복위)

민간에서는 윤씨가 죽으면서 붉은 피를 토해냈고 그 피로 물들여진 수건과 적삼은 어머니 신씨에 의해 보관되었고, 그것은 연산군 집권 후 복수의 피바람을 불러일으키게 되었다고 전해졌다.

한편 후대의 기록은 폐비 윤씨에게 동정을 보내며 그녀가 죽임을 당한 이유를 왕실여성들의 질투와 시어머니 인수대비의 미움과 참소 때문이라고 전하고 있다. 17세기에 만들어진 〈기묘록〉에는 다음과 같이 기록하고 있다.

> 윤씨는 폐위되자 밤낮으로 울어 끝내는 피눈물을 흘렸는데 궁중에서는 훼방하고 중상함이 날로 더했다. 임금이 내시를 보내어 염탐하게 했더니, 인수대비가 그 내시를 시켜, "윤씨가 머리 빗고 낯 씻어 예쁘게 단장하고서 자기의 잘못을 뉘우치는 뜻이 없다"고 대답하게 했다. (임금은) 드디어 그 참소를 믿고 죄를 더 주었던 것이다.(≪기묘록≫ 『연려실기술』 권6, 「성종조 고사본말」, 윤씨폐사)

그러나 이것은 폐비의 사사 문제를 궁중 여성들 간의 갈등과 암투로 한정함으로써 왕의 책임을 약화시킨 것이다. 성종이 인수대비와 후궁들의 말을 듣고 격분하여 폐비 윤씨에게 사약을 내리게 했다는 것은 폐비 사사의 원인을 가부장적인 가족질서가 아닌 고부갈등으로만 보고자 한 편협한 시각이다. 배후에 왕실 어른인 대비들이 있긴 했지만, 폐비 윤씨에게 투기하도록 원인을 제공한 것도 남편인 성종이고, 그녀를 내쫓은 것도 성종이며, 그녀를 죽인 것도 성종이었다. 가부장인 왕은 아내를 내쫓을 권리뿐만 아니라 죽일 수 있는 권리를 갖고 있었다. 그리고 그 결과 아들을 폭군으로 만들고 피비린내 나는

〔그림 18〕 회묘(릉) – 폐비 윤씨 묘

묘이지만 연산군대 제헌왕후로 추존되어 새로 조성되었기 때문에 능의 모습을 갖추고 있다.
(사진 출처: 문화재청)

복수극을 펼치게 했다.

성종이 죽은 뒤 즉위한 연산군이 생모 폐비 윤씨의 원수를 갚기 위해 갑자사화를 일으켰을 때 '대비는 어찌하여 우리 어머니를 죽였습니까?'(연산군 10년 3월 20일 신사)라고 인수대비에게 울부짖으며 대들었던 것과 같이, 그녀는 꼭 죽임까지 당해야 했을까? 그 실제 배경에는 투기를 금지하는 유교적 여성 윤리를 강화하고자 하는 지배이데올로기와 왕권을 강화하고자 한 성종과 신권을 강화하고자 한 대간들의 정치적인 갈등이 존재했다.

폐비 윤씨는 여성에 대한 유교적 억압이 강화되고, 왕과 대간의 정치적 갈등이 심화되는 속에서 27살의 젊디젊은 나이에 죽임을 당했다. 18살에 후궁으로 입궁하여 21살에 왕비가 된 이후 24살에 폐비가 되고, 27살에 죽임을 당하기까지 9년 동안 궁궐 안과 궁궐 밖에서의 그녀의 삶은 기쁨과 행복함보다 오히려 후궁을 많이 둔 남편에 대한 분노와 외로움, 불안감과 우울함, 서러움으로 가득 차 있었던 것은 아니었을까? 한 명의 가부장을 중심에 두고 다수의 여성들이 각기의 목적에 따라 암투와 투기를 일삼았던 왕실 생활에 적응하지 못한 그녀에게 왕비 자리는 오히려 불행의 씨앗이 되었을 뿐이었다.

2

제안대군의 이혼과 재혼, 전처와의 재결합

왕위 계승권을 가졌던 제안대군

제안대군 이현(李琄: 1466~1525)은 세조 12년(1466년)에 당시 세자였던 아버지 이황(李晄: 후의 예종)과 소실인 종5품의 소훈 한씨(뒤의 안순왕후) 사이에서 태어났다. 세자 이황의 부인이던 한명회의 딸 세자빈 한씨(후에 장순왕후)는 인성대군 이분(李糞)을 낳은 뒤 산후병으로 죽었다. 그 후 세조는 세자빈을 새로 간택하지 않았다. 아마도 죽은 맏아들 의경세자의 부인이자 맏며느리인 수빈 한씨가 있었기 때문인 듯하다. 그리고 세종이 그랬던 것 같이 소실의 품행을 살펴본 뒤에 세자빈으로 승격시키려는 목적이 있었다.

세자의 소실로 입궁한 여성은 한백륜(韓伯倫)의 딸 소훈 한씨였다. 그녀는 세조 12년에 세자의 아들 제안대군을 낳았다. 세조 12년

2월 13일(을유) 기록에는 '세자의 소훈(昭訓) 한씨가 왕손을 낳았다.' 라고 기록하고 있다. 아들을 낳은 소훈 한씨는 세자의 소실이었지만 실제 세자빈의 공상(供上)과 예우를 받았다. 그런데 세조는 죽기 하루 전날 세자에게 왕위를 물려주었고(세조 14년 9월 7일 계해) 죽는 날 소실 한씨를 왕비로 삼게 했다.(예종 즉위년 9월 8일 갑자) 이때 한씨는 산달이 차서 아이를 낳으러 친정집에 나가 있었는데, 곧 호위 군사를 보내 그 집을 지키게 했다.(예종 즉위년 9월 8일 갑자) 그녀는 예종의 즉위와 함께 왕비가 되었으니 예종의 두 번째 왕비인 안순왕후 한씨이다. 이때 낳은 두 번째 아이는 죽은 듯 기록이 없다.

제안대군은 이복형 인성대군이 이미 세조 9년(1463)에 2세의 나이로 죽었기 때문에, 예종 즉위년(1468)에 원자로 책봉되었다. 그런데 예종은 재위 13개월 만에 죽었다. 왕위 계승 1순위였던 원자는 아직 만 3살에 불과했다. 아무리 정통성과 계승권을 가지고 있다 해도 왕이 되기에는 너무 어렸다. 그래서 왕실의 최고 어른인 할머니 정희왕후는 맏아들 의경세자의 차남이자 제안대군의 사촌형인 만 12살의 자을산군 이혈(李娎: 후의 성종)을 후계자로 지명했다. 차기 왕위 계승자를 정해 놓지 않은 채 왕이 죽었을 경우 왕실의 최고 어른인 대비가 상주(喪主) 즉 후계자를 정할 권리를 갖고 있었다. 정희왕후는 아직 원자가 너무 어렸기 때문에 맘에 드는 다른 손자를 후계자로 삼은 것이다. 따라서 원자는 왕위승계에서 밀려났고, 성종 1년(1470년)에 제안대군에 봉해졌다. 봉작을 받기에는 아직 이른 나이였으나, 원자였기 때문에 특별히 대우한다는 명분이 컸다. 그러나 사실상 제안대군은 원자의 신분에서 대군의 신분으로 강등되었다.

성종이 예종의 뒤를 이어 왕위를 계승하자 제안대군은 성종 5년

(1474)에 세종의 7남 평원대군의 후사로 입양되었다. 평원대군은 요절하여 후사가 없었기 때문이다.(성종 5년 10월 18일 경자) 사촌이 아버지의 아들이 되고 아들인 자신은 종조부의 봉사손이 되었다. 이러한 조처는 성종 초기 수렴청정하던 정희왕후가 혹시라도 제안대군이 본인의 뜻과는 상관없이 왕위 계승상의 정통성 문제로 역모에 휘말려 죽임을 당하지 않을까 하는 우려에서 나온 조처였다. 아울러 제안대군의 정통성을 약화시켜 정통성이 약한 성종의 왕권을 안정시키고, 손자들을 보호하기 위한 심려에서 나온 결과였다.

제안대군의 존재는 성종에게 결코 달가운 것만은 아니었다. 성종은 예종 사망 시 왕실의 제일 어른인 대왕대비 정희왕후와 어머니 수빈 한씨(인수대비, 소혜왕후), 그리고 장인 한명회가 힘을 합쳐 만든 왕이었기 때문이다.[33] 따라서 왕위 계승상의 정통성을 가진 제안대군의 왕위 계승권을 박탈해야 했다. 예종과 제안대군과의 부자관계를 희석시켜야 성종의 정통성을 둘러싼 정쟁을 막을 수 있었다. 성종은 제안대군 대신 왕위에 올랐기 때문에 제안대군에게 매우 큰 빚을 진 셈이었다. 제안대군의 가계도를 보면 다음 〈도 13〉과 같다.

제안대군은 자신을 보호하기 위해 풍류를 즐기며 평생 정치와 거리를 두고 살았다. 성현이 쓴 『패관잡기』에 의하면 '중종조에 상의원(尙衣院)에서 서각(犀角)으로 만든 띠를 바쳤는데, 품질이 아주 좋았다. 제안대군이 보고 허리에 띠고 차비문 밖에 가서 아뢰어 청하기를, "이 띠를 신에게 하사하소서." 하니, 임금이 웃으며 주었다. 혹자는, "제안대군이 실은 어리석은 것이 아니라, 만약 종실의 맏아들

33 한희숙, 앞의 책, 『역사학자가 쓴 인수대비』 참고.

〈도 13〉 제안대군의 가계도

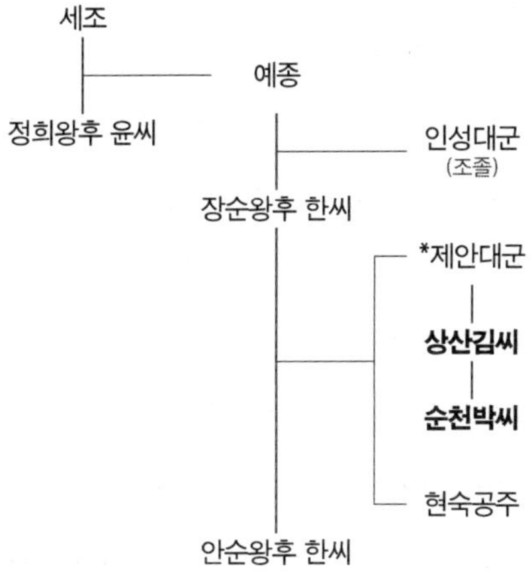

* 『선원계보기략』, 『성종실록』 참고

로 어질고 덕이 있다는 소문이 나면 몸을 보전하지 못할까 두려워서 늘 스스로 감춘 것이다."라고 했다'고 전한다. 왕이 되지 못한 원자나 세자들은 항상 정치에 관심이 없는 듯 풍류만 즐기고 살아야 천수(天壽)를 누릴 수 있었다.

병을 이유로 쫓겨난 첫 부인 상산김씨

제안대군은 12세인 성종 9년(1478)에 사도시 정(司䆃寺 正) 김수말의 딸 상산김씨와 혼인했다.(『국역 국조인물고』 권5, 국척 이현) 김씨의 나이도 비슷했을 것으로 보인다. 당시 김수말은 안산군수였고, 문성군 유수(柳洙)의 사위였다. 유수는 무인 출신으로 세조의 최측근 중 하나였다. 유수는 단종 1년(1453)에 수양대군이 단종의 보좌세력인 황보인·김종서 등 원로대신을 살해하고 제거하는 이른바 계유정난을 일으켰을 때 한명회의 추천으로 행동책으로 기용되어 적극 협력했다. 그 공으로 정난공신 2등이 되고(단종 1년 11월 4일 병진), 세조 6년에 문성군에 봉해졌다.(세조 6년 1월 28일 병오) 또 성종 2년(1471)에 성종의 즉위를 보좌한 공으로 좌리공신 4등이 되었다.(성종 2년 3월 27일 경자) 좌리공신은 성종 2년(1471)에 임금을 잘 보필하고 정치를 잘한 공로로 신숙주·한명회 등 75명에게 내린 공신 칭호였다. 이같이 유수는 세조와 성종의 신임을 얻어 정난·좌리 2번에 걸쳐 공신에 책봉된 인물이었다. 이러한 연유로 제안대군과 유수의 외손녀 김씨의 혼인이 이루어진 것으로 보인다. 김씨는 상산부부인에 봉해졌다.

하지만 이들의 혼인 생활은 오래가지 못했다. 김씨는 대략 혼인 1년 반 만인 성종 10년 12월에 쫓겨났다. 제안대군의 나이 13세였다. 김씨가 쫓겨난 이유는 병 때문이었다. 성종은 제안대군의 이혼에 대해 다음과 같은 전교를 내렸다.

> 제안대군의 부인이 지난해 6월에 처음으로 풍병을 얻어서 때로는 현기증이 나기도 하고, 두 다리가 연약해져서 반걸음 걸어가는 중에도 간혹 저절로 넘어지게 되었다. 그런 까닭으로 사가에 물러가서 병을 치료하도록 했는데도 오히려 황홀하여 깨어나지 못하고 입에서 거품이 나올 때도 있었다. 그 집에서 말하기를, '조금 나았다'고 하므로, 대궐 안으로 도로 들어왔는데, 지난번에 대비를 따라 후원에 나가서 섬돌을 올라가다가 저절로 넘어진 것이 전일과 같았다. 약을 먹고 침질과 뜸질을 하여 남은 힘이 없도록 했는데도 지금까지 오히려 낫지 않았으니, 이것은 곧 다시는 나을 수 없는 병이다. … 침질과 뜸질은 병을 치료하기가 쉬운 데도 부인의 병은 유독 낫지 않으니, 다시 나을 수 없는 것이 명백하

다. 또 왕대비께서는 보통 때에도 병환이 많아서 음식을 능히 소화하지 못하여 혹은 위로 토하는 때가 있기도 했다. 이런 까닭으로 손자가 있기를 바삐 기다리고 있는데, 다만 왕대비만 이와 같을 뿐 아니라 대비의 뜻도 이와 같으니, 이를 폐하는 것이 어떻겠는가?" 하니, 정창손·심회·윤사흔·홍응·노사신·이극배 등이 아뢰기를, "이를 폐하는 것이 적당합니다."했다.(『성종실록』 권112, 성종 10년 12월 20일 신미)

김씨를 내쫓는 가장 큰 이유는 칠거지악의 하나인 악질, 즉 풍병 때문이었다. 풍병은 신경의 고장으로 생기는 온갖 병을 일컫는다. 부인에게 병이 있다는 것은 부부생활에 문제가 될 수 있고, 후손을 낳는 것에도 장애가 되기 때문에 칠거지악에 해당되며 이혼의 조건이 되었다. 그러나 처에게 병이 있다고 해서 무조건 쫓아내는 것은 아니었다. 김씨의 경우는 침이나 약물로 치료하고, 친정에서 요양했지만, 병이 낫지 않았기 때문이라고 했다.

또 하나의 이유는 왕대비를 비롯해 대비들이 김씨를 폐하고자 했기 때문이다. 특히 시어머니가 되는 왕대비 즉 예종비 안순왕후의 뜻이 반영되었다. 안순왕후는 병이 있어 빨리 손자 보기를 기다렸는데, 김씨의 병이 깊어 손자 보기가 어려울 것 같다고 생각했다. 그래서 빨리 손자를 얻기 위해서는 김씨를 내쫓고 새로운 며느리를 얻어야 한다고 했다. 성종의 어머니 인수대비도 역시 같은 뜻이라고 했다. 아직 김씨의 나이 10대 초~중반이었지만. 대비들은 김씨를 내쫓는데 뜻을 같이 했다. 사실은 제안대군의 마음이 바뀐 것이지만(성종 16년 5월 29일 무인) 그렇게 직접적으로 말하지 못하고 대비들의 뜻을 핑계 삼은 듯하다.

성종의 전교에 정창손 등 중신들은 김씨를 쫓아내는 것이 좋다고 했다. 이러한 논의가 있은 바로 다음 날 성종은 승정원에 김씨를 폐했다는 전교를 내렸다.

> 제안대군의 부인이 오래 묵은 병이 있어 걸음을 걷지 못하고, 또 정신이 흐리멍덩한 증상을 얻어서 혹 죽었다가 다시 살아나기도 하니, 비록 침질과 뜸질과 약물의 치료가 있었으나 마침내 효험이 없게 되었다. 대비께서 연세가 이미 늙었고 또 병환이 있어 손자를 보고 싶어 했으나, 부인의 병이 또한 낫지 않으므로 마지못해서 그를 폐했으니, 이것은 대왕대비의 명령이다. 경등은 이 사실을 알아야 하고, 또 문성군 유수를 불러서 이 사실을 말하라.(부인은 곧 유수의 외손녀이다.) (『성종실록』 권112, 성종 10년 12월 21일 임신)

이번 전교에는 앞서 두 대비의 뜻만이 아니라 대왕대비 정희왕후의 명령이라고 하였다. 당시 대왕대비가 가장 왕실 어른이었기 때문에 그녀의 명령이 가장 힘이 컸다. 이 사실을 대신들에게 알리고 김씨의 외할아버지 유수에게도 알렸다. 성종의 전교에 승지들은 모두 한목소리로 찬성했다. 옛날에 칠거가 있는데, 악질이 그중 하나이니 왕의 명령이 옳다고 동조했다. 이 사실을 안 유수는 그날로 쫓아와서 외손녀의 병세에 대해 해명했다.

> 유수가 아뢰기를, "부인이 지난해 6월부터 신의 집에 나와 있으면서 동산을 구경하고는 더위를 먹고 병을 얻었는데, 신이 마음을 다하여 간호해 모셨으나, 중병이 될까 염려되어 침질과 뜸질까지 하여서 지금은

이미 나았습니다. 발을 조금 절뚝거리는 병이 있어서 걸음을 걷는 데 어려움이 있는 것은 사실입니다마는, 정신이 흐리멍덩한 증상은 젊을 때부터 없었습니다. 매양 나인이 와서 물을 때마다 보모가 사실대로 알리지 않았으니, 신은 매우 마음이 상합니다"했다.(『성종실록』 권112, 성종 10년 12월 21일 임신)

외할아버지 유수는 김씨를 변호하고 나섰다. 유수는 자기 외손녀가 아픈 것은 사실이지만 이미 요양을 통해 병이 다 나았고, 오히려 보모가 아프다고 거짓말을 하는 것이라며 억울한 마음을 표했다. 그러나 성종은 김씨의 지병에 대해서 혼인 때 미리 알리지 않은 것을 질책하며, 김씨를 내쫓는 것은 자기 뜻이 아니라 대왕대비의 명령이라고 했다. 다만 유수의 뜻을 대왕대비전에 아뢰겠다고 했다.(성종 10년 12월 21일 임신) 그러나 결과는 변하지 않았다. 10대 초~중반의 김씨는 친정으로 돌아갈 수밖에 없었다.

김씨를 내쫓은 주체는 할머니 정희왕후와 인수대비, 그리고 제안대군의 생모 안순왕후였다. 그러나 후술하는 바와 같이 그 이면에는 김씨에 대한 제안대군의 변심이 작동했다.(성종 16년 5월 29일 무인) 제안대군은 김씨를 좋아하지 않았고, 대비들은 제안대군의 뜻을 꺾지 못하고 김씨를 내쫓았다. 그런데 김씨가 쫓겨나기 6개월 전인 성종 10년(1479) 6월에 성종비 윤씨가 폐위되었다.(성종 10년 6월 2일 정해) 김씨가 쫓겨난 시기는 폐비 윤씨가 사가로 쫓겨난 지 얼마 되지 않은 시기였다. 성종의 윤씨 폐출에 이어 제안대군의 부인 김씨가 쫓겨났다. 성종 10년은 왕실 여성들의 폐출을 두고 조정이 매우 시끄럽고 혼란스러웠던 해였다.

제안대군의 변심으로 쫓겨난 후처 순천박씨

김씨를 쫓아낸 제안대군은 얼마 후 다시 평양부원군 박중선의 딸 순천박씨와 혼인했다. 제안대군이 14세에 박씨와 혼인했다고 한 기록을 보면 이혼 후 곧 재혼했다. 박씨의 나이도 비슷했을 것으로 보인다. 『국조인물고』에는 다음과 같이 기록되어 있다.

> 공의 나이 12세 때 상주 김씨에게 장가들어 배필로 삼으니, 사도시정 김수말의 딸로 상산부부인에 봉했는데, 얼마 후 안순왕후의 뜻을 따라 버렸다. 다시 평양부원군 박중선의 딸에게 장가드니, 이때 공의 나이 14세였다. 공은 후에 상산부인을 잊지 못하여 21세에 이르러 또 왕후의 명으로 다시 합하여 지금까지 병이 없다. … 마침내 일어나지 못했는데, 이때가 가정 을유년(중종 20년, 1525) 12월 14일로, 나이는 60세였다.(『국역 국조인물고』 권5, 국척 이현)

제안대군의 장인이 된 박중선은 중종반정을 일으킨 박원종의 아버지로, 지돈녕부사 박거소와 세종의 장인인 심온의 딸 청송심씨 사이에서 태어났다. 세종이 이모부가 된다. 박중선은 무신으로 어려서 아버지를 잃고 스스로 선생을 찾아다니며 학문과 무예를 닦았다. 아들 박원종은 후에 중종반정의 주역이 되었으며, 첫째 딸은 성종의 형 월산대군에게 시집을 갔고, 7녀가 제안대군과 혼인했다. 월산대군의 부인과 제안대군의 부인은 자매였고, 사촌지간인 두 대군은 처가로는 서로 동서지간이 되었다. 순천박씨 가계도와 혼인 관계를 살펴보면 〈도 14〉와 같다.

그런데 제안대군과 순천박씨의 혼인 생활도 순탄하지 않았다. 제

〈도 14〉 순천박씨 가계도 및 혼인관계도

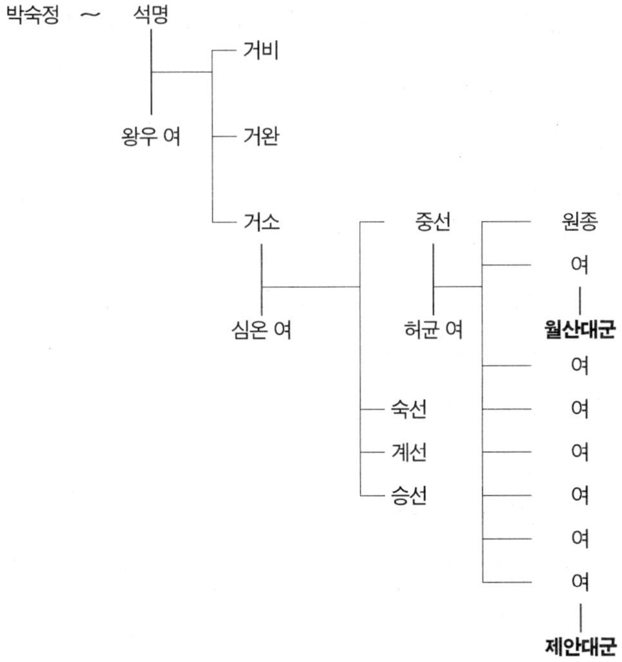

* 『순천박씨족보』, 『성종실록』 참고

안대군은 두 번째 부인을 맞이하고 나서 얼마 되지 않아 전처 김씨를 몰래 찾아다녔다. 앞서 영응대군이 했던 행동과 똑같았다. 제안대군의 마음이 후처 박씨에게서 이혼한 전처 김씨에게로 돌아섰음을 의미했다.

제안대군이 박씨와 재혼한 지 2년 정도 지난 성종 13년(1482) 5월 6일(갑술)에 사간원 정언 정광세가 제안대군의 비행을 지적했다. 그는 제안대군이 이혼한 김씨와 몰래 통하고 다른 곳에 옮겨 두었다고 사람들이 쑤군거린다며 국문하도록 청했다. 이어 사헌부 지평 서규도 제안대군이 버린 아내 김씨와 몰래 통한다는 말을 듣고, 김씨의 아버지 김수말의 여종을 불러 물은 즉 '제안대군이 집에 와서 바로 김씨의 침방에 들어가서 자고, 다음 날 아침에 평원대군의 집 앞의 어떤 집으로 가서 사람을 보내어 김씨를 맞아 돌아갔다'고 했다며 김수말과 그 일에 관련된 사람들을 추국하고, 종부시에서 대군을 국문하게 하라고 청했다. 종부시는 조선시대 왕실 계보인 『선원보첩』의 편찬과 종실의 잘못을 규탄하는 임무를 관장하던 관서였다.

그러나 성종은 제안대군을 국문하지 말고, 김씨를 데리고 온 이유를 그 집 종에게 물어서 아뢰라고 했다.(성종 13년 5월 6일 갑술) 그리고 대군이 어려서 대체를 알지 못한다고 하더라도 이를 물어보고, 김수말을 국문하라고 했다.(성종 13년 5월 11일 기묘)

종부시에서는 제안대군이 일찍이 김씨를 버리고 박씨와 혼인한 뒤에 다시 이혼한 김씨의 집에 가서 자고, 또 데리고 와서 함께 거처하며 거리낌이 없으니 김씨와 이혼〔離異〕시키라고 청했다. 또 김수말이 사실을 즉시 아뢰지 않고, 몰래 딸을 대군이 아파서 머무는 피접처에 보냈으니, 사헌부에서 추국하도록 청했다. 성종은 종부시의 말대로 하게 했으나 제안대군을 용서하고(성종 13년 5월 17일 을유) 그의 행동에 대해 전혀 문제 삼지 않았다. 이즈음 김씨의 병은 다 나았는지 문제가 되지 않았다.

김수말은 제안대군이 머무르는 곳에 이혼한 자기 딸을 몰래 보내 다시 만나게 했다. 혼자 사는 딸이 안쓰러웠던 김수말은 욕심을 냈다. 아픈 제안대군도 전처 김씨를 만나니 새로운 연정이 생겨난 것 같다. 전처와 불륜을 행한 것이다. 이에 대신들은 윤리를 내세워 거세게 비판했다.

이런 와중에 한 달 뒤에 후처 박씨가 몸종들과 동침했다는 사건이 왕대비전에 알려져 한바탕 소동이 일어났다. 일명 '제안대군 부인 박씨 동성애 사건'이라고 할 수 있는데 그 전말은 매우 놀랍고, 단순하면서도 복잡했다. 이 일을 알게 된 성종은 형방승지 강자평에게 제안대군의 아내 박씨의 여종과 유모 등을 국문하게 했다. 박씨와 함께 동침한 자는 내은금·금음덕·둔가미 등 여종들이었다. 내은금은 '부인과 5월부터 동침했으며, 하루는 부인이 자신을 위하여 곡을 지어 노래를 불렀는데, 그 노래 뜻은 내은금이 없으면 그리운 생각이 난다는 것'이라고 했다. 금음덕은 "부인이 밤에 잠자는데 오기에 내가 더럽다고 사양하니, 부인이 말하기를, '네 사내의 흔적이 네 몸에 붙어 있느냐?' 하며, 다음 날 아침에 언문을 써서 주면서 '어젯밤에 몇 번이나 나를 사랑했느냐? 내가 남자의 형세가 있었다면 반드시 네 사내가 하는 일을 행했을 것인데, 너는 마음으로 나를 안타깝게 여겼을 것이다'라고 했으며, 이달 초 6일 밤에는 내은금과 함께 자는 것을 유모 금음물이 부인 집의 종 녹덕을 데리고 등불을 밝히고 들어와서 이불을 걷고 함께 보았다."고 했다. 이러한 사실을 언문으로 써서 왕대비전에 알리자 다음날 대비전에서는 사람을 보내어 다시 국문하게 했다.(성종 13년 6월 13일 경술) 요컨대 박씨가 내은금, 금음덕, 둔가미 등을 좋아했고, 이들과 동침했다는 것이다. 더구나 내은금과는 동침하는 현장을 유모와 종에게 들켰다는 내용이었다.

성종은 내관 안중경과 서경생에게 명하여 박씨에게 가서 사실을 묻게 했다. 이 일에 대해 당사자인 박씨는 자신의 억울함을 토로했다.

박씨가 말하기를, "어느 날 밤에 내가 잠이 들기를 기다리고 있는데 둔가미가 한 자리에 동침하기를 여러 번 청하므로, 내가 대답하기를,

'내가 비록 귀신과 같고 도깨비와 같다고 하더라도 명색이 주인인데 네가 어찌 동침하자고 하느냐?'고 하니, 둔가미가 물러나서 금음덕과 더불어 같이 잤습니다. 또 어느 날 밤에 내은금도 나와 같이 자고자 하므로, 내가 꾸짖어 물리쳤더니 물러나서 평상 밑에 앉았다가 내가 잠들기를 기다려서 가만히 내가 누운 자리로 들어왔는데, 금음물이 녹덕을 데리고 등을 밝히고 들어오므로, 내가 즉시 깨었더니, 금음물이 이르기를, '양반이 저 모양인가? 더럽다. 더럽다'고 했습니다. 그때 내가 생각하기를 날이 새벽이 되었는데도 일어나지 않는다고 책망하는 줄로만 알고 한 마디도 대답하지 않았습니다.

또 하루는 금음덕이 내 베개에 기대면서 내 입을 맞추려고 하기에, 내가 '종과 주인 사이에 감히 이와 같이 하느냐?'고 꾸짖어도 오히려 그치지 않고 억지로 맞추었으며, 또 '부인의 젖이 매우 좋습니다' 하면서 문지르고 만지기를 청하기에, 내가 손으로 뿌리쳤습니다. 또 하룻밤에는 무심이 다락 침실 아래에 이르러서 둔가미·내은금·금음덕·금음물 등을 추문했는데, 나는 잠이 들어 알지 못했다가 다음날 아침에 무심의 목소리를 듣고 내은금에게 물었더니 대답하기를, '무심이 우리더러 「부인과 동침했느냐?」고 묻기에 「부인이 시켜서 동침했다.」고 대답했습니다'라고 했습니다. 무심이 또 나에게 묻기를, '전교(傳敎) 안에 「부인이 스스로 한 일은 부인이 손수 써서 아뢰도록 하라.」 했고, 금음물·금음덕·내은금·둔가미 등이 나에게 말하기를, '부인이 스스로 했다는 것으로 대답하면 반드시 무죄가 될 것이고, 그렇지 않으면 죄가 우리에게 돌아올 것입니다'라고 하면서 이런 것으로 간곡하게 말하기에 내가 한 것이라고 써서 아뢴 것입니다. 그러나 사실은 내가 한 것이 아닙니다"라고 했다.(『성종실록』 권142, 성종 13년 6월 16일 계축)

앞의 자료에 의하면 당시 박씨가 스스로 '비록 귀신같고 도깨비 같다고 하더라도 명색이 주인인데'라고 한 것으로 보아 종들로부터 주인 대접을 제대로 받지 못하고 있었다. 그 이유는 제안대군이 김씨를 찾아다니면서 그녀를 부인으로 잘 대우해 주지 않았기 때문이다. 박씨는 명색만 부인일 뿐 소박을 당한 거나 마찬가지였다. 그래서 종들도 그녀를 무시했다.

박씨는 자신이 여종들을 성희롱한 것이 아니라 오히려 여종들이 자신을 희롱했다고 주장했다. 역사적 기록에 의하면 여성이 스스로 자신을 변호한 글이 잘 보이지 않는다. 대부분은 남성의 입을 통해 상황이 전달된다. 그러나 이 동성애 사건에서는 박씨가 스스로 자신의 억울함을 하소연했다. 박씨는 왕대비전에 글을 써서 알린 것은 사실이나 자기 종들이 벌 받을 것이 안쓰러워 부탁받고 거짓으로 아뢴 것이지, 사실은 여종들과 동침한 적이 없다고 항변했다. 이 사건은 여종들이 종실부인을 무고한 만큼 매우 큰 일이었기 때문에 박씨의 말이 기록되었다고 보여진다.

주장이 엇갈리자 성종은 우의정 홍응과 우부승지 강자평 등에게 명하여 의금부에 가서 제안대군의 여종들을 국문하게 하고, 또 안중경에게 명하여 국문에 참여하게 했다. 그 결과 제안대군의 여종 금음물이 박씨를 모함해 거짓을 꾸민 것으로 밝혀졌다. 이들이 자백한 내용은 대략 다음과 같다.

> 둔가미: 금음물과 내은금이 저에게 부인과 동침하라고 시켜서, 어느 날 부인의 침실 안에 들어갔으나, 부인이 꾸짖었기 때문에 동침할 수가 없었다. 그러다가 무심이 와서 물을 때에 내은금이 저에게 '마땅히 부인

과 5일 동안 동침했다고 대답해야 한다' 하므로, 그 말대로 대답했다.

금음덕: 금음물과 내은금이 저에게 부인의 과실을 암기하라고 하기에, 전일 무심이 와서 물었을 때 부인이 내은금에게 노래를 지어 주었다고 했으며, 또 제가 자는 데에 와서 동숙하자고 요청했다는 일을 꾸며서 대답했다. 다만 부인과 서로 입을 맞추고 젖을 주무르고 했다는 등의 일은 그때 술에 취해서 알지 못하겠다.

개질동: 부인이 내은금과 동침하는 것을 내가 녹덕을 불러 같이 가서 이불을 걷고 보았으며, 또 부인으로 둔가미와 동침하게 하려고 일부러 둔가미의 살결이 아름답다고 칭찬했으며, 또 부인에게 그네 놀이를 하도록 권한 것과 또 억지로 부인에게 염색된 옷을 입게 한 것들은 모두 자신이 한 것이 아니고, 금음물이 꾀어서 한 것이다.

내은금: 금음물과 개질동이 '네가 부인과 동침하면, 내가 녹덕에게 증거로 보게 한 뒤에 부인의 과실을 기록하여 아뢸 것이다.'고 하기에, 제가 부인이 깊이 잠들기를 기다렸다가 가만히 잠자리에 들어가서 같이 누웠는데, 조금 있다가 금음물이 녹덕을 데리고 불을 밝혀 가지고 들어와서 부인이 덮고 있는 이불을 모두 걷고 보았다. 그런데 반드시 녹덕을 증인으로 삼으려고 한 것은 부인 본댁의 여종이기 때문이다.

금음물: 대군이 전처 김씨와 다시 합하고자 하므로, 자신이 내은금 등에게 부인과 동침하게 하고, 또 날마다 부인의 과실을 암기하게 한 것은 그의 악덕을 밝게 드러나게 하려고 한 것이다.

무심: 금음물 등이 부인의 과실을 거짓 꾸민 것을 처음에는 알지 못했다가, 금음물 등이 부인의 과실을 말하는 것을 듣기에 언사가 무례하고 방만하므로 그것이 근거 없는 일인가 의심했다. 그러나 금음물이 이미 아뢰었고, 부인도 한 마디 자기변명이 없었기 때문에 금음물이 아뢴

사연에 따라서 아뢰었을 뿐이다.

사내종 중운: 아내 금음물이 부인을 모함하는 일을 미리 들었다.(『성종실록』 권142, 13년 6월 18일 을묘)

이러한 자백을 보면 금음물은 내은금, 둔가미, 금은덕, 개질동 등을 시켜서 거짓을 고하게 했고, 그들을 심문한 무심은 정황을 의심했지만, 가만히 있었으며, 금음물의 남편 중운은 모함한다는 것을 알고 있었는데도 사실을 고해바치지 않았다.

특히 여기서 주목할 부분은 금음물의 말이다. 금음물은 제안대군이 전처 김씨와 다시 합하고자 하는 뜻이 있음을 알고 박씨를 내쫓기 위해 자신이 내은금 등에게 부인과 동침하게 하고 부인의 과실과 악덕을 찾아내려고 했다. 금음물, 내은금, 둔가미, 금은덕, 개질동 등은 모두 제안대군의 종들이었다. 이들은 제안대군과 전처 김씨를 다시 합쳐주기 위해 박씨를 내쫓고자 거짓으로 동성애사건까지 만들었다. 이들은 의심을 살까 봐 박씨의 여종인 녹덕을 증인으로 삼기까지 했다.

의금부에서 이들에게 내린 형벌을 보면 주동자인 금음물은 교수형을, 금음덕, 개질동, 내은금, 둔가미는 홑옷을 입은 채 장 100대를 맞고, 유(流) 삼천리에 해당하는 벌금을, 박씨의 무고함을 알고도 정황을 보고하지 않은 무심은 장(杖) 80대에 도(徒) 2년을, 무고하는 말을 듣고 가만히 있었던 중운은 장 80대를 받았다. 하지만 대신들의 중론은 이 사건은 강상의 윤리를 흔들리게 한 사건이기 때문에 주모자와 종범(從犯)을 나눌 것 없이 가중 처벌해 참여자 모두 교형(絞刑)에 처해야 한다고 주장했다.(성종 13년 6월 30일 정묘) 하지만 성종은 제안대군의 종들이 제안대군을 위해 만든 일이라 하여 내은금·금음덕·둔가미·개질동은 장 1백대에 유 3천리에 처하고, 무심은 논하지 말고, 주동자인 금음물은 변방의 관비(官婢)로 만들게 하는 등(성종 13년 7월 5일 임신) 죄를 감해 주었다.

비록 박씨는 적극적으로 자신의 결백을 주장했고, 또 무혐의로 드러났지만 엄청난 정신적·심리적 상처와 억울함을 견뎌야 했다. 이 사건은 박씨를 소박하고 김씨와 재결합하고자 하는 제안대군의 변심이 크게 작용했다.

박씨의 동성애 조작사건으로 한창 시끄러웠던 왕실은 곧이어 성종 13년 8월에 폐비 윤씨 사사사건으로 또 한바탕 폭풍이 불었다. 폐비 윤씨는 성종 13년 8월 16일(임자)에 죽임을 당했다. 성종은 자신의 문제 때문에 제안대군의 이혼에 집중하기 어려웠다. 따라서 제안대군의 이혼 소동은 조금 누그러지는 듯했다. 그러나 그것도 잠시, 성종 13년 12월에 들어 제안대군과 박씨의 이혼 문제를 두고 조정은 다시 한바탕 폭풍이 불었다. 성종은 대왕대비의 하교를 받들어 제안대군의 이혼을 허락할 뜻을 보였다.

전교하기를, "지난번 내가 3전(정희왕후, 안순왕후, 인수대비)에 문안했더니, 대왕대비께서 하교하시기를, '제안대군 이현의 아내 박씨가 불순하니, 이이(離異)하게 하는 것이 마땅하다. 왕대비(안순왕후)가 주상께 아뢰려고 했으나 실행하지 못하고, 나에게 전달하게 했다.'고 하셨는데, 내가 대답하기를, '만약 죄가 있으면 그렇게 할 수 있지만, 그렇지 않으면 감히 명을 따르지 못하겠습니다'라고 했더니, 이제 또 왕대비께서 사람을 시켜 말씀하시기를, '전 일에 박씨가 궁궐에 나갈 때 내가 말하는 것도 잘 따르지 않았는데, 대군의 말을 잘 따르겠습니까?' 했으니, 내가 생각하기를, 부모가 좋아하지 않으면 보내야 하는데, 이이(離異)하게 하는 것이 어떠하겠는가?"라고 했다.(『성종실록』 권149, 성종 13년 12월 11일 을해)

박씨의 이혼을 가장 적극 주장한 사람은 제안대군의 어머니 안순왕후였다. 안순왕후는 대왕대비 정희왕후에게 부탁하여 박씨를 내쫓으려고 했으나 성종이 적극 동의하지 않자 직접 사람을 시켜 성종에게 부탁했다. 안순왕후는 이전에 전처 김씨와 이혼하고자 하는 아들의 고집을 꺾지 못하여 김씨를 내쫓았으나, 이번에도 아들의 뜻을 꺾지 못하고 후처 박씨를 내쫓을 명분을 찾고 있었다. 그래서 찾은 명분이 자신의 말을 잘 따르지 않는다는 '불순부모'였다. '불순부모'는 칠거지악의 하나였다.

이에 대신들은 반대했다. 정창손 등은 불순한 자취가 드러나지 않았는데 갑자기 이혼하게 하는 것은 옳지 않다며 반대했다. 성종은 대왕대비의 의지(懿旨)가 있고, 대군의 성품이 본래 고집스러워 이해하기 어려운데, 서로 반목까지 있으니 이혼하게 해야 한다고 했다. 대왕대비의 명령과 대군의 고집, 부부간의 반목이 그 이유였다. 그러자 정창손 등은 백성들은 부부가 비록 화합하지 않아도 조정의 법령이 두려워 마음대로 못 버리는 데 대군은 전에 아내를 버렸는데 또 버리게 되면 전파되는 폐단이 클 것이라며 반대했다. 성종은 신중히 생각해 보겠다고 했다.(성종 13년 12월 11일 을해)

그러나 성종은 다음 날 왕대비의 의지를 받들어 보니 박씨가 불순하다고 하는데 부모에게 불순한 자는 버려야 하니 이혼하게 하라고 명했다.(성종 13년 12월 12일 병자) 이때 제안대군의 나이 16세였다. 벌써 두 번째 이혼이었다. '박씨 동성애 조작사건'이 일어난 지 6개월 후에 박씨는 결국 '불순부모'라는 이유로 이혼당하고 친정으로 돌아갔다. 성종이 대비전의 교지에 따라 박씨를 이혼시킨 것은 안순왕후와 제안대군의 뜻을 배려한 결정이었다.

이에 대신들은 의혹을 제기했다. 그들은 박씨가 만약 불순하다면 명백하게 그 죄명을 지적해야 한다며 불순의 애매함을 들어 반대했다. 또, 이미 제안대군은 한번 김씨의 병을 이유로 이혼했는데, 또다시 박씨와 이혼하는 것은 옳지 않다고 반대했다.

사헌부에서는 부부는 인륜의 근본이며 삼강(三綱)의 하나인데 제안대군이 먼저 김씨에게 장가들었다가 미워서 보내고 뒤에 박씨에게 장가든 지 수년이 못되었는데 또 버리니 박씨의 불순한 형상이 칠거에 합당한 것인지 의문이라고 했다. 만약 부모에게 불순하면 쫓아 보낼 뿐만 아니라 법으로 다스리는 것인데, 박씨의 불순한 형상이 밝게 드러났다면 법으로 논할 것이지 버리기만 해서는 안 된다고 반대했다. 또한 제안대군이 아직 나이가 어려서 부부의 의를 알지 못했고 애정이 쉽게 변했으므로 매얼(媒蘖: 죄에 빠뜨림. '박씨 동성애 조작사건'을 말함)이 따른 것이니, 만약 불순한 형상이 없는 데도 불순하다고 내쫓는다면 강상이 점점 문란해지고 풍속이 날로 야박해질 것이라며 반대했다. 따라서 박씨의 불순한 죄를 낱낱이 보여서 신하들이 의심하지 않도록 풍속을 바르게 하라고 했다.(성종 13년 12월 15일 기묘) 한마디로 부인을 죄없이 두 번씩이나 버려서는 안 되며, 강상의 윤리를 무너뜨려서는 안 된다는 비판이었다.

성종은 사헌부의 상소를 재상들에게 보였다. 윤필상 등은 불순한 자취가 드러나지 않는데 이혼하게 했으니, 의심하지 않는 이가 없다고 했다. 그러나 성종은 왕대비가 이미 불순하다고 말했기 때문에 자신은 어찌할 수 없다며 궁색한 변명을 했다. 이에 윤필상 등은 '박씨 동성애 조작사건'이 얼마 되지 않았는데 이혼하도록 명하니, 모두 의심하고 있으며, 혼인의 일은 신중해야 하니 다시 왕대비에게 아뢰어 불순죄를 확실히 알려 달라고 주장했다. 이들은 박씨의 불순이 문제가 아니라 제안대군의 마음이 변했기 때문이라고 의심했다. 제안대군이 박씨를 소박하고 전처 김씨와 다시 만나는 것을 잘 알고 있던 터였기 때문에 더욱 반대했다.

그러자 왕대비 안순왕후는 언문 교지를 내려 박씨의 불순한 행위에 대해 다시 설명했다.

> 왕대비가 전교하기를, "박씨의 일은 다른 것이 아니고 내가 전에 〈그가〉 궁에 들어왔을 때 간곡하게 부녀의 행실을 가르쳤으나 즐겨 듣지를 않았는데, 제안대군의 말을 즐겨 듣겠는가? 불순한 것이 이와 같으니, 의리로 마땅히 버려야 할 것이다. 대개 아들이 많은 이도 자손을 많이 보고자 하는데, 단지 한 아들을 두었으면서 부부가 서로 화합하지 못하니, 어찌 그 자손이 있기를 바라겠는가?"(『성종실록』 권149, 성종 13년 12월 16일 경진)

박씨가 불순하다는 것은 여전히 애매했다. 불순은 하나의 궁색한 명분에 불과했고, 박씨와 제안대군의 사이가 좋지 않은 것이 큰 이유였다. 따라서 빨리 자손을 보기 위해서는 새로운 며느리가 필요하다는 것이었다.

사헌부에서는 계속해서 이혼 반대 상소를 올렸다. 그들은 제안대군의 이혼은 아랫사람의 교화에 누가 되고 윤리를 어지럽히는 것이므로 불가하다고 했다. 대사헌 이철견은 제안대군은 나이가 겨우 스무 살인데[34] 이미 두 번 장가들었으니, 후처가 만약 또 불순함이 있다면 그도 버리겠느냐며 박씨를 교화시키는 것에 힘쓰는 것이 좋겠다고 했다.(성종 13년 12월 18일 임오, 성종 13년 12월 19일 계미)

이같이 강한 반대에 부딪치자 성종은 예조에 명하여 제안대군에게 다시 장가들게 하라고 했다.(성종 13년 12월 20일 갑신) 이혼을 명한 지 열흘밖에 지나지 않았다. 그러자 대사헌 이철견은 박씨는 전에 여종 금음물의 무고를 당하여 죄없이 모함에 빠질 뻔했고, 또 요즘 제안대군이 전처 김씨와 몰래 사통하고 있는 상황에서 참소하고 이간하는 일들이 벌어지고 있으니 밝게 밝혀야 한다고 했다. 아울러 대군의 성품이 매우 어리석고 박씨도 나이가 어리니, 비록 좀 불순한 일이 있더라도 장성하면 고칠 수 있다며 이혼을 반대했다. 그러나 성종은 부모가 불순하다고 말한다면 죄가 있는 것이고, 만약 불순하다는 말이 있는데도 버리지 않으면 다른 사람이 본받아서 모두 불순할 것이라며 반박했다. 이에 이철견은 아직 이혼시키지 말고 허물을 고치기를 기다리는 것이 좋겠다고 했으나 성종은 이번이 제안대군의 마지막 이혼이 될 것이라며(성종 13년 12월 21일 을유) 이혼을 허락하였다.

그러나 연일 대신들은 제안대군이 박씨를 버리는 것은 옳지 않다고 논했다. 그래도 성종은 들어주지 않았다.(성종 13년 12월 27일 신묘, 성종 13년 12월 29일 계사) 대신뿐만 아니라 대간들도 대비와 대군의 처

---

34 실제는 17세였다.

사를 꼬집고 유교적 윤리에 따라 처신하도록 집요하게 강요했다. 부부간의 신의와 강상의 윤리를 강화시킬 것을 강조했다. '불순'은 그 적용 범위가 명확하지 않았기 때문에 이런 사례를 묵인한다면 부모의 명을 구실로 여성들이 쉽게 이혼당할 수 있었기 때문이었다. 성종 13년에 일어난 폐비 윤씨사사 사건과 제안대군의 두 번째 이혼 사건은 정처의 지위에 대해 다시 논하는 계기가 되었다.

제안대군의 삼혼 거부 소동, 전처 상산김씨와의 재결합

성종은 제안대군에게 두 번째 이혼을 명한 뒤 곧이어 다시 장가들라고 명했다. 이른바 제안대군의 삼혼(三婚)을 허락하였다. 하지만 혼인은 잘 이루어지지 않았다. 이듬해 3월 30일에 대왕대비 정희왕후가 온양 온궁에서 승하했다.(성종 14년 4월 1일 계해) 왕실은 큰 슬픔에 잠겼고 이후 국상이 진행되었으며. 상례 기간으로 혼인의 공백이 생겼다.

따라서 제안대군의 혼인은 당분간 이루어지기 어려웠다. 그 사이 제안대군은 첫 부인 김씨와 사실상 재결합했다. 그러나 공인된 것은 아니었다. 제안대군의 혼인이 다시 논의된 것은 성종 16년이었다. 자신의 혼인을 위해 여자를 간택한다는 소리를 들은 제안대군은 성종에게 첫 부인 김씨와 다시 결합하기를 희망한다는 편지를 올렸다.

> 제안대군 이현(李琄)이 언문 서간을 올렸는데, 승정원에서 번역하여 아뢰었다. 그 대략에 이르기를, "신은 이미 김씨와 다시 결합했는데, 지금 듣건대 신을 위하여 여자를 채택하신다고 하니, 실망함을 이기지 못

하겠습니다. 신이 본래 다시 장가들 마음이 없었고, 사족의 딸을 지금 또 내쳐 버리면 나라에 폐단이 있을 뿐만 아니라, 상감과 양전(인수대비, 안순왕후)께 불효가 대단합니다. 만일 성상의 은혜를 입지 못하게 되면 일생동안 홀아비로 사는 것이 신의 소망입니다."했다.(『성종실록』 권179, 성종 16년 5월 29일 무인)

제안대군은 새 부인을 뽑는 것에 극구 반대했다. 이미 전처 김씨와 재결합했기 때문이었다. 만약 자기 뜻을 받아주지 않으면 평생을 홀아비로 혼자 살겠다고 엄포도 놓았다. 이에 대해 성종도 어처구니가 없어 했다. 성종의 말을 보면 제안대군은 국가에서 내세우는 윤리니 도덕이니 하는 것보다 자기 마음대로 하고자 했다.

"경이 지난날 김씨를 소박했을 때 남이 상처(喪妻)했다는 것을 들으면 말하기를, '김씨는 언제 죽을까?' 하고, 국가에 순릉의 상(성종 5년, 공혜왕후 한씨의 국상)이 있음을 듣고서는 '나도 어떻게 하면 이렇게 될 수 있을까?' 하여, 김씨를 미워하기를 이같이 하다가 마침 김씨가 병이 들자 그때 의논하여 삼전(三殿)께 아뢰어서 이이(離異)시켰다. 그 후 박씨에게 장가들었는데, 또 박대하니, 이것으로 인해 노비가 박씨를 모해하여 못하는 짓이 없었다. 일이 발각되어 추국하자 죄가 응당 죽게 되었으나, 위에 대비가 계시고, 또 경으로 인해 극형에 처치하지 않고 다만 외방에 귀양 보냈다. 그런데 지금 경이 다시 김씨와 결합하고자 하니, 나는 알지 못하겠다. 만일 그런 생각으로 다시 장가들려고 하지 않는다면, 전일 김씨와 이혼할 때 정희왕후와 양전께서 일찍이 의논하여 정하셨고 또 내가 이미 결단한 일인데, 지금 만일 다시 결합하게 한다면 국가에서 쓴 법을 후세에 어떻다 하겠는가? 이것은 나를 허물 있는 곳으로 인도하는 것이다. 경의 나이 지금 26세이므로 마땅히 아내를 두고 자식을 두어 제사 받들기를 도모해야 할 것인데, 억지로 홀로 살겠다고 하니, 이것은 무슨 뜻인가? 경이 전일 여러 번 대비께 불효했고 지금 또 장가들지 않아서 후사가 없다면 그 불효는 더욱 심한 것이다."(『성종실록』 권179, 성종 16년 5월 29일 무인)

성종은 제안대군이 국법을 어기고 마음대로 전처와 결합한 것에 대해 꾸짖었으나 제안대군은 여전히 고집을 부렸다. 위의 성종의 말에 제안대군이 26세라고 했으나 실제는 19살이었다. 아직 혼자 살기에는 너무 젊은 나이였고, 제사를 생각하면 후손을 두어야 했다. 따라서 성종은 제안대군을 타이르기도 하고 나무라기도 했다. 그러나 성종의 반대에 제안대군은 만일 김씨와 재결합하지 못하면 평생 홀로 살 것이라고 막무가내로 떼를 썼다. 이에 성종도 어쩔 수 없이 "알았다"고 제안대군의 손을 들어 주었다. 김씨와의 사이에 자식은 없었다.

그리고 승정원에 제안대군의 뜻을 담은 전교를 내렸다. 승지 등은 모두 제안대군과 전처 김씨의 재결합을 반대했다.(성종 16년 5월 29일 무인) 당시에는 이혼한 전처와 재결합하는 것은 불가했다. 이미 내린 법을 뒤집는 것이기 때문이다. 그럼에도 불구하고 결국 한 달 보름 뒤 성종과 대비들은 이들의 재결합을 허락했다.

전교하기를, "왕대비께서 하교하시기를, '제안대군이 어리석고 병이 있어, 비록 다시 장가들게 하려 하나 따르지 않고 김씨와 다시 결합하려고 한다. 비록 강제로 다시 장가들게 해도 만약 다시 버린다면 또한 화기(和氣)를 손상하는 일이다' 하셨으니, 다시 결합하는 일의 가부를 모두들 논의하여 아뢰라"고 했다. (『성종실록』 권181, 16년 7월 12일 경신)

안순왕후는 어쩔 수 없이 아들의 뜻에 따라 자신이 내쫓은 김씨와 재결합하도록 허락했다. 이에 대해 대신들은 제안대군이 김씨와 이혼한 것은 다만 병이 있어서일 뿐이고, 그 밖의 버림을 받아야 할 의리는 없는 것인데, 박씨는 이미 죽었고,[35] 김씨의 병이 나았으니, 다시 결합하도록 허락하라고 했다.(성종 16년 7월 12일 경신) 결국 대신들은 제안대군과 김씨의 재결합에 찬성했다. 제안대군은 영응대군과 마찬가지로 초혼, 이혼, 재혼, 이혼, 전부인과 재결합이라는 매우 파격적이고 법에 어긋나는 혼인 과정을 만들었다. 제안대군은 변심을 반복하며 부인들을 병과 불순부모의 명분을 내세워 마음대로 두 번씩이나 내쫓았다가, 다시 첫부인과 재결합한 폭력적인 가부장이었다.

---

35 이때 이미 박씨는 죽은 듯하다. 박씨는 성종 13년 12월 '불순부모'의 명분으로 쫓겨난 뒤 3년이 지난 성종 16년 사이에 죽었다. 왜 갑자기 박씨가 죽었을까. 내쫓김을 당하는 이유에 악질 즉 병은 거론되지 않았다. 건강하던 사람이 갑자기 죽은 것은 매우 의심스러운 점이 있다. 박씨가 죽은 사유는 기록이 없어 알 수가 없다. 혹시 원만치 않은 부부생활과 남편을 다시 전처에게 빼앗기고 죄없이 이혼당한 배신감과 고통에서 자살하거나, 화병을 얻어 죽은 것은 아닐까? 박씨의 죽음에는 무언가 석연치 않은 점이 있다. 이혼은 박씨의 죽음에 큰 요인으로 작용했을지도 모를 일이었다. 혹시 제안대군 후처 박씨의 자살이 언니인 월산대군 부인 박씨의 자살설로 와전된 건 아닐까 하는 의혹도 가져본다.

〔그림 19〕 백자 음각 제안대군 묘지(白磁陰刻齊安大君墓誌)

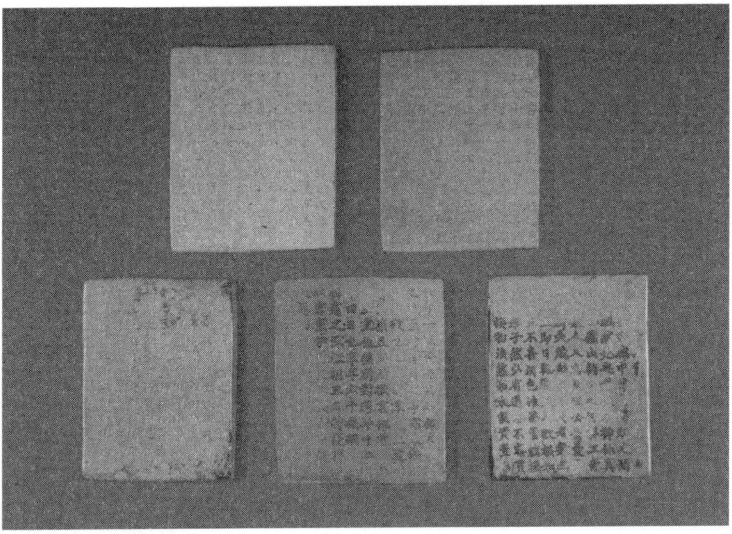

(사진 출처: 국립중앙박물관)

〔그림 20〕 백자 음각 제안대군 묘지(白磁陰刻齊安大君墓誌)

(사진 출처: 국립중앙박물관)

5장

중종대
: 중종·휘순공주의 이혼

1

중종과 단경왕후 신씨의 이혼과 추복(追復)

성종의 2자 진성대군(중종)과 신씨의 혼인

연산군 12년(1506), 박원종, 성희안, 유순정 등은 연산군을 쫓아내는 반정을 일으켜 성공했다. 연산군은 폐위되고 대신 이복동생 진성대군이 왕으로 추대되었다. 그가 바로 중종이다. 당연히 진성대군의 부인 거창신씨도 왕비가 되어야 했다. 그러나 신씨는 그의 아버지 신수근이 반정에 반대하다가 반정 세력들에 의해 죽임을 당했기 때문에 왕비에 오를 수 없었다. 그뿐만 아니라 이혼당하고 남편과 생이별해야 했다.

중종비 단경왕후 신씨(1487~1557)는 조선의 왕비였지만 실제 궁중에서 생활하지 못했던 왕비였다. 남편을 따라 궁궐에 들어간 지 7일 만에 쫓겨났기 때문이다. 그녀는 영조 때 추복(追復: 죽은 다음에 원

래의 직위로 회복시키는 것)되어 받은 단경왕후라는 시호보다 폐비 신씨로 더 잘 알려져 있다.[36]

단경왕후 신씨의 이혼은 중종반정이라는 특이한 상황 속에서 이루어진 일이지만, 남의 힘에 의해 왕이 된 정통성 없는 왕과 왕비의 위상이 얼마나 낮았는지를 보여주는 사건이다. 중종의 첫 번째 부인 단경왕후 신씨, 그녀는 왜 이혼당했으며, 평생을 과부 아닌 생과부로 기구한 삶을 살아야 했을까?

단경왕후는 성종 18년(1487) 12월에 신수근(愼守勤)의 딸로 태어났다. 연산군 5년(1499)에 12세의 나이로 1살 어린 성종의 2남 진성대군과 가례를 올려 부부인에 봉해졌다. 진성대군은 연산군의 생모 폐비 윤씨가 성종 10년(1479)에 폐위된 뒤 후궁에서 계비로 승격된 정현왕후 윤씨의 소생이다. 성종 19년에 태어나, 연산군보다 12살이 어린 이복동생이다. 그의 부인인 신씨의 출신을 이해하기 위해서 먼저 거창신씨 가문의 계보와 혼인 관계를 살펴볼 필요가 있다. 이를 도표로 그려보면 〈도 15〉와 같다.

단경왕후 신씨의 할아버지 신승선(1436~1502)은 세종의 4남 임영대군 이구의 맏딸과 결혼하여 거창신씨 가문을 명문의 반열에 올려놓았다. 단경왕후 신씨의 집안에는 세종의 피가 흐르고 있었다. 임영대군은 안평대군과 금성대군이 형 세조에게 죽임을 당한 것과 달리 세조의 왕위 찬탈을 도와 종친으로서의 부와 권력을 유지한 인물이었다.

신승선은 전주이씨와의 사이에서 수근·수겸·수영 등 3남과 4녀

36 그녀의 고모인 연산군의 부인도 연산군의 폐위로 폐비가 되었기 때문에 폐비 신씨로 불렸다. 조선 시대 폐비 신씨는 두 명이다. 그러나 폐비의 의미는 크게 달랐다.

〈도 15〉 거창신씨 가문의 혼인 관계도

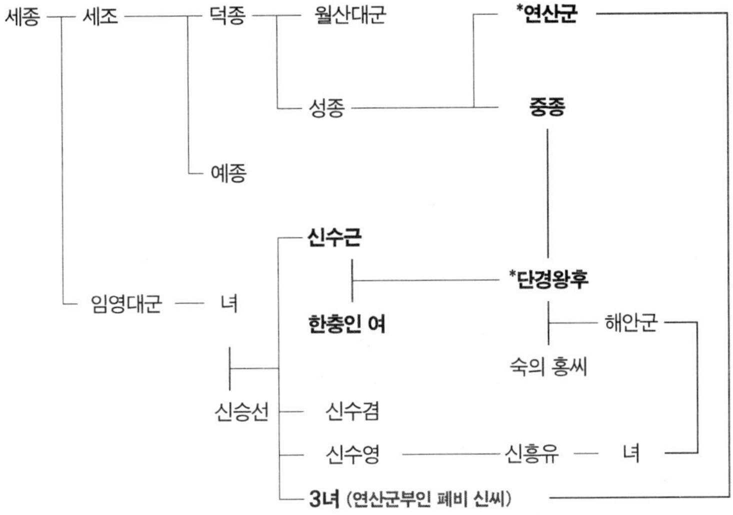

* 『거창신씨세보』, 『선원계보기략』 참고

를 두었다. 그리고 이 가운데 3녀가 성종 18년에 세자빈으로 간택되어 연산군과 혼인했다. 신승선은 성종의 사돈이자 연산군의 장인이었다. 그의 아들들은 자연히 연산군과 처남 매부가 되었다. 이들의 가계는 왕실과 혼인을 통해 더욱 번창해졌다. 신승선이 관직을 지낸 이력과 활동 상황을 정리해 보면 〈표 10〉과 같다.

〈표 10〉 신승선의 관력과 활동

년대	나이	관력
세종 18년(1436)	0	출생
단종 2년(1454)	18	사마시에 급제
세조 8년(1462)	26	사간원 정랑
9년(1463)	27	사헌부 장령
12년(1466)	30	병조 참지, 식년 중시에 장원으로 급제, 병조참판 발영시에 3등으로 급제, 예문관제학 겸임. 이조 참판
13년(1467)	31	이조참판 겸 예문관제학, 공조 참판

년대	나이	관력
예종 즉위년(1468)	32	병조참판, 남이의 옥사를 다스린 공으로 익대 3등공신에 책봉, 거창군에 제수됨
성종 2년(1471)	35	좌리 3등공신에 녹훈됨
3년(1472)	36	자헌대부 거창군
4년 (1473)	37	충청도 관찰사
7년(1476)	40	천추사로 명나라 다녀옴
10년(1479)	43	지돈녕부사
12년(1481)	45	행동지돈녕부사, 공조판서 성절사로 명나라에 다녀온 뒤 지의금부사를 겸임함
15년(1484)	48	세자빈객 겸대
17년 (1486)	50	병조판서 겸 특진관
18년 (1487)	51	**딸이 세자빈 간택, 의정부 좌참찬**
19년 (1488)	52	한성부 판윤
20년(1489)	53	예조판서
22년(1491)	55	사소대장 겸대, 이조판서
23년(1492)	56	병으로 사직
25년(1494)	58	우의정
연산군 1년(1495)	59	좌의정, 영의정
2년(1496)	60	폐비 윤씨의 신주와 사당을 세울 것을 건의함
3년(1497)	61	영의정으로 사직, 거창부원군 겸 영경연사
8년 (1502)	66	사망

* 『세종실록』~『연산군일기』 참고.

신승선의 딸이자 연산군의 부인인 폐비 신씨(1471~1537)는 단경왕후의 고모였다. 연산군의 부인 폐비 신씨는 연산군과의 사이에 2남 1녀를 두었다. 연산군과 부인 신씨는 금실이 좋았다. 신씨는 연산군과는 달리 어진 덕이 있어 성격이 화평하고 후덕하고 온순하고 근신하여, 아랫사람들을 은혜로서 어루만졌다고 한다. 연산군이 무고한 사람을 죽이고 폭정을 하는 것을 볼 적마다 밤낮으로 근심했으며, 울면서 간곡하게 간하기도 했다. 또 자주 대군·공주·보모·노복들을 경계하여 함부로 방자한 짓을 하지 못하도록 했다. 자녀 교육에도 힘썼으며, 주변 단속을 잘하였다.(연산 12년 9월 2일 기묘) 연산군의 폭정으로 마음고생을 많이 한 왕비였으나, 어머니 폐비 윤씨의 일로 상처 많은 연산군을 어루만지고, 또 시어머니 폐비 윤씨의 전철을 밟지 않으려고 노력했다.

그러나 연산군이 쫓겨나자 신씨도 폐비가 되었다. 연산군이 귀양갈 때 울부짖으며 따라가려고 했지만 허락받지 못했다.(연산군 12년 9월 2일 기묘) 연산군은 죽을 때 다른 말은 없었고 다만 '신씨가 보고 싶다'고 했다.(중종 1년 11월 8일 계미) 그만큼 연산군의 든든한 반려자였다. 신씨는 중종반정으로 연산군과 세자, 아들이 죽임을 당하자 홀로 연산군의 제사를 지내며 살았다.

연산군의 처남이자 단경왕후의 아버지인 신수근은 두 명의 부인을 두었다. 첫 번째 부인은 좌의정 권람의 6녀 안동권씨이고, 후처는 성종의 어머니 인수대비의 사촌인 한충인의 딸 청주한씨였다. 신수근의 첫 번째 장인 권람은 세조를 도와 왕위에 오르게 한 당대 최고의 권력자였다. 권람은 슬하에 2남 8녀를 두었는데, 그중 6녀가 신수근과 결혼했다. 그런데 자식을 남기지 못한 채 일찍 죽었다.

두 번째 장인인 한충인은 인수대비 한씨의 4촌으로 성종과는 외오촌 당숙이었다. 그러나 연산군 10년 갑자사화 때 폐비 윤씨의 사사에 깊이 관여했다는 이유로 장 1백을 맞고 제주도로 귀양가 종이 되었다.(연산군 10년 10월 7일 갑자) 한충인은 슬하에 3남 3녀를 두었는데, 둘째 딸이 신수근의 후처가 되어 성종 18년(1487)에 단경왕후를 낳았다.[37]

---

37 지두환, 2001, 『중종대왕과 친인척』 역사문화, 111쪽.

단경왕후는 연산군 5년(1499)에 12세의 나이로 진성대군과 혼인을 했다. 신수근은 진성대군의 장인이 되었다. 따라서 연산군 부인과 단경왕후는 친정으로는 고모와 조카 사이였지만, 시집으로는 동서지간이 되었다. 이것은 이전에 한명회가 두 딸을 각각 예종과 성종에게 시집보냄으로써 자매가 숙모와 질부 관계를 형성한 것과 유사했다. 왕실과 권신들은 권력을 돈독히 하기 위해 중첩된 혼인 관계를 맺고 있었다.

단경왕후는 외가로 보면 성종과 7촌, 남편 중종과는 8촌 관계였다. 단경왕후의 가계도를 외가인 청주한씨 가계를 중심으로 간단히 살펴보면 〈도 16〉과 같다.

〈도 16〉 단경왕후의 외가 청주한씨 가계도

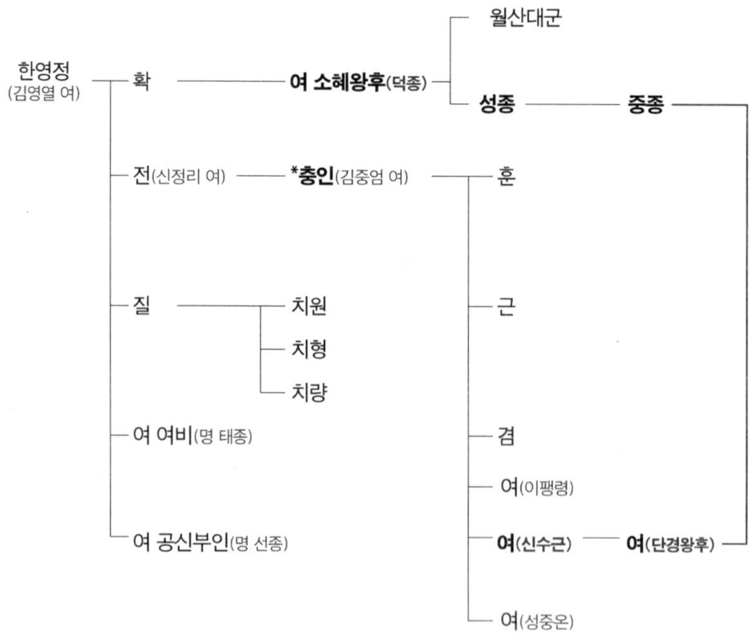

* 『청주한씨대동족보』, 『세종실록』, 『성종실록』, 『중종실록』

단경왕후의 아버지 신수근은 세조의 사돈인 청주한씨 한확 가문의 딸과 결혼함으로써 당대 최고 가문으로서 부와 권력을 가질 수 있었다. 그는 세조의 총애를 받았고, 또 임영대군의 사위였던 영의정 신승선의 아들이자 연산군의 처남으로, 외척의 핵심 인물이 되었다. 또 성종과 사돈이 됨으로써 그 위상이 더욱 높아졌다. 신수근의 주요 관력과 활동을 보면 다음 〈표 11〉과 같다.

〈표 11〉 신수근의 관력과 활동

년도	나이	관력	비고
세종 32년(1450)	0세	출생	
성종 15년(1484)	34	-음보로 통훈대부 행 사헌부 장령이 됨 -사헌부 장령으로 사간원 정언 안진생등과 함께 전주 판관 이계명의 체직을 청함 -신수근이 청하여 동대문 밖 향실암을 철거케 함	
성종 17년(1486)	36	겸 사헌부 장령	
18년(1487)	37	-1월 14일 둘째딸 낳음(단경왕후) -2월 6일 누이동생이 연산군과 혼인함	
성종 23년(1492)	42	통정대부, 승정원 동부승지, 우부승지, 통정대부 좌부승지	
성종 24년(1493)	43	절충장군 첨지중추부사, 통정대부 호조참의	
성종 25년(1494)	44	호조참의	
연산군 1년(1495)	45	-좌부승지 -이의·성세명 등이 외척 등용과 상과 관직을 함부로 쓰는 것에 대해 상소함 -승지로 대간의 탄핵을 받고 사직함 -선위사가 되어 평안도를 순무하면서 군사에 관한 편의사사(便宜四事)를 올림	
연산군 2년(1496)	46	-승지 신수근이 왜인의 어량 쟁탈 일을 아뢺 -우승지, 야인 문제를 아룀	
연산군 3년(1497)	47	-가선 대부 좌승지 -도망해 온 제포 왜인의 송환 문제 등으로 아룀 -삼포 왜에 대한 대책을 건의함 -승정원 도승지, 사직을 청했으나 허락받지 못함 -대간의 논박으로 사직을 청함 -이이후 등이 귀순한 일과 변방의 정세에 대해 의논함 -원자의 탄생으로 물품을 하사받음 -자헌대부 행 승정원 도승지 -불놀이를 사치스럽게 준비한 군기시를 국문할 것을 청함	

년도	나이	관력	비고
연산군 4년(1498)	48	-홍문관의 상소로 사직을 청함 -김일손 등의 추관으로 자급 오름 -사초 사건에 대한 포상을 사양함 -숭정대부 이조판서	
연산군 5년(1499)	49	**둘째딸이 진성대군과 가례를 행하여 부부인에 봉해짐**	
연산군 6년(1500)	50	이조판서, 판돈녕부사우찬성	
연산군 7년(1501)	51	사직을 청함	
8년(1502)	52	아버지 신승선 졸	
10년(1504)	54	-내수사가 정원을 거치지 않고 직계함이 온편치 못하다 한 일과 유생을 구제하기를 논한 일로 6월 14일 강귀손, 송일, 한사문, 김응기 등과 함께 국문을 받았으나, 6월 16일 중궁의 오빠라는 이유로 처벌받지 않음 -아들 신홍조가 외척으로서 죄인 임희재의 딸과 결혼했다 하여 이혼하게 함	
연산군 11년(1505)	55	우의정으로 북경에 가서 등극을 축하함	
연산군 12년(1506)	56	중종반정으로 인해 죽임당함	

* 『세종실록』~『연산군일기』 참고

단경왕후가 진성대군과 혼인하게 된 배경에는 친가뿐만 아니라 외가 쪽으로도 왕실과 인연이 매우 깊었기 때문이었다. 거창신씨 가문은 성종의 두 명뿐인 대군들에게 각각 딸들을 혼인시킴으로써 막대한 권력을 가지게 되었다.

반정으로 왕이 된 중종, 쫓겨나는 신씨

단경왕후는 12세에 진성대군과 혼인하고 7년 뒤 중종반정으로 19세에 강제이혼당했다. 그녀가 쫓겨나게 된 이유를 파악하기 위해서는 먼저 중종반정에 대해 살펴볼 필요가 있다. 연산군의 패행이 날이 갈수록 심해지자 박원종, 성희안, 유순정 등은 몰래 왕을 몰아내고 진성대군을 왕으로 세우려는 계획을 세웠다. 반정공신 가운데 가장 중심에 있었던 박원종은 성종의 형 월산대군의 처남이었다. 박원종의 누이가 월산대군의 부인이다. 박원종은 예종이 죽자 매부인 월산대군이 왕이 되지 못하고 그 아우 성종이 왕이 된 것에 대해서 불만이 있었다. 더욱이 연산군이 큰어머니인 월산대군의 부인 박씨 즉 박원종의 누이를 능욕했고, 조카에게 욕을 본 박씨 부인은 그 수치를 이기지 못하고 자살했다는 소문이 있었다. 『연산군일기』에는 "월산대군 이정(李婷)의 처 승평부부인(昇平府夫人) 박씨가 죽었다. 사람들이 왕에게 총애를 받아 잉태하자 약을 먹고 죽었다고 말했다."라고 기록되어 있다.(연산군 12년 7월 20일 정유)

연산군이 박씨와 간통했다는 소문이 일자 그게 사실이든 아니든 박원종은 참기가 어려웠을 것이다. 따라서 그는 누이의 죽음으로 마음속에 늘 원통함을 간직하고 있었다.(중종 5년 4월 17일 임인, 평성부원군 박원종의 졸기)[38]

---

38 그런데 이 이야기는 좀 더 살펴볼 필요가 있다. 첫째, 사실일 경우를 생각해 볼 수 있다. 박씨는 연산군의 큰어머니이다. 월산대군은 34살로 사망했다. 부인 박씨는 월산대군보다 한살 적다. 나이로 볼 때 박씨 부인(1455~1506)은 연산군(1476~1506)보다 19세나 연상이다. 박씨는 어머니 폐비 윤씨와 동갑이다. 예나 지금이나 정치가들의 가장 큰 흠집 내기는 도덕성에 타격을 주는 것이고 특히 아내가 아닌 여성과의 부적절한 관계는 치명적인 흠이 되기도 했다. 조선의 왕은 왕비 이외의 여러 여성을 가질 수는 있었지만, 그 여성이 누구냐에 따라 큰 문제가 될 수 있었다. 이 이야기가 사실이라면 유교사회에서 연산군의 부도덕함은 말로 표현하기 어려울 정도이고, 그 상대인 박씨 부인에게는 매우 패륜적이고도 성적인 폭력으로 자살을 초래할 정도의 사건이라 할 수 있다. 둘째, 사실이 아닐 경우를 생각해 볼 수 있다. 중종반정을 일으킨 박원종이 반정을 정당화시키기 위해 만들어낸 얘기라는 측면이다. 그래서 동생 박원종은 누이의 죽음에 대한 복수심에서 반정을 일으켰다는 논리이다. 큰어머니인 박씨를 능욕하여 임신까지 시킨 왕은 쫓아내는 것이 당연하다는 논리이다. 그러나 이러한 소문은 매우 불미스럽고 불쾌한 것으로 자기 누이에게는 매우 잔인한 것이 된다. 그러나 이것은 연산군을 흠집내기 위한 소문이지 사실이 아니라고 보인다. 왜냐하면 월산대군의 부인 박씨가 죽을 때의 나이가 만 51살이다. 당시 51세에 임신을 한다는 것은 쉽지 않은 반면, 병사하기에 충분한 나이였다. 박씨는 폐비 윤씨의 죽음을 잘 알고 있었고, 어미 잃은 불쌍한 조카 연산군을 연민했을 수도 있다. 그런 큰어머니를 연산군은 어머니 같이 따랐을 것으로 생각된다.

그런데 반정은 박원종만이 일으킨 것은 아니었다. 이른바 반정 3공신으로 성희안, 유순정 등을 더 들 수 있다. 성희안도 연산군의 처사에 불만이 있었다. 그는 연산군을 따라 양화도에 놀러 간 일이 있었는데 이때 연산군은 신하들에게 시를 짓게 했다. 평소 연산군의 패행에 불만이 있던 성희안은 '임금은 본래 청류를 좋아하지 않는다'는 훈계조의 글을 지었다.(『연려실기술』 권6, 「연산조고사본말」 병인정국 추대 중종) 자기를 나무라는 글임을 안 연산군은 그날로 이조참판인 성희안을 종9품의 가장 말단직으로 좌천시켰다. 굴욕감을 느낀 성희안은 불만을 가질 수밖에 없었다.

박원종과 성희안은 둘 다 연산군에게 개인적인 감정이 있었기 때문에 반정을 꿈꾸었다.(중종 5년 4월 17일 임인, 평성부원군 박원종의 졸기) 더욱이 박원종의 부인 성씨와 성희안은 6촌간이었다. 이들이 반정을 꿈꾸었던 것에 대해서 『연산군일기』는 다음과 같이 기록하고 있다.

> 평성군 박원종과 전 참판 성희안이 한마을에 살았는데, 서로 만나 시사를 논할 적마다 '이제 정치와 왕명이 어지럽고 가혹하여 백성이 도탄에 빠졌으니 종묘사직이 장차 전복될 것인데, 나라를 담당한 대신들이 한갓 왕의 명령을 받들고 따르기에 겨를이 없을 뿐, 한 사람도 안정시킬 계책을 도모하는 자가 없다. 우리들은 함께 성종의 두터운 은혜를 입었는데, 어찌 차마 앉아서 보고만 있겠는가. 천명과 인심을 보건대 이미 촉망된 바 있거늘, 어찌 추대하여 사직을 바로 잡지 않을 수 있으랴' 하고, 드디어 큰 계책을 정했으나 모사에 참여할 자가 없었다.(『연산군일기』권63, 연산군 12년 9월 2일 기묘)

이같이 동조하는 사람이 많지 않고 반정이 성공할 것인지에 대한 확신이 서지 않은 박원종과 성희안은 고민 끝에 당시 명망 있던 이조판서 유순정을 찾아가 그들의 반정 의사를 알렸다.(중종 7년 12월 20일 경신, 유순정의 졸기) 유순정은 마지못해 따르며 동지를 불러 모으게 했다.

박원종과 유순정은 모두 세종의 장인인 심온의 외손들이었다. 또 이때 우의정이었던 강귀손은 살아남지 못할지도 모른다는 염려 때문에 거사에 참여했다. 그 역시 심온의 외손이다. 이들은 서로 심온을 중심으로 혈연으로 얽혀 있었다.

이들은 동지를 모아 드디어 연산군 12년 9월 2일에 반정을 일으켰다. 이때 연산군은 31살이고, 진성대군은 19살이었다. 당시 연산군의 장자인 황은 10살이었고, 이미 7살에 세자로 책봉된 상태였다. 반정 당일인 중종 1년 9월 2일의 기사를 보면 당시의 상황을 다음과 같이 기록하고 있다.

> 지중추부사 박원종·부사용 성희안·이조판서 유순정 등이 주동이 되어 건의하고서, 군자부정 신윤무·군기시첨정 박영문·수원부사 장정·사복시첨정 홍경주와 거사하기를 밀약했다. 거사하기 하루 전날 저녁에 성희안이 김감·김수동의 집에 가서 모의한 것을 고하고, 이어 박원종·유순정과 더불어 훈련원에서 회합했다. … 여러 장수들에게 부대를 나누어 각기 군사를 거느리고 뜻밖의 일에 대비하게 했다가, 밤 3경에 박원종 등이 곧바로 창덕궁으로 향하여 가다가 하마비동 어귀에 진을 쳤다. 이에 문무백관과 군인·백성들이 소문을 듣고 분주히 나와 거리와 길을 메웠다. … 먼저 구수영·운산군·덕진군을 진성대군 집에 보내어, 거사한 사유를 아뢴 다음 군사를 거느리고 호위하게 했다. 또 윤형로를

경복궁에 보내어 대비께 아뢰게 한 다음, 드디어 용맹스러운 병사를 신수근·신수영·임사홍 등의 집에 나누어 보내어, 왕이 부른다고 핑계하고 끌어내어 쳐 죽였다.(『중종실록』 권1, 중종 1년 9월 2일 무인)

거사 당일 만반의 준비를 갖춘 반정세력들은 먼저 구수영[39]·운산군·덕진군을 진성대군 집에 보내어 거사한 이유를 알렸다. 그리고 군사를 거느리고 호위하게 하고 윤형로를 경복궁에 보내어 대비(정현왕후)께 반정을 알리게 했다. 이어 용사들을 보내어 신수근·신수영·임사홍 등을 죽였다. 신수근은 반정에 동의하지 않았기 때문에 죽임을 당했다. 신수영은 신수근의 동생이자 연산군의 처남이기 때문에, 임사홍은 연산군의 심복이었기 때문에 죽임을 당했다.

신수근이 반정에 반대한 것과 관련해서는 여러 이야기가 전해진다. 강귀손이 어느 날 연산군의 처남이자 진성대군의 장인인 신수근을 만나 누이와 딸 중에 누가 더 가까운가 하고 물으니, 신수근은 세자가 영명하니 다만 그를 믿을 뿐이라고 했다. 반정에 반대한다는 뜻이었다. 강귀손은 신수근의 뜻이 자신과 맞지 않자 모사가 누설될까 근심하다가 결국 등창이 나서 연산군 11년 8월에 죽었다고 전해진다.(『연려실기술』 권6, 「연산조 고사본말」, 연산조 상신조) 이미 반정에 대한 모의가 1년 전부터 일어나고 있었다.

또 모사를 계획한 박원종 등은 신수근의 마음을 떠보았는데 신수근은 매부를 폐하고 사위를 세우는 일을 할 수 없다고 반대했다. 뒤

39 구수영은 연산군의 사돈으로 연산군의 딸 휘순공주의 시아버지이다. 연산군의 충복이었으나 반정의 낌새를 알고 연산군을 배반하고 반정세력에 가담하여 반정공신이 되었다. 본 책 '5장-2, 연산군의 딸 휘순(신)공주의 이혼과 재결합' 참고.

에 박원종이 신수근과 함께 장기를 두면서 궁을 바꾸어 폐립의 뜻을 보이니 신수근이 장기판을 밀치며 "내 머리를 베라"고 했다고 한다. 신수근은 연산군에게는 누구보다도 충신이었다. 결국, 박원종은 신수근의 마음을 움직일 수 없음을 알고 힘센 사람을 보내어 수각교에서 그를 살해했다. 그뿐만 아니라 신수근의 동생이자 단경왕후의 삼촌인 신수겸·신수영 형제도 죽였다.(중종 1년 9월 3일 기묘)

반정 세력들은 신수근 등을 죽인 후 경복궁으로 들어가 연산군을 폐위했다. 반정 세력들은 먼저 대비이자 중종의 생모인 정현왕후 윤씨에게 진성대군을 추대하려는 뜻을 아뢰었다. 그들은 대비에게 '임금이 도리를 잃어 정치와 왕명이 혼란하고, 민생은 도탄에서 고생하며, 종사는 위태롭기가 철류(綴旒: 깃에 달린 술. 그 끊어질 듯 이어진 모양 때문에 나라의 위태로운 상태를 비유하는 말로 사용됨)와 같으므로, 자나 깨나 근심이 되어 어찌할 줄을 몰랐는데 진성대군은 대소 신민의 촉망을 받은 지 이미 오래이므로 추대하여 종사의 계책으로 삼고자 대비의 분부를 여쭌다'고 했다. 갑작스러운 일에 놀란 정현왕후는 굳이 사양하며 '변변치 못한 어린 자식(진성대군)은 중책을 감당할 수 없고, 세자는 나이가 장성하고 또 어지니 왕위를 이을 만하다''며 거절했다.(중종 1년 9월 2일 무인)

그러나 반정 세력들은 유순정·강혼을 보내어 여러 사람을 거느리고 진성대군을 사저에서 맞아오게 했다. 진성대군은 두세 번 굳이 사양했으나 반정 세력들의 뜻에 못 이겨 연을 타고 사정전으로 들어갔다. 부인 신씨도 함께 경복궁으로 들어갔다. 남편이 왕이 되었으니 왕비가 되는 것은 당연한 듯했다. 중종은 그날로 옥새를 받았지만, 갑자기 즉위하는 바람에 예를 갖출 겨를이 없어 왕의 대례복이 아닌

사무복인 곤룡포에 익선관을 쓰고 경복궁 근정전에서 즉위했다. 그리고 백관의 하례를 받고 사면령을 반포했다.(중종 1년 9월 2일 무인)

그런데 사실 진성대군은 반정 전야까지 본인이 왕으로 추대될 것이라는 사실을 전혀 알지 못했다. 그 당일의 상황을 야사에서는 이렇게 전하고 있다. 반정세력은 반정 당일 진성대군을 해칠 자가 있을 것을 염려하여 먼저 군사를 보내 그가 살던 사제를 에워쌌다. 이때 아무 영문도 모르던 진성대군은 자신을 잡으려고 온 줄 알고 놀라 자결하려고까지 했다. 그러자 옆에 있던 부인 신씨가 '군사의 말머리가 이 궁으로 향하여 있으면 우리 부부가 죽겠지만, 만일 말꼬리가 궁으로 향하고 머리를 밖으로 향해 섰다면 반드시 서방님을 호위하려는 뜻이니 알고 난 뒤에 죽어도 늦지 않다'며 소매를 붙잡고 말렸다. 그리고 사람을 내보내어 살펴보게 했더니 과연 말머리가 밖으로 향해 있었다.(『연려실기술』 권7, 「중종조 고사본말」, 왕비 신씨의 폐위와 복위의 본말) 두려워하는 진성대군보다 부인 신씨가 훨씬 더 담대하고 지혜로운 모습을 보여준다. 중종의 나약함과 소심함에 비해 신씨의 대범함과 침착함을 엿볼 수 있는 이야기이다. 이리하여 조선왕조 성립 이후 처음으로 자신의 힘이 아닌 신하들에 의해 어느 날 갑자기 옹립된 새로운 왕이 탄생했다.

반정을 성공시킨 박원종·유순정·성희안 등은 중종에게 이번 거사는 자신들이 먼저 계책을 결정했는데, 신수근·신수겸·신수영·임사홍 등을 반드시 없애버려야 성공할 수 있었기 때문에 먼저 제거했다고 보고했다. 그리고 그 자제들을 귀양보내어 후환을 방지하라고 재촉했다.(중종 1년 9월 3일 기묘)

반정 후 박원종은 우의정에, 성희안은 이조판서에, 유순정은 병조판서가 되었다. 이들 반정 3인방은 조정의 실권을 장악했다.[40] 즉위 초의 중종은 이들 공신 세력에 의해 많은 제약을 받았다. 중종의 즉위에 앞서 태종과 세조도 모두 명목상으로 추대라는 형식으로 왕위에 올랐지만, 그들은 본인들 스스로가 쿠데타의 주역으로서 절대적인 정치권력을 장악했다. 태종은 1차, 2차 왕자의 난을 통해 스스로 권력을 장악했고, 세조는 계유정난을 통해 권력을 장악했다. 그러나 중종은 남이 다 차려놓은 밥상에서 밥을 먹어야 하는 격이었다.

반정세력들에 의해 옹립된 중종이 즉위 초반부터 권력을 장악하기란 매우 어려웠다. 중종은 제왕 수업을 전혀 받은 바 없는 대군으로서 갑자기 왕위에 옹립되었다. 그런 만큼 반정공신 세력의 입김에 따라 국정 전반을 운영해 나가야 했다. 반정 3공신의 세력에 눌려 뜻에 없는 일도 하지 않을 수 없었다. 중종의 위상이 얼마나 낮았는지는 이들 3대신이 조회가 끝나고 물러갈 때면 일어났다가 문을 나간 후에 다시 자리에 앉았다는 그의 태도에서도 엿볼 수 있다.(『연려실기술』 권9, 「중종조 고사본말」, 중종조 상신조)

중종을 왕으로 세운 반정 세력들이 뒤이어 한 일은 중종에게 압력을 가하여 신수근의 친인척을 유배시키고, 부인 신씨를 궁궐 밖 사가로 내보는 일이었다. 중종은 반정의 성공과 동시에 왕위에 올랐지만, 부인 신씨의 왕비 책봉은 이루어지지 않았다. 중종이 즉위한 다음 날인 9월 3일(기묘)에 대신들은 중궁 책봉에 관한 일은 아직 대비의 분부가 없으니, 어떻게 하는 것이 좋은지를 중종에게 물었다. 정현왕후는 반정 세력들과 함께 신씨의 왕비 책봉 문제에 대해 고민하고 있었

40 반정 초기의 권력관계에 대해서는 金燉, 1977, 『朝鮮前期 君臣權力關係 硏究』 제3장 「中宗反正과 政治權力의 再編」 서울대학교 출판부 참고.

다. 스스로 결정을 내릴 수 없는 중종은 다만 "속히 마련하여 아뢰라"고만 했다.(중종 1년 9월 3일 기묘)

한편 박원종·성희안 등은 신씨 집안은 폐주 연산군의 여러 아들과 인척이기 때문에 이들을 처리하지 않으면 뒤에 반드시 연산군의 세력이 될 염려가 있다며 그 자제들도 귀양을 보냈다. 또 연산군의 생모 폐비 윤씨의 오빠인 윤구의 아들과 사위, 신씨의 할아버지 신승선의 형인 신승복을 모두 먼 곳으로 귀양 보냈다. 그리고 신수근의 동성 사촌과 오촌, 이성(異姓) 삼촌과 사촌들을 먼 지방에 귀양 보냈다. 그들이 죄가 있어서라기보다는 신씨의 족친들이라 한양에 같이 모여 살면 역모를 비롯한 여러 문제를 발생시킬 수 있다는 우려 때문이었다.(중종 1년 9월 20일 병신) 신수근은 반정에 동조하지 않아 죽임을 당했고, 나머지 신씨의 친인척들도 모두 죄를 입게 되었다.

이뿐만 아니라 중종은 9월 19일(을미)에 연산군의 외가 고을인 함안부와 폐비 신씨의 고향인 거창군을 함안군과 거창현으로 강등했다. 연산군은 어머니 폐비 윤씨의 본향인 함안을 부(府)로 승격했고, 부인 신씨의 본향인 거창현을 군으로 승격했었다. 그러나 연산군의 폐위와 중종의 즉위 직후 모두 옛 칭호로 강등되었다.

이런 상황에서 홀로 남은 신씨가 왕비에 책봉되기는 어려웠다. 반정 후 신씨는 남편을 따라 경복궁으로 들어갔지만, 7일 만에 다시 궁 밖으로 쫓겨나와야 했다. 반정공신들은 신씨를 왕비로 책봉하지 않고 궁궐 밖으로 내쫓았다. 중종과 강제이혼을 시킨 것이다.

반정세력들이 신씨를 중전으로 책봉하지 않은 이유는 그의 아버지 신수근 때문이었다. 신수근이 반정 세력들에게 죽임을 당한 상황에서 신씨를 왕비로 삼는다면 후환이 생길까 염려가 되었다. 신씨는 아무런 대응도 못하고 궁궐을 나올 수밖에 없었고, 중종은 잡을 힘이 없었다. 중종 1년 9월 9일(을유)의 『중종실록』에는 다음과 같이 기록되어 있다.

> 유순·김수동·유자광·박원종·유순정·성희안·김감·이손·권균·한사문·송일·박건·신준·정미수 및 육조 참판 등이 아뢰기를, "거사할 때 먼저 신수근을 제거한 것은 큰일을 성취하고자 해서였습니다. 지금 신수근의 친딸이 궁궐 내에 있습니다. 만약 중전으로 삼는다면 인심이 불안해지고 인심이 불안해지면 종사에 관계됨이 있으니, 은혜와 정을 끊어 밖으로 내치소서"하니, 전교하기를, "아뢰는 바가 심히 마땅하지만, 그러나 조강지처인데 어찌하랴?" 했다. 모두 아뢰기를, "신 등도 이미 요량했지만, 종사의 대계로 볼 때 어쩌겠습니까? 머뭇거리지 마시고 쾌히 결단하소서"하니, 전교하기를, "종사가 지극히 중하니 어찌 사사로운 정을 생각하겠는가. 마땅히 여러 사람의 의논을 쫓아 밖으로 내치겠다"했다. 얼마 뒤에 전교하기를, "속히 하성위 정현조의 집을 수리하고 청소하라. 오늘 저녁에 옮겨 나가게 하리라"했다.(『중종실록』 권1, 1년 9월 9일 을유)

반정 세력들은 중종에게 신씨를 만약 중전으로 삼는다면 인심이 불안해지고 인심이 불안해지면 국가 유지가 어려우니, 정을 끊어 밖으로 내치라고 협박했다. 인심은 핑계일 뿐이고, 사실은 신씨가 왕비가 된 후에 아버지의 원수를 갚게 되면 자신들의 생명과 지위가 위험해질까 두려움에서 하는 소리였다. 이를 미연에 방지하기 위해 신씨를 내치라고 종용한 것이다. 반면 당시 힘이 없었던 중종은 조강지처인데 어찌하냐며 그저 미온적으로 거절했지만, 결국 빨리 결단하라는 반정 세력들의 압력에 종묘사직이 지중한데 사사로운 정에 얽매일 수 없다고 하며 신씨가 나가 머물 집을 수리하고 청소하라고 명했다. 반정 세력들의 압력에 못 이겨 중종은 신씨를 궁 밖으로 내보내기로 했다.

9월 9일 초저녁에 신씨는 교자를 타고 건춘문을 나와, 하성위 정현조의 집으로 갔다. 정현조는 영의정 정인지의 아들로 세조 1년(1455)에 세조의 딸 의숙공주와 혼인했다. 공주와 부마의 집인 만큼 규모가 커서 쫓겨난 왕의 조강지처가 우선 머무르기에 손색이 없었다. 신씨는 이곳에 머물렀다가 거처를 다시 죽동궁 즉 영희전으로 옮겼다.(『연려실기술』 권7,「중종조 고사본말」 왕비 신씨의 폐위와 복위의 본말.)

그러나 중종 23년 1월 29일(임인)의 기록을 보면 "어의동 폐비 신씨 집 -바로 금상(今上)의 잠저 때 집이다- 의 수직하는 군사를 단지 4명만 정했는데, 매우 부족하여 근일 도둑이 출입한 일이 있었다. 6명으로 늘려 지키도록 하라"는 명이 있었다. 신씨는 어의동 옛 잠저에 살고 있었다. 이 집은 어의동 본궁(本宮)으로 중종의 어머니 정현왕후의 궁이었다.(중종 17년 12월 16일 무자) 중종은 대군 시절 혼인 후 이곳에 머물러 살았고, 왕이 되어 경복궁으로 들어간 뒤 신씨는 다시 이곳으로 돌아와 살았다.

중종반정 당시 신씨는 중종과 결혼한 지 대략 7년(1499~1506) 정도 되었지만 두 사람 사이에는 아이가 없었다. 만약 신씨에게 아들이 있었다면 상황은 달라졌을 것이다. 과거 세종의 부인이었던 소헌왕후 심씨는 아버지 심온이 시아버지인 태종에게 죽임을 당하고 어머니는 관아의 종이 되어 친정이 몰락하는 상황에서 폐비가 될 위기에 처했지만, 세종과 결혼생활에서 아들과 딸을 많이 낳고 사이가 좋았던 만큼 태종은 심씨의 폐비를 반대했었다.(세종 즉위년 11월 29일 을해) 신씨도 아들이 있었다면 쫓겨나지 않을 수도 있었을 것이다. 아니면, 성종비 폐비 윤씨와 같이 훗날의 정치적 도모를 미리 방지한다는 뜻에서 아들 때문에 죽임을 당했을 수도 있을 것이다. 이에 반하여 자식이 없던 신씨는 결국 강제적으로 생이별 당했으며, 살아서는 결코, 다시 함께하지 못한 강제이혼을 당했다.

이러한 조치에 대해 『명종실록』을 편찬한 사신은 "박원종 등은 그 아비를 죽이고 그 딸을 그대로 왕후로 둔다면 화가 미칠까 두려웠기 때문에 강제로 임금을 위협하여 신씨를 폐출했다. 어찌 죄가 있어서 그랬겠는가?"라고 했다. 또 "반정 때에 박원종 등은 먼저 신수근을 죽이고 후환이 있을까 두려워 곧 그 딸을 내쳤으나, 폐출해야 할 아무런 죄가 없었다"고 했다.(명종 12년 12월 7일 병술) 사실 단경왕후는 당시의 이혼 조건이었던 칠거지악에 해당되는 것은 없었다. 아들이 없음을 내세울 수도 있지만, 아직 나이가 젊었고 부부 사이도 좋았다. 왕실에서 '무자' 즉 아들이 없다는 이유로 쫓겨난 여성은 한 명도 없었다. 그녀가 쫓겨난 것은 정치적인 이유에서였다.

그러면 중종의 마음은 어떠했을까? 중종의 본마음은 신씨를 쫓아내고 싶지 않았지만 쫓아내지 않을 수 없었다. 반정공신들에 의해 왕위에 오른 중종이기에 공신들의 뜻을 따라야 했다. 조강지처를 지켜줄 수 없는 남편이었다. 중종과 신씨의 이혼은 본인들의 뜻에 의한 것도 아니고 시부모의 뜻에 의한 것도 아니고, 중종을 옹립한 반정 세력들에 의한 것이었다. 그러나 한편으로는 부인은 다시 얻으면 되지만 왕위는 결코 포기할 수 없다는 중종의 계산이 작동한 것은 아니었을까.

폐비 아닌 폐비, 신씨의 처지

조선의 왕이나 왕비는 즉위하면 중국 황제로부터 책봉을 받아야 정식으로 그 지위를 가질 수 있었다. 중종의 왕위 계승에 대한 주청은 중종 즉위 27일 만에 이루어졌다.(중종 1년 9월 27일 계묘) 그러나 신씨는 아예 명 황제에게 책봉을 주청한 바도 없이 반정 세력들에 의해 반정 7일 만에 궁 밖으로 쫓겨났다. 그래서 그녀는 살아서는 공식적으로 왕비가 된 적이 없었다.

반정세력은 신씨 폐출에 대한 사실을 숨기기 위해 명에 승습사(承襲使: 왕위의 계승에 대한 사유를 설명하고 그 인준을 청하기 위하여 파견되는 사신)·사위사(辭位使: 중종반정 직후 명나라에 '연산군이 병으로 왕위를 사양하게 되었다'고 하여 왕위교체의 사유를 설명하기 위하여 파견되었던 사절단)가 가지고 갈 사목에 거짓 내용을 담기로 했다. 사신의 물음에 응대할 규칙에 "만약 전하가 왕비를 책봉했는가 여부를 물으면 전하의 잠저 때 부인이 병으로 죽었는데 아직 왕비를 들이지 않았다고 대답한다"는 내용도 들어 있었다.(중종 1년 9월 21일 정유) 신씨를 강제이혼시키고 궁궐 밖으로 쫓아낸 사실을 은폐하기 위해 죽었다고 거짓 보고까지 하기로 한 것이다.

중종은 왕이 되었지만, 신씨는 대군부인에 불과했다. 이러한 상황에 대해 『연려실기술』에는 다음과 같이 기록하고 있다.

> 중종반정 뒤에 신씨가 아직 왕비로 정해지지 않은 상황에서 대신 유

순과 김수동 등의 아룀으로 인해 그날 바로 하성위 정현조의 집으로 나갔다고 하니, 이와 같았다면 애당초 왕비로 책봉된 일이 없었다. 신씨의 신주가 오래도록 여염집에 있었는데 영평현감 신희가 따로 사당을 지어 제사지내 왔으니, 이것을 보면 왕비에서 폐위당한 것이 아니라 중종의 잠저 때 부인으로서 쫓겨난 것이다. 그가 살아 있을 때의 명호는 지금 상고할 수 없으나 칭호가 없었던 것으로 생각된다. 지금 만일 죄 없이 폐출당하여 원통하다고 하여 높이는 일을 하려면 마땅히 별묘(別廟)로 받들고 관에서 제수를 보내는 데 그쳐야 할 듯하다. 위호를 바로잡아 종묘에 들어가고 능을 봉하는 데 이르러서는 바로 추숭이지 복위가 아니다. 왕후로 높이는 것은 끝내 중대하고 어려운 데 관계된다. 별묘에 관한 것도 칭호가 또한 난처할 듯하다. 대개 비(妃)로 부르자니 살아 있을 때 정하지 않은 호칭을 추가해서는 안 되고, 부인으로 부르자니 중종이 이미 등극했으므로 중종의 잠저 때 부인 칭호로 부를 수도 없다."(『연려실기술』 제7권 「중종조 고사본말」, 왕비 신씨의 폐위와 복위의 본말)

이긍익은 신씨가 왕비에서 폐비 당한 것이 아니라 중종의 대군 시절 부인으로서 쫓겨난 것이라 했다. 그렇기 때문에 그녀의 명호도 자세히 고찰할 수 없고, 또 '비(妃)'라는 칭호도 없었을 것으로 보았다. 특히 칭호를 '비로 부르자니 살아 있을 때 정하지 않은 호칭을 추가해서는 안 되고, 부인으로 부르자니 중종이 이미 등극했으므로 대군부인 칭호로 부를 수도 없다'고 했다. 그리고 등급과 이름을 바로 잡아 종묘에 들어가고 능을 봉하는 것은 추숭이지 복위가 아니라고 했다. 이같이 신씨는 왕비가 아닌 대군부인, 대군부인 아닌 왕의 조강지처로 애매한 처지에 놓여 있었다. 신씨는 폐비 아닌 폐비가 되었다.

신씨는 중종반정이 실패했더라면 남편이 반정에 연루된 만큼 역적의 아내로서 곤욕을 당해야 했다. 그러나 반정이 성공하자 남편은 왕이 되었지만, 자신은 쫓겨나는 신세가 되었다. 신씨로서는 반정이 성공해도 실패해도 같은 수난을 감수해야 하는 기구한 운명이었다. 중종반정으로 인해 신씨는 대군부인으로서 평탄하게 살 수 있는 삶이 좌절되었다. 신씨는 하소연할 곳도 없는 상황에서 외로운 삶을 살아야 했다. 남편을 잃고 과부 아닌 과부로 살아야 했다. 물론 재혼은 꿈도 못 꿀 일이다. 자식도 없었다. 그녀에게 중종반정은 일생에서 가장 잔인한 사건이 되었다.

반정 세력들은 신씨를 사가로 내친 다음 날부터 새로운 왕비를 맞이할 준비를 했다. 중종 1년 9월 10일(병술)에 예조판서 송일과 참판 정광세는 신씨가 이미 나갔으니, 처녀를 간택하여 내명부의 관직을 갖추고, 또 중궁을 책봉할 일도 미리 거행하라며 중종에게 새 중전을 뽑을 것을 요구했다. 이에 중종은 모두 아뢴 대로 하라고 했다. 왕비 자리는 하루도 비워두어서는 안 된다는 논리였다.

정현왕후는 중궁 간택은 용모만 보아서는 안 되며 2~3명의 처녀를 간택하여 후궁으로 두었다가 그 행실을 보아 중궁으로 임명하자고 했다. 자신이 후궁에서 왕비가 되었고, 또 폐비 윤씨의 일을 직접 경험했기 때문에 실패하지 않기 위해서 먼저 후궁으로 들였다가 행동거지와 인품을 보고 왕비로 승격시키겠다는 의도였다. 정승들도 이에 호응했다.(중종 1년 9월 17일 계사)

이에 따라 바로 왕비를 간택하지 않고 먼저 3명의 후궁을 간택했다. 이때 후궁으로 들어온 왕비 후보들은 숙의 윤씨, 숙의 박씨, 그리고 숙의 홍씨였다. 숙의 윤씨는 성종 22년 7월 6일 호현방 사제에서 윤여필과 박중선의 딸 순천박씨 사이에서 4녀로 태어났다. 중종반정 1등 공신인 박원종이 외삼촌이었다. 7세 때인 연산군 3년에 어머니를 여의고 이모인 월산대군 부인 박씨에 의하여 양육되었다. 16세인 중종 1년에 후궁으로 뽑혀 숙의에 봉해졌다가 이후 왕후가 되었다. 바로 윤임의 동생인 인종의 어머니 장경왕후 윤씨이다. 그의 가계를 보면 다음 〈도 17〉과 같다.

〈도 17〉 중종의 계비 장경왕후 윤씨의 가계도

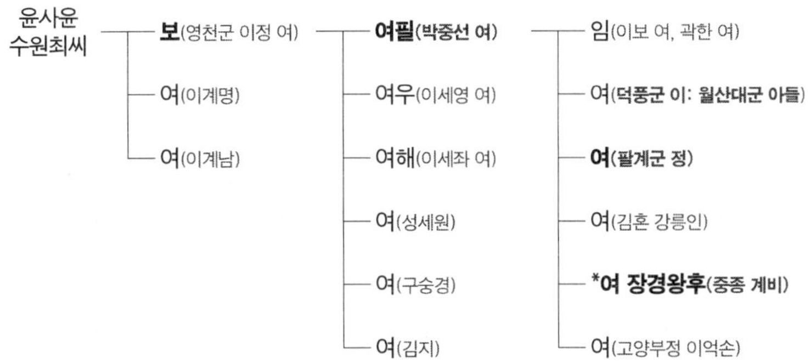

* 『파평윤씨세보』, 『중종실록』 참고

장경왕후의 증조할아버지 윤사윤은 윤번의 아들로 세조비 정희왕후의 오빠이다. 정희왕후와 같은 파평윤씨 일문이었다.

한편 숙의 박씨(후의 경빈 박씨)는 상주 사람 박수림의 딸이다. 박수림은 대대로 상주에 살았다. 사족 출신이지만 매우 한미하고 궁색했다. 연산군 11년에 미녀들을 뽑아 궁궐에 들이는 채홍사(採紅使)를 파견할 때 박수림의 집에 아름다운 처녀가 있다는 것이 알려졌다. 만약 반정이 일어나지 않았다면 연산군에게 바쳐졌을지도 모른다. 그러나 곧 이은 반정 직후에 중종의 후궁으로 추천되어 궁중에 들어왔다.

박씨가 중종의 후궁이 되는 데에는 박원종의 힘이 크게 작용했다. 일설에는 박원종이 숙의 박씨의 양아버지였다고 전해지기도 한다. 박원종은 뛰어난 미인인 박씨를 양녀로 삼은 뒤 중종의 후궁으로 만들어 권력을 잡고자 했다. 박원종은 자신의 조카와 양녀를 모두 중종의 후궁으로 만들었다.

또 숙의 홍씨(후의 희빈 홍씨)는 홍경주의 딸이다.[41] 홍경주는 중종반정 때 사복시 첨정으로 있다가 군대 동원의 책임을 맡아 반정 1등 공신에 책봉된 인물이다. 홍경주는 자신의 딸을 후궁으로 만들어 권력을 장악하고자 했다. 또 홍경주는 조광조 등 사림과 사이가 나빠 딸 홍씨를 이용하여 기묘사화를 일으킨 인물이다. 특히 홍씨는 후에 기묘사화로 조광조 등을 몰아낼 때 '주초위왕(走肖爲王)'이라는 참언을 중종에게 일러바친 인물이었다. '주초위왕'은 후원의 나뭇잎을 벌레들이 갉아 먹은 흔적으로 '조씨 즉 조광조가 왕이 된다'고 하는 징후를 말한다. 이 사건은 중종이 조광조를 사사하는 주요 원인으로 작용했다.(『연려실기술』 권7, 「중종조 고사본말」, 기묘사화)

박원종은 새로 들인 이들 세 후궁 가운데에서 조카 숙의 윤씨를 왕비로 만들어 권력을 장악하고자 했다. 후궁을 들인지 얼마 안 된 중종 2년 1월 18일(임진)에 박원종·유순정은 아직 중궁을 정하지 않아 온 나라 백성들이 모두 미안하게 여기니 왕비를 빨리 정하라고 재촉했다. 이에 대한 중종의 대답은 한심하기조차 했다. 중종은 "아뢴 말은 당연하나 나로서도 스스로 정할 수 없다"는 것이었다. 누구를 왕비로 삼아야 할지 자기 의사를 분명히 말하지 못했다. 사실 중종은

---

41 희빈 홍씨에 대해서는 이순구, 2021, 「조선 초기 후궁에서 왕비되기의 변화과정과 희빈 홍씨」, 『한국계보연구』 11 참고.

숙의 박씨를 총애하고 있었지만, 왕비 책봉은 대신들의 뜻에 달려있었다. 조선시대 왕과 왕비의 혼인은 서로의 애정으로 이루어지는 것이 아니었다. 예(禮)와 의(義), 나아가 가문의 권력을 배경으로 맺어지는 관계였다.

중종 즉위 후 왕비 책봉은 곧 이루어지지 않다가 중종 2년 5월에 명나라 사신의 도착을 앞두고 급하게 정해졌다. 사헌부와 사간원에서는 왕비를 아직 정하지 못했는데, 고명(誥命)을 전할 사신이 올 것이니 빨리 정하는 것이 좋겠다고 했다. 또 재상들도 속히 왕비를 간택하자고 건의했다.(중종 2년 5월 5일 정미) 중종은 한 번 정하면 경솔하게 변경하지 못하니 급하게 해서는 안 된다고 했지만 결국 한 달 뒤인 6월에 후궁인 박원종의 조카 숙의 윤씨를 왕비로 승격시켰다.(중종 2년 6월 17일 기축) 그리고 8월 4일에 근정전에서 중궁 책봉례를 행했다.(중종 2년 8월 4일 을해) 이같이 당시 신씨의 폐출이나 계비 윤씨의 책봉은 당대의 실권자인 박원종의 뜻에 따라 이루어졌다.

계비 장경왕후 윤씨의 죽음, 신씨 복위 논의와 좌절

신씨의 폐출 이후 후궁으로 들어왔다가 왕비가 된 윤씨는 먼저 효혜공주를 낳고, 이후 중종 10년(1515) 2월에 원자(훗날 인종)를 낳았다. 그러나 원자를 낳은 지 4일 만에 산후병으로 몸이 아파 노공필의 집으로 피병(避病)을 나가 지냈다. 노공필은 박원형과 6촌 간으로 세종의 장인 심온의 외손이다. 장경왕후는 조금 회복되어 경복궁으로 돌아왔으나, 결국 중종 10년 3월 2일(기미)에 경복궁 별전에서 25세의 나이로 죽었다. 8년 정도 왕비로 있었다. 장경왕후의 죽음으로 왕비 자리는 다시 비게 되었다. 중종의 조강지처였던 신씨에게 다시 궁으로 들어갈 수 있을지도 모른다는 기대와 아울러 기회가 돌아왔다.

그러나 조정 신료들은 신씨보다는 중종의 총애를 받는 후궁 숙의 박씨가 왕후가 될지도 모른다고 염려했다. 박씨는 중종의 지극한 총애를 받고 있었고 무엇보다도 갓 태어난 원자보다 6살이나 위인 중종의 첫아들 복성군(福城君) 미(嵋)를 두고 있었다. 숙의 박씨는 문종비 현덕왕후 권씨, 연산군 어머니 폐비 윤씨, 중종 어머니 정현왕후 윤씨가 후궁에서 왕비로 승격된 경우나, 자신과 함께 후궁으로 들어왔던 장경왕후 윤씨가 왕비가 된 것과 같이 자신도 왕비가 될 수 있다고 기대했다. 또한 중종도 이것에 대해 별다른 거부감을 가지지 않았다. 이것은 훗날 사관의 말에 잘 나타나 있다.

이보다 앞서 중전의 자리가 아직 결정되지 않았을 때 숙의 박씨가 후궁 가운데에서 총애가 으뜸이었으므로, 장경왕후의 예를 따라 스스로 중전 자리에 오르고자 했다. 임금도 이것을 들으려 했으나 대신의 뜻이 어떤지를 몰라 정광필·김응기·신용개 등에게 간곡한 말로 물어서 그 뜻을 시험했다. 그랬더니 김응기는 가부를 말하지 않았고, 신용개는 약간 허락했으나, 정광필만이 분연히 허락하지 않으며 아뢰기를 '중전의 자리는 마땅히 착하고 아름다운 덕행이 있는 명문에서 다시 구해야 할 것이요 미천한 출신을 올려서는 안 됩니다' 하고, 진서산의 『대학연의』의 제가하는 요체와 범조우가 후비 간택을 논한 일을 올려 간하니, 박씨의 뜻은 마침내 저지되고 왕의 뜻도 새 왕비를 맞이하기로 결정되었다. 사림에서 이 말을 듣고 서로 이르기를 '정광필의 이번 일은 송나라 한기(韓琦)·범중엄(范仲淹)이라 해도 더 낫지 못했을 것이다' 했다.(『중종실

록』 권28, 중종 12년 7월 22일 병신)

숙의 박씨의 의도나 중종의 생각과는 달리 정광필은 박씨가 왕비가 되는 것을 적극 반대했다. 그는 숙의 박씨의 출신 신분이 미천함을 들어가며 반대했다. 이러한 생각은 정광필뿐만 아니었다. 사림들은 정광필의 말을 편들며 '이번 일은 송나라 한기·범중엄이라 해도 더 낫지 못했을 것'이라고 했다. 정통성과 명분을 강하게 내세우는 사림들은 처첩·적서의 구분과 차별, 신분 차별을 강조하여 후궁(첩)이 왕비(정처)가 되는 것을 반대했다. 정통성이 강한 새로운 처녀를 간택해야 한다는 것이었다. 이후 후궁이 왕비로 승격된 경우는 숙종대 희빈 장씨가 유일했다.

이제 정치 집권 세력들이 달라지고 세상의 가치관이 달라지고 있었다. 이전에는 후궁을 간택하여 왕비의 유고시 왕비로 승격시켰으나, 이제는 처첩의 구분을 엄격히 해 첩을 처로 만들지 못하게 했다. 이미 정광필은 장경왕후가 죽은 지 얼마 되지 않은 중종 10년 7월 26일(신해)에 "옛적에 이르기를 제후가 재취하지 않는 것은 예에 두 적사(嫡嗣: 적자로 대를 이을 아들)가 있을 수 없기 때문"이라는 말로써 중종에게 경계토록 했다. 만약 박씨를 왕비로 책봉하게 되면 아직 강보에 싸여 있는 원자(인종)의 처지가 위태롭게 될 수 있었다. 세자보다 나이가 더 많은 복성군이 왕위 계승의 순서를 어그러뜨릴 수 있었기 때문이다.[42]

이러한 가운데 신씨의 기대에 부응하는 상소가 올라왔다. 중종

---

42 후에 경빈 박씨와 복성군은 왕위계승 문제와 관련하여 죽임을 당했다. 김돈, 2002, 『中宗代 '灼鼠의 變'과 政治的 陰謀의 성격』 『韓國史硏究』 119.

10년(1515) 8월 8일(임술)에 담양부사 박상과 순창군수 김정이 함께 상소문을 올렸다. 상소의 요지는 두 가지였다. 하나는 신씨를 복위시키는 것이고, 또 하나는 이참에 중종을 위협하여 신씨를 폐출시킨 박원종 등의 관작을 추탈하라는 것이었다.[43]

이때는 중종반정을 주도했던 박원종, 유순정, 성희안 등 3인이 모두 죽어 없었다. 박원종은 중종 5년 4월에, 유순정은 중종 7년 12월에, 성희안은 중종 8년 7월에 각각 죽어 박원종을 중심으로 했던 훈척 세력은 약화 되었다. 박상과 김정은 신씨를 복위시켜 그녀의 원통함도 풀어주고, 후궁이 중전의 자리에 오르는 것을 막자고 했다. 그들이 올린 상소문은 매우 구체적이고 긴 글이지만 내용을 좀 더 간략히 추려보면 대체로 다음과 같다.

1. 임금이 대통을 계승하고 왕위에 오르면 먼저 부부의 도리를 바루어 천지와 같게 해서, 안으로는 음교(여성의 교육)를 다스리고, 밖으로는 양덕(만물을 생성하는 우주의 덕)을 다스려, 종묘사직과 천신과 지신을 나란히 주재하여야 하는 것입니다. 배필은 그 중대함이 매우 커서, 어버이에게 순종하지 못했거나 종묘사직에 죄를 얻음이 아니면, 비록 작은 허물이나 미세한 잘못이 있더라도 결코 끊어버리는 의리가 없는데, 명분

43 단경왕후의 복위를 둘러싼 논쟁은 사림정치에 대한 연구의 일환으로 다루어져 왔다. 즉 사림들의 의리론을 중심으로 연구되었다. 이범직은 눌재 박상의 신씨 복위소에 나타난 의리사상에 대해 고찰했다.(이범직, 1993, 「訥齋 朴祥의 愼妃復位疏에 나타난 義理思想」 『한국사상사학』 4·5합집) 또 이상은은 국론에 반영된 의리정신을 박상과 김정의 상소 시비를 중심으로 살펴보았다.(이상은, 1973, 「朝鮮朝 國論에 反映된 義理精神-朴祥·金淨 上疏 是非를 中心으로-」 『斯文論叢』 1) 목정균은 16세기 조선왕조의 제도 언론를 고찰하면서 중종조 '폐비복위상소'로 인한 언로시비를 중심으로 살피고 있다.(목정균, 1982, 「16세기 조선왕조의 제도언론에 관한 일고찰 -특히 중종조 '폐비복위상소'로 인한 言路是非를 중심으로-」 『민족문화연구』 16).

도 없고 까닭도 없이 버려서는 안됩니다.

2. 지금 신씨는 폐위할 만한 까닭이 있음을 듣지 못했는데 전하께서 폐위하신 것은 무슨 명분입니까? 반정 당초에 박원종·유순정·성희안 등이 신수근을 제거하고는, 왕비가 그 소출이므로 그 아비를 죽이고, 뒷날 후환이 있을까 염려하여, 자신을 보전하려는 사사로움 때문에 폐위시켜 내보내자는 모의를 꾸몄으니, 이는 까닭도 없고 또 명분도 없는 것입니다. … 옛말에 '빈천할 때 사귄 벗은 잊어서는 안 되고, 조강지처는 버리지 않는다'고 했습니다.

3. 신씨가 죄인의 자식이어서 지존을 짝하고 종묘를 주장하게 해서는 안 된다는 것으로써 핑계한다면, 신수근의 죄가 본디 종묘사직에 관계되는 것이 아니니, 어찌 이로써 왕비를 연루시킬 수 있습니까? 종묘·사직에 죄를 얻어 벌을 받았다 하더라도 왕비는 참여하여 들은 일이 없으니, 이것을 허물로 삼을 수 없습니다. … 그런데 지금 죄를 더하고 또 기필코 왕비를 연루시켜 폐출했으니, 이는 자신만을 아끼고 임금은 무시한 것에 지나지 않습니다….

4. 지금 내정의 주인이 비었으니, 신씨를 중전의 자리에 앉히면, 천지의 마음이 흠향할 것이요 조종의 신령이 허락할 것이고, 신하와 백성들의 희망에 부응할 것입니다. …

5. 박원종 등이 … 그 공을 믿고 방자하게 거리낌 없이 임금을 억압하여 국모를 내쫓아 천하 고금의 큰 분수를 범했으니, 이는 만세의 죄입니다. 그 발호할 때를 당하여, 전하께서는 확고하게 왕후폐위 청을 들어주지 말고, 위협하고 견제한 정상을 상고하여 전형(예로부터 전하여 내려오는 법전)을 밝게 바루어야 했었습니다. 이제 이미 죽었으나, 그 죄를 밝게 바로 잡아 관작을 추탈하고, 안팎에 효유하여 당세와 만세로 하여금

큰 분수는 절대로 범해서는 안된다는 것을 알도록 해야 합니다.(『중종실록』 권22, 중종 10년 8월 8일 임술)

박상과 김정은 부부의 도가 천하 질서의 근본임을 강조하면서 이를 바르게 할 것을 주장했다. 그리고 신씨의 폐출은 박원종 등이 자신들을 보전하려는 욕심에서 도모한 것으로 정당한 이유가 없다고 주장했다. 그들은 '조강지처는 버리지 않는다'는 옛말을 들어 신씨의 폐출은 잘못되었다고 했다. 나아가 왕실의 부부 화합이 정치적 안정에 도움이 된다는 것을 강조했다. 그리고 때마침 왕비 자리가 비었으니 부당하게 폐출된 신씨를 불러들이는 것이 마땅하며, 이러한 일을 만든 박원종 등의 행위에 대해 법적 책임을 물어 관작을 회수하라고 주장했다.

박상과 김정은 중종의 조강지처인 신씨를 다시 왕비로 모시는 것만이 여러 폐단을 해결하는 열쇠가 된다고 인식했다. 그들은 혼례 의식을 치른 중종과 신씨의 혼례가 왕실의 권위와 왕통에서 지켜져야 할 도리임을 강조했다. 신씨와의 이혼은 천하질서 기준에서 부당한 것이며, 그와 같은 왕실의 조처는 혼례의 보편적 규범에 위배된다는 점을 지적했다.[44]

이 상소를 놓고 중종이 취할 수 있는 길은 세 가지 중의 하나였다. 첫째, 그들이 아뢴 바와 같이 신씨를 왕비로 복위시키든가, 둘째, 총애하고 있는 후궁 박씨를 승격시키든가, 셋째, 새로운 계비를 간택하든가 하는 방법 중 하나를 선택하는 것이었다.

---

44 이범직, 앞의 논문, 246쪽.

첫 번째 방법인 신씨 복위는 대의명분과 인정의 의리에는 합당하지만, 그렇게 되면 10년 전 왕비를 폐위시킨 죄로 반정공신 3인을 다시 추론해야 하고, 중종 본인의 판단이 잘못되었음을 스스로 인정해야 했다. 이것은 정국을 근본적으로 뒤집는 일이었다. 신씨는 자식이 없었을 뿐만 아니라, 죽은 장경왕후가 1남 1녀를 낳아 후계자가 정해졌기 때문에 복위되기는 매우 어려웠다. 누가 더 우위냐 하는 신씨와 장경왕후 사이의 차서 문제도 있었지만, 무엇보다 갓 태어난 원자(인종)가 신씨의 복위에 가장 큰 걸림돌이 되었다. 만약 신씨가 다시 복위되어 아들을 낳는다면 원자와의 관계가 복잡해질 수 있었다. 누가 원자로서 더 정통성을 가지냐 하는 문제가 발생할 수 있었기 때문이다.

중종은 이 상소에 대해 아무런 조치도 취하지 못하고 일단 승정원에 보관하라고 명했다. 상소의 내용이 매우 중하기 때문에 자기 스스로 즉시 판단을 내리기 어렵다는 태도를 취했다. 심지어 중종은 앞으로 승정원에서 상소를 올릴 때 무조건 다 올리지 말고 봉을 열어보고 올릴 만한 것만 올리라고 짜증을 냈다. 이미 중종에게 신씨는 과거의 부인에 불과했고, 박씨를 총애하는데 현실은 너무 복잡하게 진행되어 골치가 아프다는 의미였으리라.

그러나 박상 등이 올린 상소문은 엄청난 파문을 일으켰다. 상소를 올린 이들을 처벌해야 한다는 소리가 높아졌고, 그 처벌 문제를 두고 찬반 논의가 가열되었다. 조정에서는 이들을 죄주자는 사람들과 중종이 내린 구언(求言: 임금이 신하의 바른말을 널리 구함)의 명에 응한 주장이니 언로를 위해 용서하고 불문에 부치자는 사람들의 논란이 지속되었다. 이들의 상소문은 단순히 신씨의 복위문제만을 거론한 것이 아니었다. 반정 3공신을 비롯한 훈구세력을 축출하려는 사림의 정치적 의도가 담겨 있었기 때문이다.

대사간 이행과 대사헌 권민수는 이들의 주장에 강하게 반대했다. 이행은 '만약 신씨를 세웠다가 왕자를 낳아서 가례의 선후를 논하게 된다면 신씨가 앞서게 되니, 그렇게 되면 원자의 처지가 어떻게 되겠느냐'며 반대했다. 대사헌 권민수 등도 이에 호응하여 상소를 사특한 의논이라고 지목했다. 사간원과 사헌부 관리들 모두 동의했다. 이들은 왕위 계승은 종법에 의한 적장자 상속이어야 하며, 이를 어겨서는 안 된다는 것을 강조했다. 이에 중종은 8월 22일(병자)에 신씨를 복위시키고자 망령되게 사특한 의논을 낸 데 대해 자복할 때까지 진술받도록 명했다. 결국, 박상은 남평(南平)에, 김정은 보은(報恩)으로 유배 갔다.(중종 10년 8월 24일 무인)

중종 10년 8월 8일(임술)에 올라온 신씨 복위 상소문을 두고 벌어진 논의는 10월 중순으로 넘어가면서 잊히는 듯했다. 논의과정에서 그 관심의 초점은 신씨를 복위시켜야 하느냐의 문제보다 상소를 올린 두 사람의 처벌 문제에 더 기울어졌고, 나아가 계비 간택 문제가 집중적으로 논의되기 시작했다. 그리고 두 사람은 이듬해 5월에 천재지변으로 인해 석방되어 다시 임용되었다.(중종 11년 6월 19일 기사, 중종 11년 11월 13일 경인) 이들의 상소문을 둘러싼 조정의 논란으로 오히려 새 왕비 간택에 대한 사림계의 관심이 커졌다. 결국, 현실의 복잡성으로 인해 신씨의 복위는 이루어지지 못했다. 신씨는 명분과 현실 속에서 중종과 재결합하지 못한 채 외로운 삶을 살아야 했다.

신씨 복위에 대한 논의는 무산되었고, 후궁 경빈 박씨는 대신들의 반대로 왕비로 승격될 수 없었다. 남은 방법은 다시 새로운 계비를 간택하는 것으로, 이에 대한 논의가 10월 들어 본격화되었다. 중종은 3번째 왕비를 뽑아야 했다. 중종 10년 10월 2일(을묘)에 영의정 유순·좌의정 정광필·우의정 김응기 등 3정승은 중궁의 자리가 비어 있는데 내치(內治: 궁궐 안 여성들을 다스림)를 맡을 분이 없어서는 안 된다며 왕비를 세워야 한다고 건의했다. 중종은 성종 때에 공혜왕후가 죽자 그해에 처녀를 간택해 두었다가 3년 뒤에 정했다고 하는데,[45] 그때에는 국본(세자)이 정해지지 않았기 때문이고, 지금은 국본이 이미 정해졌으니 서둘러 할 것은 없다고 하였다. 중종은 다만 궐내에 이미 들어와 있는 자로 할 것인지, 새로 뽑을 것인지를 정승들이 분명하게 말하지 않았으나, 3년 뒤에 명문가의 어질고 덕이 있는 사람을 가려야 한다고 했다. 아직 장경왕후 윤씨의 상례 기간이고, 내심 숙의 박씨에게 미련을 두면서 급하지 않다는 뜻을 내비쳤다.

그러나 곧이어 중종은 중전의 자리가 비면 여러 명의 처녀를 미리 가려들이되, 새로 숙의가 되었건 전부터 숙의로 있었건 논하지 말고 그중에서 어질고 덕이 있는 사람을 가려서 3년 뒤에 중전으로 삼으며, 만약 숙의로 봉해진 사람을 올려서 봉할 수 없으면 정실 왕후 한 사람만을 미리 정해들이라고 했다. 기존과 같이 후궁을 왕비로 승격하는 방식을 따르겠다는 뜻이었다. 그러나 영의정 유순은 국본(세자)이 이미 정해졌는데 후궁 자리에 있던 자가 중전의 자리에 오르면 적처의 자리를 다투어 세자도 어려움이 있을 것이라며 반대 뜻을 제시했다. 좌의정 정광필은 왕자가 많더라도 적서와 상하의 분별은 하늘과 땅처럼 현격해야 한다고 주장했다.(중종 10년 10월 3일 병진) 이들은 모두 정처와 첩, 적자와 서자의 구분을 엄격히 할 것을 주장했다. 이

---

45 중종의 이해는 잘못된 것 같다. 성종은 공혜왕후 한씨가 죽은 뒤 후궁인 폐비 윤씨를 왕비로 승격시켰다.

것은 과거 후궁을 왕비로 승격했던 관행을 더 이상 시행하지 말고 새로운 처녀 간택을 통해 정처인 왕비를 정해야 한다는 것이었다.

중종대는 성리학이 이전보다 훨씬 더 강화된 시기였다. 새로이 정계를 장악한 사림들은 종법(宗法)과 명분을 더욱 강조했다. 결국, 중종은 자신의 뜻을 꺾고 10월 7일(경신)에 중전의 자리가 오래 비어 있으니, 처녀를 미리 가려 두지 않을 수 없다고 전교했다.

계비 간택은 빠르게 진행되었다. 10월 29일(임오)에는 정현왕후가 직접 동궁에서 처녀를 간택하고, 11월 18일(경자)에는 간택된 처녀 4인의 팔자를 점치게 했다. 그리고 다시 11년 2월 8일(기미)에 지방의 처녀들을 동궁에 모아놓고 간택하라고 전교했다. 11년 4월 10일(신유)에 중종은 정승 및 예관에게 삼년상 안에 왕비를 정함이 비록 미안하지만 오래 왕비를 정하지 않으면 금혼한 처녀들이 오래 혼인하지 못할 것이고, 또 중전 자리가 오래 비면 내정도 통솔될 데가 없게 된다며 미리 가례도감을 설치함이 어떨지 물었다. 정광필 등은 비록 금혼한 처녀들이 있다 하더라도, 1년 동안은 길지 않으니 덕행과 문벌을 보고서 정함이 매우 합당하다며 신중할 것을 주장했다.

이어 중종은 왕비가 죽은 지 몇 해 만에 왕비 책봉을 결정했는지 알려고 했다. 그는 예종조에 장순왕후가 어느 해에 죽고 후궁으로 있던 안순왕후가 어느 해에 왕비가 되었는지, 또 성종조에 공혜왕후가 죽은 뒤 폐비 윤씨가 어느 해에 후궁으로 있다가 왕비에 올랐는지 자세히 고찰하여 아뢰게 했다.(중종 11년 4월 11일 임술) 전례를 참고하겠다는 의미였다.

결국, 중종은 12년에 17세인 새 왕비를 간택했다. 그가 바로 명종의 어머니 문정왕후이다. 문정왕후는 연산군 7년 10월 22일에 태어났다. 아버지는 영돈녕부사 윤지임이고 어머니는 관찰사 증 영의정 이덕숭의 딸 전성부부인 전의이씨이다. 중종은 12년 8월 15일(무오)에 친영례를 치렀다. 조선왕조 처음으로 왕이 직접 별궁에 있는 신부를 맞이하러 갔다. 이후 문정왕후는 중종 13년 4월 21일(기축)에 강녕전에 나아가 중국 황제의 고명과 관복을 받고 내외 명부의 축하를 받았다.

문정왕후의 책봉으로 인해 신씨 복위 논의는 다시 이루어지기 어려웠다. 비록 중종 24년 9월 13일(을사)에 중종의 구언(求言)에 응하여 김식이 다시 '신씨를 폐한 죄목은 무엇인가? 공자는 얼룩소의 새끼라도 빛깔이 붉고 뿔이 똑바로 났으면 버리지 않는다고 했는데, 신씨의 덕은 얼룩소만도 못하단 말인가? 옛날 추연(鄒衍: 중국 전국시대의 사상가)이 슬픔을 품자 여름철에 서리가 내렸으니, 올해의 가뭄은 괴이할 게 없다'며 신씨의 폐출이 잘못되었다고 비판했다. 그러나 이러한 비판은 신씨를 배려한 면도 있지만, 그보다는 이를 빌미로 훈구세력을 비판하는 정치적 의도가 강했다. 이에 대해 중종은 입 밖에 낼 수 없는 말들이 많아 매우 경악스러운데 평상시라면 죄줄 것이지만 구언한 뒤라 말 때문에 죄를 받으면 언로에 방해될까 두렵다며 매우 불쾌해 했다.

문정왕후는 왕비가 된 지 17년만인 중종 29년 5월에 아들 경원대군(후의 명종)을 낳았다. 17세에 혼인하여 3딸을 낳은 뒤 34살에 기다리고 기다리던 아들을 낳았다. 그 17년 동안 왕실에는 대통을 둘러싸고는 아무런 의심이 생기지 않았다. 원자의 자리는 확고했고, 문정왕후는 새어머니로서 원자의 양육과 보필에 정성을 다했다. 그러나 새 아들이 태어나면서 세자와 경원대군을 둘러싸고 외척들의 갈등과 대립이 강해지게 되었다. 이때 중종의 나이 이미 48세였다.

중종의 마음속 빚, 조강지처 신씨

눈에서 멀어지면 마음에서도 멀어지는 것이 인간의 마음이지만, 반정공신들의 강요 때문에 어쩔 수 없이 죄없는 신씨를 폐출했던 중종도 신씨가 궁 밖에서 외로이 홀로 살아가는 한 마음이 편하지 않았다. 특히 중종과 신씨가 원래 애정이 남달랐기 때문에 더욱 그랬다. 당시 두 사람을 바라보는 사람들의 시선에도 안타까움이 많았다. 중종과 신씨의 애정은 그들에 얽힌 전설이 잘 얘기해 주고 있다.

> 일찍부터 애정이 매우 두터웠는데 이때에 이르러 공신들이 상의하기를, "이미 부인의 아버지를 죽였거늘 딸을 왕비로 두면 우리에게 무슨 보복이 올지도 모른다." 하고 마침내 폐비하기를 청하매, 왕이 하는 수 없이 내보내기는 했으나, 별궁에 두고 매양 모화관으로 명나라 사신을 맞으려 거동할 때는 꼭 말을 모화관에서 멀지 않은 그 별궁으로 보내어 먹이게 했고, 부인은 흰죽을 쑤어 손수 들어서 말을 먹여 보냈다고 한다.(≪동각잡기≫ 『연려실기술』 권7, 「중종조 고사본말」, 왕비 신씨의 폐위와 복위의 본말.)

중종은 신씨를 잊지 못했고, 신씨 또한 중종을 그리워하며 살았다. 중종은 모화관으로 명나라 사신을 맞으려 거동할 때는 말을 모화관에서 멀지 않은 신씨의 집에 보내어 먹이게 했고, 부인은 흰죽을 쑤어 손수 말을 먹여 보냈다. 두 사람은 직접 만날 수는 없었지만 서로의 정을 잊지 않았다는 이야기이다.

또한, 서울 인왕산 병풍바위 밑의 '치마바위'에 얽힌 전설도 중종에 대한 신씨의 애틋한 마음을 전해주고 있다.

> 반정으로 왕위에 오른 진성대군이 중종이 되자 그 부인 신씨는 친정아버지 신수근이 반정 때 피살되었는데 반정을 주도해온 박원종 등이 죄인의 딸은 왕비가 될 수 없다며 반대하자 인왕산 아래 사직골 옛 거처로 쫓겨나 살게 되었다. 중종은 부인을 잊을 수 없어 경회루에 올라 인왕산 기슭을 바라보곤 하였으며, 신씨는 이 말을 전해 듣고 종을 시켜 자기가 입던 붉은 치마를 경회루가 보이는 이 바위에 걸쳐 놓음으로써 간절한 뜻을 보였다. 이 일로 인해 사람들은 이 바위를 치마바위라 불렀다. 또 중종이 사직단에 나올 때는 언제나 말죽을 쑤어 주었다고 한다. 일설에는 옥인동에 있는 인왕산 중턱 병풍바위 앞에 우뚝 솟은 바위를 치마바위라고 한다.[46]

사실 이러한 일이 얼마나 오랫동안 계속되었을지는 알 수 없다. 왕이 된 중종은 새로운 왕비와 많은 후궁들 속에서 신씨를 잊어가고 있었지만, 민간에서는 쫓겨나 홀로된 신씨를 애처롭게 생각하며 이들의 애틋한 사랑이 유지되기를 바라고 있었는지 모르겠다.

그러나 중종은 나름 조강지처에 대한 의리는 갖고 있었다. 중종은 비록 직접 신씨를 찾아볼 수는 없었지만, 신씨의 생활을 보살펴 주었다. 중종은 23년 1월에 어의동 폐비 신씨 집에 도둑이 들까 걱정하

---

46 서울역사편찬원, 2009. 「치마바위」『서울지명사전』.

〔그림 21〕 경복궁에서 바라본 치마바위

여 수직군을 4명에서 6명으로 늘려 지키도록 했다.(중종 23년 1월 29일 임인) 중종은 신씨의 안위에 대해 계속 관심을 두고 있었다. 부왕인 성종이 대신과 대간들의 상소에도 불구하고 폐비 윤씨에게 모질게 대하고 그 집에 도둑이 들어도 방치했던 것과는 매우 다른 태도를 보였다. 폐비의 이유가 달랐고, 애정이 서로 달랐으며, 이즈음 조강지처에 대한 인식도 더욱 깊어졌기 때문일 것이다.

그리고 종기 때문에 병마에 시달리던 중종은 39년 11월에 죽음을 앞두고 매우 위독해졌다. 11월 14일(기유) 오후부터는 혼수상태에 빠져 잠만 자며 말을 하지 못했다. 이즈음 중종이 신씨를 궁궐에 불러들였다는 소문이 났다. 사알 이수천은 "궁에 들어오는 궁인이 있어 통화문을 시간이 지나도록 열어 놓았기에 들어온 사람이 누구냐고 물었더니 모른다고 했는데, 들으니 임금이 임종 때 폐비 신씨를 보고 싶어 했기 때문에 궁에 들어온 것"이라고 했다.(중종 39년 11월 15일 경술) 그러나 사신은 '문을 열어놓고 신씨를 불러들였다는 이야기는 대개 헛소문이다. 자세히 물어보니 임금의 옥체가 미령하기 때문에 여승들을 불러다 기도를 드리려고 한 것'이라고 했다. 유교문화 속에서 왕이 아프다고 밤중에 비구니를 불러 기도드리려고 했다는 말도 어딘가 궁색한 변명같다. 그러나 그 사실을 확인하기는 어렵다. 이 이야기가 사실이든 아니든 중종은 조강지처였던 신씨에 대해 평생 미안한 마음을 갖고 있었음을 짐작할 수 있다.

중종이 죽고 난 뒤 즉위한 인종은 승정원에 신씨가 사는 집을 돌보도록 명했다. 인종은 "폐비 신씨가 사는 사제에 전에는 내관을 보내지 않고 아랫사람이 대접하는 도움도 없었으므로 매우 미안하니, 이제부터는 폐비궁이라 부르고 모든 일을 자수궁의 예와 같게 하라"고 했다.(인종 1년 4월 6일 무술) 신씨의 복위에 가장 걸림돌이 되었던 존재가 바로 인종이었다. 인종 역시 이를 모를 리 없었다. 인종은 신씨의 위상과 대우를 높여 선왕의 후궁과 같게 했다. 자수궁은 문종이 즉위하면서 태조의 7째 아들 무안군(撫安君) 방번의 옛집을 수리하여 세종의 후궁들을 거처하게 한 별궁이다.[47] 평민으로 지내던 신씨를 선왕의 후궁과 같게 대우했다.

신씨는 강제이혼당하고 사가에서 홀로 살다가 명종 12년(1557) 12월 7일(병술)에 71세로 죽었다. 1506년 중종반정 이후 쫓겨난 뒤 51년을 홀로 살았다. 인종이 죽고 뒤를 이은 명종은 그녀가 죽자 왕후의 예로 장사지내도록 했다. 명종은 장생전의 관곽을 내리게 하고 또 특별히 부의를 보냈다. 장생전 재궁을 특별히 내려 왕비 어머니의 예에 의하여 염습하고 1등 예로 호상(護喪)하게 했다. 그리고 명종은 신씨가 원한대로 친정 조카인 신사원에게 특별히 상주가 되어 제사

---

47 한희숙, 2019, 「조선시대 선왕 후궁에 대한 처우와 궁가(宮家)의 변천」 『여성과 역사』 30.

를 받들도록 명했다.(명종 12년 12월 7일 병술, 폐비 신씨 졸기; 『연려실기술』 권7, 「중종조 고사본말」, 왕비 신씨의 폐위와 복위의 본말) 인종과 명종에게 신씨는 아버지 중종의 첫 부인으로서 모후와 같은 위상을 가졌다. 자신들의 모후가 신씨를 대신하여 왕비가 되었기 때문에 신씨에 대한 부채 의식이 없지 않았을 것이다. 그들은 신씨를 특별히 예우해 주었다.

신씨의 제사는 친정 조카 신사원이 맡아 지냈지만 이후 제사가 폐해지게 되었다. 이 소식을 들은 현종은 13년(1672)에 신씨의 신주를 신씨 본 손의 집으로 옮기고 제수를 내려주며 묘지기 7호(戶)를 두게 했다.(『국조기사(國朝記事)』) 제사는 신수근의 5세손인 현령 신희(愼熹)의 집에서 지내도록 했다.(『연려실기술』 권7, 「중종조 고사본말」, 왕비 신씨의 폐위와 복위의 본말)

쫓겨난 지 233년 만에 이루어진 신씨의 추복

중종 10년(1515) 박상의 신씨 복위 상소를 마지막으로 신씨 복위 문제는 더 이상 거론되지 않았다. 신씨의 존재감은 그냥 역사 속에 묻혀버리는 듯 했다. 그러나 숙종 24년(1698)에 들어 단종의 복권 문제와 함께 다시 거론되었다. 숙종 24년 9월 30일(신축)에 전 현감 신규(申奎)는 노산군의 왕호를 추복할 것과 아울러 폐비 신씨의 위상과 시호를 추복할 것을 청했다.

> 신은 중종의 폐비 신씨의 일에 대하여 더욱 가슴 아프게 슬퍼하고 있습니다. … 부인 신씨는 배필이 된 지 여러 해였으나, 곤범(壼範)에 결함이 없어 곤위(壼位)에 올라, 명분이 올바르고 의리에 순응하여 왕후의

높은 자리에 앉아 신민의 하례를 받았으므로, 종묘사직에 주인이 있고 나라 사람들이 기대를 했었는데, 원훈이었던 박원종 등은 다만 자신들의 문제만 생각하고 대의를 돌보지 않고서 종사의 계획을 핑계 삼아, 정청(庭請)의 논의를 주도하여 임금을 협박해서 마침내 폐출시키고 말았습니다. … 김정과 박상은 군자였습니다. 장경왕후가 돌아갔을 때 상소하여, 박원종 등이 임금을 협박한 죄를 거론하며 신씨가 죄 없이 폐출당한 사유를 극진하게 말하여 위호를 회복할 것을 아뢰었는데, 그 말이 엄격하고 강직하여 오늘날 읽어보아도 오히려 늠름한 생기가 있습니다. 아깝게도 그렇게 광명정대한 논의도 당시의 모순된 의논에 의해 막혀서 시행되지 못했으니, 신은 매우 애통하게 여깁니다. … 신의 어리석은 생각으로서는 신씨를 추복하는 일은 늦출 수가 없다고 여깁니다. …

"(『숙종실록』 권32, 숙종 24년 9월 30일 신축)

숙종 24년은 폐위되었던 인현왕후가 복위되고, 후궁으로 왕비가 되었던 장씨가 폐위되는 갑술환국(숙종 20년)이 일어난 지 얼마 되지 않은 시기였다. 신규는 인현왕후가 복위되는 것을 기회로 신씨의 추복을 주장했다. 신규의 이러한 상소가 있자 숙종은 10월 23일(갑자)에 종친과 문무백관들을 모아, 노산군과 폐비 신씨의 위호를 추복하는 일에 대해 논의했다. 그러나 이때는 단지 단종만 복권되고 신씨는 추복되지 못했다. 『예경(禮經)』에서 이른바 '폐출된 자는 거행하지 말라'고 한 것과 '크게 억울함이 있어도 감히 마음대로 높여줄 수가 없다'고 한 명분 때문에 신씨는 추복되지 못했다.(숙종 24년 10월 24일 을축) 이때 신씨가 복위될 수 없었던 이유는 선왕의 폐비를 후세가 함부로 추복할 수 없다는 기본 원칙도 있었지만, 당시 인현왕후의 복위와 아울러 희빈 장씨의 폐비가 이루어진 지 얼마 되지 않은 복잡한 상황 때문이었다. 숙종은 신씨의 복위 문제에 신중할 수밖에 없었다. 중종이 직접 신씨를 폐비시켰던 사건이고, 김정·박상의 상소 이후 2백 년 가까이 논의되지 않았던 문제였으며, 숙종 본인도 폐비와 복위를 명한 당사자로서 무리하게 신씨의 추복을 추진하려는 의사가 없었던 것 같다.[48] 그녀의 무덤은 여전히 '신씨지묘(愼氏之墓)'였고, 위패는 종묘에 모셔지지 못했다. 대신 숙종은 폐비 신씨를 위하여 사당을 세우라고 명한 뒤에 시를 지어 해창위(海昌尉: 현종의 셋째 딸 명안공주의 남편 오태주)에게 주었다.

○ 그 옛날엔 왕비로서 지존(至尊)의 짝이더니 / 昔在元妃配至尊
밤에 건춘문으로 나감에 백성들이 원통해 했네 / 建春夜出國人冤
슬픔과 한스러움에 어찌 추복의 의논이 없으랴만 / 惻怛那無追復義
어쩌나 이제 와서 임금 마음 알 수 없음을 / 柰玆不識聖心存

○ 사당 지어 신씨를 제사지냄이여 / 爲創新祠祭愼氏
천추에 바꾸지 않을 태상의 제사여라 / 千秋不替太常祀
의로움이란 본시 높여 받드는 마음에서 우러나는 것 / 義起本由尊奉心
사람들은 어째서 반드시 경사에서 증거하려 하나 / 傍人何必證經史
(『연려실기술』 권7, 「중종조 고사본말」, 왕비 신씨의 폐위와 복위의 본말)

이후 41년이 지난 영조 15년(1739) 3월 11일(정사)에 유학 김태남

---

48 한지희, 2018, 「조선 후기 신수근에 대한 재평가와 그 의미」 『국학연구』, 38.

(金台南)이 다시 신씨를 복위하자는 상소를 올렸다. 그 상소 내용은 앞서 신규가 올린 것과 같은 논지였다.

"… 아! 중종조의 폐비 신씨의 억울함은 지금까지 수백 년이 되었어도 인정이 어제 일처럼 억울하게 여기고 탄식하니, 인정이 이러하면 신리(神理)·천심(天心)도 따라서 알 수 있을 것입니다. 대개 당초에 폐위한 것은 한때의 뭇 의논이 핍박한 것에 지나지 않고 중종의 본의가 아니었는데, 이것은 본디 국사(國史)에 분명히 실려 있는 것이고 야사에도 상세히 적혀 있는 것입니다. …중종께서 정청에 대하여 비답하시기를, 「조강지처를 어떻게 하겠는가?」 하셨으니, 그렇다면 중종께서 사랑하여 차마 버리시지 못한 뜻을 이미 알 수 있습니다. 다만 훈신의 강청에 몰려서 은혜를 끊고 정을 끊으신 것은 부득이한 것이었습니다. ……' 하였습니다…. 신규의 상소에 이른바, '신씨의 폐출은 이미 중종의 뜻이 아니었으니 위호를 추복하는 것이 어찌 중종의 뜻을 잇기 위한 것이 아니겠습니까?' 한 것은 제대로 안 것이라 하겠습니다. … 바라건대, 성명(聖明)은 특별히 받아들이시어 빨리 유사(有司)에 명하시고 속히 복위의 예를 거행하게 하여 일국 신민의 희망에 부응하소서" 했다.(『영조실록』 권49, 영조 15년 3월 11일 정사)

이러한 상소에 따라 영조는 숙종 24년 신규가 신씨의 복위를 청한 상소문을 가져와 보고 복위의 뜻을 내비쳤다. 그리고 드디어 영조 15년 3월 28일(갑술)에 신씨의 시호를 단경(端敬)[49]이라 하여 종

---

49 '단'은 예를 지키고 의를 지키는 것을, '경'은 이른 아침부터 늦은 밤까지 공경하고 조심하는 것을 의미했다.

〔그림 22〕 단경왕후 온릉 정자각

(사진 출처: 국립문화재연구소)

묘에 고했다. 휘호는 공소순열(恭昭順烈)이라 하고, 능호는 온릉이라 고 했다. 신씨는 중종과 결혼한 지 240년, 쫓겨난 지 233년, 죽은 지 182년 만에 단경왕후란 시호를 얻고 위패가 종묘에 모셔졌다. 살아생전 왕비로 대접받지 못했으나 죽은 후 오랜 시간이 지난 뒤에야 역사의 저편에서 다시 살아나 왕비의 지위를 얻게 되었다. 살아서는 중종과 재결합할 수 없었지만, 죽은 뒤에 위패가 종묘에 모셔짐으로써 영혼만은 다시 함께 할 수 있게 되었다. 죄 없이 이혼당한 왕의 조강지처에 대한 뒤늦은 복권이 이루어졌다.

2

연산군의 딸 휘순공주의 이혼과 재결합

부마 구문경과의 혼인

휘순공주(?~?)는 조선의 제10대 왕 연산군과 거창군부인 폐비 신씨의 장녀로 태어났다. 출생 연도와 사망 연도는 정확하지 않다. 그 이유는 폐위된 왕의 딸이기 때문이다. 그러나 할아버지 성종의 묘지문에 "금상 전하(연산군)가 우의정 신승선의 딸을 맞이하여 비로 삼아서 2녀를 탄생했는데, 모두 어리다."(『성종실록』 권297, 성종대왕 묘지문〔誌文〕) 라고 기록된 것으로 보아 성종이 죽기 전에 태어났음을 알 수 있다.

연산군은 12살인 성종 19년(1488)에 신승선의 딸을 세자빈으로 맞아들였다. 성종이 죽은 25년에 이미 둘째 딸이 어리다고 한 것으로 보아 휘순공주는 대략 성종 21년(1490)~23년(1492) 사이에 태어났을 것으로 짐작된다.[50] 휘순공주의 이름은 수억(壽億)이며, 혼인한 이후 휘신공주로 봉호를 바꿨다. 그러나 『조선왕조실록』에는 휘순공주라는 표현이 조금 더 많이 나온다.[51]

휘순공주의 외할아버지는 영의정 거창부원군 신승선이고, 외할머니는 세종의 4남 임영대군의 딸 중모현주 전주이씨이다. 친가나 외가나 모두 세종의 피가 흐르고 있었다. 중종반정 후 쫓겨난 신수근의 딸이자 중종의 첫 부인이었던 단경왕후와는 외사촌지간이다.

연산군은 신씨와의 사이에 휘순공주, 공주(일찍 죽음), 폐세자 황(1498~1506), 창녕대군 인(1501~1506) 등을 두었다.[52] 휘순공주의 가족관계를 보면 〈도 18〉과 같다.

휘순공주는 아기 때에는 어머니 처소나 그 가까이에서 유모를 통해 양육되었고, 점차 자라면서 다른 공주들과 마찬가지로 9세 이전에 봉작을 받았다. 공주로 봉작을 받은 이후에는 국가로부터 그에 따

---

50 국립고궁박물관, 앞의 책, 61쪽, [공주·옹주와 부마의 혼인 당시 연령차 일람표]에서는 '휘순공주는 성종 23년(1492)에 태어났다. 남편 구문경도 성종 23년생으로 공주와 동갑이다'라고 했고(전거는 없음), 전주이씨대동종약원, 『조선의 태실』 247쪽에서는 태어난 후 성종 24년(1493)에 태실을 만든 것으로 추정하고 있다. 연산군은 신씨와의 사이에 휘순공주와 둘째 딸, 폐세자 황, 창녕대군 성 등을 두었다.(『연려실기술』 권6, 「연산조 고사본말」에 의하면 '아들 넷과 딸 둘을 두었다. 첫째 아들 폐위된 세자 황(頊) 정사년(연산군 3년)에 났다. 폐주 9년 계해에 사자를 보내어 세자로 책봉했다. 연산군이 이미 폐위되니 세자도 폐위되어 정선으로 귀양갔다. 둘째 아들 인(仁)- 처음에 창녕대군으로 책봉했다가 뒤에 그 칭호를 깎아버렸다. - 딸 하나는 구문경에게 시집갔다. 처음에 능양위로 책봉했다가 뒤에 그 칭호를 깎아버렸다. 서자- 성(誠)은 처음에 양평군으로 책봉했다가 뒤에 그 칭호를 깎아버렸다.- 서자 돈수. 서녀는 신거홍에게 시집갔다'고 했다.) 창녕대군과 양평군의 이름이 서로 다르게 나타나고 있다. 『중종실록』 권1, 중종 1년 9월 24일(경자)조에는 '폐세자 이황(李頊)·창녕대군 이성(李誠)·양평군 이인(李仁) 및 이돈수(李敦壽) 등을 오래 두어서는 안 되니, 일찍 처단하소서'라고 기록되어 있다.

51 따라서 본 글에서는 휘순공주로 통일한다.

52 연산군의 자녀에 대해서는 김범, 2010, 『연산군 - 그 인간과 시대의 내면』 글항아리, 13쪽, 「연산군 계보」 도표 참고.

〈도 18〉 휘순공주의 가계도

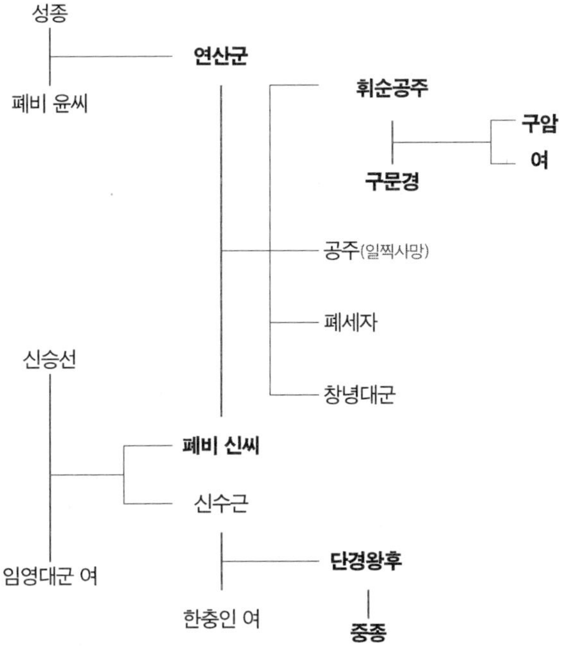

* 『선원계보기략』, 『연산군일기』, 『중종실록』 참고

른 경제적 지원을 받았다.

휘순공주는 연산군 8년(1502)에 구수영의 넷째 아들 구문경과 혼인했다. 휘순공주는 10~11살 정도에[53] 혼인을 한 것으로 보인다. 부마 간택은 혼인에 앞서 연산군 7년에 이루어졌다. 구문경은 부마 간택이 끝난 연산군 7년 윤7월에 혼인에 앞서 숭덕대부 능양위로 임명되었다.(연산군 7년 윤7월 3일 기묘) 연산군은 다음 해 1월 12일(을유)에 '능양위의 길례에 써야 하니 좋은 서대(犀帶: 조선의 1품의 관리가 허리

53 국립고궁박물관, 앞의 책, 2012년도 국립고궁박물관 학술용역 결과 보고서, 『조선 왕실 공주와 옹주의 생활』, 63쪽 〔공주 옹주 혼인 당시 연령 일람표〕에 의하면 연산군 8년(1502)에 11세로 혼인한 것으로 파악했다. 만으로는 10살이다.

에 두르던 띠. 무소의 뿔로 만든 장식물을 붙였음) 1개를 사서 들여보내라'고 했다. 그리고 3월 12일(갑신)에 구문경의 아버지이자 휘순공주의 시아버지가 될 구수영을 숭정대부 지돈녕부사로 임명했다. 휘순공주는 연산군 8년 1월~3월 즈음에 혼인을 한 것으로 추측된다.

공주의 혼인은 예조와 종부시에서 주관했다. 부마 간택 후 왕녀의 혼인 절차는 성종대 완성된 『국조오례의』 서례 권3, 가례 「왕녀의 하가의(下嫁儀)」에 자세히 규정하고 있다. 꽤 절차가 복잡한데 이를 간단히 정리해 보면 〈표 12〉와 같다.

〈표 12〉 『국조오례의』 가례, 왕녀하가의

행사	간략한 주요 내용	
납채(納采)	사자는 치사에서 "조정의 은택으로 배우자를 모관(某官)의 아들 모관(某官)에게 주시니 선인의 예에 따라 아무개를 시켜 납채하기를 청합니다"라고 한다.	
납폐(納幣)	폐백은 명주 또는 베를 쓴다. 검은 것 3개, 분홍 2개로 한다.	
친영(親迎)	행사 하루 전	공주 집에서는 사람을 시켜 사위의 방을 꾸며 놓는다. 이불과 요는 명주와 무명을 쓴다. 병풍·자리·장·만 등은 사위집에서 준비하여 늘어놓는다.
	행사 당일	공주 집에서는 막차를 밖에 설치한다. 이에 앞서 사위는 대궐에 간다. 공복을 갖추어 입고, 사배례를 행한다. 집으로 돌아온다.
동뢰(同牢)	행사 당일	사위 집에서는 방안에 깔개(席) 두 자리를 동쪽과 서쪽에 마주 향하게 설치한다.
공주현구고(公主見舅姑)	행사 다음 날	공주는 일찍 일어나 성식(盛飾)을 하고 뵙기를 기다려 시부모에게 4배례를 행한다.
공주현사당(公主見祠堂)	행사 뒤 3일	주인은 향탁(香卓) 앞에 가서 무릎을 꿇고 며느리인 공주를 사당에 뵙게 한다.
서조현(壻朝見)	행사 뒤 4일	사위는 공복을 갖춰 입고 대궐로 가 왕과 왕비, 동궁의 처소에 가서 사배례를 행한다. 예를 마치면 공복을 벗고 차례로 종친의 모든 존장을 뵙는다.

휘순공주는 연산군 8년 초에 혼인한 뒤 대략 1년 정도 그대로 궁궐에서 살다가 이듬해 9년 3월 1일(무진) 이후 사가로 나가 살았다. 조선시대에는 어린 나이에 혼인을 올리는 왕녀나 왕자들의 경우, 혼

인 후 계례나 관례를 치르고 나서 왕의 허락을 받은 뒤 궁 밖의 살림집으로 나갔다. 중종의 9녀인 정신옹주의 묘갈명에는 '12세에 청천위(清川尉) 한경우(韓景祐)에게 하가했으나 나이가 어려 궁궐로 들어와 계례를 올린 다음에 궁 밖 사제에 사는 것을 허락했다'라는 기록이 보인다. 혼인은 했지만, 아직 부부생활을 하기에는 어렸기 때문에 부모와 같이 살았다.

그런데 공주도 결혼과 이혼에 있어서는 가부장의 뜻에 따라야 했다. 공주는 태어나 왕실에서 살았지만, 혼인 이후 시댁이나 독립해 살아가는 세월이 더 많았고, 시댁의 영향을 더 많이 받았다.

휘순공주의 남편 구문경은 본관이 능성으로 구수영(1456~1523)의 5남 5녀 중 4남이다. 구문경의 생몰년도 미상이다. 그가 몇 살에 휘순공주와 혼인했는지 명확하지 않다. 그 이유는 그가 폐위된 연산군의 사위였기 때문이다. 구수영의 2남 희경이 성종 19년(1488)생인 것으로 보아 그는 3~5년 후인 성종 22년~성종 24년 사이에 태어났을 것으로 추측된다. 나이는 휘순공주와 비슷했을 것이다. 『국조인물고』에 실린 구수영의 묘지명에는 구문경이 '먼저 죽었다'고 되어 있다. 아버지 구수영이 사망한 중종 18년(1523) 이전에 세상을 떠났다. 구문경의 가계를 간단하게 살펴보면 〈도 19〉와 같다.

구문경은 시조인 면성부원군 구예의 후손으로 강원도부원수를 지낸 구성로의 고손이다. 증조할아버지는 공주목사 구양이고, 할아버지는 지중추부사 구치홍이다. 구치홍은 세조 13년(1467) 이시애의 난 당시 종사관으로 난을 평정하는 데 공을 세웠으며, 이후 강릉대도호부사, 동지중추부사를 역임했다. 구치홍은 좌랑 송계후의 딸 진천 송씨와 결혼하여 수종, 수영, 수장 등 3아들을 두었다.(『국조인물

〈도 19〉 휘순공주의 남편 구문경의 가계

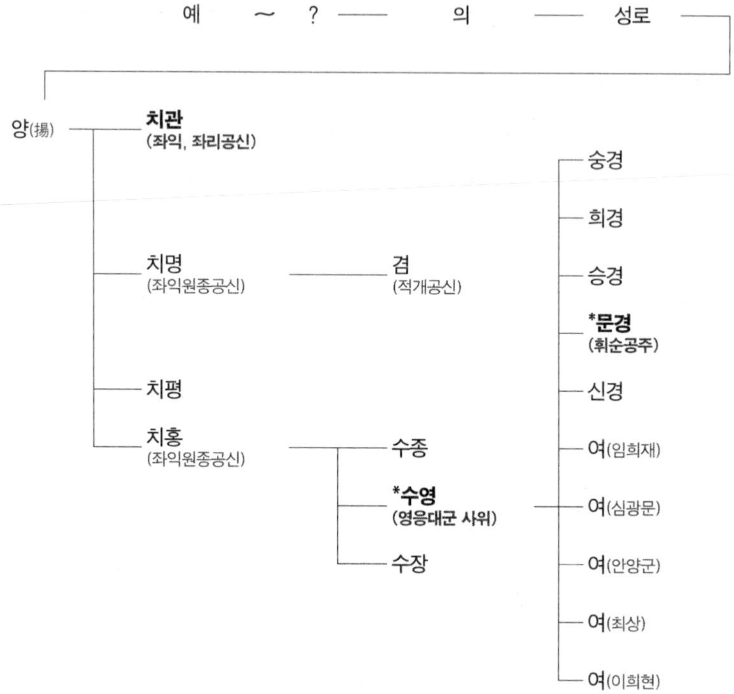

* 『능성구씨세보』 및 『씨족원류』, 『국조인물고』 구수영 참고

고』 구수영) 특히 종조부가 되는 구치관은 세조대 영의정을 지낸 인물로 세조 즉위 시 좌익공신 3등과, 성종대 좌리공신 2등에 녹훈된 바 있다.[54] 또 구치명도 좌익원종공신이고, 구치홍도 좌익원종공신으로 세조의 즉위에 형제들이 함께 참여하여 공신이 되었다. 또한 구치명의 아들 구겸은 이시애의 난에 공을 세워 적개공신이 되었다. 구문경 가문은 세조, 성종대에 걸쳐 여러 명의 공신을 배출한 공신 집안

54 구치관에 대해서는 석창진, 2017, 「朝鮮 前期 綾城 具氏 家門의 展開와 具致寬의 위상」 『한국사학보』 69 참고.

이었다.

시아버지 구수영은 어떤 인물일까. 구수영은 세조 2년(1456) 12월에 출생하여 중종 18년(1523) 12월에 68세로 죽었다. 그의 생애와 이력에 대해서는 『국조인물고』와 『조선왕조실록』에 비교적 자세히 적혀 있다. 그는 12세에 세종의 적8남 영응대군의 딸인 길안현주와 혼인했다.(세조 13년 1월 29일 병신) 구수영은 세종의 손녀사위였다. 휘순공주의 어머니 폐비 신씨와는 처가 쪽으로 5촌간이고, 폐비 신씨와 사위 구문경은 6촌간, 휘순공주와 구문경은 외가 쪽으로 7촌간이 된다. 이들의 혼인 관계를 도표화해 보면 〈도 20〉과 같다. 구문경이 휘순공주와 혼인하게 된 데에는 이러한 집안의 배경이 작용했다.

〈도 20〉 휘순공주와 구문경의 혼인관계도

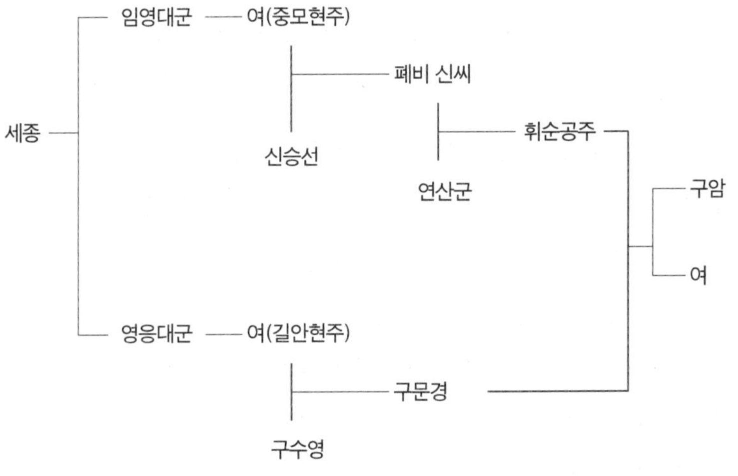

* 『선원계보기략』, 『세종실록』, 『연산군일기』 참고

구수영은 영응대군의 사위가 된 뒤 세조의 총애를 많이 받았다. 세조는 동생 영응대군을 매우 사랑했고, 영응대군과 그 전처인 송씨가

재결합하는데 많이 기여했다. 세조는 조카사위가 된 구수영을 특별히 선략장군 부호군으로 제수했다. 이후 예종이 즉위한 뒤에도 은총을 입어 예종 원년(1469) 10월에 절충장군에 올랐다. 성종 즉위 후 동지중추부사를 거쳐 곧 지중추부사에 올랐다.

왕가의 사위가 된 구수영은 장모인 영응대군의 부인 여산송씨의 적극적인 후원으로 성종의 신임을 받았다. 구수영의 장모 송씨는 영응대군과 결혼했지만 얼마 되지 않아 병이 있다 하여 시아버지 세종에 의해 쫓겨났었다. 이후 영응대군은 다시 해주정씨에게 장가들었지만, 송씨를 그리워한 나머지 세종이 죽자 정씨를 내쫓고 다시 송씨와 재결합하여 2녀를 낳았다. 그중 한 딸이 구수영과 혼인하였고, 한 명은 일찍 죽은 것으로 보인다. 송씨는 단종의 장인이 되는 송현수의 누이로 단종비 송씨의 고모였다. 영응대군이 세조 13년에 33살의 나이로 죽은 뒤 송씨는 많은 재산을 가지게 되었고, 성종에게 큰집을 바치기도 했다.(성종 2년 7월 24일 을미)

송씨는 하나밖에 없는 사위 구수영의 출세를 적극적으로 도왔다. 구수영이 아버지의 담제(禫祭)를 마친 성종 7년 4월에 송씨는 성종에게 종친부·의정부·육조·충훈부의 당상 및 2품 이상의 재상을 불러 잔치를 벌이고 싶다고 청했다. 성종은 당직하는 승지 외에는 가보도록 허락했다. 그러나 좌승지 이극기 등은 공적인 잔치가 아니므로 종친은 가도 좋지만, 온 조정의 재상들이 모두 가는 것은 옳지 않다며 사양했다. 이에 성종은 여러 말하지 말고 가보라고 명했다. 아울러 이극기와 우승지 임사홍·동부승지 홍귀달에게 술을 가지고 가게 했다.(성종 7년 4월 26일 기해) 이같이 구수영이 부친의 담제를 마치자마자 장모 송씨가 대신들을 모아 연회를 베풀려고 한 것은 사위의 출세를 위해서였다. 그리고 성종은 적극적으로 송씨의 청을 받아들였다. 송씨는 종친부인으로 성종의 종조모이기도 했다. 성종과 구수영의 처 길안현주는 5촌간이었다.

또한 성종은 구수영의 집에 들르기도 했다. 이에 대신 최한정은 구수영은 일개 어린 신하인데, 임금이 무엇 때문에 몸소 가보냐며 비판했다. 그러나 성종은 구수영을 위한 것이 아니고, 세조 때부터 송씨를 매우 후하게 대우했기 때문에 지나다가 들른 것이지 일부러 간 것은 아니라고 변명했다.(성종 7년 5월 11일 계축) 하지만 성종이 직접 영응대군 부인 송씨의 집에 행차하여 구수영을 만났음을 짐작할 수 있다. 구수영은 장모 송씨의 후원과 성종의 신임을 바탕으로 중앙정계에서 활동 범위를 넓혀 나갔다.

구수영은 성종 16년 윤4월 5일(을유)에 자헌대부 지돈녕부사가 되었고, 성종 19년 윤1월 26일(신묘)에는 세자빈(연산군 부인 신씨) 책봉례를 행할 때 책빈사인 영의정 윤필상과 함께 부사 임무를 수행했다. 성종 24년 10월에는 상의원 제조가 되었다.(성종 24년 10월 9일 경오)

그러나 구수영이 중앙정계에서 크게 두각을 나타낸 것은 연산군이 왕위에 오른 이후부터였다. 구수영은 연산군이 즉위하자 연산군 1년 6월 고명사은부사가 되어 우의정 정괄과 함께 중국에 가서(연산군 1년 6월 20일 신미) 고명을 받아왔다. 구수영은 연산군의 뜻에 잘 영합하여 승진이 빨랐다.(연산군 3년 4월 14일 을유) 연산군이 사치하고 절제가 없음에도 불구하고 상의원제조 홍상과 함께 왕의 뜻을 잘 받들어 의복이나 수레 등을 자주 바치며(연산군 3년 4월 14일 을유) 비위를 잘 맞추었다. 이후 연산군 4년 6월 14일(기묘)에 사직서 제조가 되었고, 다시 도총관을 역임했으며, 판의금부사, 장악원 제조, 한성부 판윤 등을 지냈다. 이때 대간들이 부적당하다고 탄핵했으나 오히려 판돈녕부사로 승진되었고, 이듬해에는 판의금부사가 되었다. 구수영에 대한 연산군의 신뢰는 매우 컸다.

연산군의 비위를 잘 맞췄던 구수영은 결국 연산군 7년에 아들 구문경을 휘순공주와 혼인시켰다. 연산군과 사돈이 된 이후 더욱 출세 가도를 달렸다. 연산군 8년 3월에 구수영은 숭정대부 지돈녕부사가 되었다. 이에 대해 사신은 '구수영은 용렬한 무리인데 영응대군의 사위이므로 현달한 벼슬에 오르고, 그 아들 구문경도 공주에게 장가들어 궁중에 연줄을 달아 세력이 한때를 뒤덮었으며, 성질이 약삭빠르고 영리하여 임금의 뜻에 영합하고 아첨하기를 잘하며 남몰래 미인들을 바쳐 총애를 굳힘으로써 특별히 1품으로 승진되니, 사람들이 더욱 비루하게 여겼다'(연산군 8년 3월 12일 갑신)고 논했다. 또 사헌부 지평 유응룡도 '구수영이 영응대군의 사위로서 이렇다 할 재주와 덕이 없이 정헌대부에 제수된 것도 분에 넘치는데, 또 특별히 1품으로 승진시킨 것은 너무도 온당치 않으니 개정하라'고 했다. 그러나 연산군은 들어주지 않았다.(연산군 8년 3월 13일 을유) 구수영은 대군의 사위로서 왕의 뜻에 아부하여 높은 지위와 권세를 획득하였다. 구수영에 대한 연산군의 신뢰와 총애는 매우 컸다. 중종대 죽을 때까지 구수영의 관력을 정리해 보면 〈표 13〉과 같다.

〈표 13〉 휘순공주의 시아버지 구수영의 관력

년도	나이	관직	비고
세조 2년(1456)	0	출생	
예종 원년(1469)	13	절충장군, 부호군	영응대군 사위
성종 원년(1470)	14	가선대부, 동지중추부사	
성종 2년(1471)	15	가정대부	

년도	나이	관직	비고
성종 6년(1475)	19	첨지중추부사, 자헌대부	
성종 8년(1477)	21	지중추부사	
성종 9년(1478)	22	지중추부사. 여러 관사의 제조를 여러 번 역임, 도총관	도총관 13회
성종 16년(1485)	29	지돈녕부사	
성종 23년(1492)	36	귀후서 제조	
성종 24년(1493)	37	도총관, 상의원 제조	
연산군 4년(1498)	42	사직서 제조	
연산군 7년(1501)	45	정헌대부, 지돈녕부사	
연산군 8년(1502)	46	숭정대부 판돈녕부사, 사복시 제조	휘순공주를 며느리로 맞이함
연산군 9년(1503)	47	판의금부사	
연산군10년(1504)	48	소혜왕후 산릉도감제조	
연산군 11년(1505)	49	장악원 제조, 수화감조당상, 상의원 제조, 사복시 제조, 연방원 제조, 숭록대부	
연산군 12년(1506) 중종 1년	50	한성부판윤, 팔도도관찰사, 경기순무사, 경기감사겸 제도통찰사 개성유수, 병충분의익운정국공신 2등, 보국숭록대부, 능천부원군. 영경연사	중종반정
중종 4년(1509)	53	능천부원군. 대간들의 탄핵을 받고 파면당함	
중종 5년(1510)	54	정헌대부, 다시 능천군에 서용	파직 후 평구의 강촌에 은둔함
중종 19년(1524)	68	68세로 죽음	

* 『국조인물고』 및 『조선왕조실록』 참고.

구수영은 본처에게서 5남 5녀를, 첩에게서 3남 2녀를 낳았다. 이 중에 본처 소생인 5남 5녀 중 3녀를 성종의 아들인 안양군에게 출가시켜 왕실과의 혼맥을 구축했고(성종대왕 묘지문), 4남인 구문경을 휘순공주와 혼인시켜 다시 왕실과 혼인 관계를 맺었다. 또한, 맏딸 구순복은 성종의 사돈인 임사홍의 아들 임희재와 혼인시켜 임사홍과도 사돈이 되었다. 임사홍과 사돈 관계를 맺은 후 함께 연산군의 비위를 맞추는데 몰두했다. 이외에도 정희왕후 집안인 윤보와 휘순공주의 외삼촌인 신수겸과도 사돈이 되었다. 이러한 구수영 자녀들의 혼인 관계를 보면 〈표 14〉와 같다.

〈표 14〉 구수영 자녀들의 혼인 관계

	자녀	며느리·사위	비고
본처 소생 5남 5녀	구숭경	파평군 윤보 딸	먼저 죽음
	구희경	유수 신수겸의 딸	
	구승경	익산군수 권자균의 딸	먼저 죽음
	*구문경	연산군의 딸	먼저 죽음
	구신경	예빈시정 이균의 딸	
	맏딸	임사홍의 아들 임희재	
	2녀	심광문	
	3녀	안양군 이항	
	4녀	최상	
	5녀	이희현	

* 『국조인물고』 구수영, 구수영의 묘지명 참고

이같이 구수영은 왕실 또는 왕실의 척신들과 거듭 사돈 관계를 맺어 가문의 지위를 높였다. 그리고 이들과 함께 연산군의 비위를 맞추며 절대적인 신뢰와 총애를 받았다.

딸 혼인을 위한 연산군의 막대한 경제적 지원

연산군 8년에 휘순공주가 혼인하게 되자 연산군은 공주에게 살 집을 새로 지어 주었다. 그뿐만 아니라 많은 경제적인 혜택을 주었다. 일단 연산군은 휘순공주를 혼인시킨 후 1년 이상 궁궐에 데리고 사는 동안 나가 살 집을 지어 주었다.

왕녀나 왕자들은 결혼하게 되면 궁궐을 나가 살아야 했기 때문에 살 집이 필요했다. 왕은 자녀에게 집을 마련해 주거나 살 수 있는 비용을 주었다. 왕도 부모였기 때문에 자녀들의 혼사에 큰 비용을 들여 자녀들의 경제적 기반을 마련해 주었다. 세종은 풍속이 사치하고 분수에 지나치게 넘치는 것을 싫어하여 집의 규모를 제한하는 간각(間閣)제도를 세웠다. 대군은 60칸, 공주·왕자는 50칸, 종친·문무관 2품 이상은 40칸, 3품 이하는 30칸, 서인은 10칸으로써 정하고 그 규정을 넘고 제도에 지나친 집은 철거하게 했다.(세종 22년 7월 27일 정묘, 30년 12월 14일 병인)

그러나 문종은 유일한 딸인 경혜공주를 위해 큰 집을 지어 주었고, 이후 왕들도 대군과 공주에게 큰 집을 지어 주었다. 그런 만큼 그 규정은 잘 지켜지지 않은 듯 '공주의 집은 60칸을 넘지 못하도록 정했지만, 땅을 점유하는 것은 제한이 없었기 때문에, 집의 규모가 광활하여 궁궐과 같다'는 비판도 있었다.(성종 8년 12월 9일 임인) 왕자와 왕녀의 집은 그 어느 집보다도 크고 웅장했다. 성종대 완성된 『경국대전』에는 집을 조성하는 대지의 지급은 대군과 공주는 30부, 왕자군과 옹주는 25부로 규정되어 있다. 또 『경국대전』에 규정된 집의 규모는 대군은 60칸, 왕자군이나 공주는 50칸, 옹주나 종친, 2품 이상의 문무관은 40칸으로 되어 있다.(『경국대전』 권2, 호전)

그런데 연산군은 휘순공주의 집을 지어 주는데 특별히 더 신경을 썼다. 연산군은 8년(1502) 1월에 선공감 제조와 내관 김자원, 공주의 시아버지 구수영을 시켜 감독하게 하고 집을 짓는 곳 부근의 민가를 살펴보도록 했다.(연산군 8년 1월 8일 신사, 9년 3월 6일 계유) 그리고 휘순공주의 집을 짓는 곳에 선공감 제조가 때때로 가서 감독하되, 지체시키거나 부실 공사를 할 경우 그 죄를 다스릴 조항을 마련하여 아뢰라고 했다.(연산군 8년 4월 13일 갑인)

하지만 휘순공주의 집을 짓는 공사가 부당하다는 상소가 자주 올라왔다. 당시 가뭄과 흉년으로 백성들의 생활이 어렵기 때문에 토목공사를 중지할 것을 요청했다.(연산군 8년 5월 15일 병술) 그러나 연산군은 상소를 무시하고 휘순공주의 집 상량에 지원할 면포 80필과 생초 1필을 내려 주었다.(연산군 8년 6월 10일 경술) 그리고 오히려 집 짓는 공사를 빨리 마칠 것을 명했다.

> 전교하기를, "휘순공주의 집은 일이 매우 쉬우니 마땅히 빨리 역사를 마치도록 하라. 만약 금년에 마치지 못하고 내년 봄에 이르면 봄 날씨는 항상 가물기 쉬우니, 언사(言事)하는 사람이 반드시 이것을 구실로 삼을 것이다. 성종 때에도 일찍이 집을 건축하는 공사를 했는데, 그때 대간들이 비록 이를 발언하기도 했지마는 어찌 오늘날과 같이 심했겠는가? 지금은 조그마한 행동이 있어도 문득 불가하다고 말하며, 반드시 생각하기를, 어린 임금이 위에 있어서 논계하면 반드시 정지하기를 명할 것이라고 여기면서, 임금에게 한 가지 일도 시작하지 못하게 하니, 이런 풍습을 조장시킬 수는 없다."라고 했다.(『연산군일기』 권45, 8년 8월 5일 갑진)

연산군은 휘순공주의 집을 빨리 짓도록 명하면서, 날이 갈수록 자신의 행동을 제약하는 대간의 심한 간쟁에 대해 매우 불쾌한 입장을 보였다. 그는 대간들이 자신을 어린 왕이라 업신여기면서 어떤 일도 못하게 하는 풍습을 조장하고 있다고 비판했다. 이런 말은 당시 대신들 사이에 왕을 업신여기는 풍조인 능상지풍(凌上之風)이 있음을 지적한 것이다.

대간들은 휘순공주의 집을 지어 준 것에 대해 계속 비판했다. 연산군 8년 11월 23일(임진)에 장령 김천령은 여러 왕자와 공주의 집을 그전에는 국가에서 지어서 주다가, 그 후에 경비 소모가 많다고 하여 값을 주어 자신들이 짓도록 했는데 지금 별도로 휘순공주의 집을 짓도록 명하니 선왕 때의 여러 왕자(군)와 옹주의 경우와 아주 다르다며 비판했다. 그러자 연산군은 '여러 왕자(군)와 옹주의 집도 마땅히 지어 주어야 하겠으나, 폐단이 있어 값을 준 것이고, 진성대군에게도 일찍이 집을 지어 주었는데, 대군과 여러 왕자(군)는 차이가 있으며, 공주는 대군과 같은 신분이므로 집을 지어 주도록 명한 것'이라며, 딸을 아들과 차별하지 않겠다는 의지를 표명했다.

나아가 연산군은 9년(1503)에 이미 지어진 휘순공주의 집이 좁다고 하여 다시 넓히고자 승지 허집과 판돈령 구수영을 보내 휘순공주의 새집 부근에 더 헐 곳을 살펴보게 했다. 허집 등이 헐어야 할 집 수십 채를 아뢰자 연산군은 값을 주고 철거하도록 했다.(연산군 9년 3월 6일 계유) 이에 사헌부 지평 권헌 등은 공주의 가옥을 다 지어놓고서 또다시 새로운 집을 짓는 일로 인해 초래될 백성들의 괴로움을 아뢰며, 궁실의 지나친 사치를 경계했다.(연산군 9년 3월 7일 갑술, 3월 9일 병자) 연산군이 지어 준 휘순공주의 집은 법적 규정을 훨씬 넘겼다. 하지만 연산군은 대간들의 반대에 대해 불만을 토로하면서 이 같은 민가 철거는 성종 때부터 있던 일이라며 자신의 생각을 철회할 뜻이 없음을 분명히 했다.(연산군 9년 3월 16일 계미)

이렇듯 연산군은 혼인하는 휘순공주의 집을 축조하는 데 자신의 뜻을 강하게 밀고 나갔다. 공주의 집을 짓는 장인들에게 베를 상으로 주는가 하면(연산군 9년 12월 8일 신축) 평시서(조선시대 시전과 도량형, 물가

등에 관한 일을 관장하던 관서)가 휘순공주의 집 옆에 있어 넓히는 데 걸림돌이 되자 그곳을 공주에게 주고 평시서는 다른 곳으로 옮기게까지 했다.(연산군 10년 8월 20일 정축) 휘순공주의 집을 짓고 넓히는 일에 거리낌이 없었다. 이 이후에도 죄인 임희재의 집과 윤필상 첩의 집을 휘순공주에게 내려 주었다.(연산군 11년 1월 5일 신묘) 또한 휘순공주의 두 집이 금표 안에 들게 되자 그 값으로 면포와 정포를 합쳐 5천 필을 주게 했다.(연산군 11년 11월 20일 신축, 11년 11월 28일 기유) 연산군의 총애와 거듭된 하사로 휘순공주의 집은 여러 채였고 그 규모도 규정 이상으로 매우 컸다. 딸 휘순공주에 대한 연산군의 경제적 지원은 법을 뛰어넘었다.

이러한 연유로 이후 중종반정 직후에 사헌부에서는 전일 휘순공주의 집을 지을 때 감독했던 신극성을 파직하라고 청했다. 그가 휘순공주의 집 주변 인가를 넓게 철거하여 극도로 사치하며 폐단을 만들었다는 이유에서였다. 중종은 신극성을 파직시켰다.(중종 1권, 1년 9월 16일 임진)

공주는 결혼하면 집뿐만 아니라 왕녀의 신분으로 평생 편안한 생활을 할 수 있도록 토지와 노비, 땔감 등을 제공받았다. 『경국대전』에는 공주에 대한 토지 분급 규정이 없지만, 대군은 225결, 군은 180결이 분급된 것으로 보아 공주에게도 이에 상응하는 경제적 혜택이 지급되었을 것으로 보인다.[55]

연산군도 휘순공주의 혼인에 집 마련 외에도 많은 경제적 혜택을 제공해 주었다. 혼인 당시 많은 혼수〔빙재 聘財〕를 마련해 주었을 뿐

55 국립고궁박물관, 앞의 책, 『조선 왕실 공주와 옹주의 생활』, 94쪽.

아니라 이후에도 지속적인 혜택을 주었다. 모든 것이 다 기록되어 있다고 보긴 어렵지만 『연산군일기』를 통해 휘순공주의 혼인에 제공되었던 경제적인 혜택을 살펴볼 수 있다. 연산군의 재정 낭비와 사치를 보여주듯 휘순공주에 대한 혜택은 이루 헤아릴 수 없을 정도로 많이 기록되어 있다.

연산군은 8년 1월 12일(을유)에 사위인 능양위 구문경에게 하사하려고 몸집이 큰 숙마(熟馬) 20필을 궁궐 안으로 들여보내게 했다.(연산군 8년 1월 12일 을유) 그리고 같은 달 15일(무자)에는 휘순공주의 혼례 때에 쌀가루가 다 없어졌으니, 쌀 8백 석을 구수영의 집으로 보내라고 했다. 또 3월 19일(신묘)에는 휘순공주의 시할머니가 되는 송씨에게 면포 2백 필, 중미 50섬, 호초 1섬을, 구수영에게는 면포 1백 50필, 호초 1섬을 내려주었다. 그리고 5월 2일(계유)에는 휘순공주에게 줄 토지를 마련하도록 했다.

연산군은 휘순공주가 궁궐 밖으로 나갈 날짜가 가까워지자 합덕에 있는 제언을 내려주고 싶어 했다. 그러나 좌의정 성준이 합덕의 제언은 많은 백성들이 혜택을 입고 있으니 이를 빼앗아 줄 수는 없다고 반대했다. 또 예조판서 이세좌도 제언을 폐지하여 공주에게 주는 것은 옳지 않다고 하자 연산군은 공주에게 줄 토지를 예조에서 마련하도록 했다.

또 7월 26일(병신)에는 휘순공주가 결혼하여 궁을 나갈 때에 비단 50필을 내려주라고 했고, 10월 14일(계축)에는 호조에 명하여 쌀과 콩 각 1백 석을 특별히 내려주라고 했다. 또 멥쌀 3석을 내려주도록 했다가 멥쌀은 다만 공상에만 쓰는 것이지 아랫사람들에게는 쓸 수 없다는 승지들의 반대에 부딪혀 그만두었다.(연산군 8년 10월 29일 무진) 12월 21일(기미)에는 노비 60구를 주었고, 9년 3월 1일(무진)에는 휘순공주가 궁궐을 나가 살게 될 것에 대비하여 벼 8천 섬을 주도록 했다.

또 휘순공주가 궁궐을 나가 살게 된 이후에도 공주 집에 많은 경제적 지원을 해주었다. 10년 1월 24일(병술)에는 단천의 납철을 휘순공주의 집 종 10인에게 15개월 동안 캐서 불리게 하되 모두 세를 면제해 주었다. 또 10년 5월 10일(기해)에는 구수영에게 좋은 말 한 필을 주었고, 10년 7월 1일(기축)에는 휘순공주의 처소에 노비 2구를 주었으며, 10년 9월 3일(경인)에는 금표 안에 들어간 휘순공주의 땅값을 원하는 대로 주게 했다. 또 9월 22일(기유)에는 면포와 정포 각 2백 50필, 쌀 50석, 황두 20섬을 휘순공주에게 주었다.

연산군 11년(1505) 1월 16일(임인)에는 대비전에 쌀 1백 석을 진상하고, 휘순공주 처소에도 쌀 1백 석을 내려주고, 휘순공주의 노비와 토지는 모두 잡역을 면제해 주었다.(연산군 11년 11월 28일 기유, 12년 1월 18일 무술) 또 12월 4일(갑인)에는 사위 능양위 구문경에게 좋은 말 3필을 내려주었다. 12년 5월 15일(갑오)에는 모화관에 나가서 무과시험을 본 뒤 환궁할 때 휘순공주의 집에 들러, 쌀 1백 50석, 면포·정포 각 7백 50필, 좋은 말 1필을 내리고, 구수영에게도 좋은 말 1필을 내리고, 영응대군의 처 송씨에게 쌀 50석을 내렸다. 또 8월 2일(기유)에는 송씨에게 쌀과 콩 30석, 구수영의 처에게 50석을 하사했다. 이같이 연산군은 휘순공주의 시댁에도 많은 경제적 혜택을 내려주었다.

휘순공주에 대한 연산군의 총애와 경제적 혜택은 매우 컸다. 이와 같이 『연산군일기』에 휘순공주 혼인과 관련된 경제적 지원이 자세하게 기록되어 있는 것은 연산군의 사치와 낭비를 드러내기 위한 것으로 생각된다. 이 기록이 사실이라면 연산군은 조선의 왕 가운데 딸에게 가장 많은 혼수비용을 마련해 준 왕이 아닌가 생각된다. 휘순공주는 왕녀로서 그 누구보다 부유한 경제적 기반 위에서 혼인 생활을 시작했다. 그러나 휘순공주에 대한 여러 지원은 연산군이 폐위됨으로써 모두 중지되었고, 재산은 국가로 몰수될 위기에 처했다.

연산군의 폐위로 쫓겨난 휘순공주

연산군의 외동딸로서 성대한 혼례를 치렀던 휘순공주는 혼인한 지 불과 5년 만에 이혼당했다. 아버지 연산군의 뜻에 따라 정해 준 구문경과 혼인한 휘순공주는 시아버지 구수영의 뜻에 따라 남편과 강제로 헤어져야 했다.

사실 구수영은 연산군의 사돈으로 연산군의 비위를 맞추며 크게 출세했다. 그러나 연산군 10년(1504) 갑자사화 과정에서 임희재와 안양군 등 두 사위가 연산군의 비위에 거슬려 죽임을 당하고, 딸마저 종이 될 위기에 처해 속으로 불만이 많았다. 연산군은 구수영의 딸이 남편 임희재의 죄에 연좌되는 것을 피하도록 이혼시켰다.(연산군 10년 10월 25일 임오) 이것은 딸 휘순공주와 구수영을 배려해서였다. 그러나 곧 임희재를 능지처사하고 임희재의 처를 이혼시키도록 명한 것은 법에 부당하니, 즉시 관청에 노비로 정하고, 그 가산을 몰수하라고 했다.(연산군 10년 10월 28일 을유) 그러자 휘순공주가 적극적으로 나서서 시누이 구순복을 구하기 위해 연산군에게 간청했다. 연산군은 공주의 뜻을 받아들여 구순복을 특별히 놓아 주었다.(연산군

10년 12월 14일 경오) 노비가 되는 것은 면하게 해주었다.

또한 안양군 이항은 성종의 3남으로, 어머니는 귀인 정씨이다. 연산군은 생모 폐비 윤씨가 죽임을 당한 이유가 성종의 후궁인 정씨와 엄씨의 참소에 있다고 판단하여, 사건의 처리 과정에서 봉안군 이봉(귀인 정씨의 소생, 성종의 6남)과 함께 죽였다. 먼저 연산군은 안양군과 봉안군으로 하여금 생모 정씨를 때리도록 했는데, 봉안군은 자기 어머니인 줄을 알고 차마 때리지 못했으나, 안양군은 누구인지도 모르고 때려죽였다. 이후 연산군 10년(1504)에 제천에 안치되었다가 죽임을 당했다. 안양군의 노비와 땅, 재산은 모두 몰수했고, 구수영의 딸은 성종의 후궁 숙용 홍씨의 소생인 견성군에게 주었다. 구수영의 딸은 매우 치욕적인 수모를 당해야 했다.

구수영은 두 딸과 두 사위가 엄청난 비극을 당했지만, 그 이듬해에 장악원 제조가 되어, 흥청·운평·광희 등 전국의 많은 미녀 기생들을 모아서 연산군의 오락적 여흥을 도왔다. 그랬던 구수영은 연산군 12년 9월에 박원종 등이 중종반정을 도모하자 연산군을 배반하고 발 빠르게 반정군에 동참했다. 반정 당시 구수영에게 이 사실을 알린 사람은 친족인 구겸의 서자 구현휘였다.(『연려실기술』 권6, 「연산조고사본말」, 병인정국추대중종. 「구씨가승」) 구현휘는 성종 22년 허종이 여진족을 정벌할 당시 '만인적'이라고 불릴 정도로 씩씩한 힘을 자랑한 무장이었다. 구현휘는 반정군에 참여하면서 반정 사실을 미리 구수영에게 알려줬다.(중종 4년 윤9월 18일 정축) 구수영은 박원종 등이 반정을 일으킨다는 말을 듣자 연산군을 배신하고 즉시 훈련원으로 달려갔다. 여러 장수들은 그의 태도에 놀랐지만, 합류를 허락했다.(연산군 12년 9월 2일 기묘; 중종 1년 9월 2일 무인)

구수영은 먼저 운산군·덕진군과 함께 진성대군의 집에 가서 거사한 사유를 아뢴 다음 군사를 거느리고 호위했다.(중종 1년 9월 2일 무인) 이러한 공으로 정국공신 2등에 책록되고(중종 1년 9월 8일 갑신) 이어 보국숭록대부에 올라 능천부원군에 봉해졌다.(중종 1년 9월 13일 기축)

구수영은 연산군과 사돈 관계를 맺고 그의 방탕한 생활을 도왔지만, 중종반정이 일어나자 발 빠르게 반정군에 동조해 오히려 정국공신에 책봉되었다. 이러한 구수영의 행동에 대해 당시의 사관은 다음과 같이 비판했다.

○ 구수영은 영응대군의 사위이다. 폐조(연산군)를 만나 스스로 제집 여자 종을 골라서 궁중에 바치고 임금의 뜻에 아첨하여 제멋대로 작폐하니, 권세가 임금과 같아서 사람들이 미워했다. 반정 때에 여러 장수들이 그를 쳐서 죽이고자 하여 의논이 이미 결정되었는데, 그때 마침 구수영의 친족이 그 뜻을 구수영에게 누설하니, 구수영이 알고 먼저 여러 장수들의 회의하는 곳을 찾아갔다. 이 때문에 과연 죽이지 않고 도리어 정국의 공훈을 받게 되어, 당시의 사람들이 분하게 여겼다.(『중종실록』 권12, 5년 12월 26일 무신)

○ 구수영은 영응대군의 사위이고, 그 아들은 또 왕의 딸 휘순공주에게 장가들어, 아첨과 간사함으로 왕에게 총애를 받았다. 그는 미녀를 사방으로 구하여 바치니, 왕이 매혹되어 구수영을 발탁, 팔도도관찰사를 삼으니 권세가 중외를 기울였다. … 그리고 구수영은 당초 박원종 등이 거사를 했다는 말을 듣고, 즉시 훈련원에 달려가 여러 장수들을 보았다. 여러 장수들이 서로 돌아보며 놀랬지만, 벌써 와서 몸 바치기를 허락

했으므로, 마침내 공신에 참여할 수 있었다.(『연산군일기』 권63, 12년 9월 2일 기묘)

연산군의 총애를 받으며 권세를 누렸던 구수영은 중종반정이 성공하면 죽임을 당할 처지에 놓이게 되었다. 그러자 그는 재빠르게 연산군을 버리고 중종반정에 가담하여 공신에 오르며 지위와 목숨을 유지하기 위해 안간힘을 썼다.

연산군은 재위 12년(1506) 9월 2일(기묘)에 중종반정으로 폐위되어 교동현으로 귀양갔다. 부인 신씨도 당연히 폐비 되었고, 세자도 폐세자되었다. 반정 직후 바로 휘순공주와 구문경도 직첩을 빼앗기고 폐서인이 되었다. 또한, 반정 10일 후에 연산군이 휘순공주와 구문경에게 내려준 많은 재물과 집, 토지, 노비 등도 모두 국가로 몰수되었다.

정승 등이 아뢰기를, "구문경 부부는 이미 직첩을 거두고 폐하여 서인으로 만들었으니, 공주로 있을 때 지급한 물건 및 집과 토지·노비는 국가로 귀속시키는 것이 어떠합니까?" 하니, "그렇게 하라"고 전교했다.〔구문경은 구수영의 아들이요, 폐왕의 부마다.〕(『중종실록』 권1, 1년 9월 11일 정해)

연산군의 폐위로 휘순공주는 더 이상 공주의 신분이 아니라 죄인의 딸이 되었다. 반정으로 옹립된 중종은 정승들의 말을 따르지 않을 수 없었다. 휘순공주와 구문경 둘 다 공주와 부마의 지위를 박탈당했다.

이어 중종 1년 9월 24일(경자)에는 영의정 유순·좌의정 김수동·우의정 박원종·청천부원군 유순정·무령부원군 유자광·능천부원군 구수영과 정승들이 빈청에 모여 폐세자 이황을 비롯하여 창녕대군 이성·양평군 이인, 이돈수 등 연산군의 아들들을 모두 빨리 처단하라고 주장했다. 아울러 폐비 신씨가 선왕의 후궁과 함께 정청궁에 거처하는 것은 옳지 않으니 동대문 밖 광평대군의 집에 안치하자고 했다. 그러나 폐비 신씨는 친정인 신승선의 집으로 돌아가게 하고 연산군의 아들들은 모두 죽이도록 했다. 다만 딸인 휘순공주만 살아남았다.

그러자 다음날 시아버지 구수영은 조정에 연산군과 혼인 관계를 끊을 것을 청했다. 연산군이 폐위된 지 23일째 되는 날 구문경과 휘순공주의 이혼을 청한 것이다.

> 능천부원군 구수영이 아뢰기를, "신의 아들 구문경은 일찍이 폐왕의 부마가 되었는데, 이제 죄인의 사위가 되었으므로 마음에 미안하니 절혼(絶婚)하기를 청합니다" 하니, 정승에게 물으라고 전교했다. 유순·박원종이 아뢰기를, "과연 혼인 관계를 맺어서는 안 됩니다. 법에 칠거지악이 있으니 그의 청원을 따르는 것이 마땅합니다" 하니, "좋다"고 전교했다.(『중종실록』 권1, 1년 9월 25일 신축)

구수영은 며느리 휘순공주가 공주의 지위를 상실하고 서인이 되자 연산군과 절혼, 즉 며느리를 내쫓을 것을 청했다. 연산군과의 사돈 관계로 인해 화를 입을 것을 우려했기 때문이다. 나아가 연산군의 사위인 아들이 더 큰 피해를 입을까 염려하여 서둘러 휘순공주와 이혼시키려고 청했다. 구수영은 중종반정 직후 휘순공주를 쫓아냄으로써 중종 정권하에서 살아남기를 추구했다. 아직 실권을 갖지 못한 중종은 구수영의 청에 결정하기 어려운 듯 정승들에게 물으라고 전교했다.

중종반정의 주체였던 유순정·박원종 등은 이들이 혼인 관계를 유지해서는 안 된다며 칠거지악을 내세워 구수영의 요청을 들어줄 것을 청했다. 사실 휘순공주의 행동이 칠거지악에 해당하지는 않았다. 하지만 중종은 정승들의 의견에 따라 절혼을 허락했다. 중종은 반정공신들의 주장에 맞서 이들의 혼인을 계속 유지시키라고 명령할 힘이 없었다. 자신의 조강지처인 신씨조차 공신들의 요구대로 내쫓았던 입장이었다. 또 구수영이 반정 당일 자신을 호위했던 정국공신이었기 때문에 그의 절혼 요청을 들어주지 않을 수 없었다. 휘순공주는 시아버지 구수영과 반정공신들의 뜻에 찬성한 중종의 허락에 따라 시집으로부터 쫓겨났다. 연산군의 사위로 권력을 누렸던 구문경은 중종반정에 발 빠르게 대처한 부친 구수영 때문에 더 큰 화를 당하지 않았다.

조선 왕실의 왕녀로서 결혼 후 시집에서 쫓겨난 공주는 휘순공주뿐이다. 조선시대 여성 가운데 남편보다 신분이 더 높은 여성은 공주와 옹주뿐이었다. 그런 공주가 이혼을 가문의 수치로 여기며 금지하던 당시에 내쫓김을 당한 것이다. 그 이유는 첫째, 아버지 연산군이 폐위된 데 있었고, 둘째, 이로 인해 자신에게 정치적 위기가 닥칠지도 모른다는 위기의식을 느낀 시아버지 구수영의 야심 때문이었다.

『예기』「내칙」에는 "자식된 자는 그 아내가 몹시 좋을지라도 부모가 좋아하지 않으면 내보내야 한다. 반면에 그 아내가 마음에 들지 않더라도 부모가 좋아하면 부부의 도리를 행해야 한다"고 했다.(『예기』 제12, 「내칙」) 자식의 혼인 생활 유지는 오직 부모의 뜻에 달려있었다. 휘순공주의 이혼에도 이러한 논리가 적용되었다. 구수영은 연산군과 절혼을 청하여 휘순공주를 폐왕의 딸이라는 이유로 내쫓았고, 구문경은 아버지의 뜻을 따랐다. 이때 휘순공주의 나이는 대략 16세 정도였고, 아직 자식은 없었던 것으로 추정된다.

반정공신이 된 구수영은 중종의 총애를 받았다. 그러나 연산군의 충복이었다는 이유로 많은 탄핵을 받아 파직되곤 했다. 구수영은 반정 직후 연산군과 절혼하고 영경연사를 겸임했지만(중종 1년 9월 26일 임인, 1년 9월 27일 계묘) 임사홍의 사돈으로 서로 한 짝이 되어 미녀를 많이 뽑아 올려 연산군을 고혹시키고 총애를 굳혀 팔도 관찰사까지 되었다는 비판을 받았다.(중종 1년 10월 25일 경오) 그리고 중종 1년 10월 30일(을해)에 사헌부에서는 구수영이 연산군 부인 폐비 신씨의 지친으로서, 임사홍·신수근과 사돈을 맺고 궁중에 출입하면서 연산군에게 총애를 받는가 하면 계집종인 사랑과 보비를 바쳐 연산군의 마음을 고혹시켰는데, 반정이 일어나자 자기에게 화가 미칠까 두려워 아들 구문경을 절혼하게 했으니 그 죄를 다스리라고 했다. 그러나 중종은 허락하지 않았다.

이에 대간은 합사하여 구수영을 탄핵했다. 사간원과 사헌부에서는 구수영이 연산군 때에 미녀들을 바쳤고, 잔치에서 미녀를 보면 노비와 말을 보내 그의 집에 불러온 뒤 단장하여 즉시 연산군에게 바쳤고, 피리 부는 여자도 궁궐에 바쳤으며, 연산군의 명령을 기다리지 않고 자기 멋대로 계집들을 바쳐 은총을 바랐으며, 공론을 생각하지 않고 오직 개인적인 출세만 힘썼으니 죄를 물어야 한다고 했다. 그러나 중종은 허락하지 않았다.(중종 1년 11월 4일 기묘) 대간들은 구수영이 왕명 때문이 아니라 스스로 여자를 바친 것이니, 그를 문책해야 한다고 했고, 사간 김말문은 구수영은 극심한 아첨배이므로 죄줘야 한다고 했지만, 중종은 모두 들어주지 않았다.(중종 1년 11월 9일 갑신, 1년 11월 12일 정해) 중종은 구수영을 벌주라는 대간들의 요청을 받아들이지 못했다. 반정공신들의 눈치를 봐야 하는 중종은 자신의 질녀인 휘순공주를 보호해 줄 수 없었다.

한편 폐위된 휘순공주의 재산은 박원종, 성희안, 유순정 등 반정공신들에게 나누어졌다. 유자광은 휘순공주의 집과 재산을 모두 박원종에게 줄 것을 청했으나 중종은 박원종·유순정·성희안 등 3대장에게 주게 했다.(중종 1년 10월 17일 임술) 즉 휘순공주의 집을 박원종에게 주고, 면포와 비단을 제외한 나머지 가산은 박원종·유순정·성희안에게 나누어 주었다. 이틀 뒤에 대간들은 공신에게 상을 주는 것은 이전같이 하면 되는데 휘순공주 및 임사홍·장녹수·풍원위(임숭재) 등의 집과 그 재산을 박원종·유순정·성희안·유자광에게 주니, 하사함이 너무 심하다고 비난했다. 공신들에게 다 나누어 주는 것은 잘못이며, 국가로 귀속시키라고 했다.

시댁에서 쫓겨난 휘순공주가 어떻게 살았는지에 대한 기록은 없다. 아버지 연산군이 죽고 형제들이 모두 죽임을 당하는 비극 속에서 어머니 신씨와 함께 외가에서 살았을 것으로 생각된다. 그러나 외가도 처지는 좋지 않았다. 외할아버지 신승선은 이미 연산군 8년(1502)에 죽었고, 외삼촌인 신수근, 신수겸, 신수영은 중종반정에 반대하다가 모두 살해당했다. 따라서 역적 집안으로 몰락한 외가에서 어머니와 함께 어렵게 지냈을 것으로 보인다.

딸은 출가외인, 신하들의 요구로 재결합한 휘순공주

휘순공주는 시아버지 구수영의 뜻에 따라 이혼당했지만 대간들은 이를 허용하지 않았다. 얼마 지나지 않아 대간들은 휘순공주와 구문경의 이혼에 대해 적극적으로 반대하고 나섰다. 이 문제는 휘순공주가 쫓겨난 지 2년이 지난 중종 3년 10월 7일(신미)에 적극적으로 논의되었다.

> (대사헌) 정광필이 또 아뢰기를, "… 또 근일에 전지를 보건대, 휘순공주의 칭호를 삭제하고, 구문경의 처로 칭하게 하셨습니다. 처음에 문경의 아비 구수영이 이혼하기를 계청한 것은 그 사리를 몰랐던 것이며, 국가에서도 또한 이혼까지 시킬 필요가 없었던 것입니다. 조종조에서는 부부가 된 자가 비록 역적의 자녀에 들었다 할지라도 차마 이별시키지 못했던 것입니다. 그런데 근년에 와서는 죄인에 들게 되면 곧 이혼시키니, 인심의 각박함을 여기에서 보겠습니다. 부부 사이에 어찌 원한이 없겠습니까?" 했다.(『중종실록』 권7, 3년 10월 7일 신미)

대사헌 정광필은 구문경의 아버지 구수영이 이혼하기를 청한 것은 사리를 몰랐던 것이며, 국가에서도 이혼까지 시킬 필요가 없었던 것이고, 과거에는 부부가 된 자가 비록 역적의 자녀라 하더라도 이별시키지 못했다며 휘순공주의 이혼이 잘못되었다고 했다. 그러면서 근년에 와서는 죄인에 들게 되면 곧 이혼시키니 인심이 각박해졌다고 개탄했다.

중종반정 이후 처가의 반역으로 출세에 지장을 받게 될까 염려하여 반역에 연루된 부인과 이혼할 것을 요청하는 분위기가 나타났다.

연산군의 폐위와 중종반정에 따라 정치 세력들의 처지가 매우 달라짐에 따라 역모에 연루된 관인들은 자신들의 안위를 위해 부인이나 자녀들의 이혼 문제를 제기했다. 중종도 장인 신수근이 중종반정에 반대하다 죽임을 당했기 때문에 부인 신씨가 역적의 딸이 되었다. 이러한 연유로 신씨와 이혼을 해야 했던 장본인이기도 했다.

그러나 16세기에는 반역에 연루된 집안의 딸이라 하여 조강지처를 버리는 것은 옳지 않다는 관념이 강화되어 갔다. 정광필의 말에 따라 구문경과 휘순공주가 다시 합치는 일이 논의되었다. 정광필은 연산군이 비록 쫓겨났다고 할지라도, 그 딸은 살아 있어 부부의 정의는 마땅히 예와 같아야 하고, 휘순공주가 구문경의 배필이 되는 것이 국가에 꺼릴 것이 없으므로 다시 합하도록 해야 한다고 주장했다. 이에 중종은 부원군 이상에게 의논하라고 했다.(중종 3년 10월 7일 신미) 정광필의 주장에는 딸은 출가외인이기 때문에 친정의 죄에 연루되지 않는다는 뜻이 담겨 있었다.

그러자 유순도 같은 논리를 내세워 그들의 결합을 적극적으로 추진했다. 그가 주장한 요지는 첫째, 부부의 윤리는 매우 중하고, 배필의 정의 또한 간절한 것이며, 둘째, 옛날에는 비록 칠거의 법이 있었어도 처단하지 못하는 경우가 있었고, 더구나 출가한 딸은 그 아버지의 죄에 연좌시키지 않았으며, 셋째, 구수영이 절혼을 청하여 구문경을 처와 이혼하게 한 것은 오직 연산군이 종묘사직에 죄를 얻었기 때문이며, 넷째, 이들의 이혼은 변란을 만나서 부득이 한 것이니 휘순공주 부부를 재결합시키는 것이 사리에 합당하다는 것이었다. 휘순공주의 이혼은 중종반정이라는 변란을 만나서 부득이하게 이루어졌던 만큼 이들 부부를 재결합시켜야 한다는 주장이었다. 유순은 앞서 구수영이 연산군과 절혼하고 싶다고 청하자 이를 찬성했던 인물이었다.

휘순공주의 재결합에 박원종·성희안·정미수·노공필 등 10여명의 대신들도 다 같이 찬성했다. 이에 중종도 이들의 재결합을 허락했다. 박원종도 구수영이 연산군과 절혼을 청하자 찬성했던 인물이다.

이같이 대간뿐만 아니라 공신들도 휘순공주와 구문경의 재결합을 찬성했다. '출가한 딸은 아버지의 죄에 연좌시키지 않는 뜻'에 따른 것이었다. 그 이면에는 딸은 정치적으로 위협적인 존재가 아니라는 인식과 출가외인이라는 인식이 강화되고 있었다.

휘순공주의 재결합 문제는 신속히 논의되었다. 불과 3일이 지난 10월 10일에 중종은 휘순공주 부부를 다시 합하도록 명했다. 그리고 반정 때 관에서 몰수한 가옥을 모두 돌려주기가 어려우면 빈집을 주고, 만약 빈집이 없으면 그 값을 계산하여 면포를 주라고 했다.(중종 3년 10월 10일 갑술) 또 휘순공주가 몰수당한 재산을 모두 돌려주라고 했다. 그러자 대간들은 휘순공주의 집은 국가에서 이미 몰수했으니, 그 집이 있고 없음을 임금이 근심할 필요는 없다고 반대했다. 그러나 중종은 휘순공주가 집을 빼앗겨 살 만한 곳이 없다며 돌려주도록 명했다.(중종 3년 10월 15일 기묘)

휘순공주는 이혼당한 지 2년 만에 대간과 대신들의 요청에 따라, 그리고 중종의 명에 따라 다시 구문경과 재결합했고, 집도 다시 얻게 되었다. 결과적으로 공주는 친정의 일에 연좌되어 쉽게 이혼당하지 않았다. 이혼당했다고 하여도 재결합시켰다. 부마는 부인인 공주를 쫓아내기도 어려웠지만 결함이 없는 한 쫓아냈다고 해도 재결합해야 했다. 구수영은 정치적 목적 때문에 휘순공주를 내쫓았지만, 다시 그녀를 며느리로 받아들여야 했다. 이혼은 가부장의 뜻에 따라 이루어졌지만, 재결합은 신하들의 논의를 통해 이루어졌다.

재결합한 휘순공주는 이후 구문경과의 사이에 아들 구엄(具渰)과 딸 하나를 두었다. 중종 32년(1537) 4월에 연산군의 부인 폐비 신씨가 사망하자 연산군의 후사를 세우자는 얘기가 나왔으나(중종 34년 윤 7월 6일 신축) 이루어지지 않았다. 휘순공주의 아들 구엄이 있었기 때문에 외손봉사로 결정되었다. 구엄은 연산군의 제사를 받들면서 왕실로부터 많은 특혜를 받았다. 구엄은 오래도록 왕실의 외손으로 예우받았고, 범죄를 저질러도 연산군의 제사를 끊어지게 할 수 없다는 이유로 감형을 받았다.(명종 1년 5월 25일 경진) 그러나 연산군의 봉사손을 세우지 않음으로써 그 후손은 끊어졌다.

휘순공주가 언제 죽었는지는 명확하지 않다. 그녀는 폐위된 왕의 딸로서 이혼과 재결합이라는 힘든 과정을 거쳤지만, 아들을 키워내

〔그림 23〕 휘순공주와 구문경 묘역

제일 위 곡장 안의 묘소가 연산군과 부인 신씨의 무덤이고, 제일 앞쪽의 묘소가 휘순공주와 구문경의 무덤이다. 외손봉사의 모습을 볼 수 있다.

연산군과 폐비 신씨의 제사를 받들게 했다. 휘순공주 부부의 무덤은 연산군 부부와 같은 묘역의 아래에 조성되어 조선시대 외손봉사의 사례를 보여주고 있다.

참고: 그럼 광해군의 딸은?

조선왕조에는 연산군 외에 또 한 명의 폐위된 왕이 있었다. 광해군이다. 그럼 광해군 딸의 혼인은 어떠했을까. 광해군에게는 공주는 없고 숙의 윤씨 소생의 옹주가 하나 있었다. 옹주는 광해군 11년(1619)에 태어났다. 광해군이 쫓겨날 때 불과 4살이었다. 광해군이 쫓겨난 뒤 옹주는 외삼촌 집에 의지해 살았다. 그러나 20세가 되어도 감히 혼사를 의논하지 못했다. 옹주였지만 폐왕의 딸이었기 때문에 정치적으로 혼인을 꺼리는 대상이었다. 광해군은 인조 19년(1641) 7월 1일(을해)에 유배지인 제주도에서 67세의 나이로 죽었다. 이때 옹주의 나이는 22세였다.

광해군이 죽자 인조는 옹주를 광해군의 본궁(本宮)에 살게 하고 땅과 집, 노비를 넉넉히 주어 광해군의 제사를 받들게 했다. 광해군의 살아남은 유일한 혈통이었다. 옹주는 광해군의 상례 기간을 마치고 24세가 되는 늦은 나이인 인조 21년(1643) 4월 18일(신사)에 혼인했다. 인조는 예조에 명하여 광해군의 딸에게 혼수를 마련해 주게 했다. 광해군의 딸은 광해군이 죽은 뒤 왕실의 배려로 혼인했다.

옹주의 남편은 박징원이다. 그는 부마의 지위를 갖지 못했지만, 옹주와 평생을 함께했다. 광해군의 딸은 현종 5년(1664) 11월 1일에 죽었다. 현종은 호조에 명하여 장례 물품을 넉넉히 주게 했다.(현종 5년 11월 1일 무자) 광해군의 딸은 여성이었기 때문에 살아남았고, 왕실 혈육이었기 때문에 어느 정도 높은 대우를 받았다. 그녀는 휘순공주와는 또 다른 삶을 살았다.

6장

숙종대: 숙종과 인현왕후 민씨의 이혼과 재결합

숙종과 계비 인현왕후의 혼인

조선의 제19대 임금이자 경종·영조의 부왕인 숙종(1661~1720)은 1674년에 만 13세의 어린 나이에 즉위했다. 어린 나이에 즉위한 만큼 당시 생존해 있던 모후 명성왕후나 증조모 장렬왕후가 수렴청정을 할 수 있었지만, 숙종은 즉위하자마자 바로 친정(親政)을 했다. 이것은 이전과는 매우 다른 특이한 경우였다. 수렴청정할 모후가 없었던 단종을 제외하면 어린 나이에 즉위한 왕들의 경우 즉위 직후 할머니나 어머니가 수렴청정했다. 조선의 왕들 가운데 수렴청정을 거친 왕은 다음 〈표 15〉와 같다.

그럼 숙종은 왜 바로 친정으로 들어갔을까? 당시 왕실에는 대비로 장렬왕후 조씨와 명성왕후 김씨가 있었다. 장렬왕후 조씨는 인조

〈표 15〉 조선시대 수렴청정

즉위 나이	수렴청정한 대비	관계
성종 12세	세조비 정희왕후 윤씨	할머니
명종 11세	중종비 문정왕후 윤씨	어머니
선조 15세	명종비 인순왕후 심씨	양어머니
순조 10세	영조비 정순왕후 김씨	양증조모
헌종 7세	순조비 순원왕후 김씨	할머니
철종 18세	순조비 순원왕후 김씨	양어머니
고종 11세	익종비 신정왕후 조씨	양어머니

* 6명의 대비, 7회 수렴청정
* 나이는 만으로 계산함.

의 계비로 숙종에게는 증조모가 되며, 명성왕후 김씨는 숙종의 어머니였다. 만약 수렴청정한다면 당시 왕실의 최고 어른인 증조모 장렬왕후 조씨가 해야 했다. 그런데 장렬왕후 조씨는 현종대 발생한 두 차례의 예송 논쟁에서 그 중심에 놓여 있던 인물이었다. 한 번은 효종의 국상에, 또 한 번은 효종비의 국상에 어떤 상복을 입어야 하느냐 하는 문제로 서인과 남인 사이에 예송논쟁이 발생했다.[56] 장렬왕후는 대왕대비로 왕실 여성 가운데 서열이 가장 높았지만, 현실적인 위상은 숙종의 어머니인 명성왕후는 물론, 숙종의 초비 인경왕후보다도 낮았다.

숙종은 현종대에 서인과 남인이 할아버지 효종의 정통성을 놓고 2차례나 예송논쟁을 하며 왕권을 약화시킨 것을 알고 있었다. 만약 예송 논쟁의 중심에 있었던 장렬왕후가 수렴청정하게 되면 자연히 남인의 힘이 더 커질 수 있었다. 서인의 지지를 받는 숙종의 생모 명성왕후 쪽에서 가만히 두고 볼 일이 아니었다. 그렇다고 손자며느리

---

56 예송에 대해서는 방상근, 2017, 「17세기 조선의 예(禮) 질서의 재건(再建)과 송시열(宋時烈) 현종대(顯宗代) 예송논쟁의 재해석」 『한국동양정치사상사연구』 16-1 참고.

인 명성왕후가 수렴청정할 수는 없었다. 남인과 서인의 갈등 속에서 즉위해야 하는 숙종은 왕권 안정을 위해 수렴청정을 배제하고 바로 친정으로 들어갔다. 정통성이 약한 성종과 명종, 선조가 세자 수업을 거치지 않고 왕위에 올랐던 것에 비해, 숙종은 현종의 유일한 아들이자 적장자로 철저한 세자 수업을 거쳐 왕위에 오른 정통성이 강한 군주였다. 다혈질에 냉혹한 성격을 지녔던 숙종은 즉위하자마자 국정을 장악한 뒤, 46년에 걸친 긴 치세 동안 여러 차례의 환국 정치를 통해 매우 강력한 왕권을 구축했다.[57]

숙종은 재위 46년 동안 왕비 4명, 후궁 5명 등 모두 9명의 부인을 두었고, 그 사이에 자녀는 6남 2녀를 두었다. 부인의 수에 비해 자식은 매우 적었다. 더욱이 이들 중 딸 둘과 아들 4명은 어려서 죽고, 경종과 영조 두 명만 살아서 차례로 왕위를 계승했다. 숙종의 가족관계를 보면 〈도 21〉과 같다.

왕비와 후궁이 많았던 만큼 숙종의 가족생활은 평탄치 않았다. 그는 4명의 왕비 중에 두 번째인 인현왕후 민씨(1667~1701)를 폐비시켜 친정으로 내쫓고, 후궁 희빈 장씨를 왕비로 책봉했다가 다시 폐위시켜 후궁으로 강등시키고, 전 부인 폐비 민씨를 다시 궁궐로 불러들여 복위시키는 등 부인들에게 매우 가혹한 처분을 했다. 인현왕후 민씨는 이혼당했다가 재결합했다. 그러나 희빈 장씨는 왕비가 되었다가 폐비가 되어 다시 후궁으로 강등되었지만, 궁 밖으로 내쫓기지는 않았다. 궁 안에서 살았으나 이후 숙종에게 죽임을 당했다.

---

57 숙종 대 정치 상황에 대해서는 홍순민, 1986, 「숙종 초기의 정치구조와 환국」 『한국사론』 15; 이영춘, 1998, 『조선후기 왕위계승 연구』 집문당; 오수창, 2003, 「17세기의 정치세력과 山林」 『역사문화연구』 18; 이상식, 2005, 「숙종 초기의 왕권안정책과 경신환국」 『조선시대사학보』 33; 이상식, 2011, 「숙종대 保社功臣의 錄勳 과정과 사회적 關係網 분석」 『한국사연구』 155 등 참고.

〈도 21〉 숙종의 가계도

* 『선원계보기략』, 『숙종실록』 참고

숙종은 왕세자 시절인 현종 12년(1671)에 10살 동갑내기인 김만기의 딸과 가례를 치렀다. 그녀가 숙종의 첫 번째 왕비인 인경왕후(1661~1680) 김씨이다. 인경왕후는 본관이 광산으로 광성부원군 김만기와 서원부부인 한씨의 딸로 태어났다. 김만기는 이이의 제자이자 송시열의 스승으로, 조선 예학(禮學)의 태두였던 형조참판 김장생의 증손이다. 할아버지는 참판 김반이고, 아버지는 생원 김익겸이며, 어머니는 해평 윤씨로 참판 윤지의 딸이다. 인경왕후의 어머니 한씨는 군수를 지낸 한유량의 딸이다. 당색으로는 서인이었다.

인경왕후는 현종 11년(1670) 9세 때 세자빈에 간택되어 다음해 3월에 세자빈으로 책봉되었다. 현종 15년(1674)에 현종이 승하하고, 숙종이 즉위하자 왕비가 되었고, 숙종 2년(1676)에 정식으로 왕비에 책봉되었다. 그런데 인경왕후는 숙종 6년(1680) 10월에 전염성이 매우 강한 마마에 걸렸다. 일명 마마라 불렸던 천연두, 두창은 당시에는 걸리면 거의 죽는 병이었다. 결국, 인경왕후는 발병한 지 열흘도 안 되어 19세의 젊은 나이로 갑자기 죽었다.(숙종 7년 2월 22일 병오, 인경왕후 지문) 숙종과 인경왕후 사이에는 2명의 공주가 태어났으나 모두 일찍 죽었다.

홀로 된 숙종은 다시 계비를 간택해야 했다. 그래서 간택된 여성이 민유중의 딸 인현왕후 민씨였다. 인현왕후 민씨는 숙종 7년(1681)에 14살의 나이로 20살의 젊은 숙종의 계비가 되었다. 인현왕후는 서인 명문 집안 출신으로 본관은 여흥이고, 아버지는 여양부원군 민유중이며, 어머니는 동춘당 송준길의 딸 은진 송씨이다. 현종 8년(1667) 4월 23일에 한양의 서부 반송동 사제에서 2녀로 태어났다. 그 어머니의 태몽에 해와 달이 두 어깨에서 돋아났다고 한다.(숙종 27년 11월 23일 병오) 인현왕후의 고조부 민여건은 장흥고 영을 지냈고, 증조부 민기는 문과에 급제하여 경주부윤을 지냈다. 조부 민광훈은 강원도 관찰사를 역임했는데, 이때부터 집안의 명성을 대대로 이어왔다. 특히 외할아버지 송준길은 김장생의 제자로 송시열과 함께 '양송(兩宋)'이라 불리던 당대 예학의 최고 거유(巨儒)로써 숙종의 사부(師父)이기도 했다.[58]

---

58 김학수, 2018, 「인현왕후, 당쟁에 시든 화합의 꿈」『조선의 왕비, 기록으로 만나다』 한국학중앙연구원 출판부.

서인의 영수이자 노론의 우두머리였던 우암 송시열은 인현왕후의 외할아버지인 송준길과 부계로는 13촌이고, 진외가로는 6촌이다. 송시열과 송준길은 단순한 친척 관계를 떠나서도 특별한 사이였다. 송시열이 8살 때 송준길의 집에서 수학했고, 함께 성장해 김장생의 문하에서 동문수학했다. 또 이들은 의기투합하여 분열되어 있던 서인을 통합하고 지휘하였다. 그만큼 두 사람의 관계는 친밀했다. 인현왕후의 아버지 민유중, 큰아버지 민정중, 오빠 민진후, 민진원은 모두 송시열의 문하였다.

인현왕후 민씨의 외가는 숙종과 매우 인연이 깊었다. 현종은 숙종이 태어나자 몹시 사랑하여 신하들 가운데 송시열과 송준길을 비롯해 처가인 청풍 김씨 집안의 김좌명, 이들과 깊은 교우 관계가 있는 안동김씨 집안의 김수항 등을 원자보양관으로 임명했다. 5살의 어린 나이였던 숙종은 송준길을 향해 법도에 정확히 맞는 절을 두 번 올렸는데, 이런 모습을 본 송준길이 '원손은 하늘이 내셨다'고 칭송했다. 숙종은 왕세자 시절에 송준길이 갑자기 죽었다는 소식을 듣자, 전날의 가르침이 생각나 자신도 모르게 목이 멘다고 슬픔을 토로하면서 궁관을 보내 조문하기도 했다.(『숙종실록』, 「부록」 숙종대왕 행장) 숙종이 이처럼 존경한 송준길의 외손녀가 바로 그의 두 번째 왕비가 된 인현왕후 민씨였다. 숙종과 인현왕후의 혼인 관계를 도표로 그려보면 〈도 22〉와 같다.

이미 태종비 원경왕후 민씨를 배출한 바 있는 여흥 민씨 가문의 후손인 민유중(1630~1687)은 이른 나이에 이미 재주가 뛰어나다는 명성이 있었다. 효종 2년(1651)에 21살의 나이로 증광문과에 병과로 급제하여 관직 생활을 시작하여 현종대까지 여러 요직을 거치며 당

〈도 22〉 숙종과 인현왕후의 가계도

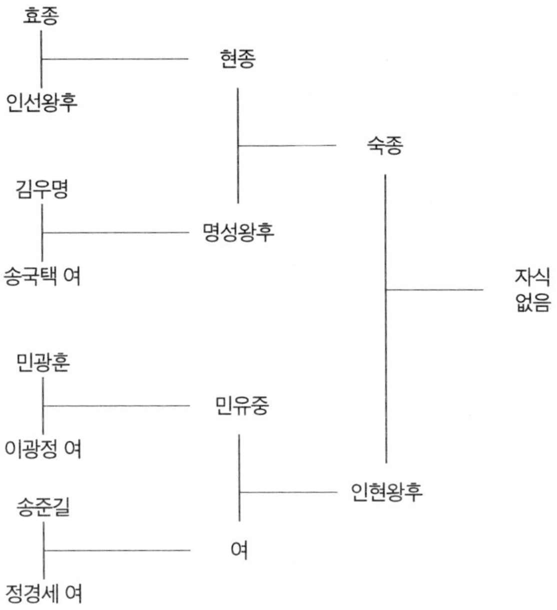

* 『여흥민씨세보』, 『효종실록』, 『현종실록』, 『숙종실록』 참고

상관에 올랐다. 그러나 숙종이 즉위하면서 남인이 집권하자, 벼슬을 내놓고 충주에 내려가 지내다가 홍해로 유배되었다.

숙종 6년(1680)에 중앙정계에서 남인이 쫓겨난 경신환국 이후 다시 조정에 들어와 선혜청 당상, 병조판서 등을 맡으며 서인 정권을 주도했다. 숙종 7년(1681) 3월, 51살에 숙종과 딸이 혼인하게 되자 여양부원군에 봉해지고, 돈녕부 영사가 되어 대비인 명성왕후의 절대적인 신임을 받았다. 다음 해에는 금위영 창설을 주도하여 병권과 재정권을 장악했다. 그러나 민유중은 외척으로 정권을 오로지 한다는 비난이 심해지자 모든 관직에서 물러나 은거하다가 숙종 13년(1687)에 세상을 떠났다. 민유중이 숙종의 장인으로 지낸 것은 6년 정도에 불과했다. 민유중의 관력을 간략히 정리해 보면 〈표 16〉과 같다.

〈표 16〉 인현왕후의 아버지 민유중의 관력

년도	나이	관력	비고
인조 8년(1630)	0		출생
효종 즉위년(1649)	19	진사	
효종 2년(1651)	21	증광문과에 병과로 급제	
효종 6년(1655)	25	정언, 사서	
효종 7년(1656)	26	지평	
효종 9년(1658)	28	부수찬, 헌납	
효종 10년, 현종 즉위년(1659)	29	부교리, 헌납, 이조정랑, 교리	
현종 1년(1660)	30	경상도 어사	
현종 2년(1661)	31	교리	
현종 3년(1662)	32	이조정랑, 수찬, 헌납	
현종 4년(1663)	33	교리, 응교, 사간, 집의	
현종 5년(1664)	34	부응교, 사간, 집의, 강도어사, 응교	
현종 6년(1665)	35	사인, 응교, 전라감사, 평안도어사	
현종 7년(1666)	36	전라감사, 대사간, 승지	
현종 8년(1667)	37	이조참의, 승지, 형조참의, 집의, 부제학, 대사간, 우승지	
현종 9년(1668)	38	충청감사	
현종 10년(1669)	39	대사성, 균전사, 평안감사	
현종 12년(1671)	41	형조판서	
현종 13년(1672)	42	비국제조, 형조판서, 우부빈객, 우참찬, 판윤, 대사헌, 지경연, 형조판서	
현종 14년(1673)	43	호조판서, 겸총융사, 관상감 제조, 산릉도감 제조	
현종 15년, 숙종 즉위년(1674)	44	국장도감 당상, 호조판서	
숙종 1년(1675)	45	좌참찬, 겸총융사, 우참찬	
숙종 6년(1680)	50	공조판서, 호조판서, 지경연, 판의금부사, 국장도감제조, 병조판서	
숙종 7년(1681)	51	**영돈녕부사 여양부원군**	**딸이 계비로 간택됨**
숙종 8년(1682)	52	특진관	

년도	나이	관력	비고
숙종 9년(1683)	53	진휼청 당상관	
숙종 13년(1687)	57	사망	

* 『효종실록』~『숙종실록』 참고
* 앞의 책, 『국역 국조인물고』, 민유중 참고

민유중은 모두 세 번 아내를 맞았는데, 첫 번째 부인은 해풍부부인 이씨로 이조판서 이경증(李景曾)의 딸이며, 둘째 부인은 은성부부인 송씨로 인현왕후의 어머니이고, 셋째 부인은 풍창부부인 조씨로 진사 조귀중(趙貴中)의 딸이다. 자녀를 보면 송씨에게서 민진후(閔鎭厚), 민진원(閔鎭遠)과 인현왕후를 비롯한 3딸을 두었고, 조씨에게서 민진영(閔鎭永)과 두 딸을 두었다. 측실에서 민진창(閔鎭昌), 민진오(閔鎭五)와 두 딸을 두었다.[59]

인현왕후는 6세에 어머니를 여의었다. 그러나 성품이 매우 효성스러웠고 슬퍼함이 성인과 같았다. 이때부터 둘째 고모 집에서 양육되기도 하고, 혹은 아버지 민유중의 귀양처를 따라 이곳저곳으로 쫓겨 다니며 외로움과 고생을 겪었다. 일찍이 철이 들어서일까 인현왕후는 화내는 일이 거의 없었고 항상 기쁜 빛으로 어른들을 모시면서 근심하는 빛이 없었다고 한다.(숙종 27년 11월 23일 병오)

인현왕후는 숙종의 초비 인경왕후가 죽은 지 1년 후에 명성왕후 김씨와 송시열의 추천으로 왕비로 뽑혔다. 숙종과 인현왕후의 가례는 숙종 7년(1681)에 거행되었다. 이들의 국혼은 『숙종인현왕후가례도감의궤』에 잘 정리되어 남아 있다. 인현왕후는 인조의 계비 장렬왕후와 시어머니 명성왕후를 정성을 다해 받들고, 숙종을 극진히 모셨다.

---

59 앞의 책, 『국역 국조인물고』, 민유중 참고

〔그림 24〕『숙종인현왕후가례도감의궤』 중 반차도 일부

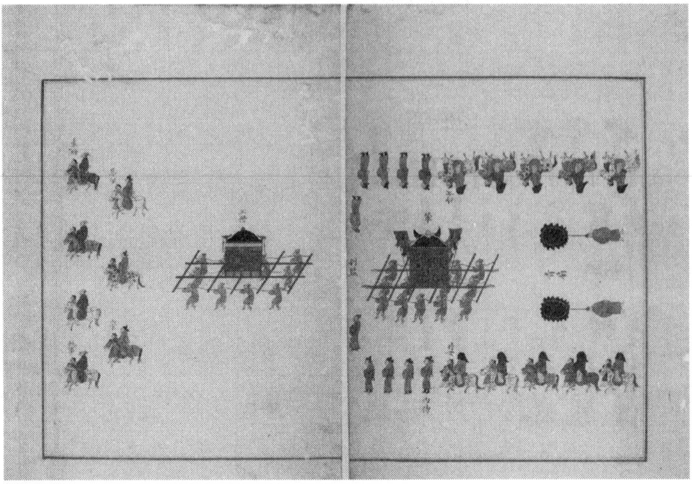

1681년(숙종 7) 5월, 숙종이 인현왕후를 계비로 맞이한 혼례식 과정을 기록하고 있다.
(사진 출처: 국립중앙박물관)

그러나 숙종의 마음은 이미 다른 후궁에게 가 있었고, 서인 명문 집안 출신으로 환국이라는 정치적 소용돌이 한가운데 놓이게 되었다.

평생의 악연, 숙종의 총애를 독차지한 장옥정

숙종은 인현왕후와 국혼을 치를 즈음 장옥정(1659~1701)이라는 궁녀를 총애하고 있었다.[60] 장옥정은 역관 집안 출신으로 아버지는 장형이며, 거부로 소문난 장현의 조카였다. 어머니는 파평윤씨이다. 그녀가 궁녀로 입궁한 정확한 시기와 배경은 확인되지 않으나 조사석과 동평군 이항(인조의 후궁인 폐귀인 조씨 소생 숭선군 이징의 아들)의 주선

60 장옥정에 대한 내용은 이미선, 2021, 『조선 왕실의 후궁』 지식산업사 및 2012, 「조선시대 후궁 연구」 한국학중앙연구원박사학위논문, 187~197쪽 참조.

으로 들어간 것으로 보인다. 『숙종실록』과 이를 수정 보충한 『숙종실록보궐정오』에는 다음과 같이 쓰여 있다.

○ 당초에 후궁 장씨의 어미는 조사석의 처가 종이었는데 조사석이 젊었을 때 사통했었고, 장가의 아내가 된 뒤에도 때때로 조사석의 집에 오고 갔었다. 동평군 이항은 조사석의 사촌 누이의 아들이었는데, 조사석이 정승에 제수되자, 온 세상이 모두 궁중 깊은 곳의 후원(後援)에 의한 것으로 여겼다.(『숙종실록』 권18, 숙종 13년 6월 16일 임술)

○ 깊숙한 곳의 보이지 않는 경로의 일은 아무에게나 의심을 가질 수 없는 법인데, … 장의 어미가 조사석의 처갓집 종이란 것은 전연 허황한 말이고, 사통했다는 말은 더욱 무리한 말이다. 적(賊) 동평군 이항은 진시로 조사석과 지친(至親)이고, 조사석은 또한 이미 탁룡(濯龍: 여기서는 장렬왕후 조씨를 가리킴)에게서 수계(受戒)한 사람이고 보면, 궁중에서 세력이 있는 사람에게 의지함은 당초부터 일찍이 길이 없지 않았을 것인데, 어찌 이제야 유독 동평군 항에게만 의지하게 되었겠는가?(『숙종실록보궐정오』 권18, 숙종 13년 6월 16일 임술)

위의 두 자료에 의하면 장씨의 어머니 신분이 조사석의 처가집 종이었는지 아닌지, 또 어머니가 조사석과 사통했는지 아닌지에 대해서는 논란의 여지가 있다. 노론과 소론의 서로 다른 입장이 반영되어 있기 때문이다. 그러나 동평군 이항과 조사석이 서로 인척 관계에 있었으며, 조사석은 인조의 계비 장렬왕후(1624~1688) 조씨의 6촌 동생이었다. 장옥정이 장렬왕후 처소의 궁녀였던 것으로 보아 이들의 영향으로 입궁하게 되었을 것으로 보인다.

궁녀는 각 역할에 따라 정도의 차이는 있지만 대체로 10세 미만의 어린 나이에 입궁했다.[61] 말을 잘 듣도록 훈련을 시키기 위해서였다. 장옥정의 아버지 장형의 신도비(神道碑)에 의하면 '두 번째 부인 윤씨는 사역원첨정 성립(誠立)의 딸이다. 1남 2녀를 두었는데, 둘째 딸이 바로 왕비이다. 어린 나이에 간택되어 대궐에 들어가 성장한 뒤 비빈의 자리에 올라 원자를 길렀다'고 했다. 또 숙종이 15년에 희빈 장씨를 왕비로 삼겠다고 내린 전지에 '희빈 장씨는 좋은 집에 태어나서 머리카락 따 묶을 때부터 궁중에 들어와서'(숙종 15년 5월 6일 신축) 라고 했다. 이것으로 볼 때 어린 나이에 궁녀로 입궁했을 것으로 보인다. 그러나 그녀의 나이 11세인 현종 10년(1669)에 아버지 장형이 죽은 것으로 보아 그 이후에 입궁하지 않았나 생각된다. 집안이 부유한 역관 출신인 걸로 보면 경제적으로 매우 어렵지는 않았을 것으로 보인다.

장옥정은 뛰어난 미모를 지녔으며, 당시 왕실 최고 어른인 장렬왕후의 사랑을 받았다. 장열왕후는 인조의 초비 인렬왕후 한씨(1594~1635)가 죽은 뒤, 인조 16년(1638)에 14세의 나이로 인조 계비가 되었다. 이때 인조는 43세였으니, 인조와 무려 29살 차이였고, 인조 27년(1649)에 인조가 죽자 25살에 과부가 되었다. 자식은 없었으며, 숙종 14년(1688)에 64세로 세상을 떠났다. 그녀를 정치적으로 후원해 주는 세력은 왕실 자손인 숭선군 이징과 그 아들 동평군 이항, 집안 친척인 조사석 등이었다. 이들은 서인 가운데 노론 측인 인

---

61 신명호, 2004, 『궁궐의 꽃 궁녀』 시공사 참고.

현왕후 집안과 정치적으로 경쟁 관계에 있는 남인 또는 소론측 인물들이었다. 왕실 여성들도 친정의 세력 갈등으로 속내가 서로 편하지 않았다.

장옥정의 인물이 뛰어났음은 당시 『숙종실록』에 기록될 정도였다.

> 전에 역관 장현은 국중(國中)의 거부로서 복창군 이정(李楨)과 복선군 이남(李枏)의 심복이 되었다가 경신년(숙종 6년)의 옥사에 형을 받고 멀리 유배되었는데, 장씨는 곧 장현의 종질녀이다. 나인으로 뽑혀 궁중에 들어왔는데 자못 얼굴이 아름다웠다. 경신년 인경왕후가 승하한 후 비로소 은총을 받았다. 명성왕후가 곧 명을 내려 그 집으로 쫓아내었는데, 숭선군 이징(李澂)의 아내 신씨가 보배로 여겨 자주 그 집에 불러들여 보살펴 주었다.(『숙종실록』 권17, 숙종 12년 12월 10일 경신)

얼굴이 매우 아름다웠던 장옥정은 21세가 되던 숙종 6년(1680)에 승은을 입었다. 숙종보다 2살 연상이었다. 인경왕후가 죽고 쓸쓸했던 숙종은 부인의 상중임에도 불구하고 장렬왕후의 처소에 있던 장옥정에게 마음을 빼앗겼다. 그녀에 대한 애정이 커질수록 명성왕후의 근심도 커졌다. 근신해야 할 왕이 궁녀를 총애하여 자주 찾는 것은 할 도리가 아니었다. 더욱이 장옥정은 장렬왕후 처소의 궁녀이자 남인 측의 지지를 받는 집안 출신이었다. 또한, 곧 새 왕비를 맞이해야 하는 마당에 왕의 총애를 받는 궁녀는 방해물이었다. 이러한 사정을 잘 아는 명성왕후는 결국 장옥정을 궁궐 밖으로 내쫓았다. 궁에서 쫓겨난 장옥정을 숭선군 이징의 아내 신씨가 보살펴 주었다.

장옥정이 숙종과 장렬왕후의 총애를 받는 한편, 인현왕후는 시어머니 명성왕후의 사랑과 많은 궁인들의 존경을 받았다. 특히, 명성왕후는 인현왕후의 외가가 자신의 외가와 같은 은진 송씨 집안이고, 정치적으로도 같은 서인 노론 집안 출신이었고, 자신의 주선으로 맞이했기 때문에 그녀를 더욱 아끼고 후원했다. 고부간의 사이가 정치적으로나 심리적으로나 잘 맞았다.

그런데 인현왕후는 왕비가 된 후 쫓겨난 장옥정의 이야기를 듣고 명성왕후에게 그녀를 다시 불러들일 것을 부탁했다.

> 신유년(1681, 숙종 7)에 내전이 중전의 위에 오르자 그 일을 듣고서 조용히 명성왕후에게 아뢰기를, "임금의 은총을 입은 궁인이 오랫동안 민간에 머물러 있는 것은 지극히 미안한 일이니 다시 불러들이는 것이 마땅할 듯합니다" 하니, 명성왕후가 말하기를, "내전이 그 사람을 아직 보지 못했기 때문이오. 그 사람이 매우 간사하고 악독하고, 주상이 평일에도 희로(喜怒)의 감정이 느닷없이 일어나시는데, 만약 꾐을 받게 되면 국가의 화가 됨은 말로 다 할 수 없을 것이니, 내전은 후일에도 마땅히 나의 말을 생각해야 할 것이오" 했다. 내전이 말하기를, "어찌 아직 일어나지도 않은 일을 미리 헤아려 국가의 사태를 돌아보지 않으십니까?" 했으나, 명성왕후는 끝내 허락하지 않았다.(『숙종실록』 권17, 숙종 12년 12월 10일 경신)

보통 부인들이라면 남편의 애정을 빼앗아 가는 첩을 다시 들이려 하지 않았을 것이다. 그런데 인현왕후는 어떤 마음이었기에 장옥정을 다시 궁으로 불러들이려 했을까? 이것은 왕비는 후궁들에 대해 관대해야 하고 질투해서는 안 된다고 받은 강한 교육의 힘 때문이 아니었을까? 아니면 아직 착하고 어려서 세상 물정을 몰랐기 때문이었을까? 다행히 명성왕후는 인현왕후의 청을 들어주지 않았다. 명성왕후가 있는 한 장옥정은 다시 입궁하기 어려웠다. 명성왕후는 숙종의 변덕 심한 성격을 걱정이나 한 듯이 "주상이 평일에도 희로의 감정이 느닷없이 일어나시는데"라고 하며 장옥정에게 빠져 국정을 잘 운영하지 못할까 염려했다. 그런데 이러한 걱정은 예언이라도 된 듯 그녀 사후에 적중했다.

인현왕후가 왕비가 된 지 얼마 되지 않아 그녀를 아끼던 명성왕후가 죽었다. 숙종 9년(1683) 10월에 숙종이 마마(천연두)에 걸리자 명성왕후는 무당의 말을 들어 추운 겨울 날씨에도 불구하고 찬물을 뒤집어써 가며 목욕재계를 하는 등 정성을 다하여 아들의 회복을 빌었다. 지극한 정성과 기도 때문인지 얼마 후 숙종은 병이 나았다. 그러나 명성왕후는 목욕재계할 때 든 감기 때문에 점차 위독해졌다.(숙종 9년 11월 30일 정유) 숙종은 전국의 용하다는 의관들까지 불러들여 명성왕후의 약을 의논하도록 했다.

이때 인현왕후는 몹시 추운 날씨에도 불구하고 이른 아침부터 밤늦게까지 명성왕후 곁에서 간호했다. 명성왕후가 물러가라고 명하면 잠시 문밖으로 나왔다가 다시 들어와 그 곁을 떠나지 않았다. 그러나 결국 그해 12월에 명성왕후가 세상을 떠났다. 인현왕후는 자신을 보호해 주던 큰 울타리를 잃었다. 명성왕후의 죽음으로 16살의 인현왕후의 처지도 흔들리게 되었다.

그럼에도 불구하고 인현왕후는 숙종에게 다시 장옥정을 궁중으로 불러들일 것을 건의했다.

명성왕후가 승하한 후에 내전이 다시 임금을 위해 그 일을 말했고, 자의전(慈懿殿: 장렬왕후 조씨)도 또한 힘써 그 일을 권하니, 임금이 곧 불러들이라고 명하여 총애했다.(『숙종실록』 권17, 숙종 12년 12월 10일 경신)

인현왕후는 국왕의 은총을 입은 궁인이 오랫동안 민가에 머물러 있는 것을 불편하게 여겼고 그녀의 입궁을 요청했다. 이미 명성왕후에게 건의했다가 주의를 받은 일이었지만 그녀가 죽자 숙종에게 바로 요청했다. 이같이 인현왕후가 숙종에게 장옥정을 다시 불러들이게 한 것은 임금이 쓰던 것은 하나부터 열까지 무엇이든 소중히 여겨야 한다는 인식 때문이었다. 따라서 임금이 총애하던 후궁을 버릴 수는 없다는 것이었다. 또한, 부덕이라는 명분에 따라 남편이 하는 일에 대해 모든 걸 이해하고 참아야 한다고 강요받은 인식 때문이었을 것이다. 그러나 무엇보다 숙종이 장옥정을 불러오고자 하는 뜻이 컸기 때문으로 생각된다. 그래서 인현왕후는 그 뜻을 알고 장옥정을 불러들일 것을 다시 청한 것으로 보인다.

명성왕후의 죽음으로 명실상부 왕실 최고의 여성이 된 대왕대비 장렬왕후도 당연한 듯 장씨를 다시 불러들일 것을 적극적으로 권했다. 명성왕후의 죽음으로 장렬왕후의 위상이 높아졌기 때문이다. 숙종은 명성왕후의 상례가 끝나자 곧 다시 장옥정을 불러들였고 더욱 총애했다. 그동안 쌓였던 연정을 풀기나 하려는 듯 천재(天災)로 인해 나라가 힘들었는데도 그녀를 위해 별당을 지어 주게 하여 신하들로부터 중지하라는 요구를 듣기도 했다. 그러나 숙종은 별당 짓는 일을 중지하지 않았다.(숙종 12년 9월 5일 병술)

이에 부교리 이징명은 '외간에 전해진 말을 들으니, 궁인(宮人)으로서 은총을 받는 자가 많은데, 그중 한 사람이 역관 장현(張炫)의 친족이라고 하는데 장현 부자(父子)는 이정(복창군)·이남(복선군)에게 빌붙은 자로 만약 이들을 가까이하여 좌우에 둔다면 앞으로의 걱정은 이루 말할 수 없게 될 것'이라 하였다. 아울러 '예로부터 국가의 화와 난이 다 여총(女寵)으로 말미암고, 여총의 화근은 대개 이런 사람한테서 나왔으니 장옥정을 내쫓아서 맑고 밝은 정치에 누를 끼치지 말라'(숙종 12년 7월 6일 무자)고 했다. 장옥정에 대한 숙종의 총애를 경계했다. 이러한 이징명의 상소가 올라가자 숙종은 크게 분노하여 장씨에 대한 일은 비답하지 않고, 그 말의 근원을 캐물었다. 이징명은 단지 숙종이 장씨를 총애하는 것을 걱정한 것은 아니었다. 오히려 장씨의 총애를 배경으로 경신환국 때 장현과 같이 피해당했던 남인들이 등용되어 권력을 잡고 서인들에게 보복을 가할까 우려한 것이었다. 따라서 후환을 미리 막기 위해 장씨를 내쫓을 것을 건의했지만, 그 결과는 오히려 숙종의 노여움만 키웠다.

장씨는 숙종 12년(1686)에 종4품 숙원에 책봉되었다.(숙종 12년 12월 10일 경신) 비록 승은은 입었지만, 아직 왕자나 옹주를 잉태하지도 않았는데도 후궁에 책봉했다. 대체로 왕의 자식을 낳지 않은 승은 궁녀들은 바로 후궁으로 승격되기보다는 특별상궁으로 승진했다. 이후 자식을 낳으면 정식 후궁에 봉해졌다. 그런데 그러한 절차를 생략하고 바로 후궁에 책봉했다는 것은 장옥정에 대한 숙종의 총애가 매우 컸음을 보여준다. 숙종은 장옥정에게 빠져들었고, 자식을 두지 못한 인현왕후는 그만큼 홀로 참고 견뎌야 했다. 장옥정의 재입궁은 인현왕후에게 크나큰 화근이 되었다.

장씨의 원자 출산과 흔들리는 왕비 자리

인현왕후의 간청으로 다시 입궁한 장씨는 숙종의 총애를 독차지했다. 장옥정에게 빠진 숙종은 인현왕후를 멀리했다. 인현왕후는 왕비였지만 자신이 생각했던 것만큼 주도적이지 못했고, 왕의 총애를 받는 장씨를 다스리기 어려웠다. 장씨는 인현왕후보다 8살이나 더 많았고, 기질도 훨씬 더 강했다. 출생 신분과 살아온 과정, 지지 세력도 너무나 다른 두 여성이었다. 당대 최고의 양반 가문 출신인 인현왕후와 달리 스스로 운명을 개척해 가야 하는 궁녀 출신의 장옥정은 숙종을 대하는 태도에서 서로 달랐다. 이른바 본처 기질과 애첩 기질이 서로 달리 작동되었다.

결국, 냉혹한 현실을 인식한 인현왕후는 장씨를 견제할 수밖에 없었다. 그를 지지하는 서인 세력들도 불안하기는 마찬가지였다. 그런 인현왕후의 동태를 살피기 위해 장씨는 숙종이 자신을 인현왕후보다 더 총애하고 있음을 드러내며 그녀의 심기를 건드렸다.

> 장씨의 교만하고 방자함은 더욱 심해져서 어느 날 임금이 그녀를 희롱하려 하자 장씨가 피해 달아나 내전의 앞에 뛰어 들어와, '제발 나를 살려주십시오'라고 하였으니, 대개 내전의 기색을 살피고자 함이었다. 내전이 낯빛을 가다듬고 조용히, '너는 마땅히 전교를 잘 받들어야만 하는데, 어찌 감히 이같이 할 수가 있는가?' 했다. 이후로 내전이 시키는 모든 일에 대해 교만한 태도를 지으며 공손하지 않았으며, 심지어는 불러도 순응하지 않는 일까지 있었다. 어느 날 내전이 명하여 종아리를 때리게 하니 더욱 원한과 독을 품었다.(『숙종실록』 권17, 숙종 12년 12월 10일 경신)

장씨의 투정 섞인 거짓 행동은 어린 인현왕후를 속상하게 했다. 인현왕후의 명을 받들지도 않았고, 불러도 오지 않았다. 숙종의 총애를 무기로 삼아 무례한 행동을 하는 장씨에게 인현왕후는 결국 종아리를 때리게 했다. 장씨를 다시 불러들인 후 점점 심해진 인현왕후의 속앓이와 두 사람의 갈등이 얼마나 깊어졌는지 짐작할 수 있다.

그런데 이때 장렬왕후는 장씨를 후원하는 숭선군 이징의 아내를 믿고 있었다. 이때 이징의 아내는 숙종과 장렬왕후에게 인현왕후를 참소하고, 밖으로는 그 아들 이항에게 장씨의 오빠 장희재와 함께 인현왕후를 위태롭게 할 것을 모의토록 했다.(숙종 12년 12월 10일 경신) 장씨와 오빠 장희재, 장렬왕후와 숭선군 이징, 권력을 잡고자 하는 남인 세력들은 왕비 자리를 노리고 있었다.

결국, 장씨를 견제하기 어렵다고 생각한 인현왕후는 숙종에게 새 후궁을 들일 것을 권했다. 장씨에 대한 숙종의 애정을 새로운 후궁에게로 돌리려 했다. 정권이 남인에게 옮겨갈 것을 우려한 서인들도 장씨를 견제하고자 숙종에게 후궁 간택을 여러 차례 권유했다. 서인 세력을 좀 더 강화하려는 목적이었다. 그 결과 숙종 12년(1686) 3월에 새로운 후궁을 간택했다.(숙종 12년 3월 28일 임오) 바로 서인이자 안동 김씨 가문의 김창국의 딸이었다.

김창국은 서인의 영수였던 영의정 김수항의 조카였다. 김씨는 김수항의 종손녀로 당시 최고 권세가 집안 출신이었다. 그녀는 현종 10년(1669)에 김창국의 둘째 딸로 태어났다. 어머니는 돈녕부지사 등을 지낸 이정영의 딸인 완산이씨다. 김씨는 명문가 출신이었던 만큼 특별한 대우를 받았다. 간택 후 종2품 숙의가 되고, 노비 1백 50구를 하사받았다. 숙의 김씨는 4월 26일(경술)에 입궁했다. 입궁한 지 1달 후에 정2품 소의로 승격되었고(숙종 12년 5월 27일 경술) 그 해 11월에 귀인이 되었으며(숙종 12년 11월 5일 을유) 숙종 28년에 후궁으로 제일 높은 지위인 빈(영빈)에 책봉되었다.(숙종 28년 10월 18일 을미) 따라서 영빈 김씨로 더 잘 알려져 있다.

김씨는 친정이 인현왕후와 같은 서인 노론 계열로 정치적 색깔이 같았다. 김씨는 지위 높은 양반 집안 출신으로 당시의 부덕을 잘 익힌 여성이었다. 두 사람은 함께 장씨를 견제했다. 그러나 역부족이었다. 숙종은 김씨를 별로 좋아하지 않았다. 숙종과 장씨가 애정으로 맺어진 관계라면, 숙종과 인현왕후, 숙종과 김씨는 의례와 법도로 맺어진 관계였기 때문이다. 그녀들이 경계하는 장씨는 위계가 높은 김씨에게 문안을 드리지 않을 정도였다.

그런데 숙종 14년(1688)에 장씨를 적극적으로 돌봐주던 장렬왕후가 승하했다. 장렬왕후의 죽음은 장씨와 그녀의 배후세력인 남인들에게 큰 타격이 되었다. 서인이 우세한 정국에서 더욱 밀릴 수 있는 상황이 되었다. 그러나 그때 장씨가 임신한 상태였다. 당연히 숙종의 총애는 컸고, 흔들림이 없었다. 그리고 장씨는 아들(후의 경종)을 낳음으로써 모든 불안을 떨칠 수 있었다. 당시 『숙종실록』에는 다음과 같이 기록하고 있다.

"왕자가 탄생했으니 소의(昭儀: 정2품) 장씨가 낳았다."(『숙종실록』 권 19, 숙종 14년 10월 27일 병인)

이때 장씨의 나이는 29세였다. 재위한 지 거의 15년 동안 왕위를 계승할 아들을 두지 못했던 숙종은 장씨가 아들(후일의 경종)을 낳자 너무나도 좋아했다. 나이 27살에 보는 첫 자식이자 첫아들이었다. 장씨의 친정어머니는 딸의 산후조리를 위해 8인용 옥교(玉轎: 덮개가 있는 여성용 가마)를 타고 당당하게 궁궐에 들어왔다. 옥교는 당상관의 처나 며느리가 아니면 탈 수가 없었다. 더구나 8인용 옥교라고 한 것으로 보아 매우 크고 화려한 가마였다. 아직 아무 직첩이 없는 장씨의 어머니가 8인용 옥교를 타고 궁궐을 드나든 것은 신분을 넘어선 일이었다. 불안을 느끼던 서인들을 자극하였다.

이때를 놓치지 않고 지평 이익수는 장씨 어머니의 무엄함을 규탄하며 옥교를 불 질러 버리고 옥교를 매고 왔던 종까지 잡아다가 치죄했다. 그러나 왕이 가장 총애하는 후궁이자 더욱이 왕자를 낳은 장씨의 어머니에 대한 서인들의 행동은 숙종의 분노를 촉발시켰다. 숙종은 사헌부 금리(禁吏)와 조예를 체포하여 내수사의 감옥에 가두고 곤장을 때려죽이라고 명했다. 밤새 여러 차례 가혹한 형벌을 가하게 했다.(숙종 14년 11월 12일 신사) 나아가 숙종은 자신의 아들을 낳아준 장씨의 어머니를 모욕한 것은 곧 자신을 욕되게 하는 것으로 생각하고 서인들을 처벌했다. 서인들의 낭패였다.

더욱이 숙종은 태어난 지 3개월도 안 된 왕자를 원자로 정하고 종묘와 사직에 고했다. 그리고 장씨를 후궁의 가장 높은 서열인 정1품 빈으로 삼고, 명호(名號)를 희빈이라 했다.(숙종 15년 1월 15일 계미) 장희빈 또는 희빈 장씨라는 명호가 탄생한 것이다. 희빈 장씨에 대한 숙종의 총애는 날로 커졌고, 정치적으로는 남인들의 세상이 되고 있었다.

서자를 적자로 만들고 싶은 숙종, 쫓겨나는 인현왕후

숙종이 태어난 지 얼마 되지 않은 서자를 원자로 정하자 당시 집권 세력이던 서인들은 원자의 정호(定號)를 연기하라고 주장했다. 아직 인현왕후가 젊기 때문에 그녀가 후사 낳기를 기다려 적자로써 왕위를 계승함이 옳다는 주장이었다. 희빈 장씨의 아들을 원자로 정하는 것은 그를 곧 숙종의 맏아들로 확정하고, 다음 왕위를 계승할 왕세자 책봉까지 염두에 둔 시도였기 때문이다. 그러면 권력은 남인에게 옮겨갈 수 있었다. 따라서 서인들은 이 일을 막기 위해 죽기를 각오하고 끊임없이 반대했다.

희빈 장씨 소생을 원자로 책봉하자 서인의 우두머리 송시열은 숙종의 처사가 잘못되었다는 상소를 올렸다. 그는 여러 신하들이 '원자의 위호(位號)가 너무 이르다'고 한다며 여론을 내세웠다. 그는 '제왕의 큰 거조(擧措: 말이나 행동 따위를 하는 태도)는 항상 여유 있게 천천히 하는 것을 귀하게 여긴다'며 중국의 예를 들면서 원자 책봉이 너무 빠르다고 했다. 나아가 원자 책봉을 철회할 것을 주장했다.(숙종 15년 2월 1일 기해)

그러나 송시열의 행동에 대해 숙종은 원자의 정호와 희빈 책봉은 이미 다 끝났는데, 한 나라의 원로 정치인이 정국을 어지럽게 만든다고 분개했다. 그러던 차에 남인 이현기 등이 송시열의 주장을 반박하는 상소를 올렸다.(숙종 15년 2월 1일 기해) 이를 기회로 숙종은 송시열의 관직을 삭탈하고 제주도로 귀양보냈다.

남인들은 숙종의 주장을 지지했고, 숙종은 서인의 전횡을 누르기 위해 남인을 등용했다. 당시 숙종이 송시열을 귀양 보낸 명분은 이러했다.

> 내 나이 30에 비로소 한 아들을 두었으니, 이것은 종사와 백성의 의탁할 바가 끊어지려다가 다시 이어진 것이다. 그러니 신하가 된 자로서 진실로 나라를 걱정하는 마음이 있다면, 황명(皇明)의 고사를 이끌어대어 곧바로 국본(세자)을 일찍이 세우기를 청했어야 마땅한데, 송시열의 상소에는 불만과 부족한 뜻이 나타나 있다.(『숙종실록』 권20, 숙종 15년 2월 1일 기해)

숙종은 자신의 뜻에 반대하는 송시열을 유배 보냈으며, 그를 구하려고 옹호한 윤빈도 죄주게 했다.(숙종 15년 2월 1일 기해) 서인의 적극적인 반대에 부딪친 숙종은 아예 후궁 소생 아들을 왕비 소생 적자로 만들어 정통성을 부여하기 위한 왕비 교체 계획을 꿈꾸고 있었다. 원자 정호(定號)를 둘러싼 서인들의 결사적인 반대는 인현왕후의 폐비를 재촉하는 서막이 되었다.

원자 정호 문제를 계기로 숙종은 15년(1689)에 서인들을 쫓아내는 피바람을 일으켰다. 후궁 김씨의 종조부인 김수항과 이모부인 홍치상을 김씨와 공모하여 왕의 기밀을 염탐하고 유언비어를 지어내 유포했다는 죄로 작호를 삭탈하고 죽였다.(숙종 15년 2월 10일 무신, 숙종 15년 윤3월 28일 을축) 서인에 대한 대 탄압이 이루어졌다. 숙종은 서인을 중심으로 운영되던 당시 정국을 하루아침에 남인들로 개편했다. 서인의 권세는 약화될 수밖에 없었다.

나아가 숙종은 15년(1689) 4월 21일(정해)에, 대사헌 목창명 등 12명이 송시열의 처벌을 상소하는 자리에서 서인의 지지를 받는 인현왕후를 폐비시키고자 하는 뜻을 내비쳤다. 사실상 인현왕후와의 이혼을 선언했다.

> 임금이 말하기를, "… 궁위에(중궁을 가리킴이다.) 관저(시경의 국풍 6편 중의 한 곡. 문왕과 후비의 덕을 말한 것으로 숙녀를 얻어 군자의 도움이 될 것을 생각하는 것)의 덕풍은 없고 투기의 습관이 있어서 병인년(1686, 숙종 12년) 희빈이 처음 숙원이 될 때부터 귀인(김씨)에게 당부했으며, 분을 터뜨리고 투기를 일삼은 정상은 이루 다 말할 수가 없다. 어느 날 나에게 말하기를, '꿈에 선왕(현종)과 선후(명성왕후)를 만났는데 두 분이 나를 가리키면서 말하기를 「내전과 귀인은 선묘(효종) 때처럼 복과 녹이 두텁고 자손이 많을 것이다. 그러나 숙원(장씨)은 아들이 없을 뿐만 아니라 복도 없으니, 오랫동안 궁궐에 있게 되면 경신년(1680, 숙종 6년)에 실각한 사람들에게 당부하게 되어 국가에 이롭지 못할 것이다.」 했습니다' 했다. 부인의 투기는 옛날에도 있었지만, 어찌 선왕·선후의 말을 가탁하여 위험한 말을 하여 사람들을 두렵게 만들 계책을 세운 것이 이토록 극심한 지경에 이를 수가 있겠는가? 투기가 통하지 않게 되자 이런 헤아릴 수 없는 말을 만들었는데 삼척동자인들 어찌 이 말을 믿겠는가? 간교한 정상이 마음속 깊은 곳을 들여다보듯 환하다. 이런 사람은 고금에 다시없을 것이다. 그리고 숙원에게 아들이 없는 것이 사실이라면 원자는 어떻게 탄생되었는가? 그 거짓된 작태가 여기에서 더욱 입증되었다." 했다. … 임금이 말하기를, "원자가 탄생하자 더욱 기뻐하지 않으면서 말하기를, '실로 이는 뜻밖이다' 했다. 일찍 국본(세자)을 정한 데에는 뜻이 있는 것이다" 했다.(『숙종실록』 권20, 숙종 15년 4월 21일 정해)

위의 자료에 의하면 숙종은 인현왕후가 투기가 너무 심하다고 비난했다. 그는 인현왕후는 덕이 없고 분한 마음을 터뜨리고 투기를 일삼았으며, 선왕(현종)과 선후(명성왕후)의 말을 거짓으로 꾸며 국왕을 간교하게 속이면서 장씨가 국가에 이롭지 못하다고 비방했다고 했다. 특히, 왕자가 태어나고 원자로 정할 때 마땅치 않게 여겼다고 비난했다. 숙종이 인현왕후를 폐출시킬 빌미로 잡은 것은 투기였다. 투기는 칠거지악의 하나로 부인을 내쫓을 때 주로 쓰는 방법이었다.

그리고 폐비문제를 거론한 다음 날, 먼저 인현왕후와 가까웠던 귀인 김씨의 작호를 삭탈하고 교지를 불태운 다음 폐출하여 사가로 쫓아냈다. 숙종은 귀인 김씨에 대해서 전례를 상고하여 조처하라고 명했고, 예조에서는 과거 중종 때 경빈 박씨가 동궁을 모해하려 하다가 발각되어 귀양갔다가 죽임을 당한 일이 있다고 아뢰었다. 숙종은 이 사실을 참작하여 김씨를 사제로 폐출시켰다.(숙종 15년 4월 22일 무자)

그리고 4월 24일에 숙종은 비망기를 내려 '김씨는 궁궐에 들어온 뒤로 조금도 공경하거나 순종하는 행실이 없었고 해괴하게 질투만을 일삼은 일이 한두 번이 아니었다. 밖으로는 김수항 및 친정과 결탁하여 임금의 동정을 살폈으므로 궁중의 모든 일이 누설되었다. 또 신하들을 인견했을 적에 한 말을 적어 놓은 작은 종이를 몰래 훔쳐보고 소매 속에 감추어 두었다가 여러 번 힐문을 받은 뒤에야 도로 바쳤다. 정말 마음이 음흉하여 헤아리기가 어렵다. 안으로는 인현왕후에게 주야로 아첨하여 혈당(血黨)을 맺고 유언비어를 날조하여 못하는 짓이 없었으며, 국가를 교란시키기 위해 임금을 무함(誣陷)했으니 실로 패역부도(悖逆不道)한 죄를 범한 것이다. 당연히 무거운 법으로 다스려야 하지만 우선 너그러운 법을 따라 작호(爵號)를 환수하고 정상을 참작하여 폐출시킨다'고 했다.(숙종 15년 4월 24일 경인) 숙종은 김씨와 인현왕후가 서로 결당하여 국가를 교란시키고, 자신을 무함했다고 목소리를 높였다.

김씨의 폐출은 인현왕후를 폐출시키기 위한 전조 단계였다. 귀인 김씨가 친정으로 돌아간 다음 날은 인현왕후의 생일이었다. 문무백관들이 문안을 드리려 했지만, 숙종은 금지시켰다.(숙종 15년 4월 23일 기축) 이에 영의정 권대운·좌의정 목내선을 비롯한 대신들이 빈청(賓廳)에 모여 인현왕후의 탄생일에 문안을 올리지 말도록 한 것은 일상적인 예의가 아니라고 아뢰자 숙종은 인현왕후를 폐출해야 하는 이유를 더욱 확고히 내세웠다. 이틀 전과 마찬가지로 숙종은 인현왕후의 투기가 심하다고 맹비난을 했다. 즉 '치란(治亂)과 흥폐(興廢)는 모두 후비에게서 연유되는 것인데 후비는 사나운 행실만 있어서 평시의 말과 행동이 모두 분노와 원망에 차 있고, 투기하는 마음이 제대로 먹혀들지 않자 선왕과 선후의 분부를 지어내어 공공연히 말하면서 임금을 능멸하는 간악한 짓을 했다. 내 나이 30에 비로소 원자를 두었는데, 원자가 탄생하자 매우 노여워하며 도리에 어긋난 불평을 한 것이 한두 번이 아니다. 그리고 친정과 더욱 친밀히 지내는 흔적이 주도면밀하여 뒷날이 걱정되어 일찍 세자를 정했는데, 이것은 내가 원대한 장래를 생각해서 한 것이다. 무함(誣陷)하는 정상이 갈수록 더욱 드러나고 있으니, 실로 종묘사직에 죄를 짓는 사람이다. 하루인들 이런 사람이 일국의 국모로 군림할 수 있겠느냐'(숙종 15년 4월 23일 기축)며 그녀가 국모 자격을 잃었다고 주장했다. 숙종은 인현왕후가 '장씨가 아들을 낳자 노여워하며 불평을 많이 했다'고 비판했다.

조선왕조가 건국된 이후 이때까지 후궁이 낳은 아들로 원자를 정한 적은 없었다. 왕위 계승이 항상 적장자로 이어진 것은 아니지만 서자가 세자로 책봉되어 왕위를 이은 경우는 임진왜란이란 국난을 당해 급하게 세자로 지명된 광해군을 제외하면 없었다. 선조나 인조

같이 아버지가 서자인 경우는 있었지만, 왕 자신들은 모두 적자였다. 정통성이 약한 광해군은 인조반정에 의해 결국 폐위되었다. 그럼에도 불구하고 숙종은 장씨가 낳은 아들을 원자로 책봉하고, 인현왕후의 투기가 심해졌다며 폐비시키고자 하였다.

다음 날에도 숙종은 대신들에게 인현왕후가 선왕과 선후의 분부를 거짓으로 꾸며서 총애를 독점하려 했는데, 원자가 탄생하자 그 말이 모두 거짓임이 드러났다고 했다. 그리고 끝내 스스로 반성하지 않은 채 성난 말로 '진실로 나의 죄이다. 폐출시키려거든 폐출시키라'고 했다며 감화되기를 바랄 수 없다고 비난했다. 교리 강선이 '중궁께서 일국의 국모로 군림해 오신 지 10년이 다 되었지만, 실덕(失德)한 일이 없는데 갑자기 폐출의 분부를 내리는지'를 묻자 '이름이 국모였지 실제로는 덕이 없어 국모로 대우할 수 없다'며 맹비난을 했다.(숙종 15년 4월 24일 경인)

이어 숙종은 100여 명 이상의 서인들을 처벌했다. 숙종은 인현왕후을 두둔하며 숙종에게 노여움을 풀라고 상소한 오두인 등 86명을 한밤중에 친히 국문했다.(숙종 15년 4월 25일 신묘) 그리고 인현왕후의 오빠 민진후와 민진원 형제도 국문하고 파직시켰다.(숙종 15년 4월 25일 신묘, 숙종 15년 5월 9일 갑진) 결국 숙종은 15년(1689) 5월 2일(정유)에 인현왕후를 폐하여 서인(庶人)으로 강등시키고 폐출시키라고 명했다. 희빈 장씨가 아들을 낳은지 6개월 조금 지난 시점이었다.

> 왕비 민씨를 폐하여 서인으로 삼았다. 임금이 비망기를 내리기를, "내가 양조(兩朝: 성종조와 중종조) 의 폐비할 때의 고사를 보건대, 윤씨가 잘못한 바는 단지 투기에 있었는데, 죄상이 이미 드러나자 성종께서 종

사를 위해 깊이 근심하고 먼 앞날을 생각하시어 단연코 폐출하셨다. 더욱이 오늘날 민씨는 허물을 지고 범한 것이 윤씨보다 더하고, 윤씨에게 없었던 행동까지 겸했으며, 선왕·선비(先妃)의 하교를 지어내어 종사에 죄를 얻었다. 예관(禮官)으로 하여금 폐하여 서인으로 삼아 사제로 돌려보내니, 종묘에 고하고 교서를 반포하며 그 부모의 봉작을 빼앗는 등의 일은 한결같이 옛 예에 의하여 속히 거행하도록 하라" 했다.(『숙종실록』 권21, 숙종 15년 5월 2일 정유)

인현왕후는 왕에게 이혼당한 또 한 명의 왕비가 되었다. 숙종은 인현왕후의 투기는 성종대 폐비 윤씨보다 더 심했다고 하며, 그녀를 '후궁을 투기하고 이간질했고, 간사한 신하들이 부추기는 대로 따라갔으며, 원자가 태어나자 그 흉한 꾀가 드러났다'는 죄목으로 궁궐에서 내쫓아 버렸다. 숙종은 자신이 오래 참고 기다린 끝에 이런 처분을 내린 것이라고 했다. 숙종은 폐비 윤씨는 단지 투기만 했지만, 인현왕후는 투기뿐만 아니라 선왕과 선후의 하교까지 지어내어 종사에 죄를 얻었다고 했다. 숙종은 인현왕후를 폐출하여 사제로 돌려보내고, 즉시 그 부모의 봉작을 빼앗았다.(숙종 15년 5월 2일 정유)

숙종은 인현왕후를 폐비시키기 위해 앞서 폐비가 되었던 폐비 윤씨와 단경왕후 신씨의 사례를 미리 조사했다. 그리고 숙종은 또 비망기를 내렸다. 그 비망기에는 인현왕후가 희빈 장씨를 투기하여 참언(讒言)하고 있다고 비난했다. 그리고 인원왕후가 '장씨는 전생에 짐승의 몸이었는데, 주상께서 쏘아 죽였으므로, 묵은 원한을 갚고자 하여 이 세상에 태어났다'고 하거나 '경신년(숙종 6년, 1680) 역적에 관련된 옥사 후에 불만을 품은 무리와 서로 결탁했던 것이며, 화는 장차 헤아리지 못할 것이고, 또 팔자에 아들이 없으니, 주상이 수고하셔도 공이 없을 것이며, 자신에게는 자손이 많을 것이라'고 거짓말을 했다고 했다.(숙종 15년 5월 2일 정유) 이러한 말을 정말 인현왕후가 했는지 아닌지는 확인하기 어렵지만 이미 숙종의 마음이 인현왕후에게서 완전히 떠났음을 의미했다. 숙종은 인현왕후를 내쫓기 위해 갖가지 명분을 찾고 있었다.

숙종 즉위 이후 서인 정권 안정에 결정적인 역할을 했던 숙종과 인현왕후의 혼인은 인현왕후의 폐출로 무효가 되었고, 서인도 실각했다. 숙종은 인현왕후에게 진상품을 바치지 말도록 했고, 숙종 7년 가례 때 내렸던 교명·책보·장복은 모아서 모두 불태우게 했다. 그리고 숙종은 인현왕후의 왕비 의복도 불태워버리도록 했다.(숙종 15년 5월 2일 정유)

14살에 계비가 되어 궁궐로 들어왔던 인현왕후는 22살에 하얀 가마에 태워져 요금문을 나와 안국방의 본가로 쫓겨났다. 인현왕후는 투기죄에 걸려 한마디 변명도 못하고 궁궐을 나와야 했다. 인현왕후가 본가로 돌아가자 쫓겨난 관리들과 유생들은 길을 메우며 곡을 하면서 뒤따랐다. 인현왕후가 친정으로 쫓겨 갈 때의 모습은 『인현왕후전』에 잘 묘사되어 있다.

> 왕후, 친정으로 나오시니 부부인 마주나오시어 붙들고 통곡하시니, 왕후도 부원군의 옛 자취를 느끼어 애원 통곡하시고 이윽고 부부인께 고하여 이르시되 "죄인의 몸으로 친족을 보니 편안치 못할 것이니 나가소서" 하시니 부부인과 다른 부인네들도 통곡하여 마지못해 애오개로 나가신 후 당일 명하사 안팎 문들은 모두 봉쇄하고 친정의 노비들은 한

사람도 두지 않으시고 다만 궁녀만 두시고, 정당을 폐하시고 아랫집에 거처하시니, 궁녀들은 친정에서 들어간 궁인과 3인은 궐내의 궁인으로서 죽기를 무릅쓰고 나온지라…(『인현왕후전』)

죄인 아닌 죄인으로 사가로 쫓겨난 젊은 인현왕후의 처지와 비참한 심정이 잘 드러나 있다. 인현왕후가 쫓겨나자 영의정 권대운은 숙종에게 부부의 은혜를 바라는 상소를 올렸다. 그는 '내전께서 설혹 지나친 일이 있었을지라도, 부부의 은혜를 우러러 바라고 포용의 덕을 믿어서, 별궁에 두어 스스로 징계함을 얻게 하라'고 했다. 그리고 그 명호를 존속시키고, 의물(儀物: 의식에 쓰이는 도구나 물건)을 그대로 두면 온 나라 사람들의 여망도 조금은 위로할 수 있을 것이라며 인현왕후에 대한 처우 개선을 요청했다. 그러나 숙종은 국가의 처분이 이미 정해졌는데 '내전'이라고 일컫고 또 '지나치다'고 하니, 결코 이같이 할 수는 없다고 반대했다. 그리고 민씨는 이미 폐출되었고, 또 보책(寶冊: 국왕이 왕비 및 왕대비, 선왕 등에게 시호나 묘호 등을 추증하면서 이들의 행적을 기록한 문서)을 해당 관서에 내려 불태우게 해서 왕실의 처분이 이미 끝났으니 이후로는 이 같은 소장을 다시는 들이지 말라고 했다.(숙종 15년 5월 2일 정유) 숙종의 처사는 매우 단호하고 냉엄했다. 성종대와 달리 대비들도 없었기 때문에 숙종은 독단적으로 폐비조치를 결정했다.

그리고 다음 날 원자 책봉 반대 상소를 올려 제주도로 유배되었다가 도성으로 압송되어 오던 송시열을 전라도 정읍에서 사약을 내려 죽였다.(숙종 15년 6월 3일 무진) 인현왕후의 친정 식구들도 거의 모두 중앙정계에서 쫓아냈다. 작은아버지 민정중은 평안도 벽동으로 유배 가서 죽었다.(숙종 18년 6월 25일 계묘) 인현왕후의 폐출은 서인 세력에 대한 대탄압을 동반했다. 인조대 이후 왕비는 이전과 달리 각 당파를 대표하는 인물이었다. 인조반정을 성공시킨 서인세력은 '국혼물실(國婚勿失: 왕비 자리를 잃지 않는다)'을 내세워 계속 자신들의 당파에서 왕비를 배출하려고 했다. 그래야 권력을 잡고 또 유지할 수 있기 때문이다. 인현왕후는 서인 가문에서 배출된 왕비였다. 따라서 인현왕후의 폐출은 인현왕후 개인의 비극일 뿐만 아니라 서인세력의 몰락을 의미했다.

왕비가 된 장씨, 적자의 정통성을 확보한 세자

인현왕후가 사가로 쫓겨남으로써 비게 된 중전 자리는 희빈 장씨가 대신 차지했다. 인현왕후를 쫓아낸 숙종은 불과 4일 뒤에 희빈 장씨를 왕비로 삼는다는 명을 내렸다.(숙종 15년 5월 6일 신축) 매우 파격적인 명령이었다. 남인의 지지를 받는 희빈 장씨는 아들을 낳은 지 7개월 만에 왕비가 되었다. 모든 일이 급속도로 진행되었다. 숙종은 희빈 장씨가 유복한 집안에서 성장했고, 어질고 효성스럽고 공손하고 검소하여 그 덕이 국모가 될 만하고, 종묘를 함께 받들만하다고 칭찬했다. '또 아들을 낳았으니 어미가 아들로써 귀해지므로 예가 왕비에 오르기에 합당하다'고 했다.(숙종 15년 8월 11일 갑술) 이때는 아직 장렬왕후가 죽은 지 얼마 되지 않은 상중이라 왕비 책봉은 잠시 미뤄졌지만, 장씨는 곧 이듬해 10월 22일(기묘)에 정식으로 왕비에 책봉되었다. 숙종은 옥책문에서 '임금의 다스림은 반드시 왕비의 어짊을 힘입어야 한다. 이제 다행히 궁 안에서 덕이 있는 사람을 가리매 자나 깨나 구하던 짝에 합당하니, 아름다운 작위와 명호를 바루고 절차를 갖춘 의례를 거행한다'고 했다.(숙종 16년 10월 22일 기묘)

이제 내전의 주인은 장씨가 되었고, 장씨와 연결되어 있던 남인이 국정을 이끌어 나갔다. 사가로 쫓겨난 인현왕후는 폐출된 이후 숙종으로부터 어떠한 은혜와 혜택도 입지 못했다. 숙종은 사가에 있는 인현왕후를 찾지 않았고, 더욱이 인현왕후가 궁궐에 있는 숙종을 찾을 수는 없었다. 인현왕후와 숙종은 서로 남남이 되었다. 이들을 연결해 줄 자식도 없었다.

숙종은 왜 새 왕비를 간택하지 않고 이렇게 급하게 후궁인 희빈 장씨를 왕비로 승격시켰을까? 중종이 장경왕후가 죽은 후 새로운 간택을 통해 문정왕후를 왕비로 맞이한 것과 달랐다. 중종대 이전에는 후궁들이 왕비로 승격된 적도 있었지만, 성리학이 심화되는 16세기에 오면서 사림들은 첩인 후궁을 정처인 왕비로 승격하는 것을 반대했다. 처첩 구분과 적서 차별이 더 심화되었기 때문이었다. 따라서 이후 계비들은 모두 새로이 간택을 통해 왕비로 책봉되었다. 그럼에도 불구하고 성리학이 더욱 심화된 17세기에 숙종은 전격적으로 후궁을 왕비로 승격시켰다. 더욱이 희빈 장씨는 정식 간택을 통해 후궁이 된 경우도 아니고, 신분이 낮은 궁녀 출신이었다.

숙종이 이렇게 궁녀 출신의 희빈 장씨를 왕비로 승격시킨 이유는 그의 성격이 급하고 희로(喜怒)의 감정이 심했기 때문이기도 했지만, 무엇보다도 아들 때문이었다. 후궁이 낳은 서자이지만 어머니가 적처가 되면 아들도 적자가 될 수 있었다. 즉 희빈 장씨를 왕비로 만들면 원자는 서자가 아닌 적자로서 정통성을 가질 수 있었다. 성격이 급한 숙종은 몸이 약한 인현왕후가 아들을 낳을 때까지 기다릴 수 없었다. 서른이 되어가는 숙종의 나이를 생각할 때 원자의 정통성을 확보하는 문제가 시급했다. 숙종은 자신의 아들이 적자이기를 바랐다. 그렇게 하려면 어머니의 신분을 후궁이 아닌 왕비로 만들면 되었다. 숙종은 스스로 국법을 어기며, 처를 내쫓고 첩을 처로 만들었다. 희빈 장씨를 왕비로 책봉하겠다는 명을 내린 후 곧 원자를 세자로 책봉했다.(숙종 16년 6월 16일 을해) 장씨는 조선왕조 역사상 궁녀 출신의 승은후궁으로서 왕비가 된 유일한 여성이 되었고, 세자는 더 이상 후궁 소생이 아닌 왕비 소생으로 정통성을 갖게 되었다.

인현왕후를 쫓아낸 숙종은 그녀에 관한 일을 제기하는 자는 중벌로 다스리겠다고 으름장을 놓았다. 이것은 과거 성종이 폐비 윤씨를 사가로 쫓아낸 뒤 취했던 조치와 똑같았다. 숙종은 인현왕후를 내쫓으면서 성종대 폐비 윤씨 사건을 일일이 물었고, 성종과 같이 매우 단호하고 강경한 입장을 취했다. 숙종은 폐비 윤씨 사사사건을 통해 어떤 조치를 내려야 할지를 학습하고 있었다. 이 두 왕은 비슷하고도 다른 점이 있었다. 12~13살이라는 어린 나이에 왕위에 올랐다는 점과 부인에게 매우 냉혹했다는 점, 그리고 부인인 왕비들을 왕권 강화의 수단으로 삼았다는 점에서는 비슷했다. 그러나 살았던 시대는 각각 15세기와 17~18세기로 200년 이상의 간극이 있었으며, 즉위 배경이나 왕권의 정통성에서도 차이가 있었다. 성종은 죽은 세자의 둘째 아들로 할머니와 어머니, 장인의 힘에 의해 어느 날 갑자기 왕이 된 인물임에 반해, 숙종은 태생부터 왕의 외아들로 세자교육을 철저하게 받고 왕위에 올라간 인물이었다.

인현왕후의 폐출과 희빈 장씨의 왕비 책봉은 단지 두 여성의 운명을 바꾼 사건만은 아니었다. 아들의 신분을 세탁하여 적자로서의 정통성을 부여한 것이며, 정권이 서인에서 남인으로 옮겨간 것을 의미했다. 남인이 집권 세력이 되고 서인은 몰락했다. 이를 통해 숙종의 왕권은 더 강력해졌다. 역사에서는 기사년에 일어난 이 사건을 기사환국이라고 한다. 기사환국은 인현왕후의 이혼을 담보로 단행되었다.

복위된 인현왕후, 다시 후궁이 된 희빈 장씨

친정으로 쫓겨난 인현왕후가 외롭게 살면서 곤궁한 생활을 했음은 쉽게 짐작할 수 있다. 생모도 아버지도 없는 친정이었다. 신료들은 인현왕후를 별궁으로 옮기고 양식을 내려주어야 한다고 때때로 상소했지만, 숙종은 허락하지 않았다.(숙종 16년 7월 20일) 숙종이 친히 쓴 인현왕후의 행록(行錄: 어떤 사람의 말과 행동을 적어 모은 기록)에 의하면 그녀는 사제에 있을 때 근신하며 항상 스스로 죄인을 자처하여 찬 방에서 잠을 자고, 좋은 옷을 입지 않았다. 긴 여름날에도 점심을 먹지 않았다. 그런 처지에도 항상 '오늘날까지 목숨을 보전하는 것은 왕의 성은이 아닌 것이 없는데, 어떻게 감히 보통 사람과 똑같이 할 수 있겠는가?'라고 하며(숙종 27년 11월 23일 병오) 폐비의 품위를 잃지 않으려고 했다. 그렇지 않으면 폐비 윤씨와 같이 죽임을 당할 수도 있었다. 유교 문화는 쫓겨난 여성을 죄인으로 취급했고 이혼당한 여성들 스스로도 자신을 죄인으로 여겼다. 쫓겨난 원인이 무엇이든 간에 여성들 스스로 자신의 덕이 부족하여 이혼당했다고 생각했다. 지극히 남성 중심의 가부장적인 문화가 만들어낸 결과였다.

그러나 폐비와 복위는 매우 정치적인 사건이었다. 여성인 왕비 스스로가 선택하거나 거부할 수 있는 문제가 아니었다. 오직 가부장인

〔그림 25〕 감고당터 안내판

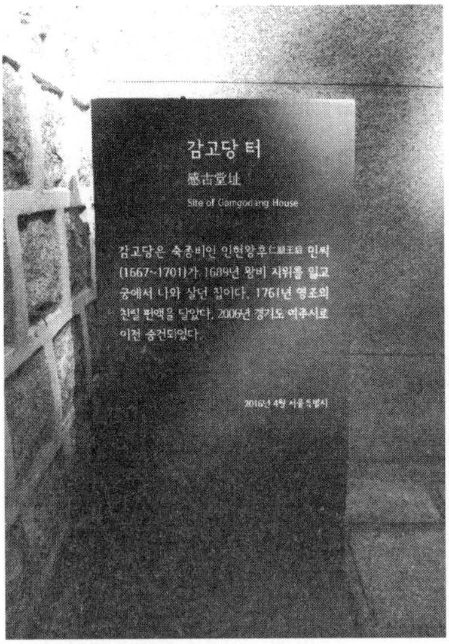

서울 안국동 덕성여고 정문 앞에 있다.

〔그림 26〕 감고당길 표석

서울 종로구 안국동

〔그림 27〕 감고당 전경(현 명성황후생가 안채 전경)

훗날 왕이 된 영조는 인현왕후가 살았던 집을 방문한 뒤 그때의 일을 생각하여 감회에 젖어 '감고당(感古堂)'이라는 이름을 내려주었다. 감고당은 지금 여주 명성황후의 생가에 옮겨져 있다.
(사진 출처: 문화재청)

〔그림 28〕 감고당 안채 전경

현 명성황후생가. (사진 출처: 문화재청)

왕의 처분에 달려있을 뿐이었다. 인현왕후는 다시 복위될 수 있다는 실 같은 희망을 가질 수도 있었겠지만, 스스로 선택할 수 있는 일은 아니었다. 앞서 폐비를 당했던 두 왕비가 복위되지 못했던 것과 같이 자신의 복위도 어렵다고 생각했을 것이다. 아들이 없었기 때문에 폐비 윤씨와 같이 죽임을 당할 일까지는 일어나지 않는다 하더라도, 단경왕후와 같이 남은 인생을 혼자 살아야 한다고 생각했을 것이다. 인현왕후는 스스로 죄인임을 자처하며 젊은 세월을 홀로 죽이고 있었다.

그런데 세월이 흐르는 사이 권력을 잃은 서인, 특히 노론 명문가의 자제들은 폐비의 복위를 모의하기 위해 비밀자금을 모았다. 인현왕후를 복위시키는 것은 서인들이 다시 권력을 잡는 것을 의미했다. 광성부원군 김만기의 손자 김춘택, 승지였던 한구의 아들 한중혁, 유명일의 아들 유복기, 이시탁 등은 당을 만들어 비밀리에 자금을 모았다. 김춘택은 궁인의 동생을 매수하여 첩으로 삼아 궁궐과 내통했다. 또 장희재의 아내를 이용하여 남인의 정세를 염탐하기도 했다.

그러나 그들의 모의는 불발로 끝났다. 남인 측에서는 이미 이들의 계획을 알고 있었고, 오히려 그것을 이용해 이참에 서인을 일망타진하려는 기회로 삼고자 했다. 고변은 그들의 일원이었던 함이완에 의해 이루어졌다. 숙종 20년(1694) 3월 23일(신유) 당시 우의정이었던 남인의 영수 민암은 목숨은 보장해 준다는 조건으로 함이완을 회유하여 고변토록 했다. 그 요지인즉 김춘택과 유복기, 유태기 등이 자금을 모으고 당의 무리를 많이 모아 거짓말과 풍문을 만들어 인심을 불안하게 하여 민씨를 복위시키려는 계획을 만들었다는 것이었다.(숙종 20년 3월 23일 신유)

이 고변으로 엄청난 피바람이 불게 되었다. 한중혁 등 음모 혐의자에게 엄형이 가해졌고 옥사는 많은 서인들을 연루시키며 크게 확대되었다. 사건 관련자들을 조사하고 국문하는 과정에서 노론측의 김춘택과 소론측의 한중혁을 중심으로 서인들이 남인 정권을 몰락시키고 재집권을 꾀하는가 하면, 폐비 민씨를 복위시키려는 환국의 음모가 있었음이 밝혀졌다. 따라서 서인들의 참패로 끝날 위기 상황이 전개되었다.

그런데 6일이 지난 숙종 20년 3월 29일(정묘)에 충격적인 고변이 또 일어났다. 서인인 유학 김인(金寅)이 장희재가 김해성에게 뇌물을 주고 꾀어서 숙원 최씨를 독살하려 했다는 역고변(逆告變)을 했다. 이로 인해 '숙원 최씨 독살설'이 불거졌다. 숙원 최씨는 숙종의 후궁으로 연잉군(후의 영조)의 어머니이다. 이때 숙원 최씨는 임신하고 있었다. 숙원 최씨는 7세에 궁에 들어와 궁녀가 되었다. 주로 청소, 설거지 등의 천한 허드렛일을 하는 무수리 출신이라고 알려져 있는데, 서인 노론 세력의 후원을 받고 있었다.

야사에서는 최씨가 인현왕후가 폐출되고 희빈 장씨가 왕비가 되자 인현왕후를 위해 기도를 드리는 중에 숙종의 눈에 띄어 승은을 입었다고 전한다.

> 선대왕(숙종)이 하루는 밤이 깊어진 후에 지팡이를 짚고 궁궐 안을 두루두루 돌아다니다가 나인들의 방을 지나가게 되었는데, 유독 한 나인의 방에 등촉불이 켜져 있었다. 밖에서 몰래 엿보니, 진수성찬을 차려놓고 한 나인이 상 아래에 두 손을 모으고 무릎을 꿇고 앉아 있었다. 선대왕이 매우 이상하게 여겨서 문을 열고 그 까닭을 물으니, 나인이 엎드려 아뢰기를, "소녀는 바로 중전마마의 시녀인데, 총애해주신 은혜를 입었습니다. 내일은 중전의 탄생일인데, 폐위되어 서궁에 계시면서 죄인으로 자처하며 수라상을 스스로 들지 않으시면서 지내시는데, 조석으로 드시는 것이라곤 오로지 거친 현미뿐입니다. 내일이 탄생일인데도 누가 좋은 음식을 올리겠습니까? 소녀는 도리상 슬픔을 이길 수 없어서 이것을 차린 겁니다. 중전께서 좋아하시는 것들을 차렸지만 도저히 진헌할 길이 없어서 마치 진헌하는 것처럼 소녀의 방안에 차려놓고 정성을 드리고자 한 것입니다." 임금이 그제야 생각해 보니 다음 날이 정말로 중전의 탄일이었다. 곧 깨달은 마음이 있어 그 성의를 가상히 여기시고는 마침내 나인을 가까이하셨다. 이로부터 태기가 있었다.(이문정(李聞政), 『수문록 隨聞錄』)

위의 기록에 의하면 마치 숙종이 우연히 최씨를 만난 것으로 그려진다. 그러나 일국의 왕이 밤에 알지 못하는 궁녀의 방을 기웃거리는 것도 이상할 뿐만 아니라, 일개 천한 나인이 자신의 방안에 진수성찬을 차려놓고 정성을 드리는 것이 가능한지 의문이다. 만약 그렇게 했다면 국가의 재물을 사적으로 도용한 것이 된다. 사실 최씨가 숙종의 눈에 띈 것은 우연이라기보다는 서인들의 작전이 작용한 게 아닌가 생각된다. 최씨는 서인들의 후원을 받고 있었다. 왕비 장씨를 견제하기 위한 의도된 만남으로 추측된다. 이를 입증할 자료는 없지만, 숙종의 마음은 새로운 후궁에게 기울어지고 있었다. 숙종과 최씨와의 만남은 인현왕후를 향한 숙종의 노한 감정을 상당히 누그러뜨리게 했다. 인현왕후의 복위에 최씨의 공이 매우 컸음을 알 수 있다.

숙종은 이제 왕비가 된 장씨보다 최씨를 더 총애했다. 최씨는 숙종의 총애를 받는다는 이유로 장씨로부터 목숨을 부지하기 힘들 정도로 온갖 고초를 겪기도 했다. 최씨는 임신하여 숙종 19년(1693) 4월 26일(기해)에 숙원이 되었으며, 10월에 아들 영수군을 낳았다.(숙종 19년 10월 6일 병자) 그러나 최씨가 낳은 영수군은 두 달 만에 죽었다. 죽은 원인은 알 수 없다. 아마 누구보다 장씨와 남인측은 기뻐했을 것이다. 그런데 최씨는 이듬해 또 임신했다. 숙종이 매우 총애하고 있음을 알 수 있다. 장씨와 집권 남인들은 숙원 최씨에 대한 숙종의 총애와 그녀의 임신에 대해 늘 촉각을 곤두세우고 있었다. 만약 최씨가 또 왕자를 낳는다면 장씨에게 큰 타격이 될 수 있었기 때문이다. 따라서 '숙원 최씨 독살설'이 나올 수도 있었다.[62]

62 이후 최씨는 숙종 20년 6월 2일(무술)에 숙의가 되고, 9월 20일(을유)에 연잉군 이금을 낳았다. 이 아들이 훗날의 영조다. 최씨는 숙종 21년 6월 8일(무술)에 귀인이 되었고, 이어 아들 하나를 더 낳았으나 일찍 죽었다. 숙원 최씨는 숙종의 아들을 3명이나 낳았다. 이후 숙종 25년 10월 23일(정해)에 단종의 복위를 축하하면서 최씨를 후궁의 가장 높은 품계인 빈에 봉하고 명호를 숙빈

'숙원 최씨 독살설'을 들은 숙종은 심경의 변화를 일으키기 시작했다. 독살 계획이 사실이든 아니든 숙종은 최씨에 대한 총애만큼이나 김인의 고변 내용에 경악했다. 더구나 숙종은 지난 몇 년 동안 차츰 장씨 및 그 지지 세력들과 권력을 장악하고 자신을 옥죄는 남인들에 대해 염증을 느끼고 있었다. 또 민씨를 폐출시킨 일에 대해서도 내심 후회하고 있었다. 민씨가 있는 안국동 쪽을 바라보며 한숨짓는 날들이 점점 많아졌다. 숙종의 심경 변화는 이 고변 사건을 계기로 드디어 폭발했다.

숙종은 '숙원 최씨 독살설'을 또다시 왕권 강화를 위한 정치적인 환국으로 이용했다. 인현왕후가 사가로 쫓겨난 지 5년이 지난 숙종 20년 4월 1일(무진)에 숙종은 서인을 국문하고 있던 집권자 남인을 축출하고, 기사환국으로 몰락했던 서인을 다시 등용하고 남인을 축출하는 갑술환국을 단행했다. '숙원 최씨 독살설'이 언급된 지 3일 만에 일어난 일이었다. 갑술환국은 숙종의 계획하에 미리 준비되어 진행된 것이라기보다는 숙원 최씨를 배후에서 조종한 서인 김춘택 일파의 모의 결과였으며, 숙종이 최씨 독살음모를 듣게 된 순간 일으킨 심경의 변화 때문이었다. 숙종은 최씨 독살설을 계기로 비대해진 남인 세력을 꺾으려는 정치적 의도에서 환국을 일으켰다. 그 결과 남인은 몰락하고 살아남은 서인들은 정계로 다시 복귀했다. 그러나 숙종의 힘 고르기 환국에 따라 서인도 남인도 힘이 많이 빠진 상태였다. 상대적으로 숙종의 왕권은 강화되었다.

이라 했다. 숙빈 최씨는 인현왕후와 희빈 장씨의 갈등 속에서 숙종의 총애를 독차지했으며, 비록 사후에 이루어진 일이지만 아들이 희빈 장씨의 소생 경종의 뒤를 이어 왕(영조)이 되는 영광을 누리게 되었다.

하지만 이 당시 숙종은 아직 '폐인(민씨)을 신원하려는 자는 역률로 다스린다'(숙종 20년 4월 1일 무진)는 명을 내려 왕비를 교체할 마음까지는 없음을 선포했다. 장씨는 세자의 어머니였기 때문이다. 그러나 곧 생각을 바꾼 듯 4월 9일에 비망기를 내려 인현왕후에 대한 처우를 개선해 주게 했다.

> "지난해에 한 대신이 폐인을 별궁으로 옮겨 두자는 일로 상소를 올리기에 윤허한 바 있었으나, 다시 생각하니 폐하여 둔 지 오래지 않고 세자가 아직 어린 아기여서 이렇게 처분하는 것은 너무 갑작스러움을 면하지 못하므로, 우선 그만두고 시행하지 않았다. 이제는 은혜에 대한 예의가 아주 없을 수 없으니, 해당 부서를 시켜 별궁에 옮겨 두고 수직(守直)하고 봉급을 주는 일을 참작하여 거행하게 하라"(『숙종실록』 권26, 숙종 20년 4월 9일 병자)

숙종은 인현왕후가 폐출된 지 오래지 않았고, 또 세자가 아직 어린 아기여서 그녀를 별궁으로 옮겨 처우해 주지 않았지만, 이제 그녀를 별궁으로 옮겨 지켜주고 지키는 자에게 봉급을 주는 일을 참작하여 거행하라며 이전과 다른 명령을 내렸다. 이에 예조에서 별궁의 처소를 어디로 정할 것인지를 아뢰자 숙종은 송나라 인종이 폐후 곽씨를 처분한 일을 본떠 어의동궁[63]으로 하라고 명했다.(숙종 20년 4월 9일 병자)

3일 후 숙종은 '민씨를 위해 신원하고 구원하려는 자는 역률로 논

---

63 어의동궁 즉 어의궁은 인조가 반정으로 왕이 되기 전에 머물던 잠저이자 소현세자, 효종, 인평대군 등이 태어난 상어의궁과 효종의 잠저인 하어의궁으로 나누어진다. 여기의 어의동궁은 숙종과 인현왕후가 가례를 치렀던 하어의궁을 말하는 것으로 보인다.

한다'는 전일의 분부를 없애라고 하교했다. 그리고 다시 인현왕후를 어의궁이 아닌 서궁에 들어가 살게 하고, 그녀를 받드는 모든 일을 평상시 의식대로 하게 했다.(숙종 20년 4월 12일 기묘) 스스로 과거에 내린 처분을 뒤엎었다. 그리고 내시를 보내어 본가에 알리고, 손수 편지를 써서 인현왕후에게 내렸다.

"처음에 권간(權奸)에게 조롱당하여 잘못 처분했으나, 곧 깨달아서 그 심사를 환히 알고 그 억울한 정상을 깊이 알았다. 그립고 답답한 마음이 세월이 갈수록 깊어져, 때때로 꿈에 만나면 그대가 내 옷을 잡고 비 오듯이 눈물을 흘리니, 깨어서 그 일을 생각하면 하루가 다하도록 안정하지 못하거니와, 이때의 정경을 그대가 어찌 알겠는가? 시인(時人)이 임금을 속이고 공도(公道)를 저버리는 것을 보게 되니, 지난날 경신년의 여당(餘黨)에 연결된 말이 참으로 나라를 위한 지극한 정성에서 나왔고, 조금도 사적인 뜻이 있는 것이 아니었다는 것을 더욱 알았다. 옛 인연을 다시 이으려는 것은 자나 깨나 잊지 않으나, 국가의 처사는 또한 용이하지 않으므로, 참고 머뭇거린 지 이제 6년이 되었는데, 어쩌면 다행히도 암적(黯賊: 민암을 가리킴)이 진신(搢紳)을 도륙하려는 생각이 남김없이 드러났으므로, 비로소 뭇 흉악한 자를 내치고 옛 신하들을 거두어 쓰고, 이어서 별궁에 옮겨 거처하는 일이 있게 되었으니, 이 뒤에 어찌 다시 만날 기약이 없겠는가?"(『숙종실록』 권26, 숙종 20년 4월 12일 기묘)

숙종의 편지는 과거에 행했던 자신의 처분을 모두 뉘우치는 뜻으로 쓰여 있었다. 인현왕후를 쫓아내는 교지에는 인현왕후가 희빈 장씨를 투기하여 '(장씨가) 경신년 역적에 관련된 옥사 후에 불만을 품은 무리와 서로 결탁했던 것이며, 화는 장차 헤아리지 못할 것'이라는 말을 만들어냈다고 쓴 데 반해 복위의 편지에는 '지난날 (인현왕후가 한) 경신년의 말이 참으로 나라를 위한 지극한 정성에서 나왔고, 조금도 사적인 생각이 있는 것이 아니었다는 것을 더욱 알았다'고 썼다. 인현왕후에 대한 미안함과 태도가 완전히 달라졌음을 표현했다.

인현왕후는 대청에 나와 숙종의 편지를 받들어 탁자 위에 올려놓고 꿇어앉아서 보고, 이어 답을 올렸다. 인현왕후는 '자신의 죄는 죽어도 남는 책망이 있는데 오히려 목숨을 보전한 것은 성은에서 나왔고, 스스로 반성할 때마다 죄를 짓고도 죽지 않고 낯을 들고 사는 것이 한스러울 뿐이고, 빨리 엄한 벌이 가해져서 마음 편히 죽기를 기다릴 뿐인데, 뜻밖에 편지를 내려주고 그 내용은 모두 감당할 수 없는 것이라 감격하여 눈물만 흘릴 뿐'이라며 감동을 전했다. 민씨는 사제에서 편히 사는 것도 분수에 지나친데 별궁에 옮겨 거처하라는 명은 받들 수 없고, 임금의 은덕에 감축하며 아뢸 바를 모르겠다고 했다.(숙종 20년 4월 12일 기묘) 인현왕후는 숙종의 뜻에 사양과 무한한 감사의 뜻을 표했다. 이것이 당시 폐비가 취해야 할 도리로 여겨졌다. 숙종과 폐비 인현왕후는 부부 이전에 왕과 죄인의 관계였고, 폐출은 죽어야 할 정도로 무거운 죄로 여겼기 때문이다.

그러나 그날로 인현왕후는 서궁의 경복당으로 옮겨 왔다. 그리고 숙종은 인현왕후를 복위하는 동시에 왕비 장씨를 폐위시켜 다시 후궁으로 강등시켰다. 두 왕비가 존재할 수 없었기 때문이다. 인현왕후는 숙종과 재결합했고 왕비의 위상을 되찾았다. 숙종은 비망기를 내려, "국가의 운이 평안하고 태평함을 회복하여 중전을 복위했으니, 백성에게 두 임금이 없는 것은 고금을 통한 의리이다. 장씨의 왕후

새수(璽綬: 인장 줄)를 거두고, 희빈의 옛 작호를 내려주고, 세자가 조석으로 문안하는 예는 폐하지 않도록 하라."고 했다. 그리고 이 사실을 종묘에 아뢰게 했다. 곧이어 장씨의 아버지 장형의 부원군 교지와 어머니 부부인 교지를 불사르고, 또 장씨의 왕후 옥보(玉寶)를 부수라고 명했다.(숙종 20년 4월 12일 기묘) 장씨는 왕비에서 후궁인 빈으로 다시 강등되어 희빈의 작호를 돌려받았다. 그리고 사가로 쫓겨났던 귀인 김씨도 인현왕후가 복위되던 날에 다시 작호를 회복했다. 숙종 20년 4월 12일(기묘)은 세 여성의 운명이 엇갈리는 역사적인 날이었다.[64]

그런데 숙종의 이러한 조치에 대해 노론과 소론은 다른 입장을 내세웠다. 노론은 인현왕후의 복위를 주장한 한편, 소론은 장씨의 왕후직을 그대로 둔 채 인현왕후를 서궁에 거처하게 할 것을 주장했다. 숙종이 인현왕후를 복위시키고 왕비 장씨를 다시 희빈으로 삼는다는 명이 나오자 병조판서 서문중과 이조참판 박태상 등 소론의 거두들은 인현왕후가 먼저 왕비였고 더 오래 왕비의 자리에 있었지만, 왕세자가 있으므로 장씨가 더 귀하다고 주장했다. 그들은 세자를 낳은 장씨가 더 귀하니 장씨가 강등되고 인현왕후가 복위되는 것은 부당하다고 주장했다.(숙종 20년 4월 12일 기묘) 갑술환국이 있기까지 합심했던 노론과 소론은 남인 세력을 제거한 뒤 인현왕후와 세자의 어머니 장씨의 처우 문제를 두고 서로 대립했다. 노론은 인현왕후 복위를 지지하는 한편 소론은 세자 보호문제를 내세워 장씨를 옹호했다. 세자는 6살이었다.

64 다시 귀인으로 복위된 김씨는 민씨가 죽고 인원왕후 김씨가 숙종의 세 번째 계비로 책봉되자, 숙종 28년(1702) 10월 18일(을미)에 영빈(寧嬪)으로 진봉되었다. 영빈 김씨에 대해서는 이근호, 2012, 「숙종~경종대 寧嬪 金氏의 정치적 역할과 위상」『한국학논총』 37, 국민대학교 한국학연구소 참고.

이에 영의정이자 소론 영수인 남구만은 '민씨의 복위는 이미 정해졌으니 이에 대해 거론하여 다투는 것은 아들이 어머니에 대해 논하고 신하가 임금에 대해 의논하는 것이니 천하의 도리에 맞지 않으며, 희빈의 호를 깎아내린 것은 죄가 있어서 폐출한 것이 아니라 민씨가 복위됨에 왕비가 둘이 있을 수 없으니 부득이한 것'이라고 선언하여 노론과 소론을 중재했다.(숙종 20년 4월 17일 갑신) 그러나 세자 보호 문제를 두고 노론과 소론 사이엔 깊은 골이 생겼다. 과거 중종대 장경왕후가 죽자 쫓겨났던 신씨를 복위하자는 논의가 있었지만 세자보호론으로 인해 복위되지 못하고 새로운 문정왕후를 간택했던 것과는 차이가 있었다. 세자를 둘러싼 정치적 주변상황이 훨씬 더 복잡해졌고, 치열한 정쟁으로 치달았다.

숙종은 4월 21일(무자)에 드디어 인현왕후의 복위를 종묘에 고했다. 만 5년 동안 사가로 쫓겨나 죄인 아닌 죄인으로 고달픈 삶을 살아야 했던 인현왕후는 복위되었고, 숙종은 왕비의 위호를 회복시켰다. 이때 인현왕후는 27살의 젊은 나이였다.

인현왕후는 숙종 20년 6월 1일(정유)에 정식으로 다시 왕비 책봉을 받았다. 숙종은 인정전에 나아가 왕비를 책봉하는 예를 거행했다.[65] 복위에 따른 예식의 절차를 행함으로써 폐비가 되었던 인현왕후는 다시 조선의 국모가 되었다. 조선 역사상 최초로 쫓겨났다가 다시 입궁한 왕비가 되었다. 요즘 부부 사이로 보면 이혼당해 쫓겨났다가 재결합을 위한 재혼식을 한 형태였다. 숙종은 인현왕후를 다시 왕비로 책봉한 다음날 숙원 최씨를 숙의로 삼았다. 이해에 숙의 최씨는

---

65 임혜련, 2022, 「조선 숙종대 인현왕후 복위의례 시행과 의미」 『장서각』 48 참고.

연잉군(후의 영조)을 낳았다.[66] 인현왕후와 최씨 뿐만 아니라 노론들에게는 무엇보다 기쁜 소식이었다. 노론들은 연잉군의 후원세력이 되었다. 이제 정국은 왕을 가운데 두고 세자를 지지하는 소론과 연잉군을 지지하는 노론을 중심으로 운영되었다.

인현왕후의 죽음과 희빈 장씨의 사사, 인원왕후의 책봉

숙종 20년(1704)에 갑술환국으로 복위된 인현왕후와 다시 후궁으로 전락한 희빈 장씨의 관계는 어떠했을까? 이에 답해줄 자료는 많지 않지만, 인간적으로 서로 매우 불편했음은 쉽게 짐작할 수 있다. 세자의 생모이자 왕비의 자리를 경험해 본 장씨의 마음이 더욱 불편하지 않았을까? 그러나 둘 다 엄청난 마음의 상처를 받았고, 또 긴장감 속에서 살아야 하는 것은 큰 차이가 없었을 것이다.

이를 입증이라도 하듯 인현왕후는 다시 입궁한 후 6년이 흐른 숙종 26년(1700) 봄부터 병이 들어 자리에서 일어나지 못했다. 허리와 다리가 붓고 찌르는 듯한 통증이 심했을 뿐 아니라 다리에서 시작된 경련이 전신으로 퍼져 그 고통을 감당하지 못했다. 의관과 의녀들도 모두 놀랄 정도로 병이 많이 악화되었다.

인현왕후가 병에 걸려 2년 정도 아픈 동안에 희빈 장씨는 한 번도 병문안을 드리지 않았다. 그뿐만 아니라, 인현왕후에게 '중궁전'이라고 하지 않고 '민씨'라고 일컫고, 심지어는 '민씨는 실로 요사스러운 사람'이라는 말까지 공공연하게 하고 다녔다고 한다.(숙종 27년 9월

66 『호산청일기』 참고.

23일 정미) 인현왕후의 복위로 다시 후궁으로 전락한 장씨는 인현왕후에게 문안을 드리는 것이 내키지 않았을 것이다. 인현왕후만 없다면 자신이 다시 왕비가 될 수 있다고 생각했을 것이다. 실제 이런 상황을 만든 것은 숙종이었지만 원망의 대상은 숙종이 아니라 인현왕후였다. 『숙종실록』의 기사가 얼마나 공정한 것인지는 좀 더 생각해 볼 문제지만, 이 책이 노론의 입장에서 정리된 것임을 감안할 때 장씨를 악녀로 기록했음을 짐작해 볼 수 있다.

『승정원일기』에는 숙종 26년 3월 26일 인현왕후의 발병부터 이듬해 8월 14일 세상을 떠날 때까지 1년 5개월 동안 거의 매일 같이 그녀의 병세와 처방이 자세히 기록되어 있다. 그만큼 투병 생활이 길고 힘들었음을 보여주지만, 한편으로 희빈 장씨를 견제하는 노론들에게 인현왕후의 병세가 매우 중요했음을 의미한다. 인현왕후의 병세는 정치적으로 매우 민감한 문제였다.

질병에 대한 진단과 처방은 과거와 지금이 많이 다르다. 그러나 몸에서 일어나는 병증은 인현왕후 때나 지금이나 별다를 게 없다. 당시 의관이 진단한 인현왕후의 병명은 통풍이었다.

> 중전께서 며칠 전부터 좌우 양쪽의 다리에 통증이 나타나더니 어제 저녁 이후로 통증이 더욱 심해졌습니다. …. 중전의 다리 통증은 오른쪽이 특히 심하며 환도혈(環跳穴: 골반외측에 자리한 혈자리) 위 허리 쪽 척추 부근이 현저하게 부어올라 통증을 참기 어려울 정도입니다. 밤이 되면 그 증세가 훨씬 심해진다 합니다. 신들이 여러 어의와 상의한 결과, 습열(濕熱: 습과 열이 결합된 나쁜 기운. 또는 그 기운으로 생기는 병)이 아래로 흘러 경락이 막혀 생긴 통풍증상이라고 모두 말합니다…. 이러한 증상

은 대부분 낮에는 통증이 약했다가 밤이 되면 심해집니다.(『승정원일기』 숙종 26년 3월 26일 기미)

인현왕후는 1년 반 정도 심한 고통 속에 메스꺼움과 구토, 설사와 발열이 끊임없이 나타났다. 하반신이 부풀어 오르는 괴질이 발병해 신체가 썩어 들어가는 고통 아래 투병했다. 온갖 간병에도 불구하고 해를 넘겨도 병세는 더욱 악화만 되었다. 발병한 지 한 달 보름 뒤에는 허리 밑이 곪아서 종기를 침으로 땄다. 시간이 지나면서 통증 부위에 심한 고름이 생겨 종기를 째기에 이르렀다.[67] 숨을 거둘 때까지 이 증상은 계속되었다. 그 사이에 무릎 위로 통증이 옮겨 다니거나 다리에 냉기가 돌기도 하고 복부가 부어오르기도 하는 등 여러 증상이 간헐적으로 나타났다.

인현왕후가 처음 발병했을 때 의관들은 통풍으로 진단했지만, 전체적인 발병 과정을 보면, 억울한 일을 당하여 마음이 상하거나 오늘날 당뇨와 같은 소갈병이 오래되면 반드시 나타나는 '옹저(癰疽)'라는 병이었다.[68] 이 병은 분하고 억울한 일을 당하거나 자신의 뜻을 이루지 못하면 흔히 발병했다. 마음이 여린 인현왕후는 폐비과정에

---

67 통풍(痛風)은 대표적인 대사질환의 하나로 요산이 혈액 내 남아 농도가 높아지는 고요산혈증으로 인해 발생되는 질환이라 한다. 혈액 및 관절액 내의 요산은 요산염 결정으로 남아 있는데 이것이 관절의 윤활막, 연골, 연골하골 및 관절 주위 조직과 피하조직에 침착되고 이로 인해 염증과 통증을 동반하는 질환이다. 관절의 통증이 극심하고 작열감, 발적, 종통이 뚜렷하며 관절의 움직임이 부자연스럽다. 전신적으로 발열 증상이 나타나며, 땀이 나고, 갈증을 느끼며, 소변이 누렇고, 마른 변을 보게 된다. 몸을 차갑게 하면 통증이 조금 완화되는 경향이 있으나 증상이 악화되면 가슴이 답답하고 몸이 무거우며 하지 쪽으로 통증이 심화되었다.([네이버 지식백과]통풍 [痛風, Gout] 자생한방병원 한방의학정보).

68 방성혜·차웅석, 2012, 「인현왕후의 발병에서 사망까지 승정원일기의 기록 연구」 『한국학의학연구원논문집』 18.

겪은 원통함과 불안감, 복위 이후에도 희빈 장씨의 존재로 인해 오랫동안 느꼈을 슬픔과 불안, 분노, 억울함, 나아가 희빈 장씨의 저주와 이로 인한 극심한 스트레스 등으로 젊은 나이에 병을 얻었다.

질병의 고통에 시달리던 인현왕후는 자신의 병이 희빈 장씨가 자신을 죽이려 저주하기 때문에 생긴 것이라고 했다. 친정 식구인 민진후 형제가 문안하자 그녀는 이렇게 하소연했다.

> "갑술년에 복위한 뒤 조정의 의논이 세자의 사친(私親: 희빈 장씨)을 받드는 절목을 운위하면서, '마땅히 여러 후궁과는 구별이 있어야 한다'고 했는데, 이때부터 궁중의 사람들이 모두 다 희빈에게로 기울어졌다. 궁중의 옛법에 의하면 후궁에 속한 시녀들은 감히 내전 근처에 드나들 수가 없는데, 희빈에 속한 것들이 항상 나의 침전에 왕래했으며, 심지어 창에 구멍을 뚫고 안을 엿보는 짓을 하기까지 했다. 그러나 침전의 시녀들이 감히 꾸짖어 금하지 못했으니, 일이 너무나도 한심했지만 어찌할 수가 없었다. 지금 나의 병 증세가 지극히 이상한데, 사람들이 모두 말하기를, '반드시 귀신의 재앙이 있다'고 한다. 궁인 시영이란 자에게 의심스러운 자취가 많이 있고, 또한 겉으로 드러난 사건도 없지 않았으나, 어떤 사람이 주상께 감히 고하여 주상이 이것을 알게 하겠는가? 다만 나는 갖은 고초를 받았으나, 지금 병이 난 두해 사이에 소원은 오직 빨리 죽는 데 있으나, 여전히 다시 더하기도 하고 덜하기도 하여 이처럼 병이 낫지 않으니 괴롭다."(『숙종실록』 권35, 숙종 27년 9월 23일 정미)

인현왕후는 희빈 장씨 처소의 나인들 때문에 신경쇠약에 걸릴 정도였다. 희빈 장씨가 세자의 생모였기 때문에 어쩔 수 없이 부담스러웠다. 궁중 내의 권력도 왕비인 인현왕후보다 희빈 장씨에게로 기울어졌다. 인현왕후는 희빈 장씨 처소의 시녀들이 자신의 침전을 왕래하며 심지어 창에 구멍을 뚫고 동태를 엿보았지만 이를 꾸짖어 금하지 못했다. 많은 심적 부담과 스트레스를 받은 그녀는 자신이 희빈 장씨의 저주 때문에 병에 걸렸다고 생각했다. 세자의 어머니인 희빈 장씨는 힘을 갖고 있었고, 자식을 낳지 못한 인현왕후는 피해의식을 가지고 있었다. 인현왕후는 심리적으로나 기질적으로 희빈 장씨에게 눌려 있었다.

인현왕후는 병이 더욱 심해져 가슴이 답답하고 손발이 차가워지고, 입안에 부스럼이 생기고 소변이 안 나오기까지 했다. 급기야 숙종 27년(1701) 8월 14일(기사) 창경궁 경춘전에서 호흡곤란으로 죽었다. 그녀는 자식 하나 남기지 못한 채 복위된 지 7년 만에 파란만장한 생을 마감했다. 인현왕후가 죽음을 맞이하자 숙종은 친히 왕비의 행록을 짓고, '인현'이라는 시호를 올렸다. '인'은 인을 베풀고 의를 행함을 뜻하고, '현'은 행실이 온 나라에 드러났음을 의미했다.(숙종 27년 11월 23일 병오)

14세에 숙종의 계비로 입궁하여 34살에 죽기까지 20년간의 그녀의 삶은 결코 행복하지 못했다. 서인과 남인, 노론과 소론의 정쟁 속에서 왕권 강화의 도구로 전락해 버렸던 왕비의 처지는 그녀에게 이혼과 재결합이라는 사적인 불행뿐만 아니라, 폐비와 복위라는 엄청난 정치적 상처만을 남겼다. 애정을 쏟을 자식 하나 없이 자신의 자리를 탐내는 세자의 생모 희빈 장씨와 왕의 총애를 다투는 후궁들이 가득한 궁궐 속에서 극도의 스트레스를 참아가며 버티다가 병을 얻어 세상을 떠났다.

인현왕후가 죽자 숙종의 아들을 낳은 희빈 장씨와 숙빈 최씨의 대립이 첨예하게 표면화되었다. 만약 다시 세자의 생모인 희빈 장씨가 왕비가 된다면 숙빈 최씨와 아들 연잉군의 앞날은 보장하기 어려웠다. 숙빈 최씨는 아들을 놓고 희빈 장씨와 사활을 건 경쟁을 해야 했다. 최씨의 배후에는 서인이 있었다. 그리고 인현왕후에 대한 숙빈 최씨의 충성심과 존숭은 절대적이었다.

희빈 장씨가 다시 왕비가 되는 것만은 막아야 하는 숙빈 최씨는 숙종에게 희빈 장씨의 행동을 모조리 고해바쳤다. 인현왕후의 장례 절차가 거행되는 과정에서 숙빈 최씨는 인현왕후가 죽은 사인은 희빈 장씨의 저주 때문이라고 일러바쳤다. 『숙종실록』에는 '희빈 장씨는 취선당의 서쪽에다 몰래 신당을 설치하고, 항상 2, 3인의 종들과 함께 사람들을 물리치고 기도하되, 지극히 빈틈없이 일을 꾸몄다. 숙빈 최씨가 평상시에 왕비가 베푼 은혜를 추모하여, 통곡하는 마음을 이기지 못하고 임금에게 몰래 고했다'고 기록하고 있다.(숙종 27년 9월 23일 정미) 희빈 장씨가 인현왕후를 죽음으로 몰고 갔다면, 숙빈 최씨는 희빈 장씨를 죽음으로 몰아갔다. 세자의 생모 희빈 장씨의 존재는 정치적으로 부담이 되었고, 이제 숙종에게는 세자뿐만 아니라 숙빈 최씨 소생인 연잉군, 명빈 박씨 소생인 연령군 등 여러 아들이 더 있었다. 왕위 계승 상에 위험부담은 없어졌다.

숙빈 최씨에게 얘기를 들은 숙종은 크게 노했고, 저주를 모의한 증거를 찾기 위해 장씨의 품속까지 뒤지게 했다. 그리고 인현왕후가 죽은 지 1달 열흘 정도 지나 희빈 장씨에게 스스로 죽으라는 명령을 내렸다. 이때 공식적인 죄명은 희빈 장씨와 궁인들이 인현왕후를 저주했다는 것이었다.

만약 장씨가 자신이 첩이라는 운명을 알아 그렇게 하지 않았다면 첩을 정실로 삼지 말라는 『춘추』의 대의를 밝히고 법령으로 만들어 족히 미리 화를 막을 수 있었을 것이니, … 죄가 이미 밝게 드러났으므로 만약 선처하지 않는다면 후일의 염려를 말로 형용하기 어려울 것이니, 실로 국가를 위하고 세자를 위한 데서 나온 것이다. 장씨는 자진(自盡)하도록 하라(『숙종실록』 권35, 숙종 27년 9월 25일 기유)

자진, 즉 자결하라는 명령이었다. 자결을 명한 것을 볼 때 숙종이 장씨를 얼마나 미워하고 있었는지 상상하기 어렵지 않다. 그리고 이것은 국가와 세자를 위한 데서 나온 조처라 했다. 한밤중에 이러한 경악스러운 비망기가 내려오자 입직하고 있던 홍문관 및 승정원에서는 한바탕 소동이 벌어졌다. 승지 서종헌·윤지인 등은 세자를 위해 희빈 장씨 보호론을 극렬하게 간언했다. 가주서 이명세는 이 일을 기사환국에 비길 수 있다고 간쟁했다. 영의정 최석정, 판부사 윤지선, 유상운 등 소론 대신들도 역시 갑술년의 논리대로 희빈 장씨에게 은혜를 베풀 것을 간청했다.(숙종 27년 9월 25일 기유) 그들은 최소한 희빈 장씨의 사사만은 막아야 했다. 세자의 생모였기 때문이었다. 그러나 숙종은 희빈 장씨에 대한 처분은 오직 세자를 위한 것이라며 일축시켜 버렸다. 마치 과거 성종이 폐비 윤씨를 사사할 때 '세자'를 내세웠던 것과 같은 논리로 처분을 내린 것이다.

희빈 장씨의 죄상 규명을 위한 숙종의 태도는 단호했다. 연일 몸소 국문을 주관하며 그들의 죄상을 만천하에 드러냈다. 그리고 "이제부터 나라의 법전을 명백하게 정하여 후궁이 왕비의 자리에 오를 수가 없게 하라"(숙종 27년 10월 7일 경신)고 천명했다. 영빈 김씨도, 아들을 둔 숙빈 최씨, 명빈 박씨도 왕비가 될 수는 없었다. 이 명령은 이후 조선왕조가 망할 때까지 그대로 지켜졌다.

희빈 장씨가 자결하지 않자 숙종은 후궁이 왕비 자리에 오를 수 없게 명한 다음 날인 10월 8일(신유)에 다시 희빈 장씨에게 '내전을 질투하고 원망하여 몰래 모해하려고 도모한 죄'로 자결하라는 명령을 내렸다. 두 차례나 내려진 자결 명령을 희빈 장씨는 따르지 않을 수 없었다. 숙종은 이틀 뒤에 장씨가 이미 자결했으니, 해당 부서는 상례와 장례의 제수품을 참작하여 거행하라고 명했다.(숙종 27년 10월 10일 계해) 결국 희빈 장씨는 42세에 죽임을 당했다. 폐비가 된 세자의 생모는 살아남기 어려웠다. 훗날 세자가 왕이 되었을 때 정치적 피바람이 일 수 있었기 때문이다. 숙종은 성종에 이어 두 번째로 세자의 어머니를 폐비시키고 죽인 조선의 왕이 되었다. 희빈 장씨의 가장 든든한 후원자이자 보호막이었던 오빠 장희재도 군기시 앞길에서 죽임을 당했다.(숙종 27년 10월 29일 임오)

희빈 장씨를 죽음으로 몰고 간 데에는 영조의 어머니 숙빈 최씨의 공이 가장 컸다. 아들의 미래를 놓고 희빈 장씨와 가장 큰 경쟁 관계에 있었던 숙빈 최씨는 노론의 후원을 받으며 숙종의 마음을 움직여 희빈 장씨를 왕비의 자리에서 끌어내리고, 나아가 죽임으로 몰고 갔다.

인현왕후가 죽고, 두 달이 되지 않아 희빈 장씨도 죽임을 당했다. 숙종 27년 후반은 두 여성의 죽음으로 모두 충격에 빠지게 되었다. 그러나 숙종 27년 12월 9일에 인현왕후의 국장이 마무리되자 숙종은 곧 왕비의 빈 자리를 채우기 위해 28년 정월에 금혼령을 반포하였다. 숙종의 계비 간택은 매우 신속하게 진행되었다.[69] 계비 간택을 위한 금혼 기간은 1월부터 8월까지 이어졌다. 그런데 간택단자를 제출해야 할 8월이 되어서도 단자가 잘 들어오지 않았다.(승정원일기 406책, 숙종 28년 8월 5일 갑신) 8월 20일에야 초간택이 이루어진 후, 9월 3일에 삼간택이 이루어지고, 이때 15세의 김주신의 딸 김씨가 간택되어 41세의 숙종과 혼례를 치루게 되었다.(숙종 28년 9월 3일 신해) 그녀가 바로 숙종의 네 번째 왕비 인원왕후 김씨이다. 숙종과 인원왕후의 가례는 빠르게 진행되었다. 9월 20일에 납채를 하고, 9월 26일에 납징, 10월 1일에 고기, 10월 3일에 왕비로 책봉하는 책비례가 행해졌으며, 10월 13일에 친영 · 동뢰연이 이루어졌다. 46년간의 긴 재위 동안 4명의 왕비를 두었던 숙종은 조선의 왕들 가운데 가장 많은 왕비를 둔 왕이 되었다.

성종대 폐비 윤씨 사사사건 이후 숙종대까지 그동안 조선 왕실에서 투기 때문에 쫓겨난 왕비는 없었다. 인현왕후와 희빈 장씨는 한 남편을 두고 서로 질투와 견제를 했지만 둘 다 숙종의 심한 변덕과 왕권강화라는 목표 때문에 남편으로부터 버림받는 삶을 경험한 권력의 희생물들이었다. 왕권 강화를 위해 처첩제를 무시하며 부인들에게 칼을 뽑아 든 냉정한 군주였던 숙종에게 부인은 어떤 의미였을까? 후궁은 죽여도 조강지처는 복위시켜 끝까지 버리지 않은 의리 있는 지아비였을까? 아니면 자신의 애욕과 정치적 목적을 위해 부인을 대체 가능한 소모품 정도로 생각했던 폭군 지아비였을까? 숙종과 인현왕후, 그리고 희빈 장씨는 부부관계를 넘어 군신관계에 놓여 있

69 인원왕후 김씨의 왕비 책봉 과정에 대해서는 임혜련, 2010, 「朝鮮 肅宗妃 仁元王后의 嘉禮와 정치적 역할」 『한국인물사연구』 13 참고

〔그림 29〕 명릉- 숙종과 인현왕후 능

(사진 출처: 문화재청)

〔그림 30〕 대빈묘 - 희빈 장씨묘

왕비릉에 비해 초라하기 짝이 없다. (사진 출처: 문화재청)

었으며, 정치적으로 걸림돌이 될 때는 언제든지 쫓겨나거나 심지어 죽임을 당할 수 있는 사이였다.

맺는말

조선 왕실 이혼의 특징

조선 초기에 집중된 왕실 이혼, 이유는 칠거지악

왕실의 결혼생활은 비밀에 붙여져 있었다. 특히 왕의 생활은 더욱 그렇다. 알아서도 안 되고 알려고 해서도 안 되었다. 어린 나이에 궁녀로 뽑혀 궁궐로 들어간 여성들에게 가장 먼저 요구된 것은 입단속이었다. 신참 궁녀들은 입조심을 하지 않으면 입을 불에 지진다는 매우 위협적인 행사인 이른바 '쥐 부리 글려'를 치러야 했다. 이 행사는 새로 입궁한 어린 궁녀들에게 말조심을 일깨우기 위한 행사였다. 그만큼 지엄한 궁궐 안에서 이루어지는 지존들의 생활은 절대 궁 밖으로 나가서는 안 되도록 하였다. 따라서 알기가 어려웠다.

그러나 왕과 왕비 또는 자식들이 이혼한 것은 단순한 개인적인 문제를 넘어 국가적인 문제였기 때문에 『조선왕조실록』에는 아주 짧게, 또는 자세하게 왕실 가족들의 이혼에 대한 왕들의 고민과 대신들의 관심, 요구사항 등이 기록되어 있다.

그런데 왕실 이혼사례는 많지 않으며, 주로 조선 초기에 집중되어 있다. 이혼당한 왕비는 성종의 계비 폐비 윤씨와 중종의 초비 단경왕후 신씨, 그리고 폐비와 복위를 반복한 숙종의 계비 인현왕후 민씨 등 3명이다. 세자빈은 태조의 세자 방석의 부인 현빈 유씨, 세종의 세자 향(문종)의 첫 번째 부인 휘빈 김씨와 두 번째 부인 순빈 봉씨 등 3명이다. 대군으로 이혼한 경우는 세종의 아들 임영대군과 영응대군, 예종의 아들 제안대군 등 3명이고, 왕녀로 이혼한 경우는 연산군의 딸 휘순공주 1명이다. 이같이 왕실 가족들의 이혼은 조선 초기에 집중되어 있고, 중종대에도 있었으나 조선 후기에는 숙종이 유일하다. 조선시대 왕실의 이혼사례를 정리해 보면 다음 〈표 17〉과 같다.

〈표 17〉 왕실 이혼사례와 이혼 이유

<table>
<tr><th>왕대</th><th>관계</th><th>부인·부마</th><th>혼인 기간</th><th>이혼 이유</th><th>이혼시 나이</th><th>비고</th></tr>
<tr><td>태조</td><td>세자</td><td>현빈 유씨</td><td>1년 미만</td><td>음란</td><td>10대 초반</td><td></td></tr>
<tr><td rowspan="4">세종</td><td rowspan="2">세자</td><td>휘빈 김씨</td><td>2년</td><td>음란, 투기</td><td>10대 중반</td><td></td></tr>
<tr><td>순빈 봉씨</td><td>7년</td><td>음란, 투기</td><td>10대 후반
~20대 초반</td><td></td></tr>
<tr><td>임영대군</td><td>의령남씨</td><td>1~2년</td><td>병</td><td>11~12세</td><td></td></tr>
<tr><td rowspan="2">영응대군</td><td>여산송씨</td><td>4년</td><td>병</td><td>10대 중반</td><td>3년 후
재결합</td></tr>
<tr><td>단종</td><td>해주정씨</td><td>3년</td><td>병</td><td>10대 후반</td><td></td></tr>
<tr><td rowspan="3">성종</td><td rowspan="2">제안대군</td><td>상산김씨</td><td>1년 반 정도</td><td>병</td><td>10대 초중반</td><td>2년 후
재결합</td></tr>
<tr><td>순천박씨</td><td>2년</td><td>병, 불순</td><td>10대 중반</td><td></td></tr>
<tr><td>성종</td><td>폐비윤씨</td><td>6년</td><td>투기,
부덕상실</td><td>24세</td><td>27세에
사사당함</td></tr>
<tr><td rowspan="2">중종</td><td>중종</td><td>단경왕후 신씨</td><td>7년</td><td>중종반정</td><td>19세</td><td></td></tr>
<tr><td>휘순공주</td><td>구문경</td><td>4년</td><td>중종반정</td><td>16세 정도</td><td>2년 후
재결합</td></tr>
</table>

왕대	관계	부인·부마	혼인 기간	이혼 이유	이혼시 나이	비고
숙종	숙종	인현왕후 민씨	8년	투기, 기사환국	22살	5년 후 재결합

이같이 왕실의 이혼이 조선 초기에 주로 이루어진 것은 이 시기가 새로운 성리학 이념이 도입되고 심화되어 가는 시기였기 때문이다. 고려왕조의 멸망 원인을 여성들의 풍기문란에서 찾는 것을 보면 남성들이 여성들에게 무엇을 요구했는지를 쉽게 짐작할 수 있다. 무엇보다 음란하지 말아야 하며(정숙) 투기하지 말아야 하는 순종이 요구되었다. 세종대에는 『삼강행실도』, 『효행록』과 같은 교화를 위한 윤리서의 편찬 보급이 이루어짐으로써 유교 윤리의 질서를 확립하게 되는 시기였고, 성종대에는 『경국대전』을 비롯한 『국조오례의』 등 국가 통치체제의 틀을 완성시킨 시대였다. 정치 세력들도 이전보다 더욱 강력한 성리학으로 무장되었고, 윤리서들이 많이 편찬되던 시기였다. 왕실 여성들에게도 더욱 성리학적인 도덕성이 요구되었다. 따라서 성리학적 윤리 이념, 즉 강화된 부덕에 적응하지 못한 왕실 여성들은 칠거지악에 얽혀 이혼을 당했다.

또한, 조선 왕실 여성의 이혼 원인 중 특이한 것 중의 하나는 동성애였다. 동성애로 쫓겨난 여성은 세종대의 두 번째 세자빈이었던 봉씨였다. 세자(문종)로부터 소박당하다시피 했던 세자빈 봉씨는 여종 소쌍과 동성애를 했다는 이유로 세종에 의해 쫓겨났다. 그뿐만 아니라 제안대군의 두 번째 부인인 박씨는 제안대군이 부인을 좋아하지 않자 제안대군의 종들이 박씨를 쫓아내기 위해 동성애 조작사건을 만들기도 했다. 동성애는 같은 성이 집중된 폐쇄적인 공간에서 나타난다. 특히 외부와 차단된 궁중에서 궁녀들 사이에 대식이라 하여 동성애가 이루어졌으며, 양반가에서도 남편으로부터 소외당한 부인들과 여종들 사이의 동성애가 종종 있었다. 세종은 음양의 조화를 깨트리는 동성애를 매우 엄하게 다스렸다. 세종은 세자빈이 궁녀와 동성애를 한다는 것을 절대 용납할 수 없었다. 동성애는 이혼의 사유가 되었다. 이후 동성애 문제로 쫓겨난 왕실 여성은 없었다.

또한, 건강해야 했다. 건강하지 않으면 쫓겨날 수 있었다. 건강은 자식을 낳는데 중요한 원인이 되었다. 조선은 아들을 중시하는 나라였다. 아들은 가계를 계승하고 조상의 제사를 받들었다. 왕실도 마찬가지로 왕위를 계승하고 종묘를 받들었다. 따라서 아들을 낳지 못할까 두려워 며느리를 쫓아내는 경우가 많았다. '무자'를 직접적인 이혼 조건으로 내세우지는 않았지만 대신 '악질'을 내세워 쫓아냈다.

정식 혼인을 통해 왕실로 편입된 여성들은 모두 양반 가문 출신으로 10대 초반의 어린 나이였다. 왕이 재혼하는 경우 계비들의 나이는 조금 더 많아 10대 중 후반인 경우도 있었지만, 다들 자아가 분명히 확립되기도 전에 구중궁궐이란 두렵고 낯선 공간에서 자신을 죽이고 인내하고 순종하는 법부터 먼저 배워야 했다. 엄격한 법도와 규율 속에서 생활해야 하는 공간이 왕실이었다. 가장 자유롭지 못한 공간에서 자신보다는 왕과 왕실을 위해 살아갈 것을 강요당했다. 왕실 내 수직적 위계질서와 권력에 복종해야 했다. 왕실에서 쫓겨난 여성들의 혼인 생활은 대부분 2~3년에 불과했고, 긴 경우라 해도 7~8년 정도였다. 폐비 윤씨를 제외하고는 모두 자식이 없었다.

왕실 구성원들의 사생활은 보호받되 엄격한 궁중 법도에 어긋났을 때는 공론화되었다. 왕이나 세자, 대군, 공주의 혼인은 곧 국가적 행사로 관료들의 형식적 동의를 얻어야 했으며, 이혼 역시 태조의 세자 방석의 경우를 제외하고는 국가적 동의를 얻는 형식을 취했다. 이혼은 일단 '수신과 제가'의 문제로 개인적·가정적인 문제였지만, 왕과 세자의 경우 '국모의 의범' '차기 국모의 자질'을 강조하는 만큼 '치국'과 관련된 국가적인 일이었다. 최종 결정은 왕의 명령에 있었지만, 사림들의 등장 이후 대간들과 대신들은 이혼의 명확한 사유와 사건의 경위와 정황을 파악하기 위해 끊임없이 상소를 올리고 왕의 답변을 요구했다. 세종대까지는 왕의 일방적인 교지만 있었지만, 사림들이 진출하는 성종대 이후에는 대간들의 관심과 간쟁이 매우 많아졌다. 이것은 왕권을 견제하기 위한 대간의 역할이 강화된 데에서 나타난 현상이기도 하지만, 혼인의 의미와 부부간의 의리를 강조하는 성리학적 명분론이 강화된 데에서 나타난 현상이며, 함부로 부당하게 부인을 내쫓는 것을 막으려는 조치였다. 따라서 '조강지처는 버리지 않는다'는 관념이 강화되어 갔다.

왕실 이혼은 주로 조선 초기에 나타난다. 중종대 이후로 가면서 수신과 제가에 대한 실천이 더욱 요구되었고, 이것의 기준이 되는 혼인생활에 흠집이 되는 이혼은 개인의 도덕성과 가문의 수치가 되었기 때문에 극도로 제한하였다. 특히 왕과 세자의 이혼은 '수신제가'를 넘어 '치국평천하'의 실천에도 흠이 되었기 때문에 금지되어 갔다. 조선 후기에는 숙종이 왕세자 책봉과 왕권강화를 위한 정치적인 이유로 인현왕후와 이혼·재결합하고 또 희빈 장씨를 폐비·사사시켰지만, 칠거지악으로 인해 이혼한 왕자나 왕녀들은 없었다.

투기와 정치적 이유로 폐비·폐출된 왕비들

왕과 왕비의 이혼은 어떤 특징을 갖고 있을까? 왕과 왕비의 이혼은 매우 정치적인 문제를 내포하고 있다. 왕비는 단순한 여성이 아니라 모든 여성들을 대표하는 공적 존재인 국모였다. 왕비는 여성 가운데 최고의 지위를 부여받았지만, 그것은 스스로 쟁취한 권한은 아니었다. 가문간의 결합인 혼인을 통해 최고의 가문인 왕실에 편입되었기 때문에 출발점부터 약자였다. 따라서 정치적 문제나 왕의 애정을 둘러싸고 나쁜 상황이 극에 달할 때는 쫓겨날 수 있었다. 폐비는 이혼당한 왕비의 또 다른 이름이었다. 왕의 배필로서 음 · 양과 내 · 외, 천 · 지의 개념을 구성하는 왕비였지만, 가부장인 왕에게는 신하였으며, 왕권과 관련하여 정치적인 문제가 발생하면 쫓겨나지 않으려고 인내하고 순종해도 지키기 힘든 극한 자리였다.

성종대 폐비 윤씨의 이혼과 사사사건이 조선시대 여성과 정치에 미친 영향은 매우 컸다. 이 사건은 조선왕조가 여성 규범을 재정비하는 큰 계기가 되었으며, 이후 궁중 여성들의 언행을 단속하고 부덕에 어긋나는 행동을 규제하는 대표적인 사례가 되었다. 숙종이 인현왕후 민씨를 투기죄로 몰아 폐할 때도 그 판단과 적용의 근거가 되었다.

폐비 윤씨의 폐출 원인은 윤씨의 부덕한 행동과 정치적인 문제 때문이었다. 윤씨가 성종에게 '용렬한 무리'라고 했으며, 또 '자취도 아울러 깎아 버리겠다'고 했다는 것, 또 대비들은 새로운 물건을 만나면 반드시 종묘에 올리고 난 뒤에 맛보았지만 윤씨는 대비들이 간곡하게 타일러도 천신(薦新)할 마음을 두지 않고 모두 사사로이 써버렸다는 것, 윤씨가 성종을 무시하는 말을 하였으며, 무엇보다도 작은 주머니에 항상 비상을 가지고 다녔고, 또 곶감에 비상을 섞어 상자 속에 넣어 두고 성종을 죽인 뒤 어린 아들을 끼고 수렴청정하려고 했다는 것, 또 윤씨가 성종을 무시하여 상참(常參)받는 날에도 성종보다 늦게 일어난 적이 있고, 정치에 관심이 많아 조정 대신들의 집안일이나 시세에 대해 이야기하기를 좋아했다는 것 등이다.

성종과 대비들은 개인적·가정적으로는 윤씨가 투기를 하고 부덕을 상실했다고 보았다. 그리고 국가적으로는 '국모'로서의 자격을 상실했고, 역모를 꾀했으며, 개선의 여지가 없다고 생각했다. 왕비는 왕과 마찬가지로 사적 존재이자 공적 존재였다. 윤씨의 질투와 이에 따른 부덕을 상실한 행동, 성종을 죽이고 수렴청정을 할지도 모른다는 역모에 대한 우려 등이 윤씨의 폐출 원인이었다. 그러나 그 뒷배경에는 무엇보다 임신하고 아들을 낳았던 정소용과 또 엄숙의의 질투와 참소, 그리고 대비들의 곱지 않은 눈초리가 있었다. 부부간의 갈등과 고부간의 갈등, 그리고 가문의 지위, 처첩간의 갈등이 서로 치열하게 얽혀 있는 가운데 윤씨의 부덕 상실은 사적, 공적인 폐비의 원인이 되었다.

한편 폐비의 사사에는 왕비였던 윤씨를 대우해야 한다는 언관들과 이에 반대하는 성종 사이에 신권과 왕권을 둘러싼 갈등이 존재하고 있었다. 사사는 왕권강화를 둘러싼 정치적 이유 때문에 이루어진 것이었다.

실제 윤씨는 죽임을 당할 만큼 잘못을 한 것일까? 그는 당시 후궁들과의 갈등 속에서 그들을 제거하기 위해 비상을 지니고 있었던 끔찍한 행동을 한 적은 있지만, 성종과 대비들의 주장과 같이 그들을 죽이고 수렴청정까지 하려고 했는지는 성종과 대비의 말을 제외하면 자료가 없어 알 수 없다. 결국 윤씨는 궁중의 암투 속에서 성종과 대비들의 권력에 의해, 그리고 성종과 대간들의 갈등에 의해 죽임까지 당한 조선 최초의 왕비가 되었다.

성종과 그를 둘러싸고 있던 궁중 여성들의 갈등과 쫓겨난 윤씨에 대한 잘못된 처우는 조선 초기 정치사에 큰 오점을 남겼고, 이후 아들 연산군의 폭정과 몰락을 불러오게 한 원인으로 작용하였다. 연산군의 즉위 후 이 사건으로 인해 조선왕조는 유래없는 큰 정치적인 회오리 바람에 휩싸이게 되었고, 결국 연산군도 왕위에서 쫓겨나게 되었다.

* * *

폐비 신씨도 정치적인 이유로 이혼을 당했다. 폐비 신씨는 중종 1년 9월 2일(무인)에 중종반정으로 인해 남편 진성대군이 왕위에 오르자 왕비가 될 수 있었다. 그러나 중종이 즉위한 다음 날부터 반정공신들은 신씨의 폐위를 주장하고 나섰다. 따라서 왕비에 책봉되지 못한 채 반정 7일 만에 궁 밖으로 쫓겨나야 했다. 이는 신씨의 아버지 신수근이 중종반정을 반대하다가 두 동생과 함께 죽임을 당했기 때문이다. 반정 세력들은 신수근을 죽인 상황에서 그의 딸이 왕비가 되면 자신들에게 보복이 올지 모른다는 우려 때문에 왕비로 책봉하려 하지 않았다. 또한 자신들의 족친으로서 왕비를 바꾸고 싶은 의도도 있었다. 반정공신들에 의해 왕위에 오른 중종은 신씨가 아무 죄가 없으며, 또 조강지처라는 이유로 쫓아내기를 주저했으나 반정공신들의 의견을 묵살할 만한 힘이 없었다. 중종과 신씨는 원래 애정이 남달랐지만 결국 신씨를 사가로 폐출시켰다.

신씨는 조강지처였지만 죄인의 딸이라는 명분과 원자(인종)의 보호라는 현실 속에서 복위되지 못한 채 외로운 삶을 살다가 명종

12년 71세로 세상을 떠났다. 정치적 명분과 권력에 의해 강제로 이혼당한 채 한 점 혈육도 없이 한 많은 긴 인생을 외롭게 살다 갈 수밖에 없었다.

신씨는 당대에는 복위될 수 없었다. 그러나 복위문제는 이후 숙종 대에 이르러서도 계속하여 제기되었고, 영조 15년(1739)에 유생 김태남이 올린 상소에 의해 힘겹게 추복되어 단경왕후라는 시호를 얻고 신주만이 중종과 함께 종묘에 모셔졌다. 쫓겨난 지 233년 만에 영혼만은 조강지처로서의 위상을 되찾고 중종과 재결합했다.

＊＊＊

인현왕후도 정치적 이유로 폐비를 당했다가 다시 복위되었다. 숙종은 4명의 왕비 중에 두 번째인 인현왕후 민씨를 폐비시켜 친정으로 내쫓고, 후궁 희빈 장씨를 왕비로 책봉했다가 다시 폐위시켜 후궁으로 강등시키고, 폐비 민씨를 다시 궁궐로 불러들여 복위시키는 등 부인들을 권력 강화에 이용하며 매우 가혹한 처분을 했다.

인현왕후 민씨는 숙종의 초비 인경왕후가 죽은 지 1년 후에 명성왕후 김씨와 송시열의 추천으로 왕비로 뽑혔다. 인현왕후는 숙종 7년에 14살의 나이로 20살의 숙종과 혼인하였다. 그러나 이미 장옥정에게 빠져 있던 숙종은 인현왕후를 멀리했고, 인현왕후는 왕비였지만 자신이 생각했던 것만큼 주도적이지 못했고, 왕의 총애를 받는 장씨를 다스리기 어려웠다. 장씨는 인현왕후보다 무려 8살이나 더 많았고, 기질도 훨씬 더 강했다. 출생 신분과 살아온 과정, 지지 세력도 너무나 다른 두 여성이었다.

결국 냉혹한 현실을 인식한 인현왕후는 장씨를 견제할 수밖에 없었고, 장씨에 대한 인현왕후의 속앓이와 숙종을 사이에 둔 두 사람의 갈등이 매우 깊어졌다.

그러던 중 숙종은 장씨가 아들(후의 경종)을 낳자 태어난 지 3개월도 안 된 왕자를 원자로 정하고, 이를 반대하는 서인들을 몰아내고, 인현왕후가 '선왕과 선후의 분부를 지어내어 임금을 능멸하며' 폐비 윤씨보다 더 투기했고, '국모자격을 상실했다'는 공적 명분을 내세워 폐비 · 폐출시켰다. 인현왕후는 22살에 투기죄에 걸려 사가인 안국방 본가로 쫓겨났다. 숙종은 인현왕후를 내쫓고 희빈 장씨를 왕비로 승격시켰다. 이것은 서자인 아들을 적자로 만들어 정통성을 확보해 주기 위한 숙종의 계획에 의해 이루어진 조치였다.

그러나 인현왕후의 폐출과 희빈 장씨의 왕비 책봉은 단지 두 여성의 운명을 바꾼 사건만은 아니었다. 숙종 초반의 정권이 서인에서 남인으로 옮겨간 것을 의미했다. 남인이 집권 세력이 되고 서인은 몰락했다. 숙종은 왕비 교체를 통해 아들의 신분세탁뿐만 아니라 왕권 강화를 꾀하였다. 역사에서는 이 사건을 기사환국이라고 한다.

그런데 5년이 지난 숙종 20년에 서인측으로부터 희빈 장씨의 오빠 장희재와 남인들이 숙원 최씨를 독살하려 했다는 고변이 발생했다. 이른바 '숙원 최씨 독살설'이 불거지면서 그동안 장씨 및 남인들에 대해 염증을 느끼고 있던 숙종은 인현왕후를 폐출시킨 일에 대해서도 내심 심경의 변화를 일으켜 그녀를 5년 만에 다시 복위시켰다. 그 해 숙원 최씨가 아들을 낳았다. 숙종은 왕비 장씨를 다시 후궁으로 전락시켰고, 두 부인의 지위를 다시 교체했다. 그뿐만 아니라 집권자 남인을 축출하고, 기사환국으로 몰락했던 서인을 다시 등용했다.

숙종은 이미 정통성을 확보한 세자를 정처인 인현왕후의 양자로 삼았다. 인현왕후는 숙종과 재결합했고, 왕비의 위상을 되찾았다. 만 5년 동안 사가로 쫓겨나 죄인 아닌 죄인으로 살아야 했던 인현왕후는 살아서 복위된 유일한 왕비가 되었다. 인현왕후는 숙종의 변덕과 왕권 강화라는 정치적 이유 때문에 이혼과 재결합을 겪어야 했다. 그러나 이미 마음과 육신의 병을 얻게 된 인현왕후는 끝내 혈육을 남기지 못한 채 34세의 젊은 나이에 세상을 떠났다. 아울러 희빈 장씨도 인현왕후를 죽이려고 저주했다는 이유로 사약을 받고 죽었다. 당쟁이 심화되는 시기에 왕권강화를 위해 부인들까지 이용했던 숙종은 폐비 윤씨를 폐출시키고 죽였던 성종을 닮아가고 있었다.

투기와 음란함을 이유로 폐출된 세자빈들

조선 왕실에서 이혼을 당한 세자빈은 태조의 며느리 세자빈 유씨, 세종의 며느리 휘빈 김씨와 순빈 봉씨 등 3명으로 건국 초기에 한정되어 있다. 이들이 쫓겨난 이유와 그 의미는 무엇일까? 그것은 첫째, 궁중 여성들에 대한 윤리관이 새롭게 바뀌어 가고 있음을 의미한다. 고려말 자유분방함에 익숙해 있던 여인들은 조선 건국 후 왕실의 새로운 법도에 길들여지는데 어려움을 겪었다. 고려시대의 여성들은 남녀 간의 애정을 노래한 쌍화점(雙花店)·만전춘(滿殿春)·서경별곡(西京別曲)·동동(動動)과 같은 고려가요가 말해 주듯이 상대적으로 자유분방한 생활을 했으며 남녀의 정을 표시하는 데에 훨씬 자유로웠다. 자신의 주장과 의지를 표현하는 데에도 거리낌이 없었다.

그러나 고려시대 여성들의 의식과 행동을 잘못이라 생각한 조선 건국 세력들은 성리학적인 여성관과 질서로 바꾸기 위해 노력했다. 이러한 노력은 높은 도덕성을 보여야 하는 왕실에서 가장 먼저 일어났다. 폐출된 3명의 세자빈은 모두 자신의 성적 욕망인 '음(淫)'을 드러내다가 폐출당했다. 조선의 첫 번째 세자빈인 방석의 부인 현빈 유씨는 환관과의 불미스러운 일로 내쫓김을 당했다. 그런데 태조는 이 일을 집안 일 즉 사적인 일로 처리하였다.

반면에 세종은 세자빈의 폐출을 국가적인 일 즉 '대의'로 처리하였다. 세자빈은 차기 국모였기 때문이다. 세종은 여러 가지 여성정책을 시행하는 과정에서 자신의 맏며느리인 세자빈에게 더욱 높은 도덕성을 요구했다. 세종은 유교적으로 완벽한 세자빈과 세자를 만들고 싶었다. 그래야 자신의 부족한 왕위 계승의 정통성을 메울 수 있다고 생각했다. 그러나 세종의 기대와는 달리 세자빈들은 빗나가고 있었다. 외로운 궁중 생활에 익숙하지 않은 세자빈들은 세종의 마음에 흡족하도록 행동하지 못했고, 나아가 자신의 의지를 표명하며 세자의 무관심 속에서 자신의 욕망을 드러냈다. 압승술을 쓰거나 심지어 동성애를 했다. 이러한 세자빈의 행동에 대해 세종은 부덕을 상실하여 종묘의 제사를 받들 수 없다고 하였다.

또한 미래의 왕비가 될 세자빈에게 투기 금지가 더욱 강화되었다. 결혼한 여성들에게 제일 큰 의무로 주어진 것은 '투기하지 말 것'이었고, 투기는 이혼의 사유가 되었다. 왕비나 세자빈의 경우에는 더욱 그러했다. 남편의 여성 관계에 대해 일체 불만을 가져서는 안 된다는 것이다. 현실적으로 한 남자와 다수의 여자가 결합하는 처첩제가 용인된 혼인 생활 속에서 아내가 남편이 좋아하는 다른 여자들에게 질투심을 갖게 되는 것은 자연적인 현상이었다. 그러나 그 속에서 발생하는 갈등을 부인의 투기 금지로 억제하려고 했다.

세종은 재위 22년에 이맹균의 처가 계집종을 죽인 사건을 다루면서 '이씨의 부도한 것은 오직 가장이 집안을 잘 다스리지 못한 때문'이며, '이맹균이 남편이 되어서 아내를 제어하지 못했으니 진실로 죄가 있다'고 했다. 그리고 세종은 한나라 광무제가 질투한다고 황후를 폐했는데, 선대의 유학자들이 옳지 않다고 여겨 말하기를, '질투는 부인의 보통 일이라' 했다.(세종 22년 6월 19일 기축)며 부인의 투기를 일반적인 일로 인정했다.

그러면 세자는 어떠했나? 세종의 말을 빌리면 세자도 이맹균과 비슷하여 가장으로 집안을 잘 다스리지 못하고 또한 아내를 제어하지 못했다. 두 번씩이나 아내를 쫓아내야 했던 원인은 남편인 세자가 제공한 것이라고 볼 수 있으며, 세자빈들의 투기는 부인이 할 수 있는 보통의 일이었다.

그러나 세종은 자신의 집안일을 다스리는 데는 생각이 달랐다. 세자에게 책임을 묻지 않았고 책임을 세자빈에게 물어 폐출시켰다. 한 남편을 여러 명의 여성이 공유해야 하는 구조 속에서 세자빈에게는 투기죄를 더욱 강하게 적용했다. 아들은 내쫓거나 바꿀 수 없지만, 세자빈은 투기하지 않는 여성으로 바꿀 수 있기 때문이었다.

태종은 11년 9월에 비빈의 수를 1빈(嬪) 2잉(媵)으로 제도를 삼았다.(태종 11년 9월 19일 정축) 한 명의 처와 두 명의 첩을 기본으로 삼는다는 제도였다. 그러나 이것은 어디까지나 형식적일 뿐 세자나 왕은 더 많은 소실과 후궁들을 두었다. 이것은 혼인이 부부의 애정과 신뢰에 기반을 둔 것이 아니라 남편의 성적 욕망 해소와 후손을 많이 두기 위한 정책적인 입장에서 이루어졌기 때문이었다. 따라서 세자빈은 투기하지 말아야 했다. 그렇지 않으면 투기했다는 이유로 친정으로 쫓겨나야 했다. 여성은 부부생활에서도 언제나 수동적이어야지 조금이라도 적극성을 나타내면 음란한 여성으로 낙인찍혀 쫓겨나게 되었다. 세종의 두 세자빈은 칠거지악 가운데 음(淫)과 투기에 걸려서 폐출되었다.

세자빈의 폐출에 대해 세자들은 어떠한 태도를 취했을까. 『조선왕조실록』에는 태조와 세종의 뜻만 기록되었을 뿐 세자나 세자빈의 말은 기록되어 있지 않다. 알 수 있는 것은 가부장인 왕들의 말과 뜻뿐이다. 세자는 아버지의 뜻을 따를 수밖에 없었다. 세자빈은 일방적으로 폐출당할 수는 있어도 남편의 처우에 대해 개선을 요구하거나 이혼을 요구할 수 없었다. 세자빈은 폐출당하지 않기 위해서는 생사를 건 인내와 자기희생 속에서 일생을 보내야 했다. 그렇지 않으면 폐출, 이혼이라는 대가가 따를 뿐이었다.

세종대 이후 세자빈이 자신의 행동과 실덕(失德) 때문에 쫓겨난 적은 없었다. 성리학이 심화되면서 세자빈들은 더 이상 전철을 밟으려 하지 않았다. 그만큼 조선 건국 초기의 세자빈 폐출 사건은 이후 세자빈이 부덕(婦德)을 어떻게 쌓아가야 하는 가를 역으로 보여주는 좋은 실례가 되었다. 또한 이는 가부장제의 심화 현상을 보여주며, 그만큼 왕실로 혼인해 들어온 여성들에게 가부장 중심의 도덕적 요구가 더욱 심해졌음을 의미했다.

병과 남편의 변심 때문에 쫓겨난 대군 부인들

대군들의 이혼은 어떤 특징을 띠고 있을까? 임영대군과 영응대군, 제안대군은 첫 번째 부인과 결혼한 지 얼마 되지 않아 칠거의 사유 중 '악질'을 이유로 부인을 내쫓았다. 임영대군의 첫 번째 부인은 혼인 후 1~2년 만에 악질을 이유로 세종에 의해 쫓겨났다. 그리고 임영대군은 재혼했다. 영응대군의 첫 번째 부인도 혼인 후 약 4년 만에 악질을 이유로 세종에 의해 쫓겨났다. 세종은 두 명의 세자빈에 이어 또 다른 두 명의 며느리를 내쫓았다. 특히 영응대군은 본인의 뜻보다 아버지 세종의 뜻에 따라 원하지 않는 이혼을 했다. 제안대군도 혼인 후 1년 반 만에 병을 이유로 부인을 내쫓고 싶어 했고, 아들의 간청으로 어머니 안순왕후가 성종에게 부탁하여 이혼을 결정했다. 그리고 대군들은 재혼했다. 실제 대군의 처를 내쫓는 주체는 시아버지(세종)와 시어머니(안순왕후)였다. 왕실 이혼은 당대 가부장인 왕의 허락을 받아야 했다.

대군 부인들의 이혼 이유는 칠거지악 중 '음(淫)'보다는 '악질(나쁜 병)'과 '불순부모(시부모에 대한 불효)'에 해당되었다. '악질'은 자손을 번성케 하는 데 장애가 될 뿐만 아니라, 조상의 제사를 정결하게 받들 수 없다는 이유로 이혼 사유가 되었다. 그런 만큼 병이 있다고 의심될 경우 매우 냉혹할 정도로 빨리 며느리를 내쫓았다. 실례로 임영대군의 처 부부인 남씨는 병으로 쫓겨났지만, 오랫동안 살았고, 영응대군의 처 대방부부인 송씨와 제안대군의 처 상산부부인 김씨는 병으로 쫓겨났지만, 후에 다시 남편과 재결합하여 오래 살았다. 이들은 회복이 가능한 병이었는데도 악질로 쫓겨났었다. 이같이 병이 나면 악질을 이유로 이혼이 가능했다. 따라서 자손을 많이 보고 싶어 한 세종은 병이 난 며느리를 '악질'을 빌미로 두 번이나 내쫓았다.

또한, 효를 무엇보다 중요시했던 조선에서는 '불순(不順)'이 적용되면 이혼이 그대로 인정되었다. 불순의 경중은 고려되지 않고, 불순 그 자체가 있으면 처를 버릴 수 있었다. 그 불순에 대한 설명도 제대로 이뤄지지 않았고, 대신들의 계속된 반대에도 불구하고 며느리를 버렸다. 며느리는 시부모에 대해 절대 순종해야 했으며, 그렇지 않으면 이혼의 사유가 되었다. '아들이 좋아해도 부모가 좋다고 하지 않으면' 쫓아낼 수 있었다. '불순'은 부모의 명을 핑계로 여성들을 쉽게 버리는 구실이 될 수 있었다. 제안대군은 부인과 이혼하기 위해 명분 찾기에 노력했고 결국 어머니 안순왕후는 '불순부모'를 명분으로 며느리를 내쫓았다. 따라서 대간과 대신들은 쫓겨나는 부인들의 죄를 명확하게 밝혀 달라고 주장했지만, 성종은 불순에 의한 이혼을 인정해주었다.

그런데 영응대군과 제안대군은 이혼 후 전처를 잊지 못했고, 후처와의 사이가 원만하지 못한 상황에서 전처를 계속 찾아갔다. 특히 영응대군은 전처를 내쫓은 부왕 세종이 죽자 얼마 지나지 않아 후처를 내쫓고 전처와 재결합했다. 그동안 전처와의 사이에 딸을 두 명이나 두었다. 그러나 전처와의 재결합은 국법을 어기는 것이었다. 영응대군이 후처를 내쫓고 전처와 결합하고자 하자 대간들은 부당하다고 적극적으로 반대했다. 송씨는 이미 세종의 명으로 내쳤기 때문에 다시 불러들이는 것은 선왕의 명을 어기는 것이고, 다시 새 부인을 맞으려 한다면 다른 명가에서 부인을 뽑아야 한다고 주장했다. 그러나 단종은 정씨를 내보내는 것이 타당하다는 교지를 내렸고, 송씨와 재결합하려는 영응대군의 뜻을 받아주었다. 송씨가 낳은 두 딸도 적녀가 되었다.

성종대 제안대군도 첫 번째 부인 김씨를 내쫓고 박씨를 맞이한 후에 다시 첫 부인을 찾았고, 이들 사이에 자식은 없었으나 재결합을 강력히 요구했다. '자식 이기는 부모 없다'는 말과 같이 안순왕후는 성종에게 간청하여 두 번째 며느리를 '불순부모'의 이유를 들어 다시 내쫓게 했다. 성종은 대간들의 반대에도 불구하고 역시 제안대군의 뜻을 받아주었다.

대간들은 이혼한 전처와 재결합시킬 수 없다고 극구 반대했다. 당시는 이혼한 처와 다시 결합하는 것은 불가한 것으로 인식했다. 그 이유로는 첫째, 이혼이 극도로 제한된 조선에서 전처와 이혼이 성립되었다는 것은 이혼 사유가 타당했다는 것을 전제로 하기 때문이다. 따라서 재혼한 남편이 전처를 다시 받아들이는 것은 전처와의 이혼이 부당했다는 것을 의미했다. 이는 가부장인 왕과 국가가 부당한 이혼을 허락한 결과가 되기 때문이다. 둘째, 전처와의 재결합을 쉽게 허락한다면 그만큼 후처를 쉽게 버릴 수 있게 되어 이혼 억제정책에 배치되기 때문이다. 또한, 부모가 내린 결정을 자식이 뒤집는 것은 효에 크게 어긋났다. 따라서 후처와의 이혼은 더 반대가 심했다.

하지만 영응대군과 전처 송씨, 제안대군과 전처 김씨가 각각 재결합할 수 있었던 것을 보면 대군들의 이혼과 재결합에 대한 조처는 규율의 적용을 받지 않았다. 왕의 자식들에 대한 특별 배려가 이루어진 만큼 그들의 처는 남편의 변심에 따라 쉽게 소박당하거나 내쫓김을 당할 수도 있었다.

그런데 이혼한 전처와 재결합하기 위해서는 일정한 혼례 절차가 필요했다. 예를 행하지 않으면 정처로 인정받기 어렵기 때문이다. 성종 16년 7월에 성종은 제안대군을 김씨와 다시 결합시키고자 할 때 예법을 갖추기 위해 예조에 전례를 상고토록 명했다. 성종은 혼인의 예법을 바르게 한 연후에야 집안의 도가 바르게 되니 제안대군이 김씨와 다시 결합할 때 비록 친영례를 행할 수는 없지만, 예법을 갖추지 않는다면 첩과 다름없으니 전례를 상고하여 아뢰게 했다. 영응대군이 전처와 재결합할 때에는 요구되지 않았던 문제였다. 성종 즈음에 오면 이전보다 예와 의례가 훨씬 더 중요시되었다. 그 이유는 국가의 기초단위인 가정의 질서를 유지하는데 처와 첩, 적자와 서자의 구분을 명확히 할 필요가 강화되었기 때문이었다.

대군들은 세자 다음으로 왕위 계승자들이었으며 신분이 매우 높았다. 이들의 이혼 역시 합의 형태는 볼 수 없으며 부인에 대한 일방적인 축출뿐이었다. 이혼을 결정할 권리를 갖고 있는 왕은 형식상 신하들에게 그 여부를 물었고, 신하들이 반대해도 결국은 대군의 처를 내쫓았다. 그것은 대군들이 강하게 원했기 때문이었다. 왕이 대군의 처를 내쫓도록 허락하는 것으로 이혼은 성립되었다. 대군의 처 역시 왕실의 권력 앞에 나약했으며, 이혼 문제에 있어서 자신을 변호할 권리를 박탈당하였다.

조선 초기 대군들의 이혼사례에서 나타나는 특징을 보면 모든 사례에서 대군 부인들은 당시 상당한 권력가의 딸임에도 불구하고 모두 일방적으로 축출이혼을 당했다. 그리고 대군들은 종친으로서 특권을 가지고 이혼이나 전처와의 재결합을 상대적으로 쉽게 할 수 있었다. 또 이혼 무효에 따른 다양한 처벌 등이 대군들에게는 적용되지 않았다.

시집에서 쫓아낼 수 없는 존재, 공주의 재결합

조선시대 왕녀의 이혼사례는 거의 보이지 않는다. 감히 왕의 딸을, 왕의 조카가 되는 왕녀를 양반가에서 쫓아내기란 쉽지 않은 일이었다. 부부 사이가 매우 나빠도 쫓아내지 않고 첩을 두면서 부부관계를 유지했다. 그런데 부왕이 폐위되어 공주의 지위를 상실했을 때는 문제가 달랐다. 며느리가 더 이상 공주가 아니었으며, 역적 집안의 딸이 되기 때문에 정치적으로 멸문의 부담을 가질 수 있었다. 따라서 아들과 며느리를 이혼시켜 며느리를 내쫓는 경우가 있었다. 연산군의 딸 휘순공주가 바로 거기에 해당했다.

그러나 16세기로 들면서 이혼이 더 금지되고, 딸은 출가외인이라는 논리가 더욱 강해지면서 공주라도 친정의 정치적 상황에 영향을 받지 않도록 했다. 그래서 휘순공주는 가부장인 시아버지에 의해 쫓겨났지만, 신하들의 요청으로 다시 남편과 재결합할 수 있었다. 따라서 중종은 왕녀의 이혼을 허락했다가 재결합을 허용한 유일한 왕이 되었다.

조선 왕실에서는 이혼한 처와 다시 결합하는 것은 불가하다는 것이 대부분의 의견이었다. 그 이유는 이혼이 극도로 제한된 조선에서 전처와 이혼이 성립되었다는 것은 이혼 사유가 타당했다는 것을 전제로 하기 때문이다. 그런데 휘순공주의 경우는 신하들의 주장으로 재결합이 허용되었다.

그리고 이전에 이혼했던 대군들이 모두 바로 재혼했던 것에 반해, 부마는 재혼이 금지되어 있었던 영향 때문인지 구문경은 재혼하지 않고 있었다. 따라서 이혼 2년 후 이들은 재결합할 수 있었다. 왕녀의 이혼과 재혼도 당사자들의 뜻이 아니라 가부장 또는 신하들의 요구로 이루어졌다. 폐왕의 딸일 경우라도 여성은 자신의 혼인과 이혼에 자신의 목소리를 낼 수 없었다.

목소리를 거세당한 젊은 왕실 여성들

왕비와 세자빈의 폐출이라는 상황을 만든 데에는 가정을 잘 다스리지 못한 왕이나 세자의 책임과 많은 후궁을 공인하는 왕실의 축첩제도, 어린 왕실 여성들의 잘못된 행동들이 크게 작용했다. 왕과 세자의 무관심이나 자유로운 성생활과는 반대로 모든 것을 감수하며 참고 살아내야 하는 왕비나 세자빈의 불평등한 부부관계는 가정적·국가적 비극을 초래할 수 있었다.

조선시대에는 이혼을 가문의 수치로 생각하여 극도로 꺼렸다. 특히 내쫓김을 당한 여성에게는 이후의 삶이 송두리째 파괴됨을 의미했다. 그러나 혼인은 인륜지대사(人倫之大事)로, 천륜(天倫)이 아닌 인륜(人倫)이었던 만큼 이혼이 행해지고 있었다. 왕실 이혼의 주도권은 가부장인 왕 또는 왕실의 어른인 대비들이 쥐고 있었다. 가부장인 왕은 자신의 아내를 쫓아내거나, 아들들의 이혼을 불사했다. 이혼 문제에 있어서 왕은 법을 초월한 지존이었다. 그의 명령이 곧 법적 효력을 지녔고, 대신이나 대간들의 강력한 반대에 부딪혀도 결국은 자신의 뜻을 관철시켰다. 가장의 힘으로, 국왕의 권력으로 이혼시켰고, 왕실의 어른인 대비도 며느리가 맘에 들지 않거나, 또 아들의 요구에 못 이겨 자식의 이혼을 주도했다. 왕실은 혼인을 통해 편입해 들어오는 어린 며느리들에게는 가장 외롭고 두려운 공간이었다. 며느리인 왕비나 세자빈은 자신을 변호할 기회조차 없었고, 친정을 위해 숨죽일 수밖에 없었다.

『조선왕조실록』을 비롯해 조선시대의 기록에는 쫓겨난 여성들의 말은 거의 없다. 제안대군의 두 번째 부인이 종들이 만든 동성애 조작사건에 연루되었을 때 자신의 억울함을 항변하여 혐의는 풀었으나 결국 병과 불순부모를 핑계로 내쫓김을 당했다. 이혼에 대해서는 역시 어떠한 말도 없었다. 감히 말할 수 없는 처지였다. 죄인으로 취급되어 쫓겨나는 여성들이 스스로 자신의 처지를 변호하며 항의한 말은 거의 찾아보기가 어렵다. 있다 해도 남성 기록자들의 입을 통해서 전해진 것들이다.

왕실 이혼의 모든 사례에서 나타나는 공통점은 여성들이 일방적으로 이혼을 당했다는 점이다. 왕실 여성들은 모두 축출(逐出)에 의해 이혼당했다. 축출이혼이란 일정한 이혼 사유가 있을 경우 주로 가부장 또는 남편에 의하여 강제적으로 이루어지는 이혼을 의미한다. 축출이혼을 요구할 수 있는 것은 남편 쪽이며, 처는 이혼을 주장할 수 있는 주체가 될 수 없었다. 축출이혼은 조선 사회에서 이루어진 가장 대표적인 이혼 형태로, 왕실 이혼에서는 더욱 그러했다. 이는 국가와 가부장제를 유지하는데 장애가 될 때, 즉 칠거지악에 해당될 때 이루어졌다.

조선 초기에는 왕, 왕의 아들은 그들의 신분적 우위를 이용해 이혼과 재혼, 재결합을 보다 쉽게 했다. 그러면 왕실로부터 쫓겨난 여성들은 어떤 경제적 처우를 받았을까. 이른바 위자료가 있었을까? 한마디로 없었다고 볼 수 있다. 이혼을 허용하지 않았기 때문에 이혼에 따른 부대조치가 아예 마련되어 있지 않았다. 또한 죄인으로 쫓겨나는 입장이기 때문이다. 그러나 폐비의 경우 신하들이 그녀들을 처우해 줄 것을 요청하고 있다. 그렇지만 반정으로 인해 강제적으로 쫓겨난 중종의 첫 부인 폐비 신씨를 제외하고 폐비 윤씨나 인현왕후 민씨의 경우 왕으로부터 어떠한 대우도 받지 못했다. 『조선왕조실록』에는 쫓겨나는 왕실 여성에게 위로금이나 제대로 된 대우를 해주었다는 기록은 거의 보이지 않는다. 오늘날과 같이 위자료를 지급하는 일은 없었다고 보아야 할 것이다.

칠거지악에 걸려 쫓겨나는 대군의 기처들도 왕실로부터 위자료를 받지는 못했다. 더욱이 모두 자식도 없고, 혼인 기간도 길지 않았다. 영응대군의 두 번째 부인이었던 정씨가 연산군 즉위년(1494)에 자신이 죽으면 제사를 지내 달라며 친정 조카인 정미수에게 노비와 논밭을 상속한 분재기를 보면 짐작할 수 있다. 이 분재기에 의하면 정씨는 아버지 측과 어머니 측으로부터 물려받은 재산이 상당했다. 그러나 여기에 남편이나 왕실로부터 받은 재산은 보이지 않는다. 즉 이혼 시 왕실이나 남편으로부터 받은 위자료는 없었다.

또한, 부부간의 성격 차이도 큰 문제가 되지 않았다. 왕비와 성격이 맞지 않아도 후궁을 들여 성적인 문제를 해결하고 애정을 나눌 수 있었기 때문이다. 대군들도 마찬가지였다. 부인이 맘에 들지 않아도 첩을 들이면 됐다. 그러나 부인의 입장에서 남편과 성격이 맞지 않는다 해서 이혼을 요구할 수는 없었다.

유교적 가부장제가 강하게 작동하던 조선시대에 여성은 침묵을 강요당하며 살았다. 지엄하기 끝이 없는 왕실에서 왕과의 관계에선 더욱 그러했다. 쫓겨나는 여성들도 분명 자신의 억울한 처지에 대해 변명하고 싶었을 것이다. 그러나 아무도 그녀들의 말에 귀를 기울이려 하지 않았다. 할아버지 또는 아버지가 대변하기도 했지만, 받아들여지지 않았다. 엄격한 가부장적인 왕실 가족 질서 속에서 가장 약자로 존재했던 여성은 왕실의 어린 며느리들이었고, 자신의 위치가 확고해질 때까지는 여느 양반 며느리들보다 훨씬 더 엄격한 법도와 의리에 따라 행동해야 했다. 그렇지 않으면 칠거지악이라는 악법에 걸려 내쫓김을 당할 수 있었다. 물론 이것이 함부로 휘둘러지는 것을 국가에서 방지했지만 절대 권력을 가진 왕과 왕실에는 그다지 적용되지 않았다. 정해진 규범대로 행동하고 순종해야 할 뿐, 자아를 드러낼 수 없었다. 여성에게 이혼은 더없이 위협적이고 삶을 파괴하는 폭력적인 무기였기 때문이다.

그런 면에서 조선 왕실의 안녕과 유지는 왕과 세자·대군 등 남성 중심의 가부장적인 권력구조 속에서 목소리를 거세당한 채 참고 견디며, 자신에게 주어진 임무 수행에 애썼던 왕실 여성들의 극한 인내와 희생이 있었기 때문에 가능했던 것은 아니었을까? 그렇지만 아직도 이러한 일방적이고 모순된 전근대적인 가부장적 권력구조가 곳곳에서 작동되고, 요구되고 있는 건 아닌지 되살펴 볼 일이다.

| 참고문헌 |

자료

『조선왕조실록』, 『승정원일기』, 『선원계보』, 『경국대전』, 『대명률』, 『국조오례의』, 『연려실기술』, 『국조인물고』, 『열성후비지문』, 『대동야승』, 『열성왕비세보』, 『각 성씨 족보류』, 『인현왕후전』, 『호산청일기』

저서

국립고궁박물관, 2012년도 국립고궁박물관 학술용역 결과 보고서, 『조선 왕실 공주와 옹주의 생활』

국립고궁박물관, 2013년도 국립고궁박물관 학술용역 결과 보고서, 『조선 왕자 생활』

金燉, 1997, 『朝鮮前期 君臣權力關係 硏究』 서울대출판부

김범, 2007, 『사화와 반정의 시대』 역사비평사

김범, 2010, 『연산군 - 그 인간과 시대의 내면』 글항아리

김훈식, 2011, 「朝鮮初期의 정치적 변화와 士林派의 등장」 『한국학논집』 45

로더릭 필립스, 박범수 옮김, 2001, 『이혼의 역사』 동문선

박현모, 2014, 『세종이라면: 오래된 미래의 리더십』 미다스북스

박철주 역주, 2014, 『역주 대명률직해』 민속원

벌거벗은 한국사 제작팀, 2022, 『벌거벗은 한국사-인물편』 프런트페이지

변원림, 2006, 『조선의 왕후』 일지사

신동준, 2003, 『연산군을 위한 변명』 지식산업사

신병주, 2020, 『왕비로 산다는 것』 매일경제신문사

심재우 외, 2012, 『조선의 왕비로 살아가기』 돌베개

양웅열, 2014, 『조선의 왕비가문』 역사문화

이미선, 2021, 『조선 왕실의 후궁』 지식산업사

이성무, 1998, 『조선왕조사』 1, 2, 동방미디어

이영춘, 1998, 『朝鮮後期 王位繼承 硏究』 집문당

이현주 외 지음, 2018, 『조선의 왕비, 기록으로 만나다』 한국학중앙연구원 출판부

이화여자대학교 한국여성사편찬위원회, 1972, 『한국여성사』 1

장병인, 1997, 『조선전기 혼인제와 성차별』 일지사

장병인, 2017, 『조선 왕실의 혼례』 민속원

장병인, 2018, 『법과 풍속으로 본 조선 여성의 삶』 휴머니타스

정두희, 1994, 『朝鮮時代의 臺諫硏究』 일조각

정두희 외 2004, 『장희빈, 사극의 배반』 소나무

정은임, 2012, 『인목왕후와 인현왕후』 채륜

정은임, 2019, 『숙종과 인현왕후, 그리고 장희빈』 한국학중앙연구원출판부

지두환, 2001~2008, 『태조대왕과 친인척』 ~『숙종대왕 친인척』 역사문화

최승희, 2002, 『朝鮮初期 政治史 硏究』 지식산업사

최승희, 2004, 『朝鮮初期 言論史硏究』 지식산업사

최승희, 2005, 『조선초기 정치문화의 이해』 지식산업사

최완수, 1998, 『조선왕조 충의열전』 돌베개

최홍기 외, 2004, 『조선 전기 가부장제와 여성』 아카넷

한희숙, 2017, 『역사학자가 쓴 인수대비』 솔과학

논문

강문식, 2012, 「여말선초 해주정씨의 정치·사회적 성장」 『해주정씨를 통해 본 조선시대 사대부가의 존재 양상』 2012 장서각 학술대회, 한국학중앙연구원

강제훈, 2010, 「朝鮮初期 宗親職制의 정비와 운영」 『韓國史硏究』 151

金燉, 1993, 「燕山君代의 君·臣 權力關係와 그 推移」 『역사교육』 53

金燉,1997,「燕山君代의 君臣權力關係」『朝鮮前記 君臣權力關係 研究』서울대학교출판부

金燉, 2001,「朝鮮中期의 反正과 王權의 위상」『典農史論』7, 서울시립대 국사학과

金燉, 2002,「中宗代 '灼鼠의 變'과 政治的 陰謀의 성격」『韓國史研究』119

金範, 2006,「朝鮮 燕山君代의 王權과 政局運營」『大東文化研究』53

김선곤, 1983,「이조초기 비빈고」『역사학보』21

김성숙, 1988,「조선전기 이혼법: 왕조실록을 중심으로」※법학논총』4, 숭실대학교 법학연구소

김우기, 2001,「조선 성종대 정희왕후의 수렴청정」『조선사연구』10

김우기, 1999,「문정왕후의 정치참여와 정국운영」『역사교육논집』23·24

김주영, 1999,「조선 성종대의 이혼에 대한 일고찰」 대구가톨릭대학교 석사학위논문

김지영, 2011,「조선시대 왕실 여성의 출산력-시기별 변화추이와 사회문화적 함의」『정신문화연구』124

김학수, 2018,「인현왕후, 당쟁에 시든 화합의 꿈」『조선의 왕비, 기록으로 만나다」 한국학중앙연구원 출판부

목정균, 1982,「16세기 조선왕조의 제도언론에 관한 일고찰 -특히 중종조 '폐비복위상소'로 인한 言路是非를 중심으로-」『민족문화연구』16

박홍규·방상근, 2005,「태종 이방원의 권력 정치」『정신문화연구』104호

방상근, 2017,「17세기 조선의 예(禮) 질서의 재건(再建)과 송시열(宋時烈) -현종대(顯宗代) 예송논쟁의 재해석」『한국동양정치사상사연구』16-1

방상근, 2020,「폐비윤씨 사건의 재검토: 성종을 위한 변명」『정치사상연구』 제26집 2호

방성혜·차웅석, 2012,「인현왕후의 발병에서 사망까지 승정원일기의 기록 연구」『한국학의학연구원논문집』18

석창진, 2017,「朝鮮 前期 綾城 具氏 家門의 展開와 具致寬의 위상」『한국사학보』69

안승준, 2012, 「日記에 비친 조선사회: 조선시대 棄別夫人」 한국학중앙연구원

양웅렬, 2012, 「17세기 王妃 家門의 變遷과 性格」 『한국학논총』 38

오수창, 2003, 「17세기의 정치세력과 山林」 『역사문화연구』 18

윤정, 1997, 「조선 중종 전반기 정국구도와 정책론」 『역사와 현실』 25

윤혜민, 2013, 「조선 전기 계비(繼妃) 선정 방식과 그 의미」, 『조선시대사학보』 65

이근호, 2012, 「숙종~경종대 寧嬪 金氏의 정치적 역할과 위상」 『한국학논총』 37, 국민대학교 한국학연구소

이미선, 2009, 「조선 전기의 후궁」 『사학연구』 96

이미선, 2020, 「숙종대 왕실여성들의 정치적 행보와 역할」 『조선시대사학보』 93

이범직, 1993, 「訥齋 朴祥의 愼妃復位疏에 나타난 義理思想」 『한국사상사학』 4·5합집

이상식, 2005, 「숙종 초기의 왕권안정책과 경신환국」 『조선시대사학보』 33

이상식, 2011, 「숙종대 保社功臣의 錄勳 과정과 사회적 關係網 분석」 『한국사연구』 155

이상은, 1973, 「朝鮮朝 國論에 反映된 義理精神-朴祥·金淨 上疏 是非를 中心으로-」 『斯文論叢』 1

이성무, 2012, 「해주정씨의 세계와 인물」 『해주정씨를 통해 본 조선시대 사대부가의 존재 양상』 2012 장서각 학술대회, 한국학중앙연구원

이순구, 1986, 「조선초기(朝鮮初期) 주자학(朱子學)의 보급(普及)과 여성(女性)의 사회적(社會的) 지위(地位)」 『청계사학』 3

이순구, 1988, 「조선초기(朝鮮初期) 내외법(內外法)의 성립(成立)과 전개(展開)」 『청계사학』 5

이순구, 2016, 「조선시대 혼인과 이혼에서 여성의 지위 : 공동체 형성의 원리로서의 혼인과 그 해체」 『젠더법학』 7권, 2호

이순구, 2021, 「조선 초기 후궁에서 왕비되기의 변화과정과 희빈 홍씨」 『한국계보연구』 11

이순형, 1997,「조선시대 혼인관계의 유지 원리: 『조선왕조실록』의 이혼사례 분석」『한국사회학』 31

이영춘, 2010,「영조(英祖)의 생모(生母) 숙빈(淑嬪) 최씨 (崔氏)의 상장례(喪葬禮) -『무술점차일기(戊戌苫次日記)』를 중심으로 -」『조선시대사학보』 52

임빈혁, 2012,「조선시대 후궁 淑儀의 간택과 그 지위」,『역사와실학』 48

임민혁, 2013,「조선후기 공주와 옹주, 군주의 가례 비교 연구」『온지논총』 33

임학성, 2013,「조선시대 奴婢制의 推移와 노비의 존재 양태 - 동아시아의 奴婢史 비교를 위한 摸索 -」『역사민속학』 제41호

임혜련, 2010,「朝鮮 肅宗妃 仁元王后의 嘉禮와 정치적 역할」『한국인물사연구』 13

임혜련. 2012,「世宗妃 昭憲王后의 위상 정립과 역할」『한국인물사연구』 18호

임혜련, 2014,「1671년(顯宗 12) 肅宗妃 仁敬王后의 國婚과 光山金門 家勢」『역사와 담론』 71

임혜련. 2022,「조선 숙종대 인현왕후 복위의례 시행과 의미」『장서각』 48

정두희, 1994,「조선 중종초의 권력구조에 관한 연구」『성곡논총』 25

정해은, 2010,「조선후기 이혼의 실상과 『대명률』의 적용」『역사와 현실』 75

정해은, 2012,「조선 후기 이혼 위기에 처한 여성들」『여성이론』 여성문화이론연구소

차호연, 2017,「조선 초기 公主 · 翁主의 封爵과 禮遇」『朝鮮時代史學報』 77

한지희, 2018,「조선후기 신수근愼守勤에 대한 재평가와 그 의미」『국학연구』 37

한춘순, 2002,「성종 초기 정희왕후의 정치청단과 훈척정치」『조선시대사학보』 22

한희숙, 2005,「조선 초기 소혜왕후의 생애와 『내훈』」『한국사상과 문화』 27

한희숙, 2005,「조선초기 성종비 윤씨 폐비 폐출 논의 과정」『한국인물사연구』 4

한희숙, 2006,「조선 성종대 폐비 윤씨 사사 사건」『한국인물사연구』 6

한희숙, 2007,「中宗妃 廢妃 愼氏의 처지와 그 復位論議」『韓國人物史硏究』 7

한희숙, 2007,「조선전기 奉保夫人의 역할과 지위」『朝鮮時代史學報』 43

한희숙, 2008,「연산군대 廢妃尹氏 追封尊崇 과정과 甲子士禍」『韓國人物史硏究』 10

한희숙, 2010,「조선 태조·세종대 세자빈 폐출 사건의 의미: 현빈 유씨, 휘빈 김씨, 순빈 봉씨를 중심으로」『한국인물사연구』 14

한희숙, 2012,「조선 성종 8년 왕비의 친잠례 시행과 그 의미」『아시아여성연구』 제51권 1호

한희숙, 2015,「조선 초기 대군들의 이혼사례와 처의 지위」『여성과 역사』 22

한희숙, 2016,「조선 초기 延安李氏 李續 가문의 행적과 동향」『한국인물사연구』 26

한희숙, 2017,「조선 초 명 선덕제 후궁 공신부인 한씨가 조선에 끼친 영향」『여성과 역사』 26

한희숙, 2018,「연산군의 딸 휘순공주(徽順公主)의 혼인과 이혼」『여성과 역사』 28,

한희숙, 2019,「조선시대 선왕 후궁에 대한 처우와 궁가(宮家)의 변천」『여성과 역사』 30

한희숙, 2020,「조선 初 廣平大君家의 佛敎信行과 왕실불교」『한국사학보』 79

한희숙, 2021,「조선초 세종 후궁 惠嬪 楊氏의 생애와 충절 이미지」『조선시대사학보』 96

홍순민, 1986,「숙종 초기의 정치구조와 환국」『한국사론』 15

조선왕실 이혼의 사회사: 쫓아낸 자와 쫓겨난 여성들의 민낯

초판 인쇄 2022년 12월 19일
초판 발행 2022년 12월 23일

지은이 한희숙
펴낸이 김재광
펴낸곳 솔과학
편　집 다락방
영　업 최회선
디자인 miro1970@hanmail.net
등　록 제10-140호 1997년 2월 22일
주　소 서울특별시 마포구 독막로 295번지 302호(염리동 삼부골든타워)
전　화 02)714-8655
팩　스 02)711-4656
E-mail solkwahak@hanmail.net

ISBN 979-11-92404-19-6 93900

값 25,000원